成创始人、董事长权威传记

辟永新传

曹蓉 著

四川文艺出版社

图书在版编目（CIP）数据

薛永新传 / 曹蓉著. — 2版. — 成都：四川文艺
出版社，2019.4
ISBN 978-7-5411-5317-4

Ⅰ.①薛… Ⅱ.①曹… Ⅲ.①薛永新—传记 Ⅳ.
①K825.38

中国版本图书馆CIP数据核字（2019）第047024号

XUEYONGXIN ZHUAN
薛永新传
曹 蓉 著

责任编辑　卢亚兵　王筠竹
封面设计　叶　茂
版式设计　史小燕

出版发行　四川文艺出版社（成都市槐树街2号）
网　　址　www.scwys.com
电　　话　028-86259285（发行部）　　028-86259303（编辑部）
传　　真　028-86259306

邮购地址　成都市槐树街2号四川文艺出版社邮购部　610031
印　　刷　三河市华东印刷有限公司
成品尺寸　238mm×168mm　　　开　本　16开
印　　张　29.75　　　　　　　　字　数　440千
版　　次　2019年4月第二版　　　印　次　2020年4月第二次印刷
书　　号　ISBN 978-7-5411-5317-4
定　　价　68.00元

前言

　　小说家是把不存在的故事编出来，传记作家则是把存在的故事讲出来。

　　长期以来，我们习惯于置身小说所描述的一个虚拟世界，但今天，越来越多的读者更急于从非虚构文学作品中看到一个真实的世界。这是当下传记文学走红的重要因素之一，也是我把《薛永新传》一书献给读者的初衷。

　　这部人物传记，原名《薛永新传奇》，自六年前第一次面世以来，受到广大读者的好评和关注。这次对原书内容进行了补充和修订，使读者能够更全面地了解一个财富人物真实的传奇故事，一个中国民营企业家在身处的时代一路走来的鲜衣怒马，一路走来的跌打损伤，在人生的大起大落和商海沉浮中的一种坚守，一种宝贵的文化精神，一种令我们感动和激励的正能量。

　　对许多读者来说，薛永新的名字并不陌生，他是中国改革开放之初最早成名的一批企业家之一。关于薛永新的故事常见诸大众媒体、网络。昔年，他曾是一个打猪草的贫苦农家子，在改革开放之初，他怀揣二十元闯进成都，一手创立了高科技跨国集团，即今天的恩威，而他本人成为当年的中国药界领军人物。他用近代著名高道李真果所传授的道医秘方，研发了"难言之隐，一洗了之"的洁尔阴，继而家喻户晓，进入千家万户，并在世界各地掀起一股"洁尔阴"旋风。今天，他又在中国道教发源地鹤鸣山，以一个企业家的文化眼光和气魄，复兴开发了道源圣城，向世界传播老子，传播中华优秀传统文化，又迈向了另一座奇峰。

传记文学的生命，在于真实。它把我们从虚拟世界带回到"非虚构"的现实世界，从真实人物的身上，发现了一个我们不知道却真实的故事。而传记文学的灵魂，在于精神。它应该具有一种唤醒心灵的力量，照亮我们生活的世界。在传记人物故事的背后，映照的是时代的背影。无论这是一个最好的时代，还是最坏的时代，故事中人物的命运与其所身处的时代，必然紧密相连。

由此引发我思考一个问题，为什么历经改革开放三十多年，薛永新和他的恩威仍站在时代的潮头，无敌于天下，而跟他同期崛起的民营企业家许多已经黯然退场？

薛永新所身处的这个时代，是变革的时代，也是黄金时代。他有幸参与到中国改革巨变的前夜，并为之做出贡献，但同时也经历了这个时代的阵痛。在他身处的社会变革中，我从他的故事里寻找到一种文化精神。对薛永新而言，这就是《道德经》。老子所著《道德经》思想的精髓——大道无为，是薛永新的文化信仰。什么是无为？薛永新说："无为不是无作为，而是不乱为、不妄为，不胡作非为。我们要顺应自然规律，顺应时代潮流，做有益于人类和社会的事功。天地无为而无不为，企业有为而有所不为。这是现代企业的无为之道。"他崇尚老子的水道——上善若水，主张企业要像水一样利益万物而不争，利益万众而有成，造福人类。

薛永新用老子思想去治理企业，经营人生，把弘扬中华传统文化作为自己的追求，把传统文化精神作为企业的精神和理念，并致力于中华传统文化的弘扬，而成为20世纪80年代末具有划时代意义的中国企业家以老子"无为"思想治理企业的成功先例。

薛永新正是从老子思想中汲取营养，使之变为一种文化实践，一种文化精神，从而找到一种使命与崇高感，找到更重要的人生意义——大道真谛。这也使他从一个民营企业家升华为中华传统文化的承载者，这也是薛永新和他的恩威成功并无敌于天下的秘密。

人生的方向是什么？这是我们生命的主题。每个人来到世上，都在寻找通往成功的路，寻找生命的意义。老子思想是薛永新成功的法宝，也是他一生追求的文化精神。我找到这个主线和人物的精神。那么，我要写这个人物，必须要研读老子的《道德经》，用老子思想去解读他的创业历程和内心历程。《道德经》我曾看过，但没有细读，尤其老子写的道理深奥玄妙，是很难理解的，必须要认真地研读、理解、领悟。在写作中，我一边读，一边思考，老子对薛永新有怎样的帮助？我发现老子的每一句话，对我们今天的人都是一种深刻的智慧，一种极大的帮助。老子在《道德经》里有三个观点是最了不起的。一个是道法自然，一个是无为，一个上善若水。第一，老子告诉我们，道法自然。人要顺应自然之道，做一切事要遵从它的规律，它的变化，不能违背规律，否则做什么事都会失败。第二，老子思辨地提出了"无为"这一命题。他主张我们的为人、处世、从商，乃至治国、兴邦、治世，都应当遵从"无为"的基本原则，不逆天，不乱为。无为，然后能无不为。无为，然后能有作为。这是道的核心。第三，老子告诉我们，要像水一样柔弱、谦下、包容、宽广、利他。这就是"上善若水"的境界与品德。这三点，对薛永新来说是生命之光、生命之水，是激发他创造力的一股强大的能量。

薛永新正是领悟到老子五千言所包含的无穷的智慧，才能在改革开放的浪潮中，无论是历经人生狂澜，还是站在事业的顶峰，他仍然能从容、镇定、宠辱不惊，能够保有宽广、宏远的境界，而成就自己的一桩传奇。

薛永新用老子思想诠释世界与自己的人生，而我作为本书的作者，用《道德经》解读了他的人生与智慧。如果要说本书有何最大的新意，新意就是以老子思想为代表的传统文化渗透了全书，融入传主独一无二的、具有文化特性的体验中。也正因为如此，这部书所呈现出的文化特质十分明显，并与时下的"记录式"人物传记不一样。

作为人物传记，它是"非虚构"，也是文学。它应该具有文学的感染力，通过作家有温度有骨力的文字，以文学化的表达，写下真情实感的故事，写下对人物的解读和独立思考的感悟，写下这个时代的光芒，也写下这个时代的暗影，让读者从中获得审美的教益，直击灵魂的力量，找到这个时代的励志榜样，令我们有心跳的时代样本。这也是我写这部传记努力的方向。

在写作的过程中，我把自己沉下来，用心走进人物的内心世界，看见看不见的情感，去感受和体会传主所经历的奋斗历程和那些惊心动魄的商道岁月，及其所经历的人生的悲欢起落，与心中坚持的大爱。写完这部书，对我来说，仿佛重读了一遍《道德经》，感受到传主所秉持的传统文化精神给我的心灵的震撼与感悟。

成书之际，我要特别感谢四川文艺出版社社长、作家吴鸿先生的建议和鼎力支持。读者朋友阅读本书时，若能从中有所收获，我将感到无比欣喜。

目录

引 子

商海狂澜

在通往成功巅峰的路上，并没有铺满鲜花。每一步都可能是惊涛骇浪，每一步都可能荆棘丛生，但是你必须向它迎面走去。

我们羡慕成功者，以当代企业家作为励志的人生导师和财富榜样，但我们却难以想象，在他们灿烂笑靥后所隐含的艰辛与泪水，他们又是经历了多么艰难的跋涉与挣扎。

20世纪90年代，经历了改革开放后第一个十年的发展，催生和成长了第一批中国民营企业家。

他们一路收获鲜花和掌声，也在体制改革和市场嬗变的双重风险中，经受着一次次阵痛，甚至面临人生不可预知的厄运。

其中，必然包括薛永新。

天地玄黄，白云苍狗。一如大自然的变化，我们无法预料人生的起落顺逆。

"祸兮福之所倚，福兮祸之所伏。"伟大的老子思辨地提出了自古至今著名的哲学命题。

这道题，选中了薛永新。

这位20世纪80年代初怀揣着二十元闯入成都后，联合八户农民，并一手创立了高科技跨国企业——恩威集团的企业家、中国药界的领军人物，却怎么也没有想到，灾难骤然降临。

1996年10月，一桩史上最冤的惊天税案，以毁灭般的悲剧性质，把薛永新与他的恩威推上了风口浪尖，推上了生死的悬崖边。

那是成都一个多雨潮湿的秋天。

那时候，薛永新并不知道，悄悄聚集的乌云正翻滚在他的头上，暴风雨就要来袭。

没有征兆，风暴来临前的宁静。

此时，一封"举报信"寄到了中央政法委、最高人民检察院、国家税务总局……

"举报信"罗列恩威董事长兼总裁薛永新"三宗罪"中的"首罪"：薛永新与香港居民、柬埔寨籍商人许强勾结，办假合资，偷漏税达一亿多元人民币。

仅此"首罪"，等待薛永新与许强的将是万劫不复的深渊！

谁是许强？或许中国大陆对他的名字还感到陌生，但早在20世纪80年代，许强已是国际知名企业家，一位身份特殊的人物。他时任柬埔寨首相拉那烈亲王的顾问。1993年，致力于中国西部开发建设的许强，以极大的热忱和对中国传统文化的痴迷，与薛永新成为合作伙伴。

一封"举报信"，却把薛永新和许强卷入了一场突如其来的灾难。

暴雨袭来，恩威一阵狂风掀起。

1998年6月的某一天，《经济日报》头版大篇幅发表了《恩威公司两年偷漏税一个亿》的报道，公开引爆了"恩威税案"。

当天，央视早间新闻摘播了《经济日报》的报道。随后，《法制日报》等十多家报刊也转载了《经济日报》的报道。

几乎一夜之间，薛永新置身在风暴中心，成为当年全国最具争议的焦点人物。

"恩威总裁薛永新偷税一个亿"经媒体"披露"，在坊间迅速传播，人们为之愕然。

"难言之隐，一洗了之"，这个家喻户晓的恩威"洁尔阴"广告词，也在一夜之间黯然失色。

事态朝着更为严重的方向继续演变。

据说：1998 年 6 月 30 日，如果薛永新再不服从税务机关对"恩威税案"的处理决定，就要被逮捕。

一时风声鹤唳、四面楚歌。横在薛永新面前的是一条无法渡过去的"乌江"，一个死结。

惊涛拍岸，等待薛永新的将是什么样的命运？

在改革开放中最早成长起来的中国民营企业——恩威集团，此刻，正面临着一个巨大的危机与考验。

老子说："夫天道无亲，恒与善人。"天道对谁都没有偏爱，永远帮助有德的好人。人类对正义的维护和伸张从没有中断。

英雄末路之际，一个神秘人物出现了。

1998 年 6 月 22 日，距内定抓捕薛永新的日子只剩下八天。在这关键时刻，这位神秘人物向朱镕基总理呈送了一份有关恩威的调查报告。

很多人都没有想到，在调查报告送出的三天后，朱镕基总理于 1998 年 6 月 25 日做了重要批示：务必把恩威税案查清查实。

朱总理的重要批示，把薛永新从厄运的惊涛中救了出来。

写报告的神秘人物是谁？这份让恩威"起死回生"的报告又写了什么？暂且留一个悬念。

既然如此，那由一声"惊雷"引发的狂风骤雨就应当停止了。然而，这并不是结束。

1998 年 11 月 7 日，央视《焦点访谈》节目播出了恩威涉税案件的经过。所谓恩威"假合资""偷漏税一个亿"，经这一全国最著名、收视率最高的节目播出，掀起一股巨浪，震动了海内外新闻界。

雷声轰响，闪电划破长空。

"恩威税案"与"南宫税案""金华税案"成为 1998 年震惊全国的三大税案。

风声再一次逼近薛永新，恩威再度被抛进了旋涡之中。

"恩威税案"再次成为成都市民，乃至国人热议的重点话题。

为人们带来健康福音的恩威著名品牌"洁尔阴"，在税案中不可避免地受到严重冲击。

恩威濒临倒闭。

薛永新手下的一个个精英纷纷离去。

恩威停产了！这是薛永新悲壮、无奈的选择。这是一个民营企业家含着眼泪与辛酸的决定。

中纪委、最高检来了。

财政部、审计署也来了。

工商部门、税务部门相关人员进出恩威……

薛永新的头上仿佛悬着一把利剑。他能幸运地躲过这场人生大劫吗？

站在风口浪尖的薛永新，痛苦地思索着，呐喊着。

尽管他早已将个人生死置之度外，但是，他怎能眼看着十余年艰苦创业的心血毁于一旦？怎能眼看着几千员工面临失业的危机？

薛永新不得不奋起"击鼓鸣冤"。

恩威起诉《经济日报》，一场轩然大波骤然而起。

外商许强状告央视《焦点访谈》侵犯其名誉权，一石激起千层浪……

一个个诉状递到了法院。讼战爆发，讼事连环。法庭内外烽烟四起。

1998 年的夏天，身陷"恩威税案"狂澜中的薛永新，面临一场生死劫难，也在此时，一场百年不遇的洪水侵袭了我国长江流域。

非常时刻，薛永新却义无反顾地率领四百多名员工奔赴鄂、湘、赣、黑、吉救灾第一线，为抗洪抢险的百万雄师和受灾群众带去了价值3200万元的药品，并亲自冒雨涉水为战士们疗伤治病。

"受国之垢，是谓社稷主；受邦不祥，是为天下王。"以老子思想作为人生大道的薛永新深知，现在国家蒙受着灾难，人民处在洪水肆虐之中，个人的安危又算得了什么。

"强行者有志。"无论任何时候，即使身陷危机之中，他都坚定地向前而行。

"恩威税案"如一座巨大的冰山，薛永新与恩威困在了冰封地带。

1999年1月20日，一个寒冷的冬夜，薛永新整夜未眠，伏案奋笔写下了厚达三十页的申诉信。这封沉甸甸的信寄给了江泽民总书记、朱镕基总理，寄给了中央有关领导、省市党政领导。

他期盼着春暖花开，冰雪消融。

1999年2月1日，那位神秘人物在四川省社科院科研人员的配合下，向朱镕基总理呈送了《关于"恩威税案"的第二份调查报告》。

这份调查报告将起到什么作用？会给薛永新和他的恩威带来转机吗？

"恩威税案"的背后究竟有什么深层原因？而一手策划、制造"恩威冤案"的始作俑者又是什么样的人？扮演着何种角色？

在本书中，揭开这层笼罩的迷雾，必然惊心动魄。

可以告慰读者的是，新千年的春天来临，恩威告别了漫长的寒冬。

中共四川省委领导十分重视"恩威税案"，要求处理好、落实好朱总理的批示，并派四川省分管副省长妥善解决恩威税案。

成都市委领导也多次对"恩威税案"进行调研，专题研究，为"恩威税案"的彻底解决排除障碍。

2004年10月，长达八年之久的"恩威税案"尘埃落定。个别高级官员在这起税案处理过程中被免职、查处。

一场旷日持久的暴风雨停息了。

薛永新与恩威终于走出了税案阴影，迎接日出。

有时遭遇巨大的挫折和劫难，反而更磨砺人的意志，使人走向人生更高峰。由逆向顺，由祸转福，这是老子辩证观中的玄机。

那么，薛永新又是怎样历经了这段艰难之路？又是怎样走过了生命中的崎岖不平，战胜商道上的惊涛骇浪？又是怎样与恩威人一起昂首挺胸再创新世纪辉煌？

请读者朋友跟着我的文字，走进他的传奇。

第一章

传奇薛永新

两千五百年前的某日，对函谷关关令尹喜而言，那是一个极不寻常的清晨，他遇见了老子。老子在函谷关写下了著名的《道德经》，然后，骑青牛飘然而去。

尹喜一定没有想到，他做了一件最了不起的事。

函谷关留下了老子，留下了五千年的东方智慧，留下了永恒不朽的世界经典。从天地混沌的一片洪荒状态，到鸿蒙初辟万物始生的一派生机，"道"在其中。人生风云变幻，盛衰成败，"道"解释一切。生命中所有的人生难题，都可以在五千文字里解决，世界上所有的智慧，都可以在《道德经》里汲取。

老子，人们在他身上赋予了众多神秘色彩的天下第一哲人，中国道教的始祖，为芸芸众生指出了人间正道，他的思想影响了一代代的炎黄子孙，并影响着世界。直到今天，老子仍然在，仍然成就着我们。

老子，更成就着一个人的传奇。

毫无疑问，他就是薛永新，一个最成功的佐证，一个将老子思想运用得出神入化、达到绝顶奇峰的人。他用东方智慧创造了一个不可战胜的恩威企业神话，写下了人生大道上富有传奇色彩的华章。

在人的一生中，往往因为在某一天，遇见某一个人，而改变整个人生。

佛说，前世五百次的回眸才换来今生的擦肩而过。

在无限的时间里，人生的际逢交会在有限的偶遇里。不经意之中，或许便成就了我们。

对薛永新而言，遇见李真果的那一天，同样是一个绝对具有深意的日子。他的人生从此与众不同。

20世纪80年代初，早春二月的一个清晨。薛永新与道家奇人李真果相遇，自此与道教结下不解之缘。而这个看似普通的清晨，成为薛永新人生的重要转折点。

李真果祖师把他带入了老子的哲学世界，使他看到了世界上伟大的智慧，解决了一直困惑心中的人生疑团，看到了一个美好而和谐的大道，仿佛老子穿越两千年时空，引领他一步步走向人生的巅峰。

薛永新凭着李真果传授的草药秘方，以道家医药为根柢，成功研发出迅速家喻户晓、妇孺皆知的"洁尔阴"纯天然植物药品。自此，"洁尔阴"进入中国许许多多家庭，解除了千千万万妇女的疾病痛苦，因而被誉为"东方神药"。

当年流行着一句话，人们至今都耳熟能详、心领神会：

"难言之隐，一洗了之。"

这是"洁尔阴"著名的广告词，脍炙人口、意味深长而有着东方式幽默，一度成为流行语，至今仍有不少人记得。

"东方神药"为薛永新带来了巨大的声誉。在东南亚、欧美，在非洲和中东，刮起一股神奇的"洁尔阴"旋风。薛永新一手创立的恩威制药王国，早在20世纪90年代初已成为高科技跨国企业集团，享有"中国明星优秀企业"等六十多项殊荣，名扬天下。

实现中医药现代化生产，是薛永新的一个目标。他最早应用现代化设备和先进的制药科技，去开发祖国几千年历史的中医药宝库，彻底变革传统的制剂和服用方法，帮助中医药更好地走向世界，为人类健康服务。他被新闻媒体称为"中国药界四大天王之一"。

薛永新是一个神话，一个奇迹。20 世纪 70 年代的一个冬天，当他离开家乡，肩背工具箱奔走于成都大街小巷的时候，他一定没有想到，那挥汗如雨上下飞动刨子刨出的，不仅仅是飞舞的木屑刨花，而是一个充满梦想的崭新世界。

那些岁月，当他带着一颗饱受创伤的心灵四处飘荡的时候，他一定没有想到，那神秘高人传授的一纸药方，竟成就自己日后一番制药济世的伟业。在风云变幻的商道上，用血泪踏出了一条走向事业巅峰的人生大道。

昔日的乡邻们，一定没有想到，那个打猪草的穷小子，后来竟成为身家上亿的富豪。在薛永新身上具有无穷的可能性，无穷的变数，似乎总有一种神秘的力量，推动他在人生道路上勇往直前，把一切不可能的奇迹变为可能的奇迹。

薛永新不单单是一个名字，而且是一个变数。他以一个小木匠的身份，跃居中国药界的领军人物地位，从一无所有的草根，到成为缔造高科技制药王国的实业家，"无中生有"地演绎着自己的传奇，恩威的传奇。

薛永新是一个实业家。1978 年他带领一百多位农民进城务工，成为最早的包工头；1985 年他创办了木材加工厂；1989 年由他研发的医治妇科疾病的纯天然植物药"洁尔阴"洗液问世。1992 年恩威成为中国最大的中药厂家之一。2008 年恩威无形和有形资产达七十多亿元。世界权威杂志《福布斯》评出 2000 年中国 50 名富豪，薛永新名列该榜第 49 位。

"穷则独善其身，达则兼济天下"，孟子最经典的论述，道出了人生真谛。追求财富是人人的梦想，但是，拥有财富并不是人生的终极目的。如何利用创造的财富回馈社会，才是最具人生意义的追求。

薛永新是一个慈善家。1998 年长江特大洪灾，他捐赠价值 3200 万元的药品给抗洪一线的官兵；从 1989 年至今，陆续捐赠各种公益慈善事业款物累计达 1.7 亿元。2005 年胡润首次公布中国内地慈善家排行榜，薛永新名列年度国内 50 位企业家第 5 位。并入选福布斯中国内地十大慈善家，成为中国最慷慨的富人之一。

薛永新是一个改革者，一个川商，是 20 世纪 70 年代末最早下海的弄潮人。三十多年一路走来，他以勇气和智慧，不断探索，胜场独擅。

变革时期的中国，民营企业的路走得非常艰辛，布满荆棘。薛永新以无畏的英雄主义气魄，第一个站出来呼吁民营企业法制保障，引起社会极大关注，中央随后出台了一系列保护民营企业的措施和政策。

如果没有舞台，纵然最伟大的角色也无能为力。

改革开放，是一个开创新世纪的大舞台。薛永新和所有的民营企业家在这舞台上尽情挥洒，深受其益。

薛永新是一个懂感恩的人。

"如果没有邓小平的改革开放，就不会有我的今天、民营企业的今天。我感谢邓小平，感谢共产党。"他真诚地说。

一个世纪伟人，改变了时代，改变了中国人的命运。

尽管经历了风风雨雨，蒙受了许多不白之冤，薛永新依然怀有一颗感恩的心。

侠者，正义的化身，是中国古代社会推崇的人文精神。

"为国为民，侠之大者。"侠的精神不再局限于锄强扶弱，打抱不平。金庸给出了现代社会侠义精神的出路：为人类、为国家的利益奋斗。

薛永新是一个大侠，中国新一代大侠。虽然他没有像武侠小说中的人物那样，白衣长剑，在江湖来去自如地潇洒行走。但他有侠的精神。很多像他当初一样满怀抱负的企业家都已黯然退出江湖，而薛永新和他的恩威依然矗立在天地间，创造着一个又一个辉煌。

他有一股正气，一股悲壮的英雄气，一如剑侠，在险恶的江湖挥洒自如，剑气如虹。

1996年，"恩威税案"震动全国，薛永新又一次被推到了风口浪尖。

"薛老板，您一定要挺住。如果您不能挺住，我们民营企业就无法生存了！"当年励精图治，后来成为福布斯榜上中国首富的四川某企业家恳切而悲壮地对他说。

"我会。您放心。"薛永新平静地说。

"放心"两个字意味深长，薛永新要他放心，要所有的民营企业家放心，中国的民营企业一定能挺住。

阳光总在风雨后。从 1996 年到 2004 年，漫长的黑夜终于过去。薛永新没有倒下，没有辜负众多民营企业家的期望，在这场前所未有的风暴中挺住了。

2000 年"5·12"恩威连环爆炸案震惊海内外，薛永新遭遇生命的威胁，一双无形的黑手朝他射来暗箭，民营企业家的安危和生存令人担忧。面对恶浪汹涌的商海，薛永新临阵不乱，镇定自若。

"爆炸案发生后，我每天还是走同样的路线，在同样的地方办公，在同样的地方吃饭，从不改变，怕什么呢？"他淡定地说。

在我们的印象中，或者丰富的想象里，身家上亿的富豪都是保镖如云，前呼后拥。但薛永新绝对是一个例外。

"我没有保镖，走全世界都是我一人。"他淡淡地告诉我，炯炯有神的目光，透出一种从容，一种超然。

这就是薛永新，气质非凡、胆量非凡的薛永新。

一位哲学家说："每个人的现况是由心愿造成的。"这与佛家的"境由心造"是一致的。而老子则直接指出了心的最高境界：无我。

薛永新是一个心灵大师。无论是在北大演讲，还是在各种重要场所演讲，抑或是跟自己的职工谈话，他就像一个布道者，不倦地传道，传人生之道。

他说："人生、事业如何才能获得大成功呢？老子说，是以圣人后其身而身先，外其身而身存。这意思是把大家的利益放在自己的利益之前，反而会得到大家的崇敬，把自己的安危置之度外，反而会得到生命的安全。因为他忘掉自我，所以能成就自己的事业。"

无数青年学子、无数恩威员工被薛永新点燃激情，热血沸腾，从迷茫中找到人生的坐标，重塑信仰。有许多当年的恩威人，如今已成为各个领域的成功者、大富豪，正躬身实践着"造福社会"的理想抱负。恩威被誉为商界"黄埔军校"。

20 世纪 80 年代末 90 年代初，在中国大地上首次出现了企业家以老子

"无为"思想治理企业的成功先例，新闻界称其具有划时代的意义。

古人云，小隐隐于林，大隐隐于市。隐士，是中国文化的特殊现象。无论古代，还是当下中国，真正的大隐往往是社会的精英，扮演着重要的角色。

从某个角度讲，薛永新是一个"大隐者"，一个淡泊的人。虽然功成名就，个人却很低调。1997年以后他便不再参与社会和政界活动，埋头事业。新千年后，他又放手让从美国留学回来的弟弟和两个儿子担当重任，而自己则功成身退，一心打造投资数亿元的成都大邑鹤鸣山道源圣城，复兴开发中国道教发源地，实现让世界了解老子的宏愿。

虽然他几乎淡出江湖，但他的企业依旧保持着旺盛的创造力，惊人的活力，并朝着更广阔的领域拓展。

从草根到精英，从小学毕业的贫苦农家子，到饱读国学的心灵大师；从四处流浪的打工者，到叱咤风云的中国药界天王；从篾匠、木匠、石匠、泥水匠和包工头，到高科技跨国集团的董事长，这位半生风雨历经磨难的企业家，凭着不屈的意志、执着的创业精神和造福社会的理想，从如井的一隅，到站在世界的舞台，属龙的薛永新做了一个龙的腾跃，一个完美的转身。

薛永新获得这样的成功，秘诀是什么？

在坊间，人们流传着一种说法：薛永新的成功是因为运气太好，得到了道家神医的真传。其实，这只说对了一半，薛永新的"奇迹"并不仅仅来自于"东方神药"。

在薛永新的办公室，挂着一幅老子骑青牛图。他在案头点燃一支香，微笑着对我说：

"成功的秘诀，如果用两个字概括，那就是'无为'。如果用一句话总结，那就是：跟老子学做人，跟老子学做事，跟老子学做管理。"

他又说："愿众生吉祥，社会吉祥，造福人类，是我的梦想，也是老子给我们芸芸众生的使命。"

袅袅的香烟中，他的眼睛闪耀着一种智慧而幸福的光芒。

奥地利著名传记作家斯蒂芬·茨威格在他的一本书中说："一个人命中最大的幸运，莫过于在他人生途中，即年富力强时发现自己生活的使命。"

梦想和使命是成功的动力，梦想和使命也必然烙上文化的印记。我们不难发现，薛永新的成功与其所秉承的中国传统文化有着千丝万缕的联系。

老子成就了中国文化，成就了中国人的智慧，也成就了今天的薛永新。老子思想是薛永新秉持的人生之道、经营之道、永恒之道，也是他成功的不二法宝。

无论任何时候，人们都渴望找到励志的榜样和偶像，了解成功者是怎样历经风雨的奋斗历程，怎样成为出类拔萃、走向荣耀的时代英才。每一个有成功愿望的人，都希望以此激励自己的人生，让生命变得更加精彩。

传奇式的薛永新，带给我们怎样一个真实而不凡的多彩人生？带给我们怎样一种智慧和文化的启迪？就让我们一起探寻他的故事，那些惊心动魄耐人寻味的人和事，那些光与影中的商道岁月，艰难之路。

第二章

苦难岁月：自古英雄多磨难

磨难是上苍对每个人的考验。卓越的人必定经历了人世间非同一般的磨难。

"有无相生，难易相成。"老子告诉我们，一切事物都在对立中产生。困境不是坏事，相反它磨炼人的意志而成就大业。

我们遭遇了磨难并不可怕，可怕的是不能从磨难中找到出路。这也是杰出与平庸的区别。

生命中收获最多的阶段，莫过于最痛苦的时候。很多灾难险厄在时过境迁之后，回头发现，原来那是一笔巨大的财富。

所以，一个人的成长史，决定着他的未来。一个成功的企业家所经历的苦难岁月，是他的生命中不可或缺的重要一页。

第一节　降临人世：我从哪里来

当我们回头看一个人的生命轨迹，都无法回避他出生的故土。就像命运的种子撒在那里，早已深深地扎根在特定的土壤中。无论走到哪里，都带着那里的文化标记。

1952年3月28日，一个异常安静的黎明，却隐藏着令人屏息的生命躁动。四川潼南县（今属重庆）崇龛古镇似乎还在沉睡中，淡淡的云雾笼罩在涪江和琼江河上，烟水茫茫。双江岸上宽广的田畴，婆娑的竹影，那棵河边古老的榕树，还有远处黛青色的山峦，是它水墨般朦胧的背景，散发着湿漉漉的气息，仿佛一部无声的黑白影片的序幕，而我们故事中的主角就要登场。

古街上乌黑发亮的一排排门板紧闭着，悄无声息；长长的光溜溜的青石路上，不闻早行人的脚步声。小镇还没有醒来。然而，在紧依小镇边缘的一座农家大宅院里，老老少少却忙开了，烧水的、干活的，紧张地忙碌着；端水的、跑腿的，进进出出。这一切都在无声地进行中，似乎害怕惊动那垂着青花布帘被遮得严严实实的厢房。

宽敞而光线稍显幽暗的堂屋，陈旧的八仙桌摆放着瓜果，两张褪色的太师椅，然后是一溜青砖铺就的地面。一看便知这曾是一个比较富裕的农户。"吱呀"一声，薛大娘轻轻推开房门，然后又小心翼翼地关上门。她走到神龛前，点燃一炷香，然后跪在蒲团上，双手合十，面向神龛上的观音像，为她即将出世的孙子闭目诵经。袅袅的香烟带着她的祝福和祈祷，飘出屋顶，飘向了静静的水面。

此刻，薛大娘的二儿子薛万成正在厢房外焦急地来回踱步。房里没有任何动静，静得令人不安。薛万成二十二岁结婚。按照农村的习俗，老人都盼着早点抱孙。可是，一年、两年过去，媳妇夏先荣依然没有害喜的征兆。直到第三年她终于怀上了，薛万成那个高兴劲真是甭提了。可眼下临产的媳妇却如此安静，他不免紧张万分，一颗心悬了起来。

晨曦还没有唤醒，薛大爷决定到崇龛镇附近的玉佛寺烧香。

崇龛，这座建于隋代开皇三年（公元583年）的古镇，因其山上有高塔和许多庙宇宫观神龛，故以塔庙重叠高耸而名"崇龛。"

薛大爷沿着玉佛路，来到了静谧的玉佛寺。

玉佛寺，古称庵堂坡，又称铁盔寺，已有一千多年的历史，寺庙后那棵千余年的古黄桷树，便是悠远时光的见证。古树浓荫覆盖，庇佑着这座千年古刹和这古镇上的人们。一条清澈的琼江从它面前缓缓流过，流过了千载岁月。

玉佛寺为东、西、南、北四合禅寺，是后人为供奉北宋理学家鼻祖、道教学者陈抟老祖所建修。令人惊叹的是，这是一座独有的佛道合一的寺庙。寺内南方大雄宝殿内坐释迦牟尼佛，全身饰金，慈眉祥目。北方观音殿，九尊观音玉佛结迦趺坐，通体玉身，光彩夺人。东方老君殿，内坐太上老君、陈抟老祖。西方药王殿，内坐药王孙思邈。佛道和谐共存，千年香火鼎盛，是崇龛独特的人文景观。

后来玉佛寺惨遭摧毁，乃至它的重建，又是一番故事。

这一刻，寺庙外静悄悄的，僧人早课诵经的声音却从里面传来。

尽管天色幽暗不明，但薛大爷不用眼睛辨路，熟悉地踏着幽径向寺内而去。随着他的步履触处，石径发出奇妙的"咚咚"的应声，宛若古琴弹奏。尤其在这万籁俱寂的寺中，似乎藏着一种难以参透的玄机。

薛大爷的心也"咚咚"地跳动，带着喜悦和不安。在这个就要来临的清晨，他无法预知薛家屋里将要添一个孙子还是孙女。并不守旧的他认为，只要是薛家的子孙，他都一样欢喜。但今年不一样，这是龙年。

龙是中华民族的象征，是华夏祖先图腾崇拜的神物。它能升天，能入海，能兴雨，能腾云驾雾，翻江倒海，神力无比。它作为一种尊贵、威武、庄严、幸福、祥和的吉祥物，作为一种中华文化的积淀，升华为民族精神、民族气节，以它无与伦比的凝聚力，渗透在每一个中国人的血脉里。

读过几年私塾的薛大爷对龙文化没有很深的理解，他只是普通的老百姓，只是有一个再普通不过的愿望，在龙年抱得龙孙，使薛家兴旺富贵。所以，他打破了每日起早到陇上照看几亩田地的习惯，先来朝拜玉佛。

一群白鹤振翅飞过，天边露出了一缕晨曦，黎明来临。寺里的钟声敲响，一声又一声，清清玄玄。

一炷香过后，薛大爷为即将出世的孙子祈福完毕，步出寺外。他抬头望天，朗开的天空忽然暗淡下来，乌云聚集，春雷由远及近轰隆传来，转瞬飘起了雨。雨点越来越密集，在林间大滴大滴地坠落。

天气变化得如此之快，令他不知所措，心中不免有一种隐隐的担忧。不知孙儿是否诞生？是吉兆，还是不祥之兆？

薛家宅院。雨哗哗地下着，狂打着屋外的竹林，雷声从屋顶的青瓦上隆隆滚过。这场初春的雨来得这样猛，有些异常。厢房里妇人生产前的阵痛开始发作了，一声声凄厉的叫声盖过雨声，打破了宁静的小镇。关在草房的水牛哞哞地叫着，不安分地奋着蹄，似乎想冲出牛栏。

婴儿迟迟没有降生。

薛家老老少少都揪着心。

没有过多久，雨停了，风住了。天空渐渐晴朗。云散了，雾去了，朝霞布满山冈。薛大爷眺望远处奇峰之间的明月山，道家所建的灵山观就在那山上，传说那是陈抟老祖修炼的地方。

信奉佛道的薛大爷想起一个流传千年的传说。唐懿宗咸通十二年（公元857年）的一个清晨，突然天昏地暗，狂风骤起，接着大雨倾盆而下。一个道姑抱着一个婴儿走进崇龛镇一户陈姓的农家。

"贫道在河中拾得一个被人遗弃的婴儿，知道你们无子，敦厚善良。可愿意抱养？"

"愿意！愿意！"陈家夫妇喜出望外。

道姑双手将婴儿捧给妇人，然后手持拂尘，在妇人的胸前一扫。妇人顿觉乳房有一种胀痛感，琼浆般的乳汁流出。

妇人惊喜地为婴儿喂奶。当她抬起头时，道姑早已消失无踪。

后来夫妇俩听当地道士说，他们遇见了毛女神仙。

婴儿捧在手中像一个可爱的小肉团，男人便给他取名"团"，跟从自己的陈姓。婴儿长大后，有位真人为他改名"抟"，取庄子《逍遥游》中"抟，扶摇而上者九万里"之意。

这个婴儿便是历史上神仙式的人物陈抟老祖。陈抟自号"扶摇子"。据说他便出生在"普州崇龛"，并在灵山观与另一位道教大师麻衣道人一起修道炼丹，著书立说。陈抟老祖遍游名山大川，通晓儒家学说、道家玄理、佛家禅机，融会贯通，开创太极文化之先河，是五代宋初贡献卓越的道教学者。

关于陈抟老祖的身世传说有几种版本，但是，薛大爷和当地老百姓都坚信不疑——崇龛是陈抟的故里。

望着远山，薛大爷的担忧随云散了。他有一种预感，对于薛家，这绝对是一个具有非常意义的清晨。

当春雨停后朝霞初现，厢房里突然传来婴儿洪亮的哭啼声，薛家老少欢腾了。薛妈妈从接生婆手中接过婴孩，望着儿子饱满红润的小脸蛋，喜极而泣。薛大娘赶紧回到堂屋，面向观音神像念了一声："阿弥陀佛。"

薛大爷从玉佛寺回来，还未走到院子，乡邻们已赶来道贺。他大步流星地踏进院里，看见一个小婴儿在大人的怀中传来传去，大家都爱不释手。

"恭喜！恭喜薛大爷得孙儿了！"乡邻们向薛大爷道喜。

果然是小子！我得了龙孙！薛大爷激动地把孙子抱在怀里，喜泪纵横。通晓麻衣相法的他仔细端详小孙子。这孩子面若满月，前额宽广，隐隐然有大器之相。一双眼睛虽然不大，却神光内敛，将来必善于韬光养晦。偶尔，他那黑白分明的眼睛又会放亮，充满好奇，日后一定聪明睿智，拔萃超群。薛大爷越看越爱，喜上眉梢。

薛万成请父亲为孩子取名。薛大爷沉思片刻，说："就叫永新吧。""永"

是薛家的排行。在中国文字的传统意象里，"永"含有"长远""长久"的寓意。"新"则是"更新""崭新"的意思。1952年，恰逢新中国成立的第三年，薛大爷希望孙子将来不再像父辈那样过苦日子，用智慧和勤劳创造崭新的生活，永永远远，长长久久。

好啊，永新！家人热切而欣喜地轻轻呼唤。小永新惊奇地望着一张张陌生的面孔，那双明亮的眼睛仿佛在问：

我是谁？我从哪里来？

这是一个永恒的哲学命题，没有人能够参破。但是，人来到这世上便是带着一个个追问而来，在岁月中慢慢了悟生命的意义。

第二节　富农家庭：福兮祸兮

祸兮福之所倚，福兮祸之所伏。孰知其极？其无正。正复为奇，善复为妖。

——《老子·第五十八章》

老子认为，祸与福相互对立，又相互转化。当幸福到来的时候，祸早已埋伏在那里。而当祸降临之际，又未必不是福。

时间回溯到20世纪30年代的四川潼南。

那时的潼南并不知名，是一处偏僻而闭塞的小县城，但山川秀丽，江水环绕城郭。在潼南与安岳交界的崇龛古镇，民风淳朴。

薛家住在离镇上仅一里路的乡下，这一带家家户户都种棉花。虽然那时的农村土地贫瘠，但崇龛的村民靠着产棉而自给自足，纺线织布和弹棉花便成了他们的手工副业。

远远望去，随丘陵起伏的棉田，宛若浩瀚的棉海。白色的棉桃挂满枝头，像是天上的白云飘落地面。

时值采收的季节，勤劳的薛大娘和村里的女人们在一棵棵的棉树间采棉花，那从棉铃里摘出棉花的双手轻盈地飞动着，一团团棉花，更多、更多，落进她们系在腰部的大围巾和肩后的背篓里。

薛大娘白天下地干活，晚饭后点上一盏灯火如黄豆粒大的油灯，坐在用麦秸编织的蒲团上，熟练地摇动着一辆木制的纺车开始纺线。薛大娘是织布高手，脚踩着踏板，手上扔的梭子像流星一样快，织出的一匹匹布好看又耐用。很多穷人找她织布，她总是有求必应。

薛大娘有两个儿子，大儿子薛万清，二儿子薛万成。那时薛家还很穷，红薯、土豆、南瓜便是全家的主粮，有时还吃不上。两个孩子是在饥饿中和母亲的纺车旁长大的。

儿时的薛万成记忆最深的就是，一边伏在被窝里看书，偶尔抬起头，看见母亲手摇纺车的身影，便又继续读书。渐渐，静夜里，织布机转动发出的吱扭的声音，如催眠曲伴他进入了梦乡。

薛家男男女女穿的粗布衣服，都是薛大娘亲手织出来，然后拿到镇上漂染成深蓝或浅蓝的颜色。虽然质地与现在华丽的布料比起显得粗糙，但穿在身上舒适而温暖。

薛大娘除了给家里缝衣做鞋外，其余布匹交由丈夫拿到镇上集市换些油盐柴米，维持一家人的生活。

薛大娘心灵手巧和吃苦耐劳的韧性，传给了儿子，后来也传给了她未来的孙子薛永新。

女人纺线，男人弹棉花。这是薛永新老家乡下的一景。薛大爷是远近出名的"弹花匠"。一弯长长的弹弓，一张圆圆的磨盘，手提一个弹花木槌和一卷牵纱篾，这是弹郎行走的所有家当。

"弹棉花！"

"弹——棉——花——喽！"弹花匠悠长的吆喝声，在场镇的街头巷尾，村落庭院回荡，唤回了岁月消失的记忆。

一方空坝，薛大爷摆开阵势，背着八尺长的弯弓，有节奏地用木槌敲打弓弦，粘取铺在平板上的棉花。随着弓子的抖动，一声声弦响，只见片片花飞，转眼间魔术般地把一堆堆棉花压成一床雪白柔软的被子。那"嘭、嘭、嘭"敲打弓弦的闷音，或长或短，叩击人的心弦。薛大爷看上去就像一个弹琴的民间乐人。

别看弹棉花似乎是力气活，却有很多道工艺，非常讲究技巧。薛大爷弹的被褥又厚又软，丝网细密，比一般的棉花匠的手艺高出很多，很多人家都找他弹棉花。

虽然生意好，但并不能赚多少钱。乡下穷人多，有的给不起工钱，就用几斤棉花抵。豪爽仗义的薛大爷有时还免费为别人弹棉花。稍稍有钱的人家，就给几个工钱，但也不多。

为了全家人的生活，薛大爷除了农闲走村串户弹棉花，平日便租地主的田来种庄稼。他带着两个儿子日出而作，日落而息。收获的季节到了，他交了租，剩下的一些钱便积攒起来，也舍不得买米吃。他的心里有一个愿望，一个中国农民最朴实的愿望：在自己的田地上种庄稼。

春来秋去，一年又一年。薛大爷凭着辛勤劳动，终于置下了八亩田地：四亩种棉，四亩种稻麦。有了自家的收成，钱也就积攒得更多。薛大爷又置了八间瓦房、三间草房。这便是故事开始时薛永新出生的那座"大宅院"。从那时起，薛家十一口人不再挤在一间破旧不堪的草房里生活，日子也渐渐好起来。

1937 年抗战爆发。战争打破了这座小村庄的宁静。人们鸡犬相闻、与世隔绝的桃源般的生活一去不复返。

国民政府在各地农村推行民选保甲制，十户为一甲，设甲长。十甲为一保，设保长。这一天，村里选举保长。读过私塾的薛大爷有几分文化，知书达理。加上他是弹花匠，常年四处奔走，见过世面。而且他有头脑，有主见，还有一副古道热肠，人缘极好。于是他被乡亲们推选为保长，负责维持一村治安。

薛大爷为人正直。村里的大小事务，他都处理得井井有条，包括邻里之间的矛盾纠纷，都得到公正的解决，毫不徇私。因而他受到村民的拥护和尊敬。

然而，薛家平静短暂的生活，也就在薛大爷当保长后结束了。这要从村里一个名叫夏猴三的人说起。

　　夏猴三家里一贫如洗，全家老小三餐不继。夏猴三平日游手好闲，不愿下地干活。终于有一天他实在忍受不了饥饿，便当上了土匪。第一次抢人钱财得手后，夏猴三的胆子大了起来。进而他与一伙土匪纠结，四处打劫，欺压乡邻。

　　一个月黑风高的夜晚，夏猴三窜到一户人家伺机抢劫，当场被人抓住，扭送到县上。可是狡猾的夏猴三矢口抵赖。由于没有证人，县上不能将他绳之以法，准备把他放了。民众激愤，纷纷聚集到县府，要求严惩为非作歹的夏猴三。

　　为了平民愤，乡公所便派保长薛大爷去做证。

　　夏家人以为薛大爷惧怕夏猴三的土匪势力，不敢揭露其罪行。谁知薛大爷站在公堂之上，正义凛然，一一列举夏的种种土匪劣迹。铁的事实面前，夏猴三像霜打的茄子，一下蔫了。

　　"姓薛的，老子治不了你，我儿子长大了也要收拾你！"夏猴三在被带离法庭前，朝薛大爷咆哮着丢下狠话。

　　薛大爷面无惧色。

　　夏猴三受到了法律的制裁，至此，薛家和夏家结下冤仇，灾难也随之降临了。

　　1950年初冬，潼南与各地的农村一样，掀起了清匪反霸减租退押的热潮，向地主阶级展开第一场斗争。乡里组织各村挨家造册划成分。负责这项工作的是夏乡长。此人正是夏猴三的儿子。凡各村划成分的名单都要送到乡公所，由夏乡长审定签字。这意味着他掌握着生杀大权，许多人都不敢得罪他。

　　这天，各村的村长抱着花名册来向夏乡长汇报工作。薛大爷所在的明月村村长也来了。

　　"你，站过来。"夏乡长突然指着明月村万村长说。

　　秀才出身的万村长以为是叫别人，没有动。

"我说的就是你!"夏乡长不满地皱了皱眉头。

万村长赶紧站到夏乡长面前。

"说说你们村的情况。"夏乡长点名让他第一个汇报。

"王二娃家、赵驼背家、潘豆子家,还有村头秦家、孙家、宋家,都没有田产、房地,划为贫农。李富贵、张胡子、钱麻子几家都有几十亩地、大量房产,划为地主。还有几户中农,如陈家、冯家……"

"姓薛的那个弹花匠,你们给他划的啥成分?"夏乡长不耐烦地打断万村长。

万村长恍然大悟,原来夏乡长让他先汇报,目的就是针对薛大爷。他知道薛家和夏家有宿怨,夏乡长肯定趁机报复。他的心顿时"咯噔"了一下。

"薛家过去生活贫困,没有土地房产。随后才置了几亩薄田,我们给划的是……中农。"万村长尽量婉转地解释说。

"你说啥?我耳朵是不是听错了?"夏乡长顿时瞪圆了绿豆大的眼珠子。

"是,是中农。"万村长低声重复了一遍。

"你这个村长是咋当的?啊?薛某某当过伪保长,为国民党反动派效劳,历史上是有污点的。这种人早该抓起来!"

"乡长,可……薛大爷当过保长,从来没做过坏事。"万村长急辩道。

夏乡长打断他:"我问你,他家有十几亩地,十多间房子,哪儿来的?啊?我看就划地主吧!"

"这……薛家没有雇人、租地,恐怕还不能……"万村长为难地说。

夏乡长来气了,"啪"地拍了一下桌子:"我说老万,人家给你多少谷子堵着你嘴啦?八成你跟你婆娘盖的被子都是弹花匠给送的吧?"

万村长顿时涨红了脸:"没有,没有的事。"

"嘿嘿,乡长,那我们村有田的农户,是不是都得划成地主?"别村的一位村长赔笑着却不无讽刺地问。

夏乡长斜了那村长一眼,又看了看站在旁边分明有气的几位村长,心想，自己是土匪的儿子，当了乡长，本来就有很多人不服，还是别犯众怒。可也不能便宜那姓薛的。

"啊，我看这样吧，薛家就划成富农。"

"那，那就按乡长说的办。"万村长不好再说什么。他怕把薛大爷划成地主成分，结果比富农还惨。

薛大爷帮乡亲们做了很多好事，这样的好人怎么能打成坏人呢？唉！万村长在心里重重地叹了口气。

薛大爷一夜之间成了富农分子，两个儿子自然是"黑五类子弟"。那时候，薛家搞不清楚是怎么回事，甚至不知道"富农"的全部含义就被打入"黑名单"。

福兮？祸兮？至此，整个家族的命运被这顶帽子沉重地压住，喘不过气来。

第三节　少年时光：在饥饿中读书

少年时代，饥饿是薛永新心中恐怖的记忆。读书生活，却使他度过了那段难熬的时光。他的视野被奇妙地打开了。

薛永新的童年是在田边地头度过的，像许多农村娃一样，麦跺、溪沟、青草地，是他独自的天地。白天，父母下地干活去了，无法带他。常常，他一个人坐在麦草堆里久久望着天空的白云，看啊看。薛永新回忆起童年的那些情景，他无法记得那时想了些什么。或许，天空把他带到了一个未知的，更高、更远的世界。

他最爱去的地方是溪边。离他家不远有一条清溪，浅浅而清凉的溪水潺潺地流着。一看到水，他就非常兴奋，忍不住下到水里一番扑腾，常常弄得裤管、衣服湿漉漉的，滴答着水珠。有时，他会安静地坐在青青岸边，把小小的双脚泡在水里，低头注视着水中自己的倒影，仿佛在问：嗨，你是谁？

多年以后，水仍然是他最爱的追问，带给他无穷的生命的启示。虽然他的童年没有生活在幸福环境里，但大自然熏陶了他，滋润了他，成为他人生最初的启蒙。

无拘无束的童年，很快匆匆过去。苦难来临。

1958年夏天的一个早上，一阵欢庆的锣鼓从村头传来。薛永新好奇地跑出去看。几个村干部带领一大群人，举着红旗，拿着喜报，敲锣打鼓浩浩荡荡走来。

"我村公共食堂成立啦！"

"吃饭不要钱啦！"

"不在自家里开灶，全都到公共食堂吃大锅饭去！"

村民奔走相告，传送着这天大的喜讯。这是中国各地农村"大跃进"的开始。六岁的小永新还无法了解公共食堂的含义，但看到大人们脸上的喜气，猜想这一定是好事。他便跟在那群人的后面，蹦蹦跳跳。

各家各户按照规定把米、面、麦子，还有谷子、红薯、黄豆、南瓜、地瓜等，凡能吃的东西悉数交到公共食堂，包括铁锅、碗筷统统"充公"。薛家也不例外。自留地没收，几亩地也给"公社化"了。干部拿走了家里的锅碗盆瓢，几十斤黄豆、大米，还有几张上好的八仙桌和太师椅。永新的父母虽然觉得心疼，也无可奈何。薛大爷只是闷闷地蹲在地上抽着叶子烟。

几千年来自给自足的中国农民过上了"吃饭不要钱"的供给制生活，像梦一般。薛大爷内心喜忧参半。

自此，村民们老老少少每日三餐在大食堂欢天喜地吃起了大锅饭。然而，好景不长，仅仅享受了一个月的美好生活，粮食越来越少，干饭变成了稀饭，稀饭变成了"瓜菜"代。过了三个月，连瓜菜都吃光了，人们的脸上失去了笑容，形销骨立，目光投向了荒田野塘里连猪都不吃的各种野菜。粮食饥荒，没有吃的。许多人手脚浮肿，有的人饿死在野地、荒郊。

一堆堆新坟、漫天飞舞的纸钱……饥饿，在中国大地上恐怖地蔓延。

正在长身体的永新只能像大人一样靠野菜充饥。那年月，即使吃上一顿野菜也不容易。生产队给他规定了任务，每天要交一背篓猪草，才能到食堂吃饭。

永新的肚子整天空空的，有时一天才吃上一点汤水。饥饿的滋味，让小小的他难以忍受。有时，他饿得实在迈不动脚步，勉强支撑着回到家里，见着母亲，真想喊一声："妈妈，我好饿。"

可是，当他看到母亲愁苦的面容，因饥饿日渐浮肿的身体，他就又忍住了。

"永新，你饿了吧？"薛妈妈问。

"妈妈，我不饿。"饿得头晕眼花的永新不愿母亲担心。

薛妈妈一阵心疼，眼睛湿了，转过身去。

为了吃上一顿野菜汤，天刚蒙蒙亮，永新就要起床和姐姐出去打猪草。个子小小的他背着背篓，睡眼惺忪地走在荒芜的田间、小河边，忍受着饥肠辘辘，四处寻找猪草。那时候，村里的青壮年都"大炼钢铁"、挖水渠去了，村里人影都很少看到。往日清澈的河水变得浑浊不堪，田地里青草少了，猪草快没了，就连一只麻雀的影子都不见了。原来这是"除四害"的结果。秋收季节，村民们拿起竹竿，四处追逐麻雀，还用弹弓打，火药枪射，直到将它们彻底消灭。

这一天早晨，永新独自背着背篓去割猪草，不知不觉中走到玉佛路，来到玉佛寺门外。

这是他儿时常去的地方。

"吱呀"一声，他使劲推开厚重的寺门，探了个脑袋进去。寺里奇异地安静，有一种不祥之兆。

走进大殿，眼前的一切让他震惊万分，几乎不敢相信自己的眼睛。这座佛道合一的寺庙，仿佛遭到了洗劫。金碧辉煌的佛像被人砸得七零八落，释迦牟尼佛像、观音玉佛，还有太上老君、陈抟老祖横躺在地上，身首异处，一片狼藉。

昔日辉煌的殿宇百孔千疮，厚厚的经书在熄灭的灰烬中散落着残缺的碎片。寺里不见一个僧人，他们都被赶走了。

他弯下身去，触摸着那些佛像和神像的断臂，仿佛自己的手臂也被重器狠狠地砸了一下，锥心般地疼痛。

为什么？为什么那些人连菩萨、神仙都不放过？他难以理解。

他在每个殿里仔细地搜索，希望能找到完好的佛像。终于在一个不起眼的角落，他意外地发现了五尊古佛。看来那些人把它们搬下佛龛，还没有来得及破坏，便因什么事走掉了。

他喜不自禁。

我要保护好佛像，把它们藏起来，免得再遭坏人毒手。他想。

可是，藏哪里呢？他想起寺庙后面黄桷树背后有一个小山洞，那里可能放得进这五尊佛像。

于是，他在好心人的帮助下，立即动手，费了九牛二虎之力，像有神助，硬是将一尊尊超过自己身高、重若千斤的佛像搬进了洞里，然后，用树叶将洞口仔细遮蔽起来，他这才放心了。

安顿好佛像后，薛永新突然想起了明月山，不知山上的道观怎么样了。

不顾手脚累得发麻，他立刻朝明月山跑去。

到了山上，他被惊呆了。陈抟老祖修道的宫观被破坏得面目全非，道士们也被迫下山去了。

他一口气又去了三座道家宫观，还有两座佛寺，那些佛像、神像一样难逃厄运，被砸得横七竖八。呈现在面前的景象，让他的心灵受到前所未有的冲击！

他侧耳倾听，山中一片死寂。如仙乐飘飘的洞经音乐永远听不见了！他的心猛地一痛，忍了又忍的眼泪突然流了下来。

他从小就爱在宫观里转来转去，也不知为什么，感觉那些神像很慈祥、很亲切。闻着香火的味道，觉得那么好受，那么特别。袅袅的轻烟，仿佛把他带到前世里熟悉的世界。

此刻，他似乎听到世界毁灭的声音。

为什么？他们为什么这么干？永新不知道该去问谁，谁又能给他答案？

他站在一片荒凉的山上，心里感到难受。幼年的他还不能理解那一段疯狂的岁月。即便是成人也无法理解，何况一个小孩儿呢？

擦干眼泪，他背上背篓，心里只有一个愿望：完成打猪草的任务。他实在太饿了。

这一年，为了生存，也为了孩子们能读上书，薛万成带着薛家十一口人从乡下搬到了崇龛镇。永新上小学了。他终于可以背着书包上学堂了。

1959 年，对于饥饿中的薛永新而言，读书是他最快乐的事。

家里经济困难，妈妈没有钱给儿子买书包，连夜挑灯用旧布缝制了一个。她还用永新爸爸的旧衣改制了一件男孩的衣服。虽然是粗布的，有些粗糙，但永新穿在身上能感受到妈妈的爱。那是他成长岁月里最温暖的记忆。

"娃儿，你要记住，读书才有出息。"薛万成语重心长地对永新说。

薛万成虽然只读了几年书，却是村里的"秀才"。村民们写信、识字，或者逢年写个对联什么的，都要找他。受过传统教育的薛万成，深知"万般皆下品，唯有读书高"的道理。

永新在心里发誓，要好好读书，不辜负父母的期望。

薛永新开始了人生的第一课。翻开课本的第一页，老师教学生齐声朗读："毛主席万岁！""共产党万岁！""中华人民共和国万岁！"对当时的薛永新说来，他还无法理解"万岁"的意义，只是觉得要热爱毛主席、热爱共产党、热爱祖国。他大声地、激动地跟着老师念读。

他印象最深的是一篇课文里的句子："我们来到小河边，来到田野里，来到山冈上，我们找到了春天！"每次朗读的时候，他就不禁想起幼年脑海中的乡下，那美丽的小河，青青的山坡，像白云似的望不到边的棉田。故乡第一次在他的心里扎了根。虽然那时还很模糊。

永新学习非常用功、刻苦。由于他天生聪慧，悟性极高，又有家学渊源，加之勤奋好学，所以，薛永新每年的学习成绩在学校都名列前茅。

他爱看书几乎到了痴迷的地步。八九岁年龄，他就有了超强的阅读能力，学校的课本早已满足不了他的求知欲。他急切地找书看，找老师借，找同学借。只要找到一本好书，他比吃到一顿白米饭还要高兴。书是他饥饿日子里最大的精神慰藉，是他唯一快乐的理由。

他最爱看的是历史书。在那个荒唐的年代，许多古书都是禁书，尤其在闭塞的小镇，找一本书并不是一件容易的事。永新便到镇上的收荒匠那里软缠硬磨地淘来一本本古书，从《孙子兵法》《史记》《水浒传》，到《三国演义》《隋唐演义》《封神榜》《西游记》等，他如获至宝，不加选择，照单全收。

他不敢把书带回家，怕给家里惹来麻烦。他更不敢带到学校，担心被老师没收。他悄悄把书装进背篓里，上面覆盖一层猪草伪装起来，然后背到他每天砍柴的山上，将书用油纸包好，偷偷放进一块岩石下的小洞里，细心地再用树枝遮好，做上记号。藏好了书，拍拍手上的尘土，他满意地笑了。

放学了，他还不能立即上山看书。他要先去河边割猪草，割满一背篓猪草后，再上山砍柴。只有这时候，他才能在砍柴的间歇从山洞里取书来看。靠着一棵老榕树，守着斜斜的树影，他手握一卷书，如痴如醉地读着，忘记了饥饿。夕阳的余晖从树枝间洒下来，书页上斑斑驳驳。风清凉地吹着，鸟儿在头上鸣唱，这是少年的他最惬意的一段时光。

虽然他并不能完全看懂每一本书，但以他惊人的领悟力，还是能从中得到许多启迪。书把他带到一个新奇的、浩瀚的、广阔的世界。每一个历史人物、英雄豪杰，他们的智慧、勇敢、坦荡、执着的精神已润物无声地渗透到他的生命里。他最崇拜的人物是武则天。这位至尊的红颜，一代明君，不仅能治理天下，而且还能容纳那些与她作对、上书声讨她的人。她的心胸是多么仁厚、博大！

薛永新日后所形成的非凡的气度和人格魅力，正是跟他读书受到的影响有关。他善于思考，也正是在那时培养起来的。

少年永新懂得，一个国家的灾难都是暂时的，总有一天会过去。任何历史时期，总有奸佞小人作祟，但他们必会受到应有的惩罚。坚强的他学会了在书里寻找生活的答案，寻找生活的希望和勇气。

他不仅看历史书、历史小说，连深奥的医书也好奇地拿来翻翻。中国传统文化无声地浸润他的心灵。他的思路和视野被奇妙地打开了。

那年，他仅十一岁。

第四节　伤心辍学：要苍天知道我不认输

少年薛永新本该与同龄的孩子一样，在知识的海洋里继续遨游。可是，他的梦碎了。命运就这么被改变。只是，他不认输。

1961年，大食堂解散，大锅饭结束。饥荒的阴影还没有在人们心头散去，政治斗争的弦又绷紧了。

一天上午，崇龛镇的治安主任带着几个干部来到薛家。

"砰砰砰！"一阵急促的敲门声。

"有没有人啊？快点出来！"有人拍打大门高吼。

"谁啊？"薛大爷打开门，看见治安主任和几个人面色不满地站在门外。

"啊，是主任啊。快请进。"薛大爷热情地邀请。

"你家老大、老二呢？"治安主任没有进屋，冷着脸问。

"他们和媳妇都干活去了。有啥事啊？"薛大爷担心地问。

治安主任大声宣布："根据上级指示，地富分子一律不准居住镇上，必须搬回乡下，接受劳动改造。限你家三天之内搬回乡下。"说完，他一脸鄙视地朝薛大爷看了一眼，带着人头也不回地走了。

薛大爷心里一沉。

老二薛万成收工回来，看到父亲闷闷地坐在凳子上抽着叶子烟，便问什么事。

"笃笃笃。"半晌，薛大爷把烟杆往地上戳了几下，抖了抖烟灰，闷闷地说了句："搬家。"

"咋回事儿？"薛万成不解。

薛大爷把治安主任上午来宣布的事告诉了儿子。"你说咋办？"他问。儿子薛万成是薛家的主心骨。

薛万成沉默了片刻，根据他最近在外面风闻的政治讯息，感觉不能硬抗。自家是富农分子，违反了上级指示会招来更大的麻烦。

"爸，我们搬吧。"他知道父亲舍不得镇上的新家，可也没有办法。他心里也挺难受。

"搬？爷爷，我们又要搬哪里去？"放学回来的薛永新吃惊地问爷爷。

"乡下。"爷爷说。

"住得好好的，为啥要搬家？"薛永新问父亲。

父亲沉着脸，默默无语。他又把目光投向爷爷，爷爷也不发一语。他们怎么跟永新解释？年少的孩子怎么能理解"富农"这顶扣在家族头上的帽子？

永新不好再问，心里涌起一种不安的感觉。

薛万成怎么也没有想到，举家老少搬回乡下，竟然有家难归！

原来，薛家在乡下的十一间老房子被胡家给占去。姓胡的男人过去当过土匪，也不知靠什么关系，居然当上了村干部。

"胡干部，政府要我们搬回来住，请把房子腾出来。对不起了。"薛万成找到胡干部客气地说。

胡干部横眉一挑，眼珠子一瞪，啪地拍了一下桌子："啥？老子住在这儿，房子就是我姓胡的。你这个富农分子，算啥东西？敢跟我要？"

"没房子，你让我们全家老少住哪里去？请体谅体谅。"薛万成忍着怒气说。

"我管你家住哪儿去！你有资格跟我说话吗！"胡干部鄙视地说。

"可这是我们薛家的房子，胡干部您得讲理啊。"薛万成拿出自家的房产证给胡干部看。

胡干部一把将房产证撕成两半，指着薛万成的鼻子说："好哇，你还敢跟我讲理？跟我要房子？我问你，你哪儿来的钱买田买房？不是剥削是啥？"

"我们薛家是靠双手劳动挣来的。"薛万成理直气壮地说。

"哈哈哈。"胡干部突然狂笑。那笑声像冷飕飕的刀子扎进薛万成的心窝。

胡干部收住笑，恶狠狠地盯着薛万成说："你这个富农子弟还这么气焰嚣张，我看你想挨斗了！兔崽子！"

"你！"薛万成气得真想揍他一顿。

"我们走吧。"妻子怕激怒胡干部，丈夫吃亏。她拉走了薛万成。

饥荒还没有过去，原来的老宅院又被别人霸占了。这真是应了那句老话："屋漏偏遭连夜雨。"薛家迫不得已，一家四辈，爷爷奶奶、大伯大婶，加上父母，还有薛永新和哥哥，以及大伯的儿女，总共十一口人，就挤住在临时搭建的简陋草房里生活。房子只有一间半，非常狭小。

夜深了，一家人齐排排地睡在铺着厚厚麦草的铺上，最多用布帘相隔。最苦的是，山上风大，呜呜的怒号，常常把房顶的草吹开。遇着下雨，情况更糟，外面雨声哗哗，屋里雨滴答答。杜甫《茅屋为秋风所破歌》诗中的凄凉境地，仿佛是此刻薛家的写照。

"安得广厦千万间，大庇天下寒士俱欢颜。"薛永新望着屋顶上漏下的雨滴，心里念着从书里学来的诗句，虽然似懂非懂，但他幻想着有一天长大了，要盖很多很多的房子，让很多人都住进去，再也不受漏雨之苦。

那时候他小小的一念，竟然在日后果真实现了。他事业的成功就在当初的一念之间。

农村开始鼓励开荒种粮。

懂事的薛永新放学回来，便帮父母、大伯、伯母上山开荒，种小麦、红薯、油菜。到了1962年的春天，漫山遍野都是金灿灿的油菜花，醉人的香气扑鼻。麦子长得绿油油的，掀起一片麦浪。就像久旱逢甘霖，看到荒地变良田，薛永新和大人一样高兴。

生活开始好转。1963年夏天，生产队实行按人头评工分分粮食。薛永新要上学，不能像大人一样到田里干活，但也不愿成为家里的负担。他便每天一早到河边、山坡捡牛粪、狗屎，放学回来，交生产队，好分粮食。即使冬天下大雪，冒着严寒，他也坚持去捡牛粪、狗屎。

他的双手常常冻得通红，肿得像馒头一样，还脱皮、流脓。怕母亲担心，他回家后，总是把手藏在身后。可母亲还是看到了。

"娃儿，天这么冷，就别去捡牛粪了。家里的粮食够吃。"薛妈妈心疼地对永新说。

"妈妈，我一点都不冷。您看，您给我做的衣服多暖和。"他笑着指指身上的粗布棉袄，安慰母亲。

薛妈妈心里疼痛，一把搂住儿子，眼中悄悄地流下泪水。

家里房间很窄，非常拥挤，光线幽暗，无法读书写字。薛永新每天捡完牛粪回来，像往日一样把小板凳搬到草房外，就着一块石板写作业。写一会儿，把冻僵的双手放在嘴边哈哈气，接着又写。

母亲站在门边含着眼泪看着儿子，又欣慰，又难过。

1964 年夏天，薛永新小学毕业了。父母了解儿子酷爱读书，都盼望他升入中学，将来成才有出息。对成绩优异的薛永新来说，考中学很容易，小菜一碟。他对自己有信心。

这一年的暑期似乎很漫长，他天天盼着夏天快点结束，早日升学开始新的读书生活。然而，录取通知书迟迟没到。村里的同学张二娃、李小牛，还有那个成绩很差的女生秀秀都收到了升学通知。

咋回事？学校把家里的地址弄错了？他心里暗暗着急。

"娃，再等等。学校还要发榜呢。"薛妈妈看出儿子的心事，安慰道。

终于等到了发榜。一夜未眠的薛永新，第二天一早就到了学校。大红的榜单张贴在宣传栏上，他的心"扑通、扑通"直跳。他在一排排、一行行密密麻麻的名字里寻找着，可是从头到尾看了几遍都没有找到他薛永新的名字。

他不相信自己的眼睛。不，不可能！这怎么可能？

也许老师抄榜的时候漏掉了我的名字。问问老师去。他怀揣着一线希望去找班主任。当他经过校长办公室的窗前，班主任的声音从里面传出，似乎正在和校长争执，而且提到了他。薛永新不由止步。

"校长，我不明白，薛永新考试成绩这么好，全校前三名呢！他平时表现很好，尊敬老师、团结同学、热爱劳动，这样的优等生，为什么不让他升学？"班主任激动地问。

"再好也不行！"校长斩钉截铁地说。

"为什么？"

"全国都在讲以阶级斗争为纲，学校也不例外。他家是富农，成分不好，是斗争对象。我们不能录取他！"

像被人用棍棒从后脑勺猛地敲了一下，薛永新的脑袋"嗡"地一响，眼前一片空白。他不知怎么走回去的，双脚重得几乎迈不动了。他回到家里，闷闷的，一句话都不说。

看到儿子的神情，母亲什么都明白了。

"娃，没录取就算了。啊？"

薛永新忍不住扑在母亲怀里放声大哭。

母亲默默地搂着儿子，任他把悲伤释放出来。

"妈，富农就不能读书吗？"薛永新抬起泪眼伤心地问。

母亲搂紧了儿子，叹了口气："娃，这是命。"

"命？我们薛家就不认命！"一直坐在板凳上沉默不语的薛万成蓦地站起身，愤怒地骂道：

"富农咋啦？富农就不是人？富农的娃儿就没有读书的权利？那些狗×的，要整就冲我来好啦，干吗连孩子都不放过？老子找他们说理去！"

薛万成气冲冲地就要出门，妻子赶紧拉住丈夫："闹一阵有啥用？他们要再把你抓起来批斗，你叫我们母子怎么办啊？"

"唉！"薛万成无奈地又坐了下来。

"孙儿啦，别灰心。"默默抽着烟的爷爷开口道，"爷爷这辈子经历了很多，原来以为读书有用，现在看来读书也没啥用了。天无绝人之路，只要有手艺，有本事，就饿不死。"

薛永新咀嚼着爷爷的话，又看看父母伤心的样子，便擦干眼泪，站起身，神情庄重地说：

"爷爷、爸、妈，你们不要难过，我要学本事，给你们争光，争口气！"

刚才还在哭泣的薛永新，此刻，像个大人似的，稚气的脸上流露出超越年龄的成熟。

我的儿子长大了！薛妈妈在心里感叹，流下了欣慰的泪水。

薛永新被迫辍学，他的读书梦破碎了。站在山坡上，他朝学校的方向默默回首，在心里依依惜别。虽然他难以割舍，却不得不道声再见。他知道，琅琅读书声的青青校园，自己再也回不去了。

他把目光投向通往村外的乡间小路，曲曲折折的羊肠道，看不到尽头。命运不知又将把他带向何方。

那一天，他在山坡上站了很久、很久，直到黑夜降临。他茫然的目光，穿越漆黑的夜空，渐渐变得坚定。

不管未来的路有多远，有多坎坷，这都不要紧。不管无尽的夜有多暗，有多漫长，他都不惧怕。

因为，他不认输。

第五节　苦学手艺：逆境中磨炼意志

强行者有志。

——《老子·第三十三章》

老子认为，面对挫折，坚持努力，才是有志气的。

真正的强者具有一往无前的勇气。他之所以比别人成功，在于他把一切痛苦和失意看作是一种挑战。面对逆境，他不会停下来。因为他在前进。他在黑暗的时间里不断地充实和积累自己。

不能读书，这对薛永新来说，犹如晴天霹雳。虽然他慢慢接受了这个事实，但看到同学们都兴高采烈地到学校读书，心里不免感到失落和沮丧。一连好几天，他都不愿说话，只是埋头干活。

薛万成了解儿子的性格，虽然嘴上不说，其实不甘心离开学校。他打听到崇龛镇新近办了个农业中学，便问永新愿不愿意读农中。

"爸，我真的可以上学吗？"他似信非信。

"我问了校长，他说没问题。"薛万成知道儿子担心什么。

我又可以读书了！薛永新高兴万分。

可是，他万万没有想到，刚读了一月农中，学校因为他家的富农成分，校长顶不住来自上面的压力，只好让他退学。

他的读书梦再一次破碎了。命运仿佛故意捉弄他，让他不断遭受挫折。

人的一生都要面临各种不如意，谁也不能逃脱。每个人都有经历第一次痛苦的那一天，而你如何面对它、接受它、改变它，完全取决于你的态度。是一蹶不振，自暴自弃，还是坚持到底，永不放弃？美国激励大师金克拉说："此时你的行为方式在很大程度上影响你的前途和命运。"

辍学是薛永新人生中经历的第一次痛苦。他茫然过、苦恼过、愤懑过，但是，性格坚强的他不愿就此消沉下去，更不愿一辈子被人歧视。在田间地头休息时，他想了很多、很多。

他不怨父母把自己生在一个富农家庭。他不信命，不信自己天生就是罪人。他坚信一句古训：吃得苦中苦，方为人上人。他要像书里那些大人物一样，忍辱负重，总有出人头地的一天。

金色的阳光披洒在田野上，小小少年仿佛看到了希望，看到了金色的未来。此刻，他仿佛插上了一双翅膀，在幻想中飞向天空。

他深深地呼了口气，站起身，重又拿上锄头，走到田里，精神抖擞地翻着新土。他好像突然换了一个人似的，那脸上的忧伤和沮丧，没有一丝痕迹。他的眼睛流露出坚毅，流露出信心。

直到夕阳西下，他才荷锄归去。

由于踏实肯干、任劳任怨，加上读过书，有文化，十二岁的薛永新备受社员们称赞。生产队长打心眼里喜欢他，给了他一个许多人都羡慕的差事：记分员。他干得尽心尽责，一丝不苟，人人都夸他。这是薛永新人生中第一次当"官"。

虽然能分到一些粮食，克服了饥饿，但薛家上下十一口人的生活仍然困难。每顿吃的都是汤汤水水的稀饭，混合着红薯或者南瓜渣，还不能吃饱。

怎样才能帮助家里呢？薛永新苦思冥想。

有一天，他到镇上赶集，忽然发现，农民生活好转，购箩筐、凉席、蒸笼的人多了起来。对呀，我可以做这些去卖啊。他的脑子里灵光一闪。

他家的房前屋后满山遍野都长着葱茏的翠竹，用竹子可以编各种农具、家具，不用可就浪费了。于是，他兴奋地跑回家里，把学篾匠的想法告诉爷爷。

"干吗学这个？你不当记分员了？黄大队长撤了你？"爷爷紧张地问。

说起这个黄大队长，其人早年与薛大爷有过恩怨。当年，黄大队长看上了薛大爷的三个女儿中的一个。薛大爷觉得他品行不好，没有同意。从此，他就怀恨在心。薛家划为富农后，每次大队开批斗会，他总是首先站出来，历数薛家的种种"罪行"，对薛大爷进行人身攻击和侮辱。

薛大爷担心黄大队长又来报复孙子。

"不是。我还当记分员。爷爷，我想空余时间编点箩筐卖，兴许还能挣几个钱。"

"好啊，我孙子长出息了。"爷爷高兴地说。

薛永新拜了篾匠师傅——人生中的第一个师傅。师傅手艺巧，心肠好，他热心地教永新如何选竹子，如何划篾条。永新学得很用心，非常尊敬师傅。不到半个月，他便学会了编箩筐、竹篮、凉席、蒸笼等篾匠活，而且还创造性地在竹篮上加了一些花样、颜色，使之更好看、更实用。

这天，他高兴地挑上自己亲手编的箩筐、竹篮到镇上摆摊。

"买箩筐！买竹篮喽！"他喊道。第一次开口叫卖，少年的嗓音带着稚嫩和羞涩。

"咦，这篮子多好看啊。"一个大婶带着一个姑娘走过来，拿起薛永新编的竹篮爱不释手。

"你编的?"看他这么小，大婶有点不相信。

"是。"

"多少钱?"

"婶婶，四毛钱一个。"

别人卖的竹篮都是五毛钱，这孩子的竹篮比别人编得好，又好看，又便宜。大婶高兴地掏钱买走了。

"闺女，你走人户就提这篮子，多体面。那娃儿的手真巧。"大婶边走边对那姑娘小声说。

薛永新听见，笑得咧开了嘴。

一个上午，他挑来的几个箩筐、竹篮全部卖光了。总共挣了一元钱。

握着一元钱，他的手禁不住颤抖。一元钱在今天微不足道，但在1964年的四川崇龛小镇，对一个十二岁的少年来说，却是一笔不小的数目。这是薛永新人生中第一次赚到的钱，也是他第一次做生意。

人的一生不仅要经历第一次痛苦，而且还要经历很多的第一次。在无数第一次的经历中，每个人就这样成长起来。

从这以后，除了完成记分工作外，薛永新回到家，便编箩筐、竹篮。逢集就挑到镇上去卖，每次都卖光了。这样下来，家里的油盐柴米就基本解决了。

"这娃儿人小鬼大，聪明、手巧。"

"你们家永新可能干啦。吃得苦，有出息。"

"我们家的娃儿跟永新一样大，可啥都不会干。整天就贪玩。唉。"

村里的人都夸永新。爷爷听了，一边捋胡子，一边笑得乐呵呵的。

1966年，黄大队长以薛家是富农为由，把薛永新干了两年的记分员工作给撤销了。这一次，薛永新并没有失落。或许经历太多的打击，他已具备了承受力。

再则，他认为当记分员并不是他的目标，虽然他还无法明确自己的目标是什么。而做篾匠也不是长远之计，尽管他编的箩筐、篮子很好卖，但挣不了几个钱。他想起爷爷的话："要多学本事、多学手艺，才不受人歧视。"

认真思考后，他决定学石匠。

那时的农村无处不开山造田，放炮声随处可闻。工匠行里原先最瞧不起的一行——石匠，一下子成了最抢手的职业。

薛永新跟一位老石匠学手艺。老石匠来自石匠世家，他手艺精湛，远近闻名。他砌的田埂不会垮塌，修的石桥坚固而耐用，他打的磨子、猪槽都非常精细。

石匠活又苦又累又脏又重。起初，老石匠担心薛永新年龄小，吃不消，不愿教他。但看到他卖力地搬石头，一锤一锤地认真凿石块，汗水打湿了衣背，手酸了、麻了、肿了，都不叫一声苦。老石匠不由对这个少年刮目相看，将手艺毫无保留地传授给他。很快，聪明的永新跟着老石匠学会了打磨子、打石条，还学会了修桥。

有一次，村里的一座拱桥被大水冲垮了。这时，老石匠卧病在床。薛永新主动请缨。

"你能?"村支书不相信地问他。

"能。"薛永新定定地回答。

村支书一时找不到其他人，便让薛永新担起修桥的任务。永新所以这么肯定，原来他已悄悄丈量了河水的宽度，心中有数。他当即赶回石场，与师兄们一道连夜凿石块。第二天便把凿好的石块一一抬到河边，垒成拱形。一座更加坚固的石桥就这么修好了，几乎一气呵成。最绝妙的是，石块一个不少，一个不剩，恰到好处，似乎永新心里早就计算好了。

村支书和村民们对他赞不绝口，刮目相看。

老石匠病好后，薛永新又跟着师傅凿石造田。搬运石块时，他最喜欢听老石匠喊号子，声音洪亮、粗犷，富有鼓动力。

"小伙子们喽，抬起来哟！"

"嘿哟——"

"加把子劲哦！"

"嘿哟——"

一声声号子，一声声回应，那是生命的呼喊，那是不甘向命运屈服的吼声。薛永新忘掉了烦恼和忧愁，顽强地抬着巨石一步步朝前移动，一步步长大。不觉中，他已是十四岁的少年了。

1966年，疯狂的"文化大革命"席卷中国大地，偏僻的乡村也毫无例外地受到震荡。就像一场来势凶猛的沙尘暴，狂风掀起漫天尘沙，卷走了一切，无人能够躲过。

村里停止了开山造田。县城、小镇纷纷贴出了一张张弥漫火药味的大字报，一个个"反动分子"被造反派揪着游街示众，开批斗会。村头村尾到处都听到革命的口号声。薛永新对这一切没有兴趣。

石匠生涯结束，他没有感到沮丧。他想学医，这是早就萌生在心里的想法。读书的时候，他看过李时珍的故事，还从旧书摊里淘到一本残缺的线装书《本草纲目》，那时他便对神奇的草药世界饶有兴趣，尤其对大明医圣李时珍充满了崇拜，希望自己将来像李时珍一样治病救人，为村里的乡亲看病。

爷爷了解孙儿的心事，便托县城的亲戚说服开诊所的张中医收下永新做徒弟。张中医见了薛永新，感觉他悟性极强，颇有天分，是一块学医的料，便欣然同意，叫他第二天来诊所。

那天晚上，薛永新兴奋不已，一整夜都没睡着。

谁料，第二天一早，亲戚来到薛家，带来一个不好的消息。由于薛家成分不好，县城又在闹革命，张中医不敢收徒弟。

薛永新几乎呆住了，好半天都没有说话。这是他自辍学后又一次受到的打击。除了爷爷和父亲被批斗外，自己的记分员被撤、石匠没活干，都没有给他造成痛苦。可是，不能学医，就像有人朝脑后狠狠地敲了一棒，他顿时被震蒙了。

成分，又是成分！为什么，这是为什么？上天为什么这么不公平？他的内心泪流不止，眼中却没有一滴泪。

爷爷沉默了片刻，往地上戳了戳烟杆，对永新说："孙儿，不能学医就算了，以后有机会。"

我还有机会吗？薛永新绝望地感到，"富农家庭"像一个尖利的钉子，深深地扎进了他的命运里，无力拔掉。

"不如去学木匠？只要有手艺，难不倒咱。"爷爷给孙子打气。

爷爷说得对，咱难不倒！薛永新性格里不服输的倔强又开始复苏。他想到自己的家人住着破旧的草房，不避风雨，以后学会了木匠，就可以为家里做门窗，让家人不再受风雨侵袭，也可以为很多人盖房子、做家具。这多好！

薛永新又拜了邻村最有名的李木匠为师。李木匠手艺很高，乡里家家户户都有他做的物件，由此可见他的声望和技术。李木匠相貌较丑，可心地善良。他见薛永新忠厚老实，人又聪明，且家境贫困，便二话不说收下了这个小徒弟。

薛永新第一次接触到木匠的工具，有锯子，有两个耳朵的刨子，尖尖的会旋转的钻子，还有寒光闪闪的斧子。他想起神话书里那魔术般的斧子，啪的一声，金光四射，跳出一个神仙。他好奇地抚摸着。

师傅拿了尺子和墨盒，在木板上画来画去，他便站在旁边静静地、专心地看，一边听师傅讲如何画墨、如何牵线，一边琢磨。由于他领悟快，师傅便又进一步教他拉锯，刨木板，拼桌椅、板凳。他很快掌握了木匠的基本技术，能做家具了。

每次，看到家里美丽的窗格、散发着木香的新门，这些都是他亲手做的，他的心里别提有多开心。

不料，这事被那个对薛家怀恨在心的黄大队长知道后，他上门找到李木匠。

"李木匠，我听说你收了薛永新当徒弟，有这事儿？"黄大队长质问道。

"是，是。"李木匠心里直打鼓。

"你胆子真他妈的大。贫下中农的子弟不教，你偏偏要带个富农子弟。你阶级立场哪儿去了？想造反了？"

"我……"

"我什么我，我警告你，如果你敢收薛永新做徒弟，我马上收你的摊，叫你挨批斗去！"黄大队长撂下话，扬长而去。

李木匠吓着了，一晚上都没有睡好觉。

第二天，薛永新来到师傅家，像平日一样先给师傅泡上茶，然后拿起工具开始干活。

"永新，你过来。"师傅闷闷地坐在桌边叫他。

"师傅，啥事？"永新起身走到师傅身旁。

师傅低着头，沉默了一会儿，难过地对他说："永新，师傅不能留你了……"

永新心里一惊："师傅，是不是我没干好？是不是我做错事了？我改。"

师傅摇摇头，眼里慢慢流下了泪水。

"师傅，您咋哭了？"

"徒弟，你干得很好，也没有做错啥。师傅真舍不得你。唉，怪只怪命哪……"

永新只觉喉咙发堵，心里很难受。

"黄大队长昨天来过，说你家的成分……"

尽管薛永新已经预料到是什么事，但他还是愣住了，心直往下沉。

"师傅，我知道了。我这就走。您放心吧，我不会给您添麻烦。不管怎样，我这一辈子都不会忘记您的恩德。"

薛永新强抑制住内心的悲凉，向师傅磕完头，离开了。

仅仅十多天，薛永新学木匠的路又被堵住。这回他跟命运较真起来。那些人想堵我的路，我偏要走下去！走在幽暗的乡间小路上，他的心中充满斗志。

虽然他知道此去前路，将是一片黑暗，也许没有阳光、没有月亮和星辰，甚至没有方向，可能还会遭遇猛烈的暴风雨，但他必须朝前走，一定要跨过去。

无路可逃，也决不逃避。他要做世界上最顽强的少年。

这一次，薛永新到了家乡二十里外的涪江边。

天无绝人之路。正当薛永新陷入苦闷之中，他在柏梓区的三舅舅来信说，让他去找一个叫滕德茂的木匠师傅，学造船、造房子。

于是，他又跟着滕师傅学艺。天资聪颖的薛永新学得很快，很认真。滕师傅虽然嘴上没说什么，心里暗暗赞许。

世界这么大，而我需要的只是一处小小的角落——却始终不得。为什么呢？我的命运注定了漂泊吗？

夜深了，薛永新躺在床上，静静地听着河水拍打堤岸的声音，感觉自己就像一只飘摇的、孤独的小船，命运的河流把他载向哪里，他就漂向哪里，随时都可能搁浅。

他不甘心被命运摆弄。可眼下他别无选择，只能一步步地寻找方向。

薛永新决定走出乡村，到城里去。

一个清晨，他谢别滕师傅，背起简单的行李，只身上了柏梓区。这是他人生第一次出远门，第一次离开自己土生土长的家乡。

这是他迈向外面世界的人生第一步。

他又一次拜师学木匠。从 1968 年到 1969 年，整整学了一年。他拜的师傅是人称"老木匠"的瘦小老头儿。他精湛的手艺来自家传，带了很多徒弟。当地好多人都知道老木匠。

在旧时的木工行里，有一种约定俗成的规定，凡徒弟要满三年才能出师。但是老木匠对徒弟的要求更严格，一年期满，他让徒弟做一样家具，也就是考试的"作品"。如果不满意，那就要继续学，直到出师为止。

平日老木匠很严厉，谁偷懒，谁就要挨骂。徒弟们个个都怕他，但又敬佩他。

薛永新是唯一没有挨过师傅骂的徒弟。

他勤奋、吃苦。每天早上总是第一个起床，把白天要做的家具材料、工具准备好，或者一个人站在架子旁先干起活来。他认真地琢磨、推敲，不停地刨啊，锯啊，看着一根根粗糙的木头变成平整光滑的木板，又变成一根根木条，然后合成桌椅、木床、窗门、衣柜，他的心里充满成就感，不禁暗自得意。

老木匠虽然心里夸许他，嘴上却不吭气。或许是看到徒弟有些骄傲，为了挫挫他的自满情绪，老木匠让薛永新独立做一张桌子，条件是：只许用做家具剩下的边角余料。如果满意了，就让他提前出师。

薛永新信心十足地立即动手。推、刨、锯、凿，他熟练地干起来。很快，他的作品出来了。一张新式方桌，桌面像七巧板，非常美观、大方。老木匠暗暗赞叹永新心灵手巧，竟然把边角余料利用得天衣无缝。是个人才啊！

薛永新等待师傅夸奖。师傅走到桌子边，默默看了看，突然举起斧子，"啪"，将桌子砍成两半。

"师傅！"薛永新大惊失色。

"花瓶！"师傅不屑地丢下一句话，转身走了。

薛永新愣在那里，好半天没有回过神来。师傅不满意？可我做得很好啊，哪点不对？他百思不得其解。

花瓶？是什么意思？他慢慢地蹲下身，心疼地、沮丧地抚摸被砍断的"作品"，慢慢地让自己冷静下来。

花瓶好看、易碎。师傅的意思是说，我做的桌子虽然好看，却不牢实。我明白了，功夫不到家。此刻，他猛然惊醒，惭愧万分。

师傅的考试，就像是给薛永新注入了清醒剂，使他在以后的人生中，常常提醒自己，做任何事都不能有半点骄矜之心，半点得意忘形。满则溢，盈则亏。

经历这次教训后，薛永新更加认真地跟着师傅学习。一有空，就找来木工的古籍善本读。他的手艺也越来越精。一年过后，师傅满意地让他出师了。这意味着，他可以凭自己的手艺独闯天下了。

他谢别师傅，挎上背包，踌躇满志地回家了。

然而，当他兴冲冲回到家乡，眼前所见的一切像是一场噩梦！

父亲被抓了！他踏进家门，震惊地看见父亲被几个人五花大绑着从他面前经过。

薛万成艰难地抬起头，看见儿子，他目光里的悲愤消失了，朝儿子投去一丝慈祥的爱怜。

那眼神令薛永新有时想起来都心痛。

手上的背包落在了地上，薛永新愣在那里。他无法相信，更无法接受这个残酷的事实。

原来村里那姓胡的干部一直对薛万成耿耿于怀，伺机报复。上级要求各村干部要绷紧阶级斗争的弦，不能放过一个阶级敌人。他瞅准这个机会，让人给薛万成戴上高帽子，五花大绑弄到公社批斗。

生活的艰难或许还能挺过，但是亲人受到的屈辱，却让年少的他难以承受。

干部带走了父亲，猛醒过来的薛永新追了上去。

薛万成的胸口挂着"黑五类"的牌子，被推搡着走在乡路上。一些不明真相的乡亲向他吐唾沫、扔石头，用脚踹他。

薛永新再也忍不住了，拉着叔叔婶婶的手，大声说："我爸不是坏人！我爸没有干过坏事！别打了！"

乡亲们根本不理会一个少年的哀求，群情激愤地高呼："打倒地富反坏右！"永新又跑到队伍前面，对领头的胡干部说："叔叔，您抓错人了！我爸不是坏人！"

"滚开，小兔崽子。再不走连你也抓起来！"胡干部威胁道。

"永新，快走，别跟来。爸没事。"薛万成对永新低喝道。

"爸！"他喉咙哽咽地呼唤着父亲。

拥挤的人流很快把他淹没了，甩在后面。

批斗会上，薛永新看见父亲站在台上弯着腰、低着头，胸前挂着"黑五类"的牌子。

那一瞬间，他感觉到父亲一下苍老了许多，那么孤独，那么无助。他的心淌着鲜血，眼泪无声地流下来。

胡干部首先站在台上，慷慨激昂，检举揭发薛万成作为富农分子如何气焰嚣张，如何对政府不满，满脑子的剥削思想等等，添油加醋，说得口沫横飞。

台下有人高喊："千万不要忘记阶级斗争！""坚决向地富反坏右做斗争！"于是，社员们跟着振臂高呼，一片愤怒的海洋。会场骚动起来，有人骂薛万成，有人向他吐唾沫，还有的人冲上台打他、踢他。

薛永新看着父亲受到如此的凌辱，脑海里的血液疯狂地沸腾。他想冲上去，替父亲受罪，一位好心的叔叔拉住了他。

"薛万成，你认罪吗？"胡干部得意地问薛万成。

薛万成咬紧双唇，沉默着。他心里认定，自己没有罪。

他的沉默被看作是顽固抵抗，接着又是一阵雷雨般的批斗。人们更加激烈，更加失去理智。

薛永新的心如刀割一般绞痛。他悲愤、屈辱。那些人为什么把父亲当坏人？父亲常常教导他听党的话，爱祖国，爱人民。这样的人怎么就是"黑五类"？

"黑五类！""富农子弟！"尖厉、愤怒的声音，刺激着他的耳膜，被无限地扩大、扩大。

他忍受不了，猛地转身跑开了。

他没有回家，跑到山上一个人呆呆地坐着。人在最悲痛的时候，没有眼泪。

此时，他的脑海中浮现父亲那沉默而坚强的身影，无形中感觉到一股强大的力量。他不由得挺直了身，忍住悲伤。

日后薛永新遭遇挫折而能够坚强面对，不能不说这段经历对他的成长有着作用。

父亲蒙受的屈辱，在他幼小的心灵上种下了对公平自由的社会的渴望。

第三章

闯荡江湖：人生中的悲与喜

天将降大任于斯人也，必先苦其心志，劳其筋骨，饿其体肤，空乏其身，行拂乱其所为，所以动心忍性，曾益其所不能。

——孟子

一个成就大业的人，要忍受百般困苦，历经诸多磨难，才能担当上天降下的重责大任。痛苦、欢乐、恐惧、失败及挫折，都是在通向成功的道路上必然要经历的一切。

西方有一个这样的故事：一对年轻夫妇在乡间迷了路，看到一名老农，就停车上前请教："先生，请问这条路可以到什么地方？"老农毫不迟疑地回答："孩子，只要方向正确，这条路可以带你到世上任何你想去的地方。"

踏上江湖，是薛永新人生中命定的第一步。他也许不知道，这条路会走得很艰辛，很曲折。江湖的风浪随时可能把他吞噬、淹没，明枪暗箭会冷不丁袭来，让他遍体鳞伤。但是，他也要勇敢地去闯。

他深信，这条路会把自己带到要去的地方。

第一节　走出乡村：告别父母和家人

这一年，薛永新十八岁。从少年到青年，岁月悄悄地改变着他。他的脸圆圆的，似乎还没有脱离孩子气，却有一种超越年龄的成熟。个子不算高，但健硕、敦实。一双眼睛黑白分明，仿佛日月交辉，英气逼人。

这是 1970 年下半年，"文化大革命"正处于白热化，整个中国面临着一场巨大的浩劫，农村也随着政治风潮而更加动荡不安。

年轻的薛永新或许没有想到，从这一年起，他踏上了人生中一段命定的漂泊之路。

本事和吃饭是一个硬币的两面，互相关联，互为因果。有本事，才有饭吃。丢失了吃饭的本事，那就没有立身之地了。

出师后的薛永新在返乡的路上经过反复思考，决定到外面闯荡。一来可以帮助家里，减轻父母的负担，二来可以历练本事，锻炼自己。

一路上，他盘算着如何把自己的想法告诉父母，取得他们的同意。走进久违的村里，他不由加快了脚步。

他兴冲冲回到家里，眼前的一切让自己不敢置信。家变得破败不堪，几张桌椅板凳横七竖八地放倒着，他亲手做的门窗、家具被毁坏，书柜里摆放的厚厚一摞书不见了，只有几本破损的旧书扔在地上。

发生了什么事？他不由得倒吸了一口冷气。

他冲进里间，震惊地看到爷爷躺在床上，父母在旁边神情焦灼地守候着。家里笼罩着凝重的气氛，令人窒息。

"爷爷，爷爷，您咋了？"他冲到床边朝爷爷喊道。

爷爷闭着双目，脸色苍白，没有半点回应。

"永新，回来了？"薛万成淡淡地问了一句。本来儿子满师是一件很高兴的事，但他显然没有一丝情绪，全副精力都在重病的老父亲身上。

望着床上昏迷的爷爷，薛永新仿佛没有听见父亲的话，急切地问："爸，爷爷病了吗？啥病？"

薛万成沉默着，不愿提起。想到老人受的罪，他就血脉贲张。薛妈妈叹了一口气，对儿子讲了近期家里发生的事。

原来，村上的"革命造反派"带了很多人，抄了薛家，砸了所有的家什，那些书籍按"四旧"统统没收了。不仅如此，这伙人还隔三岔五地把七十岁高龄的爷爷抓去游街示众，开批斗会。爷爷被他们强行按在地上，一直跪在毒热的太阳底下，脖子上吊着牌子。那些人没完没了地批斗，揭发爷爷"复辟资本主义的罪行"。他们并不罢休，又强迫爷爷像狗一样在地上爬，不爬就劈头盖脸地一阵拳打脚踢。七十岁的老人，怎能经得起非人的折磨？

一个风雨交加之夜，爷爷被造反派打得浑身是血，奄奄一息。可那些人硬要爷爷爬着回去。大雨瓢泼，风猛烈地刮着，仿佛鞭子抽打在爷爷的身上。老人咬着牙，一步一步，拖着斑斑血迹，从十多里外爬回了家。从夜晚爬到了天明！

第二天一早，全家人看到老人昏倒在门边，浑身血迹，衣服淋得湿透了，都忍不住大哭。老人苏醒过来，想到自己受到奇耻大辱，痛不欲生，几次上吊，都被儿女及时拦阻。这以后，爷爷一病不起，时常昏迷。

薛妈妈讲着，禁不住哽咽。

薛永新听后，愤怒的血液顿时冲上了头。他蓦地站起身，要冲出去找那些人算账。

薛妈妈紧张地拉住了他："你不要给我惹事了。胳膊哪儿能拧得过大腿？我们是啥出身啊？娃儿，你要有个三长两短，妈也不活了！"

薛妈妈一边劝儿子，一边流泪。薛父铁青着脸，攥紧的拳头微微发抖。

薛永新无力地跌坐在爷爷身旁，心里有一种凄凉而无助的挫败感。他感到自己是多么无能，不能保护爷爷，不能保护全家。望着昏睡中的爷爷，他的心好痛，泪水簌簌地流出。

薛永新和爷爷的感情非常深厚，自他出生后就受到爷爷的宠爱。他想起一件永生难忘的往事。那年他已上了小学。一天，放学后与同学走在乡间的小路上，一时兴起，玩起了捉迷藏。他跑到小丘上的树丛里躲起来，却被荆棘狠狠地扎了一下腿。他连忙跑出来，又被树兜绊了一跤，顺着山包滚了下去，腿上划破了皮，血流不止。他忍着疼回到家里，不敢告诉父母，便悄悄走到爷爷的房间找了点烂棉纱，自己一圈一圈地包扎伤口。

　　"永新，你在干啥？"爷爷忙完农活回来看到孙儿在偷偷地做什么，便问道。

　　"啊？"永新吓了一跳，忙把受伤的腿往桌子下藏，却疼得"哎哟"了一声。

　　爷爷心下顿时明白。他蹲下身捉住永新的腿，拆开纱布查看伤口，心疼地说："流这么多血。你这傻孩子咋不吭一声？这破棉纱咋行，伤口要是感染就坏了。"

　　爷爷赶紧找来酒精，先在他的伤口上消毒，然后拿出老伴儿为他缝制的舍不得穿的棉袄，哗地撕开一个口子，从里面取出新棉花，又找了一卷新纱布，给孙子包扎好。

　　永新心里既感到不安，又觉得暖暖的。

　　"好了，走吧。"爷爷说。

　　永新吃力地站起，又神情痛苦地坐了下来。

　　"咋啦？还有哪里痛？是不是脚崴啦？"爷爷紧张地问。

　　永新点了点头，又"哎哟"地直叫。

　　爷爷蹲下身，握住永新的脚踝，用力捏了捏："痛不？"

　　"痛。"

　　爷爷一边用手给永新按摩扭伤的脚踝，一边喃喃道："菩萨保佑我孙儿的伤快点好。无痛无灾。阿弥陀佛。"

　　永新望着爷爷紧张的表情，心里感动，泪水一下子冲出了眼眶。他不忍心"骗"爷爷，抱住爷爷的脖子说："爷爷，我的脚没受伤，只是腿擦破了皮。没事的。"

爷爷好气地刮了一下孙儿的鼻子，嗔怪道："坏小子，吓爷爷一跳。"

"爷爷，我长大了，一定要孝敬您。"永新仰起脸对爷爷认真地说。

"好孩子。"爷爷欣慰地笑了。

薛永新回想爷爷给他的爱，忍不住流下了泪。

"孙儿回来啦。"躺在床上的爷爷突然开口道，声音很微弱。

"爷爷，您醒了？"薛永新惊喜地握住爷爷的手。

爷爷慢慢睁开双目，望着面前长大的孙儿，眼里流露出无限的慈爱。看到父亲醒来，薛万成和妻子高兴万分。

"不要哭。男儿有泪不轻弹。"爷爷对孙子说。

"嗯。"薛永新抹掉脸上的泪水。

"满师了？"爷爷轻声问。

"是。爷爷。"

"好，好。"爷爷喃喃地说道，又睡去了。

薛永新每天细心照顾着爷爷，亲手给爷爷一口一口地喂汤药。或许孙儿的归来，使老人有了精神支柱，病情好转。

见爷爷身体渐渐康复，薛永新决定把心里的想法告诉父母。他想到外面闯荡。即使不出去，眼下恶劣的环境，也根本没有一个"富农子弟"的生存空间。

母亲不放心他小小年纪就出去闯，说什么也不答应。薛永新把恳求的目光投向父亲。

薛万成沉默了一会儿，似乎下了决心，对儿子说了一个字："去。"

"爸，妈，你们放心，我一定闯出名堂，报答你们。"薛永新对父母说。

父母的思想做通了。可是，爷爷呢？薛永新舍不得离开爷爷，又担心自己这一走，爷爷又会病倒。他左右为难，几次想对爷爷讲，话到嘴边，又都收了回去。

一个有月亮的夜晚，祖孙俩坐在屋前的空坝上聊天。

"孙儿，是不是有话跟爷爷说？"爷爷吧嗒着叶子烟问永新。

"爷爷，我……"永新欲言又止。

"想到外面去?"爷爷又问。

"爷爷，您咋知道?"永新感到惊奇。

"呵呵，我的孙儿我还不了解? 爷爷早知道你是一个有志向的人。乡下太小了。去吧，去外面闯闯。"

"爷爷!"

爷爷拍拍胸脯，又说:"莫担心爷爷。爷爷身子骨硬着呢! 只要爷爷还有一口气，他们就整不垮我。"

"那您要保护好自己，照顾好自己。"

"爷爷答应你。永新，到了外面要多看看，多学学，做事要踏实勤奋。别惦念家里，做一个好男儿，要志在四方，要有出息，活出个人样!"

"爷爷，我一定做到。"他向爷爷保证。

薛永新被爷爷的话鼓舞，恨不得立刻收拾行装出发。望着满天星空，他感觉天地似乎变大了，变宽了。只是他还不知道，黑夜并没有过去，人生的路途还有许多坎坷。

临出门前的深夜，薛永新躺在床上看书，隔着纸糊的窗户，看见母亲屋里的油灯飘忽着昏黄的亮光，母亲还没有睡，在为他缝制新衣。他合上书，望着母亲印在窗户上的身影，眼中泛酸。他想起小学课本里唐代诗人孟郊的游子吟:"慈母手中线，游子身上衣。临行密密缝，意恐迟迟归。谁言寸草心，报得三春晖。"

短短几句，诗人将母亲心中对即将远游的孩子的那份不舍刻画出来，仿佛是此刻的写照。虽然时间紧逼，薛妈妈仍然一丝不苟地为儿子缝制衣服，内心却担心着儿子不知什么时候才能回来。

薛永新禁不住眼睛湿了。他在心里暗暗发誓，要闯出一番作为，一片天地，报答母亲春晖般温暖的爱。

第二天一早，他穿上母亲为他连夜赶制的新衣，挎上父亲早已帮他收拾好的木工箱，背上简单的行李，出发了。

爷爷拄着拐杖，坚持要送孙儿一段。

永新挽着爷爷的手，祖孙俩踏着田间的小路，在淡淡的薄雾中，迎着初升的朝阳，慢慢地朝村口走去。

"孙儿，莫挂念爷爷。多练点本事，爷爷比啥都高兴。"爷爷站在村口的老榕树下，对永新叮咛道。

"爷爷，您放心。"

"如果在外面不好，就回来，莫硬撑着。啊?"

"我知道，爷爷。"

爷爷用袖口擦了擦眼角流下的老泪，对永新说:"爷爷盼着你回来，就怕等不到那一天了。"

"爷爷，您千万别这么说。我挣了钱，回来给您治病。您可要保重身体。"永新动情地说。

"好，好。"爷爷流着泪笑了，像个孩子一般。

薛永新赶紧转过身去，怕自己的眼泪掉下来。

"爷爷，再见。"他没有回头，内心哽咽。

"仰天长笑出门去，我辈岂是蓬蒿人。"他走了，走了。怀揣着抱负，带着心底的渴望，他走出乡村，走向陌生的江湖。

不能回头，只有朝前走。没有退路，也无路可逃。这就是人生，薛永新的人生。

第二节　背井离乡:流浪般的木匠生涯

一个成功的企业家所形成的海纳百川的胸襟和视野，必然与他成功前的阅历有很大的联系。

木匠是一个漂泊的职业。在那个"革命"年代，"家具"一词并不流行，城里有的人家只有在结婚时才做几件像样的家具，绝大多数买不起家具。

为了省钱，很多人自己买木料，请木匠来家里做。这样就为乡下有手艺的木匠提供了机会。

于是，城市里背着工具箱走街串巷的乡下木匠比比皆是，薛永新也在其中。他和这些木匠一样，挎着工具箱，在街巷里来回吆喝：

"做桌椅板凳喽！"

"打立柜喽！"

他的吆喝不再像年少时那样羞涩，而是洪亮、安定、自信。

"小木匠，我家要做立柜。"一位中年妇女站在门口朝他喊。

"好嘞。"他快乐地回应着。

于是，薛永新在街边屋檐下摆开了木工架子，干起了活。这是他出师后第一次独立为别人做家具。他看上去并不像新手，反而像一个轻车熟路的老练木匠。

锯木声中，只见他熟练地锯下一块木头，然后用刨子一遍遍地刨。薄薄的刨花散落一地，像漫天的飞雪飘落。一会儿工夫，一片片散发着木香的木板被刨得光滑平整。他便开始在上面比比画画，将棉线从墨斗中抽出，食指轻轻一弹，木板上便留下一条笔直而清晰的墨线。他确定了需要的方寸，胸有成竹。三天之后，一个美观、牢实的大立柜就做好了。这家主人非常满意。

由于他的手艺好，工钱便宜，这一家做完，那一家又请他做。但是，并不是随时都有活可做。没有活干的日子，他就在马路边、小巷里"蹲活儿"，不管刮风下雨、感冒生病，他都坚持扛着。为了家里的生活和生病的爷爷，他心里只想着尽快挣到钱，养家糊口。

他过着流浪般的木匠生活。今天在这个城市，明天也许又远行他乡。东家做，西家做。饿了，主人有啥吃啥。渴了，喝几口水，又埋头干活。从早忙到晚。晚上睡觉，地面铺两块木板就凑合一夜。行走路上，无处落脚，他便躺在满天星空下睡觉。

寒冬腊月，大风夹着雪花，冷冷地扑打在他衣衫单薄的身上，冻得他直哆嗦。那个时候，他感到异常的孤独，思念家乡的亲人，眼泪不由自主地被风吹落。这个记忆多年以后都无法融化和抖落。

他也有快乐的时候。那是在主人家里干活的日子。城里的人家很多都有书籍，他便征得主人同意，利用晚上休息时间看书。为了不给主人带来麻烦，他没有点电灯，自己掏钱买来蜡烛，秉烛夜读。

主人非常惊奇，一个乡下的小木匠，竟然读书如此痴迷，这小木匠不一般。主人主动从阁楼上拿出落满厚厚灰尘的各种书给他看，他如获至宝。

有一天，他看到一本《孙思邈的故事》，不由得被深深吸引住。他一夜未睡，一口气读完。

孙思邈是唐代著名的道士，喜欢论老庄及百家学说。他医术高明，声名传遍都城长安。隋文帝请他做"国子博士"，他却婉言谢绝，隐居太白山和终南山，一心钻研医书，为贫苦百姓治病。他不仅医术精湛，而且医德高尚。凡没钱看病的穷人，不但不收诊费、药费，还腾出房间给远道而来的病人住，亲自熬药给病人服下。

孙思邈一生著述颇丰，他所撰写的《千金要方》和《千金翼方》被后世誉为临床医学的百科全书。传说他因救治龙王三太子化作的白蛇而成仙。人们为纪念他，世代供奉他为"药王"。

这本书给薛永新触动很大。"药王"不慕高官厚禄，无私奉献，为百姓解除痛苦，所以深得人民的爱戴。

他暗下决心，做人要做孙思邈。

说来也巧，这家主人的邻居里有位年方二十的少妇，突然染了什么怪病，离奇死去。接着，街坊接二连三地死人，医生束手无策。从早到晚，人们哭声凄惨，整条街笼罩着悲剧的气氛。薛永新想，如果我有孙思邈的本事，他们就不会死。将来我要像孙思邈那样为天下受苦的人赐药治病，那该多好！

当时的薛永新并不知道，他的愿望在日后得到了实现。

这天夜里，薛永新做了一个奇妙的梦——一个黄昏，他在明月山开山取石。天空忽然呈现紫气，朵朵祥云涌来。一位童颜鹤发的老者飘然而至，对他说："茫茫人世，瘟疫蔓延。欲救众生于苦海，非尔莫属。"

薛永新知是神仙降临，忙拜问其详。

老者又说："人若有志贵在行，莫等白头空叹息。灵丹妙药处处有，坐待尔辈心诚日。"说完，转瞬无影，仿佛化作一朵祥云而去。

这梦就像真实的情景，以至于薛永新醒来，好半天都有种恍然梦中的感觉。难道真有神明在指引我？"神明"两个字让他吓了一跳。那时，提"神明"就是"封建迷信"，是要遭批的。

薛永新把这个梦藏在了心里。

东奔西走的木匠生涯，让薛永新目睹了政治年代里混乱不堪的局面：工人不上班，农民不种田，学生不读书；到处是铺天盖地的大标语大字报，到处是群情激昂的游行队伍；"打倒走资派"、"无产阶级专政万岁"等等口号声充塞在大街小巷，如一股浓烈的硝烟弥漫在城市上空；疯狂年代里，各地的庙宇、道观和文物被毁坏，森林被砍伐，青山绿水变成黄土高坡。

为什么会变得这样？薛永新无法理解。

人与人之间是一个社会大家庭，相互信任，彼此关怀，为什么却相见成敌、残酷斗争？人与自然应该和谐相处，为什么人们却要摧毁自身赖以生存的生态环境？为什么社会不是前进，反而倒退？在一段木头锯下来后，他不禁陷入了沉思。

弥漫着火药味的城市，使他不宜久留一处。薛永新收拾工具箱，继续跋涉。他辗转合川、铜梁、大足、璧山、永川、江津、重庆……足迹几乎踏遍川东，这使他得以饱览大自然神奇的山水。

薛永新来到重庆合川，暂时驻足。他帮人做家具的地方就在钓鱼城附近。那是一个著名的古战场，一个历史的奇迹。

在家乡读书的时候，他就从淘来的书里了解到钓鱼城的历史。南宋末年，蒙哥攻打合川。合川军民在钓鱼城抗击横扫欧亚的蒙古军长达三十六年，并使蒙哥大汗命丧于此，从而使南宋王朝延续了二十多年，扭转了13世纪欧亚战局。固若金汤的钓鱼城被誉为"上帝折鞭处"。

薛永新做梦也没有想到，今天，他竟然也走进了这处古战场，穿越在历史的隧道里。

望着倚天拔地、雄峙一方的钓鱼城，浪涛汹涌的江面，坚固的城墙、炮台，他仿佛看到名将余玠带领军民在刀光剑影中拼搏厮杀，浴血鏖战，历经两百多次的战斗，保住了南宋的江山。小小城池，改写了当时中国乃至世界的历史。

钓鱼城古战场以气吞山河的气势感染了薛永新。他的那种百折不挠的精神与坚强意志，也就在那些阅历中开始形成。

惊奇感，是一个人与生俱来的能力。如果没有对万事万物浓厚的好奇心，就会错失生活给我们的人生启示。

在重庆大足，薛永新常常利用工余时间，到北山、宝顶山看摩崖石刻。由于当时大足交通不便，幸运地免于一场文化劫难。在那里，宝相庄严、栩栩如生的佛像、神像，把他带入了充满东方宗教氛围的艺术殿堂。做过石匠的他，第一次被眼前雕刻精细、俊美典雅的造像所深深折服。原来世上还有这么完美的石刻！

大足石刻开凿于唐代，盛于两宋。万余躯摩崖造像，造型丰满而轻盈、细腻而传神，融神秘、自然、典雅于一体，达到了中国石刻造像的高峰，也是世界石窟艺术最为壮丽辉煌的一页。

薛永新感到自己是一个幸运的人，能够瞻仰古代工匠高超的技艺、精美绝伦的石刻，三生有幸。

护法神、华严三圣像、千手观音，还有"心神车窟"中的普贤和文殊菩萨……在他眼中，不是毫无生气的冰冷石像，而是一尊尊大慈大悲、智慧庄严的佛和神。

仰望趺坐于金刚座上的玉印观音，薛永新感觉到那安详和慈悲的目光仿佛穿越数千年，投向了他，投向了他的心。他从那双慈目里感受到一股力量，仿佛所有的苦难都微不足道。

这种对宗教天然的亲近，从佛教的角度解释，这就是"佛缘"。

这里造像题材从世俗到宗教，充分体现了儒释道和谐相处与文化的包容。这给他留下了深刻的印象，潜移默化地影响着他的世界观、人生观。

晚上，他又做了一个梦。梦里，他在一座青青的山上，举着锤子开凿一块硕大无比的巨石。远处是七月炽热的麦田，清澈的河水悠悠地流着。他用刻刀在巨石上专注地刻着。渐渐，巨石变成了一尊造像，越来越高，超出山的高度。他仔细观看，那造像极似前梦里那位白发长眉的老者。

"您是谁？"他惊异地问。

老者端坐岩前，颔首不语。

他猛地睁开眼睛，从床上坐起。老者不见了。原来是梦。

弗洛伊德说，梦是可以解析的。一切梦本身都有其特殊意义和精神价值。它是愿望的实现。而这个梦是薛永新人生阶段的一个伏笔，在后来照进了现实。

薛永新一边帮人做家私，一边领略大自然。面对雄伟的山峰，瑰丽的江水，他的视野和胸襟打开了。他站得更高，看得更远。他的心中已装下千岩万壑。

这时候，一封家书到了。

第三节　幸福婚姻：成功者的背后

幸福是什么？幸福是一种什么感觉？

幸福就是三生石上注定的姻缘，就是一生一世不变的爱情，就是一羹一勺中平凡的恩爱；幸福就是被深爱、被关怀、被了解的感动；幸福就是一种安宁与和谐，一种快乐和温馨的感觉，一种来自生命的狂喜，而感觉到某种意义。

从出生开始便经历人世间太多苦难的薛永新，幸福离他很遥远，像天上的星星伸手不可触及。他几乎忘记了幸福的存在。直到有一天，当爱神降临他的身边，给他带来了一位善良的女人，他才体会到什么是幸福。

去爱，并被爱。这就是幸福。

一封家书到了。信是父亲薛万成托人带来的。

这是 1972 年。那时，薛永新仍然居无定所，薛万成担心信无法寄达。正巧有一个熟人要去儿子做木工的地方，便托他捎信。

"欲寄彩笺无尺素，山长水阔知何处。"在信息时代的今天，或许我们早已忘了书信这一传统表达方式，电子邮件、手机短信已经取代了它的位置，成为我们时尚生活中一种舒服而慵懒的习惯表达。但是，在那个封闭而落后的年代，一封家书对漂泊在外的游子来说，是多么宝贵！

见到家乡的人，薛永新感到很亲切。尤其当他看到父亲的信，内心又激动又温暖。他展开父亲的信阅读：

永新吾儿，见字如面。

这两年吾儿在外，爷爷备感思念，你母亲更牵肠挂肚。儿已年届二十，我与你母亲相商，望儿速回与刘家女子成婚，莫错过良缘。

父字

父亲是村里公认的"秀才"，写的信文绉绉的，又惜字如金，像他平时说话那样简短。薛永新读了一遍又一遍。虽然父亲只字未提对他的挂念，但他能触摸到从信里流淌出来的深沉的父爱，字字句句犹带着微温。

大丈夫先立业后成家。可我未立业，怎能安家？薛永新想到自己漂泊无定，若是成家，怎么给所爱的人带来幸福？但他是个孝顺的孩子，父母的话他都会听，何况他从心里爱慕那位刘家女子。原来他们之间还有一段故事——

刘家女子，芳名刘朝玉。她与薛永新都是潼南人。一个在崇龛镇明月村，一个在永安乡。两人素不相识，但是，冥冥中上天早已为他们安排了这段美好姻缘。

刘朝玉是一个温柔贤淑、善良勤劳的姑娘。小学毕业后，她便帮助父母务农持家，打草席卖。她心肠好，乐于助人，乡邻们都很喜爱她。

1970 年的夏天，薛永新正巧到永安乡做木匠活。他接活的客户正是该乡信用社。原来永安乡信用社的刘主任闻听崇龛镇有个手艺巧的"薛木匠"，便托人请薛永新到信用社做柜子和办公桌。他们就这样结识了。

每天刘主任到信用社上班，便看到薛永新一早就在门外空坝上干活，顶着烈日，一直忙到黑灯瞎火才收工，从不叫苦叫累。他做出来的柜子和办公桌，既美观又实用，人人都夸他手艺好。

刘主任对这个敦厚老实、聪明灵巧、手脚勤快的小伙子很是喜爱，心里有意把他介绍给刘朝玉。

为了稳妥，他先征求刘朝玉的意见。

"闺女，哥给你介绍个对象，就是给我们信用社做柜子、桌子的那个小伙子。品行好，人可勤快聪明啦。你愿意不？"

刘朝玉的脸蓦地红了。她每次经过信用社旁都会见到薛永新在太阳底下挥汗如雨的身影。他的身后是一片金黄的麦浪，像一幅灿烂的布景。他刨木材时，或躬身，或后倾，胳膊的肌肉强劲有力，胸中似乎隐匿着大千世界，额头亮晶晶的汗珠，洒落在他清俊的脸上，还有干活时专注认真的神态，令她着迷，心中的小鹿早就跑出来了。

看到刘朝玉的表情，刘主任心中有数。

"他家成分不好，是富农家庭。你要考虑好。"刘主任是个负责的人，他觉得应该给朝玉讲清楚。

"只要人好，我没啥。"刘朝玉低下头羞涩地说。

刘主任放心了。这个热心肠的汉子立即找到薛永新，把介绍对象的事告诉了他。没想到，薛永新一听这话，大小伙子竟被羞得脸红到脖子根。虽然自己已到青春萌动时期，但对个人的终身大事，他想都不敢想。

"我家成分不好，受人欺，我怕耽误人家女娃儿。"他说。

这小伙子特老实善良。刘主任觉得自己没看走眼。他爽朗一笑道："人家姑娘不嫌弃你，你还嫌弃人家不成？这点你不用担心。"

"是真的？她，不嫌弃我？"薛永新心头一热。

"当然了，刘家闺女可是十里挑一的人才。能干，心地好。再说富农子弟就不能追求幸福？我觉得吧，社会还不知咋变，总有一天你家不会再受人歧视！"

刘主任的话让薛永新既感动又温暖。

幸福对于他来说，是一种奢望。一出生便成为"罪人"的薛永新，幸福向他关上了大门。但是，他是一个男人，一个有血有肉、有情有爱的男人，他也渴望获得人世间最真挚的爱情，渴望一个女人的爱和关怀。

没有人能够拒绝爱，没有人能够拒绝人类天生该享有的幸福。此刻，他的内心升起了爱，升起了对幸福的憧憬和向往。

刘主任"月下牵线"，薛永新与刘朝玉见了面。

黄昏后，夜幕初降，一弯月牙悄悄挂在村口的柳树梢头，微风轻轻地吹拂，河水搅乱了月光。薛永新提早来到了河畔，他的心也像河水般荡漾，充满期待。

月光下，刘朝玉穿着细碎小花的棉布衬衫，虽然旧得发白，但洗得很干净。她扎着两只小辫，身材苗条。或许因月光的映照，或许因青春的羞涩，她的脸泛着红晕。她轻轻走来，朝薛永新微微一笑，让人心动。

在见到刘朝玉的那一瞬间，薛永新的心狂跳了一下，这姑娘就是自己这辈子要找的人。

刘朝玉也在暗暗地看他，面前的青年是那么英俊，那么沉稳，她的心止不住怦怦乱跳。她知道这个男人可以让自己依靠。虽然他性格内向不善于表露感情，但她感觉到他的眼神很温暖。

"月上柳梢头，人约黄昏后。"波光粼粼的河水映着一对情侣的倒影。他们都有些年少的羞涩。四目相对中，却泄露了彼此内心的欢喜。

在茫茫人海中，一个人与另一个人相遇绝不是偶然的一件事。这是缘，三生石上的缘定。薛永新信缘，惜缘。

不需要太多的话，有时只是一个微笑，一个眼神，默契便在两人中间产生，彼此就像熟悉的亲人那样了解。他们一起在小河边的柳树下并肩坐着，稍稍拉开距离，但心挨得很近。

空气里有一种令人悸动的芳香，在这个夏日的夜晚，碧水荡漾的河畔，爱神降临薛永新的身边，给他带来了一位善良的奇女子。

"我，我会对你好。"薛永新红着脸憋出这句话。

"我也会对你好。"刘朝玉害羞地说。

没有风花雪月的浪漫，爱情顺理成章地走进两人的心里。

见两人情投意合，刘主任趁热打铁，亲自到刘家和薛家"说媒"。亲事非常顺利，双方家长都是过着苦日子的人，通情达理讲求实际，当下同意了这门亲事。

定亲后不久，为了生计，也为现实所迫，薛永新不得不到外乡"跑江湖"。

此刻，读着父亲的书信，薛永新的脑海浮现出朝玉的倩影。他没有忘记她。每当深夜，他孤独地躺在床上，便会情不自禁地思念她。那是他那段流浪日子最大的精神慰藉。

薛永新小心翼翼把父亲的信折好，放进衣袋里，简单收拾了行李，带着无限的憧憬和强烈的思念，匆匆朝潼南崇龛老家赶去。

走进村口，望见山坡边自家的几间草房，他有一种久违的感觉，心情激动。大步跨进屋，一家人看到他都很高兴。病床上的爷爷见心爱的孙子回来，精神一振，竟能下床走路了。

薛永新意外地发现，母亲给他添了一个小弟弟，名叫"薛永江"。

"弟弟，弟弟。"他高兴地抱起一岁多的弟弟，轻声呼唤。

弟弟望着陌生的大哥哥，转动一双黑亮的眼睛，然后咧开小嘴笑了。弟弟的模样跟哥哥很相似，若不是年龄悬殊，两人简直像孪生兄弟。

或许他们长得太像了，或许他们身体里流着一样的血，薛永新一直爱护着小弟弟，而薛永江也敬爱着自己的大哥哥。他们未来的命运和事业必然要连在一起。

薛永新发现弟弟又瘦又小，显然营养不良。

"弟弟咋这么瘦？"他心疼地问母亲。

母亲叹气地告诉他，家里这两年生活很困难，没有粮食。生产队分的谷子早吃光了，哪儿还有奶水给娃娃吃？

"爸，您咋没告诉我？"薛永新问坐在角落没有说话的父亲。

薛万成无奈地"唉"了一声，对儿子道："告诉你，你不是要担心家里嘛。爸知道你在外面也吃了不少苦。"

父亲的一句话，让薛永新的眼眶一阵潮湿。无数个日夜在外颠沛流离的酸苦涌上心头，但是比起家人受的苦，这又算什么呢？

原来由于家里断粮，薛万成只好东家借一点，西家借一点。还不敢白天借，若被干部看见，又要挨批。去年妻子生永江，家里一点米都没有，更别说炖鸡、煮鸡蛋给月母子吃。无奈，薛万成只得硬着头皮找生产队长借粮食。队长不批，说富农分子借粮要经过大队书记批准。薛万成又找到大队书记，反映家里的实际困难，几乎是哀求了。大队书记这才批准借二十斤小麦。可这二十斤小麦不仅是湿的，而且还有许多泥土渣、小石子。

薛万成心里有气，可又不敢吭声，怕得罪了大队书记，连这二十斤小麦都要收回去。

二十斤麦子只磨了十斤面。

"你妈生弟娃，就只有这十斤面。你弟娃没有奶水吃，饿得差点活不成了……唉，这日子真没法过！"薛万成说。

薛永新没有想到，自己在外两年，家里艰难到这等程度。他感到难过，心一阵揪痛。

"爸，对不起，家里受这么大的苦，我没有帮上忙。这是我这两年挣的钱，您拿去买粮食，给弟弟买奶粉，给爷爷抓药……"薛永新把自己在外面挣的钱全部交给父亲。

儿子这么孝顺，又这么有本事，这让薛万成的心头感到安慰。他拿出一部分钱抓药，买粮食、奶粉以及家里必需的生活用品，还留下一部分给永新结婚用。

生活总是把电影里的戏剧冲突——笑与哭、悲与喜，同时呈现在人面前！

春节，中国人一年中最喜庆的传统日子。1972 年春节，对薛永新来说，这是一个双喜临门的日子。这天，他和刘朝玉举行了婚礼。婚礼很简单。由于戴着富农成分的紧箍咒，薛家不敢大肆张扬，也没有钱铺张，只请来了薛刘两家的亲戚朋友，三五桌人在一起吃了一顿"九斗碗"，表示庆贺。

新房很朴素。一床新被盖——薛妈妈亲手做的被褥，一张薛永新亲手做的新床，便是两人结婚的全部家当。

明月当空，皎洁的月光穿过贴着喜字的木格窗，映着并肩坐在床上的一对新人。

四周的喧哗停止，客人散去，乡村传来几声狗吠，夜静得能够听见两人的心跳。

不知什么时候天空下起了雪，仿佛是上天给这对新人的祝福。

不知该说什么。薛永新有些慌乱无措。红烛映照下的刘朝玉看上去很美，这让他心跳加速。

"下雪了。"他瞥一眼窗外轻舞飞扬的雪花，东拉西扯地掩饰自己的慌乱。

"嗯。"刘朝玉害羞地低着头。

"你冷吗?"他关心地问。

"不。"朝玉回答。虽然天气很寒冷，但她的心是暖暖的。

这么好的姑娘嫁给我这个穷木匠，还是被人歧视的富农子弟，真是太委屈了她。望着新婚妻子，薛永新的心泛起深深的歉意，便说:

"朝玉，嫁给我，可要苦了你。"

刘朝玉抬起头，扑闪着动情的眼睛对他说:"永新，我不后悔，嫁给你，再苦我也愿意。"

薛永新心头一暖。我何德何能，今生能拥有这么好的贤妻，是我的福气。经历太多苦难的他，第一次品尝到幸福的滋味，第一次感受到爱情的美好。他情深地对妻子说:

"我不会让你吃苦。相信我，这辈子我一定要让你幸福。"

刘朝玉依偎着丈夫，紧贴他宽广的胸膛，倾听他强有力的心跳，沉浸在幸福的时光里。她知道丈夫有一副坚强的臂膀，只要插上翅膀，他就会载着她飞向灿烂的、很高很远的地方，那是他们美好幸福的未来。

望着丈夫坚毅温暖的眼神，她深深地点了点头。

月亮从树梢上悄悄走开，躲在山的背后，把这个温馨甜蜜的春夜，交给了漫天飞舞的雪花，继续祝福着新房里的小两口儿。

雷蒙德·卡弗说："即便如此，你在生活中如愿以偿了吗？是的。那么你想要什么呢？让自己被爱，让自己感觉到在这个世界是被爱着的。"

在最艰难的时候，爱神的降临，让薛永新知道，他没有被世界遗忘，他被爱着。而他将会以同样的爱，去爱这世界，去爱这世上的人。

他心存感激。

第四节　新婚别：又踏上谋生之路

"天地人物，日月山河，形性不同。所同者，皆顺自然而生灭也，皆随自然而行止也。"

这是老子回答孔子的话。老子认为，对待万物及人事，皆应顺其自然，放下一切束缚。

婚姻也是如此。有一种爱叫放手。真正的爱不是抓住对方，而是给予自由。关于爱，一位印度哲学家说："紧握的双手什么也没有抓住，一旦你松开手，整个世界都是你的。"

聪明的女人懂得为爱放手。

婚后，薛永新与刘朝玉的感情更加深厚、甜蜜。夫妻俩勤俭持家、恩恩爱爱，令人羡慕。这样过了一段浓情蜜意的生活后，细心的妻子发现丈夫有些心绪不宁，常常坐在黄昏的溪边望着天空沉思。

一天，薛永新干完农活回来。在吃饭的时候，望着瘦弱的妻子，他突然叫了一声：

"朝玉！"

"啊？"妻子放下碗筷，把询问的目光投向丈夫。

"我……"他欲言又止，神情为难。

"你是不是想出去啊？"妻子理解地问。

"你咋知道？"他感到诧异。

这一段日子的朝夕相处，刘朝玉对丈夫更加了解。丈夫是一个有抱负的人，他不甘愿像井底之蛙永远躲在一隅。狭小的农村，天地太窄。他的天空在外面。她更知道，丈夫是一个有责任、有担当的男人。他说过，他要给她幸福，要给这个家幸福。他一定会实现自己的承诺，哪怕付出多么大的辛苦和代价。

刘朝玉走到里屋，把一个沉甸甸的工具箱拎到他的面前。

"我都替你收拾好了。你想啥时候走都行。"

薛永新心里一暖。妻子的善解人意，体贴知心，让他感到自己是这世界上最幸福的人，找到了一生中最好的女人。

他深情地望着妻子，久久没有说话。这一刻，所有的语言都难以表达他对妻子的感激。

"我就知道你还会出去。我不拦你，尽管放心走吧，家里的事有我呢。"刘朝玉通情达理地说。

其实，这些天她在心里激烈地斗争过，她舍不得丈夫离开自己，他在外面风餐露宿，会让她牵肠挂肚。虽然她文化程度不高，但她明白男儿志在四方的道理。她不能成为丈夫的拖累。她是一个豁达的女人，她决定放手，让丈夫到外面去闯。

"我会寻一条路子。"薛永新对妻子说。

话虽不多，却是一个庄重的承诺，比铿锵的言语更有力量。她信服，丈夫说的话，一定会做到。

春天匆匆过去，结婚不到三个月的薛永新又背上工具箱，告别妻子，离开家乡，再一次踏上了艰辛的谋生之路。

这一次，他先去涪江边看望老木匠师傅。不料，师傅已经搬家，不知去了哪里。他有些伤感。

他来到了成都。

走进这座有着悠久历史和灿烂文明的省会城市，车水马龙的大街，衣着比乡下人光鲜的城市男女，这一切都是那么炫目，又让他觉得陌生。

走在来来往往的人群里，举目无亲，他感到异常的孤单。但现在不是伤感的时候，必须找到活干。

于是，他肩背着工具箱穿行在大街小巷，高声吆喝："打家具！打家具喽！"然而，走过许多条街，穿过许多小巷，嗓子喊哑了，却没有人找他做家具。

他只得在马路边"蹲活儿"。刷油漆的、盖瓦的、修水管的，还有做木工的，到处都是，他们一样没活干。原来城里人都在搞政治运动。

6月，天气渐热，太阳悄然增加了威力，薛永新的心里也变得燥热起来。

来成都数月，不但没揽到木工活，连吃饭都成问题。这样空手回去，有何脸面见家人？他不甘心。

一天，他在大街上茫然地走着，不觉中走进了著名的青羊宫。从纷扰喧哗的闹市，突然到了宁静、清净的所在，他仿佛从红尘之中，一脚踏入了红尘之外。置身在另一个世界，他浮躁的心顿时安静下来，有一种说不出的亲切熟悉的感觉。

或许，这是冥冥之中的一种牵引？

虽然道观一片衰败、冷清的景象，但给他一种安全而温暖的感觉，流浪的心似找到了依靠。台湾一位法师说，寺庙宫观的庄严、清净、悲喜是有情生命全能感知的。而青羊宫给他的感觉不也如此？

我们不妨走进青羊宫的历史传说。

传说，老子骑青牛过函谷关，为关令尹喜讲《道德经》。讲到一半，老子有事要走，对尹喜说："子行道千日后，于成都青羊肆寻吾。"时隔三年，尹喜如约而来，老子在这里继续为他讲经。自此青羊宫成为神仙聚会、老君传道的地方。

薛永新站在大殿前，肃穆地望着老子的像。突然发现，他梦中的白发长眉的老者，极似面前的太上老君。他面向老子跪地磕头，心里又悲又喜。

他从来没有见过老子的像，自然不知道老子长什么样子。为什么梦中的老者与眼前的老子那么相似？他疑惑而惊愕。

或许，梦真的有预示性？

走出青羊宫，大街上匆忙的人群把他带回了现实。

没有熟人介绍，找不到活干，长此下去不是一个办法。

他必须另谋生路。

某一天，他打听到一辆到阿坝州汶川、理县的货车，于是，他跟司机讲好，背上简单的行李，随车进山。

这是 1973 年 3 月底，春寒料峭的季节。

搭载着货物的汽车沿着川西方向，经过灌县（今都江堰市），朝马尔康行进。沿途是绵延起伏的岷山山脉，一座座拔地而起的大山，使道路更加逼仄狭险。奔流不息的岷江滚滚而下。

薛永新坐在车里，望着执着地流向远方的岷江，心里暗暗发誓：今天我走进去，总有一天我会像岷江水一样冲出大峡谷。

他内心的沉重感逐渐消失，眼神穿过凛冽的寒风，变得坚定。

汽车一路颠簸，在曲折的山路上攀爬。从汶川到理县，从米亚罗到马尔康，景色由绚丽的黄色，变成了苍茫的白色。白雪厚厚地铺在高山河谷，时时可以看到飘着五颜六色经幡的藏寨。

阿坝州首府马尔康到了。空气中透着高原雪山的气息，很寒冷的天气。薛永新又开始了他的谋生之路。

这是他第一次走这么远的路，也是第一次来到藏族聚居的地方。

蓝色的长天下，错落有致的藏寨，街上行走的藏族男女，还有远处银色的雪山，宽阔的草原和美丽的喇嘛庙，让他感到亲近，仿佛到了一个纯净宁静的世界。

在这里，政治空气没有大城市那么浓厚，藏族同胞热情、朴实。薛永新顺利地暂住下来。

白天，他帮藏族同胞打家具，也帮领导干部修房子。夜晚来临，当地人升起篝火，烤上全羊，端出青稞酒，盛情招待他。

这是一个令人沉醉的高原夜晚。月亮升上了雪山的天空，美丽的夜色，奔放的藏族男男女女、老老少少围坐在帐篷外的草地上，跳起了热情的锅庄。藏族汉子手捧着酒碗走来，向他敬酒，唱起了祝酒歌："美酒那甘甜的美酒，索呀啦请你干一杯……"

藏汉一家，和睦相处。薛永新度过了一段愉快的打工生活。

然而，平静还是被打破了。县城开始清查"外流人员"，他只得收拾行李，离开了此地。

他从马尔康出发，翻过鹧鸪山，经米亚罗，又返回了理县。一路辗转往复，在风天雪地里走走停停，那段艰辛常人难以体会。

他一边挣钱，一边流浪，还要随时提防"清查"。虽然日子过得提心吊胆，但他在历练中学会了保护自己，学会了应对。

在理县城边的一家农舍，他与外来打工的几个手艺人同住在这里。白天他便去帮公安局长家做家具。

这天晚上，他和几个手艺人都睡下了，突然听到门外一阵猛烈的敲门声："砰砰砰。"

他们都被惊醒。外面几只手电筒的光穿过破旧的木格窗，在他们脸上晃来晃去。

门被一脚踢开了，进来几个彪形大汉，手臂上戴着"群众专政指挥部"的红袖章。其中脸上有一道疤痕的男人大声地吼道：

"起来！起来！"

薛永新和几个人赶忙穿上衣服。外面风很大，或许是冷，或许是惊恐，那几个手艺人直哆嗦，唯有薛永新沉着镇定。

"你们从哪儿来？来干什么？"刀疤脸大声呵斥。

"我们都是从农村来的，到这里干活。"薛永新回答。

"把'革命委员会'的证明拿出来！"

他们都是从农村外出谋生的"五匠"人员，哪儿有什么证明？几个人都傻了。

"全部带走！"刀疤脸对"群众专政指挥部"的几个人说。

那几个人正要上前带走屋里所有人，这时，薛永新急中生智，突然大声道：

"等等！"

刀疤脸正要往外走，停住，转过身，错愕地瞪着薛永新。这小子活腻了，竟敢跟老子叫板！

薛永新提高了声音："实话告诉你，你们公安局长请我们来打家具。他儿子国庆节要结婚。如果耽误了，就怪不到我们了！"

刀疤脸心里顿时发虚。得罪了公安局长，我指挥长都当不成了。这不是闹着玩儿的。可这小子会不会是诈我？

薛永新看穿了他的心思，又说："你们不信，可以去问。"他还说局长住在哪条街几楼几号，局长的爱人也是潼南人，跟自己是家乡人。

这小子没有说谎，有点来头。刀疤脸阴沉的脸上立刻堆满了笑："嘿嘿，搞错了。兄弟，我们是例行检查。"

他转过身对那几个人说："没事了，我们走。"

临走，刀疤脸还关照地对薛永新说："兄弟，你们有啥事找我。"

聪明的薛永新以他过人的机智，化解了危机，躲过了一场劫难。

他做完家具后，局长的儿子很满意，当即要付他报酬，薛永新却坚持不收。

局长的儿子对这位不收分文的木匠师傅产生了更大的好感。

薛永新趁此把前几天的遭遇告诉了他。局长的儿子一听，火了："他们敢随便抓人，无法无天了！"

他对薛永新说："靠劳动吃饭，不犯法。只要在本县范围内，我看谁敢把你当流窜犯？放心。"

这句话胜过一份"革命委员会"的证明，薛永新要的就是这个"定心丸"。于是，他安心地在这个县城揽活干，竟平平安安地过了一段时间。

这件事给了他一个启发。在当时，相对于这个充满政治空气的社会，像他这样在外谋生的"五匠"人员，随时可能被扫地出门。要让自己有立足之地，首先要寻求强势人群的保护和帮助。不然，便没有生存的空间。

一如《圣经》上的训示："人若赚得全世界，赔上自己的生命，有什么益处呢？人还能拿什么换生命？"

以后每到一处，凡是什么县长、主任等要做家具，薛永新一概不取报酬，无偿服务。这种"主动吃亏"的活儿几乎无人愿意做，但是薛永新却做得心甘情愿。

他有自己的想法。吃亏换来的是平安。吃亏可以磨炼自己做事的能力和耐力。吃亏还可以扩大人际关系，获得新的朋友。

虽然吃了点小亏，但对薛永新以后实现成功大有裨益。

在理县，他遇见了四川省军区的李管理员，一个给他带来机遇的人。

1973 年 8 月，李管理员进理县运家具。他见薛永新的家具做得好，那些柜子、椅子、桌子比有经验的木匠做得还要精细、美观。

李管理员听说了薛永新的情况，主动介绍他到成都国学巷红军院做家具。因为红军院很多家庭要做桌椅、床柜等，正在找木匠。

机缘来了。薛永新是一个善于抓住机遇的人。他的成功也在于他善于把握时机，把握机遇，一有机会就会寻找更好的发展。

当李管理员问他愿不愿意到成都做家具，他连连说："愿意！愿意！"

李管理员让薛永新随同他的车，返回成都。然后把他接到了红军院，为李德彪政委做家具。

老红军李德彪当时任成都警备司令部的政委，为人正直、善良。他见小伙子敦厚、机灵，当下拍板让薛永新留下来。

但老红军提出一个要求，让薛永新先做一张椅子。如果满意，就不再找别的木匠。

"首长放心，我一定做得好！"薛永新信心十足地说。

"好，好，有红小鬼的劲头！"老红军喜爱地拍拍他的肩说道。

仅一天工夫，椅子就做好了，美观、结实。最巧妙的是，薛永新还对椅背做了弧度处理，这样老年人坐上去，身子很舒服，不会觉得硬。老红军大加赞赏。

薛永新正式留下来了。

他做的家具真是顶呱呱，凡是见过的家具样式他都能毫厘不差地仿制出来。城里流行什么，他就做什么。不仅如此，还能创新。式样新潮，但又很实用。虽然那个年代对家具的要求并不高，但他可是一流的水准。有人还叫他"小鲁班"。

他对木匠祖师鲁班很崇拜。学徒时，师傅跟他讲过鲁班的故事。鲁班上山砍柴被茅草割伤皮肤，触发灵感，于是以茅草叶缘细小利齿为原型做成了锯子。从此古代木匠便有了木工工具。

他从鲁班的故事得到启发，凡事都要动脑子，要创新，不能墨守成规。在红军院，考虑到院子里住着很多老红军，行动不便，他便做了一种可以折叠的椅子，打开来就是椅子，折叠后又可作小板凳。关节灵活，收放自如。他还在上面做了雕刻，刷上油漆后，看起来很美观。大家都赞不绝口。

由于他手艺好，院子里的老红军家属争先恐后地来请他做，通常是这一家没有做完，那一家又来预约了。一个月下来，他能赚到六七十元钱，相当于现在的六七千元。他好高兴，当即把这一笔"巨款"汇到老家。

他还给省军区的司令员、林业厅的厅长，还有许多省委领导做过家具。他不仅在红军院小有名气，而且名声在外。

红军院的木工活很多，一年半载也做不完。这对他来说，是个好事。一来有稳定的收入，二来这里的环境好过四处流浪的日子。何况人们对他很好，很热情，让他感受到人间的温暖。

他感到最快乐的事，莫过于每天干完活，可以在一间小房里看书。虽然那年月除了马恩列斯毛的著作外，很难找到其他的书。但在李德彪政委家里却能看到很多书。《资治通鉴》《史记》《孙子兵法》，还有《三国志》等等，第一次看到这么多的中国历史书，让他眼花缭乱，兴奋不已。

"首长，我，可以看看这些书吗？"他怯怯地问。

"当然可以。喜欢看尽管拿去看。"李德彪爽朗地说。

"真的吗？"他捧着一本书抬起头问，眼睛变得亮亮的。

"孩子，读书是好事。你这么年轻，就要多读书。有知识，才能进步。我喜欢爱看书的年轻人。"老红军又说，言语中流露出对薛永新的喜爱。

"可是……"

李德彪看出他心中的疑惑，对他说："这些书为啥不能看？他们说是禁书，我看他们狗屁都不懂。"

这位老红军、老首长越说越气愤，激动地杵了杵拐杖："这是极左！"

接着，他又语重心长地说："孩子，不管啥出身，只要有革命理想，追求进步，多读书，就会有前途。虽然你是一个木匠，但木匠也可以成大人物。"

"大人物？"薛永新从来不敢想。

"我们很多老红军中有贫苦出身的，也有来自地主家庭的，但参加革命后，都进步了。他们后来呀成了元帅、将军。孩子，这个社会还是充满希望的，你要有信心！"

"谢谢首长教诲。"薛永新激动地说。

首长的一番话，让薛永新深受鼓舞，胸中激情澎湃。仿佛阴云密布的天空，被一只大手拨亮了。他看到了希望。

自此，他在思想、行为方面都表现出大人物的风范，而他以后果真有了大人物的成就。

一干完活，他就在房间里如饥似渴地读书，一头潜入了中国历史文化浩瀚的海洋里。虽然小学时读过一些历史书，但毕竟年幼还不能理解。但现在有了一番世事阅历，他不但能读懂历史，而且还有自己的思考。

比如孔子，尽管当时到处都在批判孔老二的"克己复礼"就是搞复辟，但他觉得儒家的礼义忠孝、仁义道德不是糟粕，而是精华，是我们这个社会应该提倡的。

虽然书里把孔子周游列国宣扬儒家思想描绘成东逃西窜的丧家之犬，但他却从另一个角度看孔子，为了"修身、齐家、治国、平天下"的理想，孔子为之不懈努力。孔子是执着的、坚韧的。

　　"天行健，君子以自强不息。"每当遇到挫折和困苦，他总是以儒家的思想激励自己。

　　夜深了，他不知疲倦地阅读。一边读历史，一边思索人生。回忆起十多年来所受的磨难，特别是这几年在外谋生漂泊无定的日子，饱受别人歧视的目光，百般滋味，涌上他的心头。自降临人世，他的身上就打上了"富农子弟"的烙印，注定了他是一个"贱民"，只能像蚂蚁一般卑微地活着，任人践踏。在人前，他抬不起头，见到熟人总是低着脑袋点点头，像个哑巴似的压抑自己。现在，读了这些史书，他的心里豁然开朗。

　　谁能够选择自己的出身？难道出身不好，就要受到不公平的待遇？难道自己一辈子就只能窝囊地活着？他要向命运挑战。

　　他喜欢苏轼的一首词："莫听穿林打叶声，何妨吟啸且徐行，竹杖芒鞋轻胜马，谁怕？一蓑烟雨任平生。"

　　他要像苏轼那样，在人生道路上履险如夷，泰然自若，何惧风吹雨打？

　　尽管他对苦难已有心理准备，但是，该来的还是要来。他多难的命运就像这场"文化大革命"一样，没有结束。

　　又一波被称为"清理阶级队伍"的政治运动在薛永新的家乡展开了。薛永新作为"五匠"——木匠、石匠、篾匠、铁匠、泥匠，按照当时的政策规定，"五匠"只能在生产队干活，或者由生产队统一组织外出务工。如果超出此列私自外出干活，就属非法流窜，就是"流窜犯"，是清理打击的对象。一旦抓住，轻则没收工具强迫劳动，重则狂批狠斗遣返原籍。

　　薛永新在"清理"之列。

　　一天清早，黄大队长又来到薛家，砰砰地敲门。

　　黄大队长见到薛万成，用他那绿豆般的圆眼珠朝房间扫了扫，气势汹汹地问：

"你家老大到哪里去了?"

薛万成已经风闻这几天气候不对,他试探地问:

"黄大队长,您找永新啥事?"

"啥事?"黄大队长眼珠一瞪,"上级指示,要清理外流人员,扫除'黑户口'。"

薛万成心里沉了一下。

"哗!"灶房里发出碗摔在地上的声响。薛永新的妻子正端着饭碗喂孩子,乍一听见,顿时魂都吓掉了。她的心为丈夫悬了起来。出生不久的儿子薛刚哇哇地大哭。

薛万成镇定地说:"永新到城里看亲戚去了。"

"为啥这么久还没回来?"

"他病了,住在亲戚家。"

"你骗老子?薛万成,你敢不老实,小心吃不了兜着走!"黄大队长气哼哼地说。

"黄大队长,不信您到成都打听打听。"

"哼!"黄大队长拂袖而去。

薛万成松了口气。

"爹,黄大队长走了?"刘朝玉走出来问公公。

"媳妇,没事了。对付这种人可不能太老实。"薛万成说。

刘朝玉拉着蹒跚走路的孩子的手,走到门口,望着村口通向外面的小路,眼睛里袭上一丝担忧。

"永新,你在外好吗?"她喃喃地自语。

即使在最安全的红军院,薛永新同样躲不过这场地毯式的"清理"。

一天晚上,薛永新正在灯下读司马迁的《史记》,突然听到有人敲门。

笃、笃、笃。小心而略带紧张的敲门声。

他打开门,红军院里的彭老师闪了进来。

彭老师是红军院里一位老红军的儿子,教历史的中学教师,常常借书给他看。有时还互相交流心得,两人成了无话不谈的好朋友。

见彭老师这么晚来，薛永新有些惊讶。

"彭老师，找我有事？"他从彭老师的脸上看到紧张的表情。

彭老师习惯地推了推架在鼻梁上的眼镜，声音尽量放低地说："造反派这几天又要搞大清理。我听说，他们已经怀疑到你是被清理的对象，恐怕凶多吉少。我看你还是赶快离开这里为妙。"

"谢谢您告诉我。"他感激地说。

彭老师冒着风险把消息告诉他，令他感动。

"哎，我们是朋友，别说这些客套话。"

一声"朋友"，让薛永新心头一暖。朋友就是，在你痛苦的时候为你分忧的人；朋友就是，在你最需要的时候，帮助你的人，对你好的人；朋友就是不求回报，无怨无悔地支持你，使你有勇气走下去的那个人。在艰难的人生路上，薛永新更深深地理解了朋友的含义。

他珍惜友情，用朋友的真诚去对待别人，帮助别人。可是，他也因为"朋友"而付出了巨大的代价。这是他后来的故事。

"你想好上哪里去？"彭老师问。

是啊，我要到哪里去？天之大，却没有我容身之地。薛永新感到悲哀。

不，我一定要找到出路。他坚信天无绝人之路。

"去理县。"他对彭老师说。

"你真要去？那里非常艰苦，路上还很险。"彭老师担忧地说。

"去。"他的眼睛流露出坚定。因为那地方他非常熟悉，有很好的人脉。

第二天，彭老师帮他找了一辆到阿坝州理县的货车。他又背上简单的行李，再一次进理县去了。

回首住了两年的红军院，那些熟悉的人一一浮现脑海。他在心里默默地说了声："好人，再见。"

尽管薛永新逐渐有了生存的能力，但颠沛流离、东躲西藏的生活，让他感到前途渺茫。

他是一个想做大事的人。可是，他却看不到方向。一个人坐在颠簸的汽车里，望着车窗外的大山和峡谷，他感到迷茫。

临行前，自己给妻子保证过，要寻条路子。他做到了。可是，他又觉得这不是自己要寻找的路。一定不是。

路在哪里？他问自己。

第五节　家乡修渠：担负重任，初显才华

有一句谚语：是金子总会发光。

一个具有才能的人，无能走到哪里，都会显露超人的才华。

上天将大任降于某个人，必然有其深意。给你磨难，不是埋没你，而是让你运用自己的才能，更好地发挥和施展。

1976 年，龙年，是中国自然灾难频降的一年，也是中国政治形势发生重大变化的一年。

1 月，周恩来去世。7 月，朱德去世。7 月，唐山大地震，8 月，四川平武大地震。9 月，毛泽东去世，中国政治舞台上发生了一次更强烈的大地震。

1976 年 10 月 6 日，"四人帮"被粉碎，"文化大革命"终于画上了句号。

薛永新亲身经历了这场剧变。他以为一切都会迅速好转起来，但是，"四人帮"筑起的"左"的堤坝，仅仅被挖开了一个缺口。要把它彻底冲垮，还需时日。

这一年，薛永新的家乡潼南崇龛仍处于"农业学大寨"的高潮中，开荒种田，大修水利。

按照当时"左"倾政策和精神，农村要坚持大寨精神，"战天斗地"，坚持人民公社制，继续批判各种资本主义倾向，所有"五匠"人员必须召回。

潼南崇龛公社又一次清理各类外出人员。生产大队的黄大队长十分积

极，亲自审阅外出务工人员的名单，还把"薛永新"的名字列在第一个。上次"清理"，由于没有证据，暂时放过了薛永新。这次，他又逮着机会了。

"把名单贴出去。"他对一个村干部说，脸上露出了得意的冷笑。

名单贴在大队门口的墙壁上，"薛永新"的名字赫然在列。社员们围着观看，议论纷纷。

这时，刘朝玉正经过这里。见社员围着一张告示七嘴八舌，她便上前去看。这一看，她心里一惊。告示上要求"五匠"人员必须回到生产队，否则后果自负。那上面排着密密麻麻的名字，她一眼就看见丈夫的名字在最前面。

"玉儿，这回恐怕要来硬的了。"邻居大娘担忧地对她说。

"哦。"她含糊地应着。

"听说不回来，就不分粮。我得赶紧叫我家那口子回来。全家没吃的，可咋办哦。"一个中年妇女着急地说。

"不会吧。"刘朝玉似信非信，眼睛里掠过一丝担忧。

不管它。她甩了甩头，正要转身，从大队办公室走出来的黄大队长叫住了她：

"刘朝玉，你男人去哪儿了？"

"我不晓得。"

"我告诉你，赶快把你男人喊回来。再不回来，小春粮食就不分给你们！"

"凭啥不分给我们？"刘朝玉气愤地质问。

"凭啥？凭你男人是'外流人员'，没定个'流窜犯'的罪名，就算好了。"

"我到哪儿去找我男人？他在哪里我都不晓得。"

刘朝玉说的是实话。丈夫一年四季在外，不是在嘉陵江、涪江造船，便是在阿坝里面帮人做家具。尽管隔一段时间会寄信给她，但是那信封上的地址有时是马尔康，有时又是云南。一会儿在东，一会儿在西。她完全不清楚丈夫身在何处。

"装，是吧？如果薛永新被抓回来，就莫怪我没告诉你了。"

"黄大队长，我真的不晓得！"

"我看你是嘴巴硬，还是你们全家老少不怕肚子饿。走着瞧！"黄大队长叼着烟卷，从鼻子里"哼"了一声，朝乡村小路优哉游哉走去。

刘朝玉怔怔地愣在那里，心里犯起了愁。

其实，刘朝玉比谁都盼望丈夫回到自己的身边。

随着大儿子薛刚的出世，她一边要奉养公婆，一边要带孩子，肩负着媳妇和母亲的双重责任，生活的重担压在了她的身上。像所有吃苦耐劳的中国农村妇女一样，她任劳任怨，心甘情愿为丈夫生儿育子、煮饭缝衣。但是，身为女人，她是多么渴望有一双肩膀让自己依靠。有丈夫在，她就有了主心骨。最重要的是，不用过着担惊受怕的日子。

刘朝玉又是一个善解人意的女人。她了解丈夫的大志。回到农村狭小的家里，只能束缚丈夫。她对丈夫所做的每一件事，每一个决定，都无条件地支持。她用自己的爱和信心，等待丈夫荣归故里。

但是，严峻的现实不能不迫使她写信催丈夫回来。由于薛永新没有回来，生产队扣了薛家的粮食。一连四个月，薛家没有领到一粒口粮。全家十多口人，四世同堂，恐怖的饥饿使他们又回到了"大跃进"时代。

刘朝玉只好一次又一次回娘家借粮食，一次又一次给丈夫写信。十天过去，二十天过去，一封封信仿佛石沉大海，没有回音。

此时，薛永新正在成都做活。

或许，老天故意捉弄人。他刚离开一个地方，妻子的信就到了。这样，他与家书总是擦肩而过。

有一天，他给妻子写了一封信，告诉家里，自己已在成都落脚。就是这封信，让刘朝玉知道了丈夫在哪里。她按照丈夫写信的地址，赶紧又写了一封信寄出去。

薛永新在成都终于收到了妻子的信。

获悉家里的情况后，薛永新心急如焚，立刻辞掉刚揽到的活，连夜动身，乘火车回潼南去。

薛永新回来了。

4月的潼南依旧寒冷，仿佛春天还没有到来。山寺里的桃花含着花苞，在寒风中欲开还闭，但仍掩不住春来的讯息。

回到阔别已久的家乡，见到因饥饿而面黄肌瘦的亲人，尤其听到刚牙牙学语的孩子哇哇的哭声，他的心被刺痛了。

他把这两年在外打工挣的钱全部拿出来，给家里买粮食，给孩子买奶粉，给一直卧病的爷爷请医生看病。家里老老少少十一口人总算松了口气，挨过了又一次的"饥荒"。

生产大队召集所有回来的"五匠"人员每天坐学习班，交代问题。薛永新总是第一个被点名。黄大队长成心要整治他。

"薛永新，这两年你在外面都干些啥？老实交代！"

"我靠劳动吃饭，没干过任何坏事。"薛永新理直气壮地说。

"哟呵，你还理直气壮了！胆子大啦！"黄大队长走到薛永新面前，盯着他，仿佛不认识似的。

啪，黄大队长猛地一拍桌子，气汹汹地质问他："谁让你出去的？有大队证明吗？"

薛永新保持沉默。

"算了，算了。薛永新，端正你的态度，把你做过啥事都交代清楚。"大队书记说。他对薛家的遭遇是很同情的。

于是，薛永新坦坦荡荡讲了自己的经历，这两年先后在红军院做家具，得到老红军们的赞赏，还给省军区首长、省委领导做过活。他故意加重了语气，为的是镇住黄大队长的气焰。

果然，奏效了。不仅在座的大队干部听得一愣一愣的，连伺机找碴儿的黄大队长也不敢发作，眼珠子都瞪大了。

接着，他又讲了到理县、茂县、马尔康，以及重庆、云南等地修房子、造船、打石子等经历。兴之所至，他还谈了一路走来的各种见闻。

大队的干部们开始对薛永新刮目相看。他们怎么也没有想到，这个"富农子弟"一向在人前沉默寡言，总是低着头走路，如今像变了一个人似的，挺着胸，抬起头，侃侃而谈。仿佛不是在"交代"，而是在给他们上课。

既然薛永新给首长、领导做事，"证明"的问题，谁还敢再抓住不放？黄大队长不好发作。

眼下正是大搞农田基本建设时期，生产队需要大量有手艺的"五匠"人员。大队书记便安排薛永新做水车和犁田的生产农具。于是，薛永新带了村里的几个木匠，立即干了起来。

经过日夜的奋战，一个巨型的木制水车——古老的提灌工具，在小河边立起来了。水车缓缓地旋转，水流发出哗哗的巨大声音，流向了农田，灌溉着久旱的庄稼。社员们欢呼雀跃。大家对薛永新更加佩服。

薛永新第一次做水车，没有任何经验，全凭他从书本上获取"黄河水车"的知识，脑海里形成的图案，心里精确的计算。许多人对自己的"第一次"，常常没有把握，但薛永新却胸有成竹。事实证明，他做出来的水车，十分成功。

他天赋的才能，在那时已引人注目。

10月，中国命运发生重大转折的金秋十月。"四人帮"的时代结束了。薛永新敏锐地感到，所有的灾难很快就要过去。

站在山坡上，他久久地凝望天空，乌云边一道耀眼的金边，让他看到了一线希望的光芒。

西方有一句谚语："每一朵乌云都镶有金边。"无论乌云有多么厚密，它不会永远遮住天空。

明天太阳会照常升起。他相信。

但是，这并不意味着乌云已经完全散去，它仍然笼罩在人们头顶。

"左"倾思潮继续左右着人们还没有彻底解放的头脑。"农业学大寨"热火朝天地在农村展开。

潼南崇龛公社自然不甘落后。生产大队决定修水渠、修仓库和保管室。这就需要木工、铁匠、石匠等有技术的人，同时还要一位技能全面的人来组织安排。

找谁合适呢？大队干部开会讨论，大家都为这个人选犯了愁。

"找薛永新吧。他手艺好，又全面。这些年他在外面干过不少大活。"

有人提议。

"不行！他是富农子弟！这种人咋能担当光荣而艰巨的任务?"黄大队长坚决反对。

"那，到底哪个合适?"

干部选来选去，把每个有手艺的工匠都筛选了一遍，仍然没有确定下来。可是，时间不能等人。

大队书记拍板了："就是薛永新！成分不好，这不是一个给他改造的机会嘛。"

这句话说得黄大队长哑口无言。

大队书记让干部把薛永新叫来。

"薛永新，大队要修一条水渠，建大队保管室和仓库，决定把这个光荣的任务交给你，也是给你一个改造的机会。你有没有信心完成?"

"有。我保证完成好。"薛永新充满自信地回答。

在干部眼里，这是一项前所未有的"大工程"。大队书记特别交代薛永新要全力以赴。如果完不成，谁都负不起这个责任。

薛永新感到了压力，但是他有十足的信心。这几年在外面不仅做木工活，而且还搞过几次大型修建。他完全具备这方面的经验和能力。

成功的准则是："你认为能你就能。"要做一个有才干的人，信心是第一要素。信心会使我们潜藏在内的超级能量得以发挥出来，从而做出别人认为办不到的事来，创造奇迹。

薛永新比别人成功，因为他具备了信心这项能力。

说干就干。薛永新调集大队的"五匠"人员，以及一些青壮劳力，准备好各种需用的木材、石材等材料，计算好工期，下达任务、安排时间进度，调度工匠，各司其职。他做得有条不紊，井然有序。

因为他手艺好，又带头干，对任何人都很和蔼，从不训斥。所以无论是工匠，还是社员，都服他。

挖渠开始了。大队所有劳力都投入到挖水渠的工作中。成百上千人摆开长蛇阵，挥起钢钎、大锤、铁锹，"向荒山要水"。

"嘿嘿——哟喝!"粗犷、雄浑的号子声,此起彼伏。开山炮声轰隆隆,不断传来。工地上的薛永新,俨然是一位决胜千里的将军,从容地指挥着千军万马。

他把工地当成家。夜深时,工匠们都进入梦乡,他还挑灯看图纸,计算明日工作的进程,有哪些安排。有时,他不放心,还要提着马灯,到水渠边查看。直到施工中的问题排查完毕,这才回到窝棚睡觉。虽然家离此不远,他很想回去看看大人孩子,可是,为了圆满完成任务,他学大禹"三过家门而不入"。

经过一百天的艰苦战斗,一条五百多米长的水渠、一间保管室和三间大仓库呈现在人们面前。

开闸放水的那天,长长的水渠两边人潮涌动,社员们翘首以待,挂满汗水的脸上流露出热切的期盼。

公社书记站在水库旁,大声地宣布:"开闸放水!"霎时,波涛汹涌的绿水从水库里放出来,像一条长龙沿着两条平行的凹槽,奔腾而下,流向干裂的庄稼地。

水渠沸腾了,人们沸腾了。年轻人随着飞奔的渠水奔跑、狂喊。姑娘们打起腰鼓,扭起秧歌。一阵阵锣鼓喧天。这欢庆的场面,让薛永新的眼睛禁不住湿了。

许多天来的辛苦,付出的汗水和心血,都值了。

这条水渠解决了长期困扰崇龛的灌溉难的大问题。有了渠水,田地里的庄稼得到了浇灌,村民饮水难的问题得到了缓解。大队书记和干部表扬了薛永新。他们都服了,这个年轻人是个人才!

薛永新反而不好意思,默默走到一边。这时,他突然看到,妻子弯腰在水渠旁,用木瓢舀起一瓢清冽的渠水,脸上不知是水花,还是泪花。

年幼的儿子喝着妈妈端给他的甘甜的水,咧开小嘴笑了。

薛永新不禁也笑了,眼睛闪烁着感动的泪花。

第四章

远征云南：第一次"出山"

美国激励大师金克拉打了一个比方：

日本人种植一种迷你盆景，完美迷人，但只有寸高。加州有一片巨大的美洲杉，其中一棵高达五层楼以上。两者的高度有天壤之别，但当它们还是种子时，都是同样的重量。日后差别这么大，在于盆景树的树芽刚钻出土壤，日本人就把它拔出来，绑住它，限制它的生长，尽管它长成后，看起来很美，但仍然是一棵小树。美洲杉的命运却不同。它的种子撒在加州肥沃的土地上，受到阳光、雨露的滋润，无拘无束，因而长成参天大树。

金克拉告诉我们，两种树都无权决定自己的命运，但是你有，你有权决定自己做一棵迷你盆景树还是一棵高大的杉树。

我们不能改变命运之神的安排，但可以决定要做什么。

薛永新要做一棵高大的杉树。因为他有权决定。

第一节　出征之前：父老乡亲的重托

1978 年一个冬天的夜晚，安徽省凤阳县十八户农民在一张包产到户的秘密约定上，签下了"生死契约"，由此拉开了中国农村改革的大幕。在这个舞台上，四川人与安徽人一起扮演着推动农村联产承包责任制的主角。

人与人之间不再有阶级之分，不再相互敌视。人，重新获得了尊严。

在潼南崇龛，那条浮冰的琼江正悄悄地消融，那片冻僵已久的土地开始松动了。阴霾散去，阳光又照耀大地。

公社和大队干部对"五匠"的态度明显改变。每月一次的训话取消，学习班解散。

国家鼓励社员经营自留地和家庭副业，并且，开始允许农民外出务工。

薛永新感到从未有过的兴奋。他摩拳擦掌，跃跃欲试，似乎要把蓄积已久的能量爆发出来。

从历史的角度看，一切将回归正常。这一点，他坚信不疑。基于这样的信念，他相信到外面施展本领的那一天不会太远。

他听到了春天的脚步声。

这一天，大队书记和黄大队长，以及其他几个干部来到薛永新的家。

"永新，这些年委屈你了，让你们薛家吃了不少苦。有得罪的地方，多海涵。"黄大队长表示歉意。语气中含有诚意，不像装模作样。

如果在那个年月，这话能出自黄大队长的口中，难以想象。

薛永新沉吟片刻，淡淡地说："都过去了。"

一句话，云淡风轻。黄大队长自惭形秽。

宽容，全世界都视为一种美德。它考验人类的胸襟和高度，更成为中国传统文化的核心内容。

在《论语》里，子贡请教孔子，问："有一言而可终身行之者乎？"您能告诉我一个字，可以受益一生吗？

孔子回答说："其恕乎！"如果必须说一个字，那大概就是"恕"吧。孔子告诉子贡，即使别人伤害了你，你也要胸怀宽广，宽容别人。

这段孔子与学生的对话，使薛永新触动很大。尽管曾经被人伤害过、歧视过、侮辱过，但是，他已具备化解仇恨的心胸。

黄大队长本来担心薛永新会计较自己过去对他的伤害，没有想到，薛永新轻描淡写，一笔勾销。

黄大队长自觉惭愧，不由对薛永新产生尊敬之情。

大队干部突然登门，不会仅仅是来道歉的吧？薛永新心里想。

"我们崇龛穷啊。过去生产棉花，可经过'文化大革命'这一折腾，现在吃饭都成问题，有的社员穿的棉袄里子都是空的，让人看着心酸哪。"大队书记转过话题感慨道。

薛永新默默地点点头。

接着，书记转入正题："现在形势好了，政策允许包产到户搞承包，也允许农民外出务工。我们大队干部开了几次会，考虑到大队'五匠'人员多，青壮劳力多，希望你承头，组织村里的农民外出务工，使大家富起来。"

以前偷偷摸摸外出打工，如今大队干部亲自登门希望自己走出去。虽然薛永新心里一直相信会有这一天，但当它到来的时候，他还是感到了意外。

"永新师傅，您有手艺，有才干，把我们大队的水渠建得这么好，大家都看得到。你又在外面那么多年，经验丰富。我们相信您能带好这个头，您就莫推辞了。"一个干部对他说。

"是啊，莫推辞了。"其他几个干部也说。他们担心薛永新不愿承头。毕竟过去薛家所受到的不公正待遇和歧视，他们都有责任。尽管那是"文化大革命"造成的。

"这也是乡亲们的愿望啊！乡亲们穷怕了！"大队书记感慨道。

"好！我就领这个头！"薛永新爽快地答应了。他不能辜负父老乡亲的厚望，一定要让父老乡亲告别穷日子。

"不过……"他犹豫了一下。

"不过啥？"干部们担心薛永新反悔了。

其实，此刻薛永新在脑海里思考另一个问题。如何拿到"外出承包"的"通行证"？他吸取了以前的教训。这次出去，无论如何要得到"保障"。

带领大伙致富，我义不容辞，但是，不能做没有准备的事，他想。世事的历练，让薛永新思考问题的方式更加成熟。

"不过，我要到省上办一个外出承包证明。"他说。

原来是这样啊。大队书记的一颗心放了下来。

"好！永新，你想得很周到，我支持。"书记说。

书记和干部走后，薛永新立即动身来到成都。

在四川省工商行政管理局局长办公室，他见到了郝局长——一个老红军。薛永新曾在郝家打过家具。郝局长对他的手艺和品行很欣赏。

"永新师傅，找我有事吗？"郝局长和蔼地问。

"郝局长，我们崇龛很穷，我想带领村里农民外出务工，能不能出个证明？"他有点忐忑不安地说。

"农民外出务工，既为建设城市出力，又凭劳动致富，这是好事啊。"

"这个证明，我给你办！"

薛永新没有想到，郝局长竟然爽快地答应他，这让他又意外又惊喜。

"我……"他有些犹豫。

郝局长能帮忙出证明，已经是很大的人情。自己再提要求，会不会过分？可这件事对我太重要。他内心矛盾。

郝局长看出薛永新有话要说，便问："永新师傅，还有什么困难，尽管说。"

"我想开一个外出承包工程的证明。"他大胆地提出要求。

"承包？"郝局长颇感意外。当时政策虽然开始允许农民外出务工，承包土地，但是承包工程却没有先例。如果同意，压力很大，甚至还有风险。

"你要承包工程？有把握吗？"

"是。"

郝局长注视薛永新充满自信的眼睛，心里赞叹，这个年轻人不仅有才干，还有胆量，是干大事的人哪。如果埋没了人才，真是可惜。

见郝局长沉默不语，薛永新不免心慌。

"好。"郝局长双手抬举半空，做了一个向下砍切的手势，"可以办。"

干脆、有力，不带一丝犹豫。郝局长在瞬间做出一个重要的决定。他可能没有想到，这个决定，使一个青年才俊第一次坦荡地走出了乡村。

薛永新大喜过望。有了这把"尚方宝剑"，我就可以自由闯天下了。他的心里说不出对郝局长有多感激。

他知道，这不是一个轻松的决定。

虽然可以解除自己的后顾之忧，但风险却留给了郝局长。

无以回报，只有出去好好地干一番事业。

薛永新怀揣着"通行证"，高兴地回到了老家。

他直奔大队简陋的办公室。

"永新回来啦！"大队书记起身迎接他。

书记打量他，笑问："有收获了？"

薛永新不慌不忙从衣袋里掏出一份盖有红色印章的证明，交给书记。几个干部也凑过来看。

这是四川省工商行政管理局开的一张同意薛永新外出承包工程的证明。

"太好了！"书记激动地捶打了一下薛永新的肩膀，"永新，我们农民有奔头了！"

"哎，永新，这证明不好弄啊，你咋办到的？"

"听说省城的人都很傲慢，你没碰钉子？"

薛永新把到成都办证明的经过，以及老红军郝局长是什么样的好人，都一五一十地告诉干部们。

"难得遇见这么好的人哪！"

"还是我们永新有本事！"干部夸奖道。

"嘿嘿，哪里，是我遇到一个好局长了！"薛永新发自内心地说。

书记从办证明这个细节里看到，薛永新是个做事沉稳的人，更放心把"劳务输出"这么大的事交给他。

"永新，大队有一百多青壮劳力，只要需要，你随时可以调遣。"书记说。

于是，薛永新带着书记和大队干部的嘱托，带着父老乡亲的希望出发了。一个堂弟，一个小舅子，加上他，只有三个人。

他没有带很多人走，自然有他的考虑。先踩点，揽到工程后，再将村里的人组织出去。贸然带着大队伍远征，如果没有活干，这么多人吃饭怎么办？他不能凭一时激情和冲动行事，他要对大家负责。

几年来摸爬滚打的经历，使他做事更加成熟和沉稳。在决定做一件事情之前，他必须心中有数，然后果断行动，不拖泥带水、犹豫不决。这渐渐形成了他日后的做事风格。

这是成功者所具备的特质。

第二节　乘改革春风：带领"川军"出手不凡

大直若屈，大巧若拙，大辩若讷。

——《老子·第四十五章》

老子告诫我们，做事要屈，要拙，要讷。这才是最聪明的人，真正有本事的人。

吃亏的人，看上去很傻，其实骨子里是"最高层次的精明"。不计较得失，反而能获得更大的回报。这是一种掌握世间万物的智慧，把握机遇的智慧。

1978年春节刚过，薛永新带着堂弟和小舅子，长途跋涉，来到云南省禄丰县。当双脚站在彩云之南的土地上，暖暖的太阳一下把他们从寒冷的地方又带回温暖的春天。

薛永新选择这个地方，一来因为曾经在此干过活，有人脉，可以找到路子；二来他喜欢禄丰的人文地理。

禄丰因恐龙和拉玛古生物化石而蜚声海内外，是世上迄今为止出土恐龙化石最丰富、最完整、最古老、最原始的地区之一，被誉为"恐龙之乡"。它地处滇中，楚雄彝州的东大门，滇池文化与洱海文化的交汇处。

置身在层峦叠翠的恐龙遗址上，薛永新感受到地球远古时代的气息。他有一种预感，在这里会干出一番事业。他无法说清楚为什么如此认定。或许，这就叫"直觉"。

直觉是一种才智，一种提前预知的能力。

作家弗洛伦斯·斯科威尔·希恩说："直觉是一种精神力量，它只是指出道路，从不解释。"

一行三人在禄丰县一平浪煤矿住了下来。

经熟人介绍，薛永新与煤矿财务科宋科长认识了。宋科长刚乔迁新居，正找人做家具。这样，他便先揽下了这个木工活。

对于做家具，薛永新早已轻车熟路、炉火纯青。他带着堂弟和小舅子立刻干了起来。

锯子声声里，纷纷扬扬的刨花中，一张张椅子、桌子，还有大立柜等家具，魔术般地呈现在新房里。仅仅半个多月。

快，好，式样新。宋科长非常满意，赞不绝口。

为了表示感谢，宋科长亲自下厨，做了一顿丰盛的晚餐，请薛永新三人享用。

席间闲聊时，宋科长无意中提到，国家要在禄丰县投资修建春光制药厂，总投资几百万。

几百万，在当时来说，是一个天文数字。

毫无疑问，这是一个大工程。

薛永新感到，机遇就在面前。如果揽到这项工程，他就可以把大队一百多人带出来，两三年都不愁没活干。

他顿时兴奋起来，眼睛放亮。

"宋科长，您能帮我引荐工程负责人吗？"

"你？"宋科长用惊异的眼神看着他，"你想拿下工程？我没弄错你的意思吧？"

宋科长怀疑自己耳朵听错了。一个年轻的木匠师傅，最多干过一些泥水匠的活儿，竟然敢接这么大的建筑工程，简直在开玩笑。要不，他就是异想天开。

"我要拿下这个工程。"薛永新定定地说。

望着薛永新严肃的表情，宋科长感到他不像在开玩笑。

"我说永新师傅，你知道这项工程可是个香馍馍？我听说光是四川、贵州就有几十个包工队找上门来，而且他们都有现代化的建筑机械。就凭这点，你都不是对手。算了，别碰一鼻子灰。"

薛永新沉思片刻，对宋科长说：

"宋科长，我要去试试。"

宋科长看他一股子倔劲，摇了摇头，说："好吧，我祝你成功。"

薛永新用了两天的时间，收集这项工程的基本情况，厂房、宿舍、办公楼、水塔，总计建筑面积达两万多平方米。

回到临时住所，他连夜画图纸，计算所用建筑材料、工期、费用等。这点对他并不难，难的是如何拿下它。

午夜的旅馆里，昏黄的灯下，薛永新苦思冥想。躺在旁边的堂弟和小舅子早已进入梦乡，鼾声如雷。

论优势，他比不过那些成熟的包工队，更没有现代的"机械手"。他能有的，是人，是庞大的农民工队伍，是一双双灵巧的手。

只要有人，没有解决不了的难题。

大队有许多具备实力的"五匠"人员，其中不乏成熟的建筑工匠。这一点，颇具竞争力。

至于工程师、设计师，他自己曾在阿坝等地干过修建，完全可以胜任。而机械方面则可以采用租、借、买等灵活方式。这样一来，人才、技术和机械问题都迎刃而解。

"对了，我还有四川省工商行政管理局开的承包工程证明！"薛永新暗自庆幸，如果没有这张证明，根本甭想去竞争工程。他对郝局长的支持更心怀感激。

但是，当下最大的难题是，怎么才能从众多的竞争对手中突出重围，占得先机？他绞尽脑汁。

夜深了，四周陷入幽寂。堂弟和小舅子呼噜声此起彼伏，薛永新却不能入睡。他必须想出一个制胜的办法，不然，他们三个人明天只有打起铺盖卷，走人。

望着窗外闪烁的星空，他的脑海里闪出一句古训："将欲取之，必先予之。"这句话从老子的《道德经》而来："将欲去之，必姑与之；将欲夺之，必姑予之。"

这是潼南老家一位道士告诉他的话。道士对他讲：老子说，想要得到一件东西，夺取它，必先要给予它。要舍，才能得。

那时，虽然薛永新还没有接触到《道德经》，对这句话并没有完全理解，甚至很模糊，但是，这种最初的影响，往往是间接的、潜移默化的，像"润物无声"般潜入内心，然后会在某个特定的时刻被催生出来。

"对啊，我怎么没想到？"薛永新兴奋不已。灯下，他的眼睛闪耀着明亮的光芒，他好像看到了成功的希望。

第二天，他直接来到临时搭建的春光制药厂厂长办公室。

"你承包过工程吗？"李厂长正签阅着文件，头也没有抬地问他。

"没有。"

"对不起，请你走吧。"李厂长拿起桌上的电话，脸上明显不悦。

"李厂长，我只耽搁您一分钟。请您听完我的话，再做决定。"

或许被他恳切而自信的表情打动，李厂长放下话筒道："好，我给你一分钟。"

"我不说自己如何行，但我愿意用行动证明。所以，我有一个请求，请厂长允许我先建一个食堂。我保证，三十天内完工。我不要钱，干给您看。"

李厂长开始有些漫不经心，但听到后面一句，不由惊异地注视薛永新。一个食堂，与面积达两万平方米的整体工程相比，并不算大。但是，材料、人工等费用加起来不是一个小数。这个年轻人敢做吃亏的生意？那些天天登门磨破嘴皮的包工头哪个不是算得很精？

不要回报，傻子才干这种事。李厂长不相信。

薛永新看出李厂长的疑惑，又说："食堂修建好后，请厂方验收，如果质量合格，请把整个工程交给我承包。如果不过关，我二话不说带人离开。"

李厂长在心里盘算，将食堂先交给这个年轻人，做得好与不好，也没什么损失，而且还节约了一大笔费用。与那些包工头开出的条件相比，显然年轻人的条件更诱人，更厚道。

"您怎么称呼？"李厂长问。

"薛永新。"

李厂长沉思了一下，似乎想起什么，说："哦，宋科长跟我提起过。"然后，不再说什么，只是用审视的目光打量薛永新。

薛永新的眼神安定、沉稳，脸上流露出自信，却又带着几分憨，几分痴。此时的他就像金庸笔下的郭靖。而正是这个"傻里傻气"的郭靖，日后成了受人尊敬的武林大侠。

李厂长感到，这个年轻人身上有一种做大事的气质，胸中陈兵百万，绝对可以胜任工程的艰巨任务。

一分钟过去。见李厂长沉默不语，薛永新默默转身，朝门口走去。

"请留步。"李厂长突然叫住了他。

薛永新停住。

"明天来拿项目规划图！"李厂长冲着他的背影，大声说。

薛永新猛地转过身，表情惊喜。

食堂拿下来了！这是他来到禄丰后最振奋的一件事。

接下来，薛永新安排堂弟和小舅子联系材料供应商，做好准备工作，然后立刻动身赶回潼南老家招兵买马。

他将揽下工程的事向大队书记汇报。书记非常高兴，称赞他不负众望。在最短的时间拿下了工程的先期任务。虽然只是初步，但已迈出了一大步。

大队开会决定，成立由百多人组成的"四川建筑队"，薛永新担任队长。1978年，一个不同寻常的春天，薛永新成为中国最早的"农民包工头"之一。

薛永新又一次告别家人。这一次外出，他不是一个人战斗，而是率领家乡百多名农民工出征。不再为"黑户口"而东躲西藏。这一次走得名正言顺，走得光明正大。

与以往不同的是，他不是为个人谋生，而是带领村民共同致富。他感到肩上的担子重了，责任更大了。

他第一次感受到人生的目的，不仅仅是为了生存。比生存意义更大的，是为大家谋福祉。

薛永新带领大队五十多名泥水匠、木匠以及一批年轻人，总共百多人，浩浩荡荡出发。庞大的"川军"队伍，在欢送的锣鼓声中，踏上了征程。

行进在乡间的路上，薛永新走在队伍的后面，心中感慨万端。在这之前，只有两三个人，如今，他已拥有大队人马。

他的脑海中忽然出现一个幻境：夕阳古道，唐僧带着沙僧和猪八戒，走在崎岖坎坷云遮雾障的路途。突然间，孙悟空从天而降。金箍棒一挥，金光一闪，变出了无数个孙悟空，帮助唐僧前往西天取经。

薛永新就像《西游记》中的唐僧，面前这支队伍，就是百变孙悟空。他感到虽然脚下的路还很漫长、曲折，但是，他有这么多人，这么多本事高强的"孙悟空"，一定会取到人生的真经。他充满信心。

回到禄丰，薛永新马不停蹄，一面让大伙在工地先搭起窝棚，一面让堂弟和小舅子与建材供应商联系，引进或租赁机械设备。自己则亲自找到李厂长，落实购买水泥、钢筋、砖块等建材资金。

晚上，他在刚搭建好的简易窝棚里，点亮马灯，连夜设计食堂和车间的图纸。等到工作完毕，已经黎明时分。

第二天一早，他召集伙伴们进行"战"前动员。

"我们能不能拿下整个工程，就看这一仗了。成败就此一举。只能成功，不能失败。因为我们输不起。我们家乡父老在看着我们。大伙有没信心？"

"有！"工地上百多人异口同声，响亮地回答。

接下来，薛永新把人员按技术特长进行合理分工，各司其职，各尽其责。所有人员分成三班，连续二十四小时作业。尽管是临时建筑，但他严把质量关，决不允许一丝一毫的松懈和马虎。

围墙内，工地上尘土飞扬、机器轰鸣。人多，任务紧，却忙而不乱。薛永新有条不紊地指挥着，从容地统率着"千军万马"。

需要混凝土，没有搅拌机，大伙就用手工搅拌。机器搅拌两次，他们就搅拌四次。打地基，没有挖掘机，他们就用铁铲挖土。尽管累，他们干得很带劲。砌墙，要求一律牵线。按规定，误差可以在一厘米之内。薛永新则要求不超过半厘米，做到一丝不苟。

经过日夜奋战，一个月之后，三百平方米的食堂，在最短的时间内奇迹般地呈现在厂长面前。

惊人的进度，高质量的建筑，美观的设计，赢得了李厂长的赞许。这个小伙子不简单哪。

"'川军'，好样的！"人们啧啧称赞。

"薛队长，厂里研究决定，由你们四川建筑队承包建设春光制药厂的工程。好好干！"李厂长郑重地对薛永新说。

"谢谢厂领导的信任！"

终于夺得了这项工程的承包任务，连日来付出的汗水和心血没有白费，薛永新松了一口气。

"我们拿下了!"

"我们有活儿干啦!"

"我们可以养老婆孩子了!"

大伙兴奋地欢呼。他们一齐簇拥上来,激动地把薛永新举起,像崇拜英雄那样,把他朝半空抛起来,表达他们的感激和敬意。

薛永新没有陶醉,他感到需要克服的困难还有很多,压力也更大。毕竟这是他第一次接下如此浩大的工程,而且身边缺乏懂得施工、会搞预算的人才。跟着他的百多名家乡伙伴,加上临时招募的,总共有两百多人。但他们大多文化程度低,没有专业的建筑基础知识和技术。如果搞砸了,意味着前功尽弃。

最坏的事情是,两百多人将何去何从?他又如何向家乡父老交代?

有时候,压力越大,反而激发创造的动力,获得成功。所谓奇迹,就是别人做不到的事,你做到了。

薛永新坚信天下没有不可能的事。他内在的推动力不允许他停息,更不允许失败。

他的天性中有一股潜在的强大力量。只要遇到困难,就会被激发出来。

没有高级技术人才,就自己琢磨。他一边看书思考,一边运用过去建房的经验,绘制图纸。同时还要一笔一笔造预算,大到钢筋、石材,小到一块砖,一片瓦,他都要精打细算。因为他曾给李厂长保证,除了免费建设食堂和两个车间,还有低于其他承包者 20% 费用的诱人先决条件。所以,无论是为国家节省资金,还是为两百多个兄弟的利益着想,他都必须千方百计降低成本。

为了合理地调度人员,保证施工质量安全,加快进度,薛永新把人员分成四个队。

"一队、二队,负责建厂房。"

"三队负责建职工宿舍。"

"四队负责建办公楼。"

每个队有一个队长、副队长，队下面再分几个班。他把任务、工期和要求分解到队上。

他创造性地实施了责任制，即每个工段、每个队有专人负责质量和质量监督，同工同酬，按级评薪。可以说是走在了当时还未开放的全国建筑业前列，即使在今天也依然是先进的。

薛永新所潜藏的企业家特质在那时初露端倪。

薛永新为人坦荡磊落。虽然他身为包工头，但处事公正，不无故克扣任何人一分钱，账务公开。所以工地上的人都很团结，工程无安全事故和质量事故。

两百多名兄弟的生活也得到了极大改善。大伙每月平均都有七八百近千元的可观收入。对于面朝黄土背朝天的农民工来说，他们做梦都没有想到，会挣到这么多钱。

薛永新作为包工头，每月的工资相比其他人要高一些，能挣一千六百多元。在那时，每月一千六百元相当于现在的上万元，甚至还要多。

陆陆续续的汇款雪片般飞向了潼南崇龛，"川军"们的勤劳和智慧，给家乡带来了福音。贫穷而饥饿的年代，结束了。

春回大地，万物复苏。薛家摘掉了"富农分子"的帽子，摘掉了戴在四代人身上的"枷锁"。那一段屈辱而沉重的岁月，不再回头。

家乡发生了不少变化，薛家便是一个缩影。他家从乡下山坡旁的茅草房，搬回了原来的老宅院，离镇上仅一百米。旧房翻了新。圈里喂了几头猪，一群鸡鸭，新做的谷仓里堆满了谷子。一年多来，家里承包了十多亩地，种了稻谷、小麦和棉花。粮食不仅完全够全家十余口人吃，尚有结余。家里用薛永新从云南寄回的钱，又修了几间瓦房。日子渐渐宽裕。

云南这边，不到两年，一座巍峨的办公大楼、一座现代化的厂房、一座温馨的职工宿舍，矗立在禄丰崇山峻岭间。春光制药厂的完美竣工，为这曾经栖息过恐龙等生物的古老大地，带来了一片生机，一片春光。

这是一个奇迹。一个不是科班出身、仅仅小学毕业的包工头，没有建筑师的头衔，没有承包过大工程经验的薛永新，竟然一出手就是"大师"

水准。

这是为什么？我们所能解释的，那就是天赋异禀。薛永新是一个天才。

可是，"天才"似乎并不能完全概括薛永新。如果胸中没有气象万千，没有丰富的阅历、深厚的功力；如果没有豪气冲天的胆识、敢做不寻常事的非凡气度，奇迹同样不会产生。

薛永新带领的"川军"，赢得了春光制药厂的赞誉。他们在禄丰站稳了脚跟。紧接着，一平浪煤矿医院、县药材公司等纷纷找上门来，请他们承包建筑工程。

第一次"出山"，偶试身手，就大获成功。一切似乎有神助。

不管是神意还是奇迹，命运之手无可逆转地把薛永新推向创造企业神话之路。

因为改革春风不可阻挡地吹来了。

虽然这条路还很曲折，但并不遥远。

第五章

大师点化：学道三年，成就"无为"

生命是一个不断延续的故事。每个人在故事中都会遇见很多人。他们都在你的生命中扮演着某种角色。而其中一位，他有可能成为影响你一生最重要的人。甚至，改变你一生。

每个人都有自己的命运轨迹。在你途中的每一个阶段，你会遇上谁，冥冥中似乎早已安排好，绝非偶然。

神意早已选中李真果大师。这位一生富有传奇色彩的百岁道家"神医"，成为影响薛永新一生的神秘人物，命中为他指引道路的"高人"。

遇上了李真果，薛永新自此接触到博大精深的老子思想，找到了"道"，找到了"道"的真谛。他忽然想不起来从什么时候开始的追寻和求索，终于在今天找到了答案。

成名前的青年薛永新，与李真果度过了生命中最重要的三年，问道习医的三年，患难与共的三年。这三年，成就出一个"无为"的薛永新，磨炼出一个坚强的薛永新。如凤凰涅槃，他的生命因此而更加精彩。

第一节 缘起缘生：听大师的故事

那是一段让薛永新永生难忘的碎影时光，一生中最浓重的印记，被岁月褪了色却依然清晰如昨、在心底被深深牵动的回忆。他与李真果大师之间的特殊感情，早已超越师徒情谊，超越生死，超越时空。那是一种灵魂的相遇，虽然短暂，却足以抵过永恒。

1980 年春节前夕，薛永新匆匆踏上了回潼南老家的路。家里来信说，爷爷病重。他接到信后，安排好工作，立即动身，乘火车从云南星夜兼程赶回家里。

见到躺在床上身染沉疴的爷爷，薛永新的心感到疼痛。想到自己可以带领几百人建起一座楼房，却对爷爷的病束手无策，他为自己的无能为力而深深自责。

爷爷望着久别的孙子，布满病容的脸上露出了欣慰的笑容。

"永新，爷爷看到你，就没有遗憾了。"

"爷爷，莫这么说。我会想办法找医生治好您的病。"

爷爷无力地摇了摇头，对他说："爷爷知道你孝顺。但是爷爷老了。我知道自己的病，就是华佗再世，都不能帮忙了。"

"爷爷！"

爷爷微微动了动手指，示意他不要再说："永新，爷爷想多看你一眼。爷爷就是走了，也很欣慰了。"

薛永新鼻子一酸，他努力舒展内心的悲凉，笑着对爷爷说："爷爷，有孙儿在，您会好起来。明天我就去给您找医生。"

第二天一早，薛永新跑到村里村外打听良医。毕竟这是一个偏僻闭塞的乡下，要找到一个医术高超的郎中，很难。

薛永新没有放弃。即使希望只有千分之一，万分之一，他也要抓住它。

如果世上有一种神药，可以医治百病，能够治好爷爷的病，该有多好！有神药，就有神医。可是，神医在哪里？

只要能找到神医，哪怕让我付出任何代价，我都愿意。

我一定要找到你。他的心里有一个信念。

这个信念一闪现脑海，就像种子生了根，发芽、膨胀。接连几天，他像着魔似的四处寻找名医。就连中国人最隆重的传统节日——春节，他都无心庆祝。

正月初二的上午，天空突然下起了雪。薛永新正要出门，到县城为爷爷找医生。这时，曾经一起在外做工的几个朋友相约来看他，他便留他们在家中过年。

天很寒冷，薛永新找来柴火生火。几个人便围坐在炉火边聊天。

从安岳来的李安得知薛永新正为薛爷爷四处求医问药，便对他说："你去找彭道爷看看。他是一个神医哦。"

"真的？"薛永新喜出望外。

"彭道爷是谁？他在哪里？"他又急切地问。

"莫急，听我慢慢给你讲。彭道爷，其实姓李，道号真果。听说他已经一百岁了。他可神哪！身怀绝技，精通武术、太极八卦，上知天文下知地理。他还得到了云阳道观王复阳大师真传，练成了'玄门四大丹'。"

"玄门四大丹是啥玩意儿啊？"一个叫"狗娃"的朋友问。

李安用神秘的口吻说："'玄门四大丹'是道家丹鼎门的金丹之术，特效秘方，治病特灵呢！"

踏破铁鞋无觅处，得来全不费工夫。原来世上真有神药啊。薛永新激动不已，恨不能现在就去找那位神医。

"彭道爷不但会炼丹，而且医术特高，药到病除。"李安说到这里，似乎觉得还不能够说明，把手一摆，用了一个加强语气的否定词，"不，不用药也把病除！"

“吹吧。真会吹。”狗娃打击李安道，“哪儿有不吃药就把病治好的？除非是神仙。”

“是啊。”同来的另两个朋友也不信。

李安把腿一拍：“狗娃，你终于说对一句话。彭道爷就是活神仙！”

“玄。”狗娃撇撇嘴，又对薛永新说，“他就会吹，你莫听他的。”

“李安，你说说看。”薛永新道。

“看吧，人家永新就跟你不一样。”李安得意地说。

李安是他们几个朋友中最爱摆龙门阵的一个，好像天底下没有他不知道的事。这一下，他打开了话匣子，讲起了李真果的故事。

民国年间的某一年，有个姓王的大户人家的千金患了褥疮。小姐坐不能坐，睡不能睡，炎热的夏天也只能躲在绣花楼不敢出门。后来小姐的褥疮感染，肿得像水蜜桃一般大，疼痛难忍。

王家请了城里的“洋医生”来家里为小姐看病。但小姐不愿见陌生男人，她不准人切脉，不准看患处。“洋医生”无奈，只好估摸着给小姐拿点外用药涂擦患处。结果小姐的褥疮非但没有好转，反而更加严重，危及生命。

王家人慌了，只得把他们最看不起的当地“土道人”——彭道爷请来。王财主对彭道爷同样约法三章：不准切脉，不准看患处，不准直接向小姐提问病情。

彭道爷没说什么，只是向小姐母亲询问了她女儿的病情，然后对王财主说：

“老道看病从来不切脉、不处方、不拿药。我的药方独门，李时珍的《本草纲目》上都没有。你家小姐的病只有老道的药方能治。这种药方我一生只用过几次，等太阳下山后，你派人来我家取。”

他说完，转身走了，如一缕清风消失得无影无踪。

夕阳西沉，王财主派手下到道观找彭道爷，然而，彭道爷不见了。来人正想破口大骂，却见彭道爷从乡间小路飘然走来，手里拿着一样东西。

到了道观门口，彭道爷将手里的木盒交给来人，嘱咐道：“这个木盒，只能在半夜三更时分，让小姐紧闭门窗后，独自一人打开。千万不能有旁人在场，更不能事先打开木盒。不然，这药就不灵验了。"

来人拿着木盒回到王家，如实禀报了彭道爷的吩咐。王财主将信将疑，但想到女儿病入膏肓，只好按彭道爷说的去办。

半夜，庭院深深，一片寂静。王财主与夫人焦急地守候在小姐绣楼下。突然，一声凄厉的惨叫从绣楼上传来，接着听见有人重重摔倒发出的巨大声响。王财主夫妻和丫鬟立即奔上楼去。

眼前的情景让他们大吃一惊，小姐昏倒在楼板上，从木盒里爬出的一条条毛毛虫满地都是，令人毛骨悚然。丫鬟扶起小姐，只见楼板上流满了从褥疮里挤压出的脓液。

王财主气急败坏，立即命手下去抓彭道爷。可是，彭道爷早已不知去向。

王财主夫妻一直守在小姐身旁。第二天一早，小姐慢慢苏醒过来，脸上痛苦的神情没有了，也不再听到呻吟声。小姐还能坐起来吃饭了。看到女儿病情奇迹般好转，夫妻俩喜极而泣。

几天过后，小姐已经能自由活动，褥疮彻底好了，创口完全愈合。

第八天的一个黄昏，彭道爷从外面回来了。

王财主想到女儿虽然受了惊吓，但病确实给"吓"好了，也不便再去追究他。

原来，彭道爷听了病情介绍后，判断王家千金的褥疮结了"硬头疤"，已经散毒。里面的脓液被外面的一层硬皮裹着，无法排出，必然恶化。要治好这种病，必须排出脓液。可是小姐却不准人碰。唯一的办法，只能"以怪治怪"。

他知道一般年轻女孩天生怕毛毛虫，所以开了这个"处方"。他料到，小姐半夜打开木盒，看到里面的毛毛虫，必会惊倒在地。果然，小姐看到木盒里爬满了毛毛虫，一下子惊得昏了过去，摔倒在楼板上。这一重重地挤压，疮的硬皮破了，脓液流了出来，自然就无大碍了。

彭道爷的奇方怪药，一时间被乡邻传为佳话。

几个朋友，包括狗娃，都被李安讲述的故事吸引住了，听得目瞪口呆。薛永新更是对这位道家"神医"充满了好奇。

接下来，李安又讲了一个李真果的故事，更让大家惊叹不已。

传说，李真果深夜打坐练功之际，解开天宫髻，缓缓运功发气。月光穿过窗户照了进来，月色如水。只见他雪白的头发沐浴着银色的月光，慢慢抬起，如同万根银针，"笔直地耸立头顶"。他看上去就像是神仙降临。

"太神了！"

"他简直就是天人！"

李真果究竟是何方神圣？他从哪里来？

他不是从天上掉下来的神仙，也不是从石头缝里蹦出来的孙悟空。但他又像罩着一层神秘的面纱，被包围在扑朔迷离之中，恍兮惚兮，似在红尘之外，又在红尘之中。

他是一个谜。

没有谁知道他的真实年龄。有人说李真果生于公元 1874（清同治十三年），也有人说他生于公元 1877 年，还有人说他生于公元 1880 年。而有关学者调查后，更倾向于第三种说法。也就是说，1980 年，李真果已届百岁。

关于他的姓名和身世，以及人生之旅，还有一段真实而传奇的故事。

李真果的老家在安岳县李家区观音场。父亲李永超，母亲陈氏，家有小妹。李真果六岁那年，父亲因病去世，当地恶霸趁机霸占了李家田产，李家母子三人被迫流落他乡。在本县的彭家场，为人豪爽仗义、长于辞令诉讼的彭子渝收留了母子三人，并为他们打赢了官司，夺回被霸占的田产。

陈氏为报答恩人，便让李真果给彭子渝夫妇当儿子。彭家夫妇很喜爱聪慧过人的李真果，乐意收养。从此，李真果成为彭子渝夫妇的养子。他改姓彭，名雷风，号廷龙。后来又改名泽风或择丰。

民国十六年（1927），他于成都二仙庵受戒，恢复本姓，道号真果。当地老百姓却习惯尊称他为"彭老道"或"彭道爷"。

青年时期的李真果历经人世坎坷，随后浪迹天涯，遍访名山大川，四处拜师学道。他在各门派大师的点化下，吸收到博大精深的中国传统文化精髓，尤其深得道家精义与道家医术，并对儒家伦理和佛教教义兼收并蓄，融会贯通，达到了相当高深的境界。

李真果曾拜武术名家为师，练就一身绝世功夫，八式太极拳、八极拳和六合门拳，出神入化，极尽变化之势。在海灯法师的师父朱智涵（世称"巴蜀真人"）的指点下，他练成了上乘的道家秘传武功——卧虎功，成为川中武林高手之一。

李真果潜心研修金丹秘术，不惜冒着生命危险遍尝百草，炼丹造药。他凭着精湛而神奇的道家医术和太极内功，为民治病祛痛。

博览群书的李真果，平生最重视《道德经》的研修，以老子学说为本，坚持清静无为、顺应自然的大道哲学，更以道家思想劝人行善积德，修身施仁，一生致力于以天下苍生安宁和谐为己任的劝救活动、悬壶济世。

李真果长逾百年的人生旅程，漫长而奇特。他从中国封建社会最黑暗的尽头走过来，经历了人生的大苦大难，但他不懈地追随老子的足印，追求人生的真谛，以他的慈悲心和道德风范，广济众生，演绎了令人敬仰的传奇故事。

对于这位神秘的高人，远近的老百姓常常绘声绘色地讲着老人的传说，说他是带着老子的使命来到人间，点化迷途的人，帮助他们获得健康向上的人生。

李真果是一个谜，一个神秘的高人。但他不是神，而是一个真实的人，一个有大爱的人，又是一个超然尘外、大智大慧的人。

"他在哪里？"

李安还在滔滔不绝地讲着李真果的故事，薛永新忍不住打断他的话。

"彭道爷四处云游，很难找到他。你要见他，那要看你的运气了。"

"他没有在安岳老家？"薛永新又问。

李安想了想，似乎想起什么，猛拍了一下脑门："对了，我听说彭道爷最近又云游到了遂宁。"

"太好了！"薛永新兴奋地说。

"你真要去找那个老道？"狗娃问。

"对。"薛永新定定地回答。

为了爷爷的病，他一定要找到这位神医。

我一定要找到你。这个念头比任何时候都更强烈、更执着。薛永新说不清楚为什么，但他知道，这是他要走的路。正如西方寓言中那个老农的话："孩子，只要方向正确，这条路可以带你到任何你想去的地方。"

如果按佛家的解释，或许这是一种前世的因缘？

屋外下起了雨，夹着飞舞的雪花。他从木格窗望出去，想到明天乡间的路又是泥泞，山路会更加难行。

只要能找到你，即使走遍千山万水也不惜。他抱定了决心。

第二节　初遇恩师：我在这里等你

1980年的正月初三，改变薛永新人生的一天，生命中不可或缺的一页。如果没有这一天，就没有薛永新的今天；如果没有这一页，就没有薛永新这部厚重的传奇。

但是，世事没有假设。不管你在哪个地方，即使绕上一大圈，终究要碰见你该遇到的人。所以，即使薛永新与李真果不在这个春天相遇，总会以别的方式相遇。

命运是一件很奇妙的事，无法说清。但是，我们有时只能用"缘"这个词去解释两个人的奇遇。

1980年，四川遂宁的一座山村。

正月初三，早春二月的一个清晨，一个看似普通的清晨。天空阴霾沉沉，春寒料峭。弯弯的河水漂浮着还未融化的冰块，贫瘠的土地依然浓雾笼罩。村里偶尔传来一阵噼里啪啦的鞭炮声，伴随几声鸡鸣狗吠，才让人感觉到一种农村过年的喜庆。除此之外，乡村与往日一样寂静。

昨夜的雨雪到翌日便停了，但依旧透着刺骨的春寒。湿漉漉的田野和山峦一片雾气弥漫，冷风不断地抽打在脸上。穿着青布旧衫的薛永新迎着早晨袭人的寒气，出门到邻县遂宁找传说中的彭道爷。

他搭了一辆货车，这为他节省了很多时间。然而，到了遂宁境内，他只能步行而去。

因为下过雨，乡村的黄泥路很滑，像涂了厚厚的黄油一样，十分难行。薛永新深一脚浅一脚地走着，裤管上沾满了黄泥点。他打听到，离李真果居住的地方还有一段十五公里长的山路，更难行走。确实，这段山路不但崎岖狭窄，而且泥泞很深，一脚踏进去，很难拔出来。薛永新时常"泥足深陷"，弄得狼狈不堪。一双脚又湿又冷。

但是，他毫不动摇地继续前行。

他抬头望天，天空乌云悄悄聚拢，越来越暗，似乎又在酝酿一场更大的冷雨。但这并不能阻止他前行的脚步。相反，他迈出去的每一步都更加坚定。

为了给爷爷治病，这一点艰难算得了什么。

他举目前方，崎岖的山路没有尽头，灰色的天空没有色彩，一片苍茫。他有些茫然，但那双像泉水一样清澈的眼睛，流露出一种执着。他艰难地走在泥泞的羊肠小道上，好像有一股力量推动着他坚定地走下去……

我一定要找到你，无论你在哪里。他的心里始终有一个强烈的念头。

天空越来越黯淡，像黑夜降临一般。眼看雨就要下起来。没有悬念，更无一点异象。薛永新不由得加快了脚步。

风送异香，一股仿佛前世已然熟悉的香火，把薛永新引向一座小院。他快步走去。

这个坐落在山坡上的院子，是一座残旧的道院改造的民居，高翘的飞檐，青瓦灰墙，掩映在楠木、梅树、翠竹拥围之中。门前一条溪流绕过，院子后面通向郁郁葱葱的青山。幽静中，有一种祥和之气。

薛永新走进院子，但见宽阔的坝子里聚集着上千人，人头攒动。大家似乎在等待着什么人出现，所有的目光都投向正屋那扇紧闭的房门。

虽然外面人声鼎沸，那黑漆的厚重的房门始终没有打开，屋里没有任何动静，更透着一种神秘。

薛永新听到有人在议论：

"今天彭道爷要出来了，我们运气真好。"

"可不是嘛。道爷爷不是外出云游，就是十天半月闭门修炼，今儿听他徒弟说肯定要出来。"

"咋还不出来？都等两个小时了。"

"这算什么，能见着道爷爷就是你的福气了。"

薛永新听到这里，松了一口气。这一趟没有白来，我终于要见到那位神秘的道爷爷了。他暗暗庆幸。

可是，这么多人在等道爷爷，能轮到我这个外来人吗？他转念一想，不免担心。

无论如何，哪怕是求，我也要求到给爷爷治病的药方。

于是，他耐心地站在人群后，翘首以待。人太多，院坝被挤得水泄不通，他完全无法挤到前面去。

过了一会儿，只听"吱呀"一声，门开了。人群立即停止了喧哗，突然变得安静。

薛永新屏住了呼吸，感到心跳加快。不知为什么，他有一种仿佛期待已久的感觉。

这时，只见一个长须如雪、仙风道骨的老道人，身着一袭灰白道袍，从屋里迈出，大步走到院坝里来。他的脚步无声无息，仿佛飘过来一样。人们自然地为他闪开一条通道。他却没有停下来，径直地朝人群后方缓缓走去。

人们奇怪地望着彭道爷的举止，不知道他要做什么。难道他要出门吗？但谁也不敢问。

薛永新站在人群的最后，他看见彭道爷朝自己这边走来，不由得心跳加速。暗道："如果道爷爷要出门，我必须拦住他，去求他。"

正寻思着，李真果突然在薛永新面前停住，默默注视他的眼睛。

仿佛电影中的镜头，两人面对面地站着，互相凝视对方。

这就是传说中的彭道爷？李真果高道？薛永新望着忽然出现在面前的这位百岁"神医"，忽然有些迷离恍惚。

面前的老道人高而清瘦，高束的白发道髻，雪白的长髯，仙风道骨，仿佛他不是从尘世中来。

尤其，他光洁、饱满的前额下，一双神光炯炯的大眼睛，眼眶深陷如星空般深邃，像一个内功精湛修行已达高深境界的高人，阅尽世事沧桑、风云变化，却处变不惊，蕴藏着洞察人生万象的智慧。

他高挺的鼻梁，如隆起的雄峰。人生中的千岩万壑、沟沟坎坎，似乎都难以撼动他山峰般坚忍的意志。

李真果如炬的目光直视薛永新的眼睛，却不说一句话。那双深邃而睿智的眼睛仿佛有一种穿透力，看进了他的内心。

李真果的眼里流露出不易察觉的惊叹，面前的青年骨骼清奇，气宇不凡。圆圆的、略带憨厚的脸庞，像一轮皎洁的满月。那如弯弓的浓眉下，是一双清澈的、黑白分明的眼睛，宛若日月，神气逼人。眉宇之间透出一种智慧之光、大器之相。他的嘴角微漾，使他看上去随时带着笑意。虽然他年纪轻轻，已历经苦难辛酸，脸上却看不到波澜。

这个青年是人中之龙啊。李真果在心里感叹。

人们面面相觑，各自猜测。彭道爷怎么了？这个满身泥泞的青年人从哪里来？他与道爷什么关系？

整个院坝异常安静。短暂的静默就像过了漫长的一个世纪。

又过了一会儿，李真果忽然开口道："你怎么现在才来？我等你好久了。"

薛永新用满含惊愕的眼睛望着慈眉善目的老道人。他怎么认识我？我从来没有见过他啊。薛永新在脑子里搜索着记忆中认识的每个人，怎么也想不起来。

您在对我说吗？我是不是听错了。他满脸疑窦地望着彭道爷，脸上写着一千个问题。

薛永新终于相信自己的耳朵所听到的。可是，他怎么也没有想到彭道爷跟自己说的第一句话，会是这样一句！好像久别重逢的亲人对你说：我还在这里，我一直在这里等你。从没走远，等着与你相逢的这一天。

在彼此眼光交会的瞬间，薛永新曾设想过见到彭道爷的几种可能，却怎么也没有想到，在寒冷的初春，在这个偏僻的山村，他们的相遇，竟以这样的方式，这样令人惊奇而又温暖的对话开始。

薛永新内心翻腾，百感交集，陷入了悲伤自怜的情绪里。过去所经历的各种辛酸苦水，屈辱磨难，命运的种种不公、不幸，像影片一样在眼前浮现。而眼前素昧平生的老人，似乎完全了解他的一切，并深深地懂他。

霎时，薛永新的心一暖，眼中蓄满泪水，慢慢地流了下来，什么话都说不出，也不知道说什么。

李真果的目光现出同情和理解。

"孩子，你和我一样，都是在油锅里受过煎熬，是曲折多舛的命运让我们相见。虽然老道比你走的路多，所受的苦难更大，但我们都是注定要经历八十一难的人。老道知道，有一天你会来这里。我早就在等你了。"

不用说，薛永新此时的表情有多么惊讶，连在场的人都感到不可思议。

难道我真的遇上神仙了？这怎么可能？世上哪儿有神仙？那是神话书里写的。

李真果轻捋胡须，微微一笑："我不是神仙，就一个老道，一个老头儿。"他又指指天，"你问的为什么，它知道。"

天哪，我想什么他都知道。这个老道真厉害！薛永新又惊讶又佩服。

李真果看出薛永新想说什么，对他说："你来做什么，你不用讲，这个我知道。"

什么？难道我来给爷爷求医问药，他也知道？真是个神秘的高人！薛永新心里暗暗惊奇，在这个奇怪的老人面前，他就是一个透明的玻璃人。

院子鸦雀无声。大伙都被这种奇怪的场面、奇怪的对话惊呆了，好奇地关注着。

接着，李真果捋了捋长长的白胡子，意味深长地说："每个生命都有各自的意义。你不是偶然来到这个世界上的，你注定与道有缘，自然也与我这个老道有缘。"

等一等！他说我与道有缘？莫非他认为我是来当道士的？看来这位老道也失算了。

"你到这个世上来是有使命的。"

"使命？"薛永新心念一动，他从来没有思索过这一生的意义，来到世上是为了什么？原来自己来到世上还有使命？他好奇地等待老人说下去。

"人的生命是上天赐予的最宝贵的财富，所有的人都是万物中的一分子。父母承载了你的生命，帮助你来到世上。你是自然中所有的奇迹中最大的奇迹。你不是主动想来的，你是为了改变这个世界而来的，是为了弘扬道的精神，为了利益众生的使命而来的。"

天哪，这太大了吧？薛永新心里想，但不能不被老道的话所震动。

从来没有人告诉自己人来到世上的目的。可是，老道怎么知道自己带着使命来的？我自己都不知道，他怎么知道？他怎么可以规定和决定我的人生方向呢？

李真果看了他一眼，似乎看穿了他的心思，却也没有回答他的疑惑，仍继续讲下去：

"这个使命说大很大，说小很小。往大的说，就是为了世界和平、社会和谐、众生吉祥，为了人人健康、平安、快乐地生活，做一切造福人类的事！这也是老子给我们的使命。"

老子？就是写五千文《道德经》的老子所说的吗？老人提起薛永新心目中敬仰的老子，他的眼睛再度放亮，胸中一阵激荡。

我能担当得起这个使命吗？薛永新心里诚惶诚恐。

"不难。"李真果像会读心术，完全知道他在想什么。

"其实这个使命也很小，做起来并不难，多做好事，多做善事。不要想到自己遭受多大委屈，命运有多么不公平，只有忘掉自己，摆脱小我，才能成就大我。所谓大我，不是为了自身的利益那个'小我'，而是为了大众的利益，去做有益的事业。"

老道的一番教诲使薛永新内心触动，陷入了沉思：这就是老子所说的"是以圣人处无为之事，行不言之教，万物作而不辞，生而不有，为而不恃"。圣人只求过着淡泊宁静的生活，严格控制自己的言行，像天地一样生长万物却不占有，不乱贪，不乱想，保持正知正见，使自己处于忘我无欲的境界，把一切善念、善行奉献给众生。

薛永新读过好几遍《道德经》，一直没有理解老子的许多话，迷迷瞪瞪，经李真果点拨，心中豁然开朗。

李真果看着薛永新，见他沉浸在思索中，又道："每个生命都是由身体、大脑和心灵组成的。心灵是生命构造里最珍贵的，是我们的灵魂。心灵的道德、胸怀和境界决定着你的人生方向。当你用淳朴的道德修养，创造你的生命，并帮助他人升华自己的生命，德化有情众生，那么你就找到生命真正的意义，直返大道。"

李真果的话，就像大悲殿上的木鱼，惊醒了他。他为自己先前悲伤自怜的情绪感到羞愧，第一次听到关于"小我"和"大我"的观点，这让他感到很新奇，又茅塞顿开。

"这是老子所说的'人法地、地法天、天法道、道法自然'的那个道吗？"

虽然薛永新还没有完全理解老子这句话的深刻内涵，但总有些领悟。

李真果点点头，心里赞许道：这个青年果然慧根不浅，一点便通，悟性不一般哪。

"这个道说来话长。"他顺便理了理长长的白胡须，"简单讲吧，老子告诉我们，天地化生万物的广大的德行，给人树立了榜样，道的规律又给天地包括世界在里头的自然树立了榜样。什么意思呢？地要遵从天的规律，天要遵从道的规律。人生活在天地之中，就要效法天地，与天地相结合一致。所以，人做任何事要合乎道，要顺应自然之道。如果违背了规律，违背了道，社会就得不到安宁和谐，还会带来战争。所谓顺天是福，忤逆是祸。事事妄为、胡作非为、倒行逆施，终究要受到道的惩罚，就要吃苦头。"

薛永新被李真果的话深深吸引住了，他的双目像深邃而熠熠生辉的星空，散发出一种光芒。

"你要记住一句话。"李真果缓缓说，"学好得好，做好得好，想好不得好。"

薛永新沉思着，前面两句都容易理解，可是最后一句，想好不得好，怎么很费解？他有点纳闷。

李真果看了他一眼，解释道："想好不得好，是说违背自然规律，刻意妄为，所以不会得到好的结果。"

薛永新恍然大悟，牢牢地记住了这句话，后来成了他人生的座右铭。

李真果接着说："只要我们守道、行道，不乱贪、不乱想、不乱爱，遵循规律，坚持做有益社会和国家的事，不为名、不为利，就是修成正果，得道了。我说的使命，也就是顺应自然合于大道的使命。"

望着和蔼慈祥的老人，薛永新突然觉得，原来老道在给他传道解惑。他如醍醐灌顶，豁然开朗。此时的他，因为兴奋而脸色红润，眼中透出飞扬的神采，与先前焦虑不安的状态判若两人。

在这一刻，老子穿越数千年时空，走进了他的心中。薛永新恍然明白，自己常在梦中见到的那个白眉长须的智者，或许就是老子在指引自己的道路。而眼前的老人就是来给他带路的人？

他不知从何开始的求索和追寻，在这一刻找到了答案。就像一个人在黑暗的探索中，终于找到了一束光亮。这光亮将带他走向正确的地方。

"我为什么来到世上？我来到世上是为了什么？"薛永新忽然觉得十几年在外打工，只是为了谋生。这不是他来到世上的目的，还有比之更重要的意义。

李真果指点迷津，如古寺的钟声唤醒了他。

"可是，既然道法自然，就是说，我们做任何事，成为什么人都要顺其自然，为什么又要规定我们要做什么呢？"他发问道。这是他一直在心里的问号。

李真果微笑了一下："你能提这个问题，说明你已经开悟了。"

他停顿片刻，解释道："这么说吧，一切万物并没有规定你要做什么，你能做什么，成为什么人，主动权在你，你的命运在你的手中，你是命运的主人。道并不控制你，道用无私无欲的德行，帮助你，成就你。比方说，天地从来没有要求一块土地长出什么，农民播种了秧苗，它就帮助他长出金黄的稻子。这就是老子所说的'天地无为而无不为'。无为是道的真谛。以后我会慢慢给你讲，你也会体验到的。"

"那您怎么知道我带着改变世界的使命来的？您怎么认为我要成为这样的人呢？"薛永新继续发问，这个问题是他不解的谜。

李真果又微笑了一下："我说过，每个生命都具有各自的意义。你所体验的各种苦难，都是为了历练自己而使生命升华。你是因为爱这个世界来的，就要用心中爱与无私的美德来改变这个世界，使它变得更美好。"

薛永新立时开悟：每个人来到世上，不是白白走上一遭。一切生命来到这世界，都负有神圣的使命。那些所经历的痛苦和磨难，都是为了激起我们积极向上的力量，为了更崇高的人生目标。

他望向老人投在地上相随的清瘦的影子，沐浴在金色的夕阳下，恍若仙人一般，向他昭示慈祥、仁爱和对人间苦乐顺逆的超然。

我终于找到你！他仿佛看到那个在梦中点化自己的神仙就在眼前，为他指点迷途。

他跪在李真果的面前：

"道爷爷，我叫薛永新，请您收下我这个徒弟吧！"

李真果注视他恳切的神情，沉吟片刻，对他说："你起来吧。"

"您老同意了，还是……"薛永新不敢肯定。

"孩子，起来吧。"

话音刚落，李真果已转过身，从人群中间一掠而过，又飘然进屋去了。

薛永新呆呆地站在那里，望着那扇又被关上的房门。他猛然想起自己竟忘了此行的目的，为爷爷讨药。这么重要的事，怎么搞忘了?! 他懊悔不已，只好站在门口，耐心地等道爷爷再出来。

"小伙子，你运气好啊。彭道爷跟你讲了好多大道理。"有人羡慕地说。

"彭道爷以前认识你吗?"

他摇摇头，一脸迷惘，感觉像做梦一样。

薛永新在门外等了约一个小时，看完李真果吃饭前供天地的仪式后，老道再也没有从屋里出来。许多人纷纷散去。他感觉今天不可能求医了，正准备离开，等第二天一早再来。

这时，只听"吱嘎"一声，一个身穿青色道袍的中年道士开门出来，此人正是李真果的大弟子玄一。

"薛永新施主，道爷爷让你进去。"

薛永新不敢置信。

"快进来啊!"

薛永新这才醒过神来，大喜过望，连忙跟着道士进屋。

这是一间宽敞的、光线略显幽暗的堂屋。正中是一个神龛，上面供奉着天地君亲师牌位。壁上是一幅老子骑青牛图。香案青烟袅袅。

神龛旁是两张斜放的太师椅，然后是两排一溜的座椅。薛永新在进来前，想象李真果一定坐在堂屋正中，正襟肃目。可现在看到的是，李真果斜坐在神龛左上方的太师椅上，面向大门外，神情一片安详。几个弟子则坐在两侧座椅上，一律斜坐，面对中间。

他们为什么坐得这么奇怪?

"坐吧。"见薛永新进来，李真果叫他坐在自己的左下方，一张空着的太师椅。

薛永新不敢坐。他见李真果的弟子们都坐在下面的椅子上，而自己却要坐在他们师父的身旁。

"道爷爷叫你坐，你就坐。"玄一小声对他说。

他忐忑不安地坐下，学他们的姿势斜坐，恭敬地面向李真果。

李真果深深地注视着他："你进来的时候在想，我们为什么都这样斜坐？"

天哪，他真是个神仙，连我想什么都知道。薛永新又一次感到惊奇。

"道人座位，都不敢正坐上方正位，只能将椅子斜靠左方，身体斜坐，面对中间。你知道这是为什么吗？"李真果问他。

薛永新摇摇头，礼貌地说："请道爷爷赐教。"

李真果朝向神龛上供奉的天地君亲师牌位，双手握拳作揖道："这是对天、地、君、亲、师的尊重。"

他转过脸来，表情有一种肃敬和庄严。

"天地孕育万物，国家昌盛离不开明君，身体发肤来自父母。师者，万世师表。所以，要敬天地、敬明君、敬父母、敬圣人先师。"

望着神龛的牌位和壁上的老君像，薛永新不由得心生敬意。

李真果为薛永新上了人生第一课。

过了一会儿，李真果面朝几位弟子，提高声音说："弟子们听着，我今天宣布一件大事，传授薛永新药方。"

道爷爷要给我药方？爷爷的病有救了！原来他真的知道我是来求药的？薛永新不敢置信，又喜出望外。

等等，传授的意思是，他已经收我为徒了？幸福来得太突然了！薛永新措手不及。

他激动地站起身，正要行礼跪拜，李真果向他摆摆手。

只见李真果从香案的香炉下取出一张黄纸，缓缓起身，面朝大门外的天空遥拜。然后，转过身，走到薛永新跟前，将黄纸上的药方封赠给他：

"紫苏一两、薄荷五钱、生姜一两……四、五、六月不加姜，忌动物油、植物油。药到病除。"

李真果的声音很低，身旁的弟子们都无法听见，但他用一种深厚的内功将声音传给了薛永新。因此，薛永新字字句句都听得非常清楚。

"我们素昧平生，你非道门中人，我却传你这个道家秘方。你想问我为什么？"

薛永新连连点头。

"你我的相遇，不是偶然，是必然的遇见，是自然而然的遇见，是上天安排的遇见。就像正在下去的太阳，与正在上来的月亮，刚好交会。遇见，就是一种缘分。"

道爷说得真好！薛永新在心里感叹。"缘分"两个字，解答了他心中的疑惑！

"我传授你这秘方，是让你去做好事，济世救人，让千千万万的人远离疾病与痛苦。"

"明白！"薛永新激动地回答。

"孩子，你可以叫我祖师了！也可以叫我师父！"

望着和蔼慈祥像亲人一般的老人，薛永新不禁眼含热泪，哑声叫了一声：

"祖师！师父！"

他恭敬地捧着真果祖师封赠的药方，深深地拜谢老人家对他的口传心授。

这一天，薛永新成为李真果的道外弟子。

论年龄，薛永新应该是徒孙辈，应称李真果为"祖师"，但他们之间，又是师徒的关系。

听了薛永新讲述爷爷患病的经过和病情，李真果的神情显出凝重和深深的同情。

"永新啊，你爷爷的病是被坏人折磨留下的多年顽疾，器脏已经衰竭。这药方暂且可以维持爷爷的生命。但至于生命延长多久，恐怕不能乐观。"

"徒弟明白。谢谢祖师传授秘方！"薛永新说。

对爷爷的病情，其实他的心里已有了准备。如果能延长爷爷的生命，也是不幸中的万幸。他对真果祖师充满了感激。

师兄玄一对薛永新说："师弟，你太幸运了。我们跟随真果师父这么多年，他老人家还没传授过药方给我们。"

玄一的口吻有点酸溜溜的，但薛永新并没有在意。

另一个师兄羡慕道："我跟随道爷老人家六十余年，还未得到祖师传道。你一来就口传心授，真是前世修来的福气。"

有的师兄小声嘀咕："真果祖师是不是犯糊涂了？把秘方传给一个外来人，连面都没见过。"

"祖师有祖师的道理。再说，真果祖师可不是常人，眼光很厉害。祖师看上的人，肯定也不一般。"一个师兄说。

玄一的脸色变得有些难看。

临别时，李真果对薛永新道出了他的心里话：

"要寻找一个好老师很容易，天下之大，有道之士均很有名，一下就能找到。但一个老师要寻找一个好徒弟却很难找，甚至用一生的时间都找不到。"

薛永新当时并没有明白真果祖师说这句话的深意，日后经历了人世更大风浪后，才深有体会，一个既有很深慧根，又有高尚品德的弟子实在难寻。

今日能成为一位大德高人的弟子，他感到自己很幸运。

我一定不辜负真果祖师的厚望期许。他在心里发誓。

站在门口，薛永新的眼中蓄满泪水，哑声问道：

"我还能见到您吗？我可以来找您吗？"

李真果轻捋胡须，看着他朗声笑道："你已经是我的弟子，随时都可以来找我。我就在这里。"

"你是最有悟性的好弟子。"李真果嘉许地说。

李真果与薛永新仅仅一面之缘，为什么就能认定薛永新是自己要找的好弟子？

这永远是一个谜。或许，这是道家神秘主义的直觉？

我们只能说，薛永新与百岁道人李真果相遇的这个清晨，是一个看似普通，却并不寻常的清晨。

薛永新与李真果富有传奇的相遇，似乎是命运的偶然，但冥冥之中已然注定。在薛永新的生命中，必然有这一场相遇。成功的大门必然为有的人——有准备的人开启。

薛永新的传奇人生，便从这一场相遇而真正开始。

第三节　神秘药方：梦里寻它千百度

古之初为道者，莫不兼修医术，以救近祸焉。

——晋·葛洪

古代道学家如葛洪、孙思邈、陶弘景等，都是医道兼修的大家，颇有建树。而行游在穷乡僻壤出入宫观的布衣道人，虽不及葛洪等有名，却有着一身神奇的医术，而令世人惊叹。李真果便是其中一个。

告别李真果，薛永新小心翼翼地怀揣着秘方，走在返家的山路上。

日已夕暮，在太阳沉下去的山冈，还残留着一抹淡紫的红晕。紫气袅绕，随淡淡的雾霭飘散在山林。偶尔传来几声鸡鸣狗吠，恍若一个缥缈的、遥远的梦。

薛永新有一种依稀恍惚的感觉，好像做了一个梦。梦中遇见了神仙。神仙给了他一个神秘的药方，然后飘然而去。

他从怀里掏出那张黄纸，看了又看。这是真的，不是梦。他确信。

然而，他看来看去，秘方上只有两味药：薄荷、紫苏。一纸如此简单的药方，真有那么神奇吗？他半信半疑。

回到潼南崇龛镇，薛永新按药方到镇上抓了六服药，准备回家给爷爷熬药。他提着药包，经过朋友万春的家时，想起万春长期生病，不知可好？便决定顺道进去探访。

来到万家，只见万春躺在床上，脸色苍白，满面病容。

"万春，病好些了吗？"他关心地问。

万春叹息地摇头，绝望地说："没治了，吃了很多药都不管用。永新兄，你再不来看我，也许就见不到我了。"

"到底什么病?"

站在一旁的万春媳妇接过话说:"唉,去了好几家医院,医生都检查不出啥毛病。打针吃药,还请了神婆驱邪,啥都整过,一点都没好转。他每天就是浑身发冷,喊心口闷、肚子胀。饭也吃不下去。我家万春以前身强力壮的,现在不知得了啥怪病,中了啥邪,瘦成干柴了。"

媳妇说完,禁不住掉下眼泪。

"永新兄,听说你在云南发大财了。你能来看我这个快死的人,我很高兴。"万春真诚而感激地说。

"万春兄弟,别这么悲观。想办法治病,会好起来的。"他安慰道。

"你给谁拣药? 你家有人病了?"万春见他提着大包小包的药,便问道。

"爷爷病了。"

薛永新心念一动,道爷爷赠给我的秘方,或许能治万春的病? 但万一治不好呢? 即使无效,这药吃了也无害。何不试试?

他的耳畔回想李真果对他说的话:"我传授你这秘方,是让你去做好事,济世救人,让千千万万的人远离疾病与痛苦。"

于是,他把李真果传授药方的事,一五一十地跟万春讲。

"万春,你敢不敢用彭道爷的这个药方试试,怎样?"

"有啥不敢的? 我试。"

万春就像一个溺水的人,突然看见一根救命的稻草,不顾一切地想拼命抓住。

"不过,我话说在前头,有没有效,我心底也没数。"薛永新诚实地说。

"永新,就算没有效,我都不怪你。你能来看我这个久病的人,还给我药方治病,我感谢都来不及。"万春感激地说。

薛永新将药铺抓的六服中药分了三服给万春,让万春妻子将药加上生姜,熬好给他服用。

"万春,你吃了药后,好好休息。明天早上我来看你。"

说完，薛永新便匆匆离开了万家。他牵挂着爷爷。

回家后，薛永新顾不上吃饭，立刻生火，亲自给爷爷熬药。按真果祖师嘱咐，配上生姜。

全家人听薛永新讲述与彭道爷相遇的情景，都感到惊奇。"这回，老爷子有救了！"薛父说。

端着热气腾腾的药碗，薛永新来到床边，亲自给爷爷喂药。然后，看着爷爷睡去。

而他一夜未睡，一直守在爷爷身旁。

不知这药服下后，会有什么反应？尽管他相信道爷爷的秘方，心里仍不禁七上八下。

半夜，他看见爷爷的呼吸渐渐变得均匀、平和，一直悬着的心顿时放了下来。平常爷爷总是睡不好，整晚不断咳嗽、呻吟，听着让人揪痛。可服下这剂中药后，咳嗽和呻吟的次数明显减少。

真果祖师的药果真灵验。他兴奋不已，几天来的困倦全消。

第二天一大早，薛永新伺候爷爷服完药后，便急忙赶到镇上万春家。不知万春吃了药后，病情有没有起色？他十分挂念。

"万春，万春！好点了吗？"还没有走进房间，薛永新便迫不及待地高声问。

当他进屋一看，万春不在，床上不见人影。他大吃一惊。糟了，会不会吃药后，万春病情加重，被送到医院去了？他的心一阵揪紧。

"万春！万春！"他紧张地大喊，冷汗直冒。

他冲进万家的后院，眼前所见却让他不敢置信。万春挽着袖子，正帮着媳妇在院子里抓鸡。一群鸡鸭被撵得咯咯地乱跑。

"万春，你……"他的脸上写满疑惑。

"永新，来得正好。我正准备杀鸡感谢你呢。"万春精神抖擞地迎上来，热情地对他说。

眼前所见到的万春，与昨晚那个说话有气无力、憔悴不堪的病人判若两人。

"你给我装病吧?"薛永新捶了他一拳。

"谁装病啊?咱好了!"万春拍拍胸口,大声道。

"你,好了?"他仍然无法相信。

"好了!"万春抡起胳膊展示肌肉给他看,"我现在浑身是劲!"

"你好得这么快?"

薛永新满含惊愕地听着,就像听一则天方夜谭。

"今儿早起床,啥症状都没了。好人一个。哈!"万春说着,激动地抓住薛永新的手,"这药太神奇了!彭道爷是个神人呢!"

这真的不可思议!薛永新没有想到,万春的病一夜之间奇迹般地痊愈。他相信李真果的秘方确有奇效,可仍然不得其解。

这只是两味简单而普通的草药,为什么会有如此之大的神效?难道真果祖师施了仙道法术?

他记起以前看过道学家、医学家葛洪所写的《神仙传》,书里讲了一个"橘井"的故事:

汉文帝时,有个号称苏仙公(名苏耽)的人深谙道家医术,得道成仙,跨鹤升天而去。临行前,他跪着对母亲说:"我已成仙,即将离去,不能在您膝前尽孝心了。"

苏母不舍,对儿子说:"你离开之后,我怎么活下去呢?"

苏仙公回答说:"明年天下会发生瘟疫。咱们家庭院中有井水,屋檐边栽有橘树,能治疗瘟疫,可以安然避过。到那时,若有人传染疫疾,母亲便给他井水一升,采橘叶一枚,吃下橘叶,喝下井水就能治愈了。"

苏仙公说完,别了母亲,羽化升仙而去。

第二年,果然发生瘟疫,远近的人闻讯前来求治。苏母便按儿子教给的方法,用井水和橘叶为病人疗治,没有人不愈。

郴州古时瘴病横行,民不聊生。传说中的苏仙,其实是个叫苏耽的放牛娃,或许是他得到某位高道的传授,掌握了治疗瘴病的草药。他的药方主要一味是橘叶。橘树可以说全身包括枝叶都是药,能治疗肺、胃、肝等部位的疾病。再加上用屋门前的井水煎熬,疗病无不见效。至于这井水含有什么物质，不得而知。

一把草药，就能化腐朽为神奇。薛永新对这位神秘的布衣道人李真果更加崇拜。

中国的道家自古以来笼罩着一层神秘的迷雾，他们"洞明医道，兼能异术"。符咒、祈祷、祭祀、祝告、梦境、预测占卜等，通过这些法力，成为道医治病疗疾的手段之一。薛永新开始对道家玄之又玄的神奇医术产生了一种信服感。

接下来发生的事，让薛永新更加惊奇。

爷爷连喝了几服药后，危重的病情逐渐减轻，精神明显转好，苍白的脸色渐渐有红润之感。他轻轻握住爷爷不能动弹的手，感到爷爷的拇指开始蠕动。他的心激动起来，这意味着爷爷有了知觉。

"爷爷，您好点了吗？"他轻声问。

爷爷长舒了一口气："好多了。我这条老命又捡回来了。"

"太好了！我就说爷爷会好起来的！"因为激动和兴奋，薛永新的脸色绯红。

"嗯。永新，要替爷爷感谢彭道爷，不能忘了恩。"

"我一定。"

几日后，薛爷爷竟能下床走动了。全家人都在准备爷爷的后事，却没有想到，竟然好起来了。太不可思议，简直是一个奇迹。

奇迹就在这两味草药上。

求知欲很强的薛永新为了找到答案，找来药书翻阅。他在明朝李时珍所著的医药宝典上看到：

"紫苏，别名：桂荏、白苏、赤苏等，为一年生直立草本植物。具有特异的芳香，性味辛温、无毒，二、三月下种，其枝叶呈紫色或紫绿色。紫苏叶能散表寒，发汗力较强，用于风寒表征，见恶寒、发热、无汗等症，除寒，解肌发表，行气宽中，清痰利肺，和血温中止痛，定喘安胎，解鱼蟹毒，治蛇犬伤。"

"薄荷，性味辛温，无毒。主治：贼风伤寒发汗，恶气心腹胀满。清

123

头目，除风热。利咽利口齿，治瘰疬疮疖，风湿瘙痒。治蜂蛰蛇伤。大解劳乏。亦堪生食。"

原来看似普通的草药，却有着神奇的功效！这不是"神药"吗？薛永新异常激动。他好像看到面前矗立着一座丰富的中华医药宝库，为他打开宝库之门的人，就是真果祖师。

道家善用灵草妙药医治疑难杂症。一般医生往往无能为力，而道医却能迎刃而解。薛永新联想到曾经看过的一本《船窗夜话》书上记载：

四明延寿寺有一位僧人，患了一种怪病，从头到脚，一半寒，一半热，久治不愈。他问遍医者都不知道是什么病。有一天，他在集市上遇见一位卖草药的道士，便上前询问道士："我得了什么病？"

道士看了看他，说："你患了偏肠毒。我给你配一副草药，吃了就好。"

僧人从未听说过有"偏肠毒"这种病，道士能治吗？他半信半疑，带着道士的草药回到寺里，煎药服下。第二天果然好了。

书上所载，原以为只是一种传说。可是，今天终于眼见为实。薛永新感受到中国道家医药学的神奇魅力，而真果祖师就像一部神秘的药书。

眼看春节已过去十多天，薛永新就要回云南工地上去了。这时，云南那边来电说，煤矿的矿工好多都患病了。原来，在云南禄丰的一平浪煤矿的矿工，由于成年累月在井下挖煤，工作条件极为恶劣，导致许多人生疮害病，还有一些人患了矽肺和风湿。

薛永新带领的建筑队正在给一平浪煤矿做工程。那里的矿工们朴实、勤劳，他与矿工兄弟结下了深厚的友谊。听说许多矿工患病，薛永新十分担忧和焦急。

他突然想到道爷爷的这个秘方。记得当时，他亲耳听见道爷爷告诉他，此药"万病皆医，药到病除"。

何不用此方给患病的矿工一试？他心念又一动。

于是，他立即按方子，到镇上买回一百多斤药材。然而，把这么多药材背到云南，很不方便，而且熬药也不便。他福至心灵，用农村的磨面机将草药打成粉末，装了三大袋。

薛永新带着三大袋研制好的草药粉末，匆匆返回云南禄丰的工地。来到矿工们所住的工棚里，他立即将药粉按剂量分成很多小袋，分别给患病的矿工服用。

奇迹再一次发生了。

矿工们连续服药后，不几日，已经有人痊愈。

"四川建筑队的包工头会治病！"

"他那个道家秘方太神了！"

消息一传十，十传百，求医问药者络绎不绝，还有许多患者翻山越岭慕名而来。薛永新以药相赠，分文不取。大家都满怀感激。

看到真果祖师所传之药，通过自己给人们带来了健康，驱除了疾病与痛苦，薛永新的内心感到一种从未有过的快乐，找到了人生的价值。

真果祖师说，要多做好事，做善事，悬壶济世，给他人带来利益。薛永新深刻地认识到，这就是人生真正的意义，这就是大道！

渐渐地，薛永新的名字广为传播。人们都知道他懂医，都知道一平浪有一个富有爱心的四川好人。

一夜之间，薛永新从一个建筑包工头，忽然变成了妙手回春的大夫。建房，治病，完全风马牛不相及的两件事，却在一个人身上同时做到了。这就是百变的薛永新。

薛永新心怀感恩，若没有与李真果高道的相遇，他就不会得到这个神奇的秘方，也无法为更多的人治病。

若没有遇见真果祖师，也许，自己深爱的爷爷已不在人世。

薛永新再一次体会到了真果道人"赠药"的良苦用心，目的是让他做好事，为人们解除身心痛苦。最重要的是，从真果道人那里，他开始思索人生的意义。生存，谋生，只是一个人最低的需求。生命还有更神圣的追求，那就是达到像真果道人那样高尚的道德境界。

高尚的品德像生命一样贵重。因为没有高尚的品德，宝贵的生命就很容易在人生海洋中迷失、淹没、断送。人生离不开好的品德，就像生命离不开一颗好的心脏一样。高尚的品德，就是人生坚强的心脏。它是人生的一个重要组成部分。没有它，人生也就完了。从这个意义上讲，高尚的品德就是人生的第一财富。当一个人具备高尚的品德，他就会在行为中发出善因，奉献社会，为人类造福，在善良上做事业。

薛永新深切地感受到，自己所获得的一纸秘方，岂止是两味"神药"？它更是一剂心灵的圣药。

"众里寻她千百度，蓦然回首，那人却在灯火阑珊处。"你永远无法预见自己的未来会遇见什么人，可能在回眸之间，或者百转千回之后，一驻足，那个人可能在你的眼前忽然呈现。

薛永新找到了影响他一生的人——李真果。

第四节　看破红尘：跟真果祖师学道

死生，命也，其有夜旦之常，天也。

——庄子

生与死，就像白天与黑夜一样发生着。生命中有许多不如意的事，谁也不能逃脱。可是，人生的无常仍然使我们措手不及。

亲人突然离去，薛永新第一次直面"死"的打击。他又该如何面对？

一切似乎按照原先的轨迹在走。

薛永新带领他的"川军"，在云南的建筑业撑起了一片天。手下的人马已壮大到五六百人。不出两年，完全可以成为一个领军的大型建筑公司，在云南缔造他的"建筑王国"。

事业如日中天，薛永新却一天天感到苦闷。

就算面前矗立着一座辉煌的帝国大厦，那又怎样？就这样一辈子当个工程的包工头吗？他不是瞧不起"包工头"这个称谓，但他心里清楚，这不是他想要的。古人语："三十而立。"自己快三十岁了，却感觉好像没有找到最想做的事业。

我究竟想干什么呢？他一片茫然。人到世上来是为了什么？人生的意义是什么？他再次陷入了思索之中。

真果祖师说，要做有利众生的事。可是，又从哪里做起？每天给患者发药，那只是做一件好事，或者一件功德。

我要做一件大事！薛永新心里暗暗发誓，只是找不到方向。

一年后，初夏。

薛永新突然接到一封电报，一封家里发来的加急电报。

他没有立即拆开，握着电报的手禁不住战栗，心忽然一下沉了下去。他有一种不祥的预感。虽然还不知道电报的内容，却没来由地感到一种窒息，胸口像被什么东西堵住，令他发慌和恐惧。

他用了很大的力气打开了电报纸，颤抖地读着上面黑色的电文：

"爷爷去世，速回。"

这一刹那，他感到山崩地裂，世界在面前毁灭。他的头脑一片空白，不知身在何方。之后他不停地摇头，脸悲惨地抽搐。

"不……我不相信。"

"爷爷不会死。怎么会呢？"

他喃喃地自语，觉得眼前的一切都旋转起来，自己头上的天空、身旁的建筑物在旋转中轰然坍塌，弥漫粉尘的空气令人窒息。

去年离家时，爷爷吃了真果祖师开的药后，病情已经好转。可怎么就走了呢？他记得道爷爷给他药方时，曾说，你爷爷的病只能延长一些时日。尽管薛永新已有思想准备，但是，当这一天到来时，他还是无法接受生离死别的事实。

薛永新第一次直面亲人离去的打击，直面人生中的"死亡"。更何况爷爷是他生命中最深爱的亲人。他没有办法接受这残酷的事实。

庄子说："死生，命也，其有夜旦之常，天也。"生与死，就像白天与黑夜一样发生着。薛永新虽然明白,人世间的"生老病死"四大苦,谁也不能逃脱。可是,人生的无常仍然使他措手不及。

他无法面对。

建筑队的兄弟们默默帮"头儿"收拾了行李,送他上了火车。

火车徐徐启动,他一动不动地瘫坐在车厢里,呆呆地望着窗外飞雨的天空,目光空洞无物。他一天一夜不吃不喝。细雨纷纷,天地微茫,仿佛他的魂魄飞散。

薛永新赶回潼南老家时,爷爷已经入土安葬。他的脚沉重得几乎迈不动了,他不知道自己是怎么走到爷爷坟前的。

天空飘起了细雨。冷风中,伫立着他悲哀的身影。小河的水呜咽着,他的内心已经泪流成河。一路上残留着的纸钱,像他无尽的哀思。他颤抖地捧着青冢上的新土,放声痛哭。

他想到爷爷一生正直忠厚,勤劳善良,为父老乡亲做了很多好事,却戴了十多年的"富农"的枷锁,挨批斗,爬街心,身心遭受摧残。现在,改革开放,薛家终于熬出了头。可是,爷爷没过上几天好日子,就撒手西去。人生多么无常!人在生命面前又是多么脆弱而渺小!

他想起那位写《菜根谭》的还初道人有过这样一首诗:"狐眠败砌,兔走荒台,尽是当年歌舞之地;露冷黄花,烟迷衰草,悉属旧时争战之场。盛衰何常?强弱安在?念此令人心灰!"

狐狸休眠的残壁,野兔奔跑的荒台,都是当年美人歌舞的胜地;菊花在寒露中冷瑟,枯草在烟雾中摇曳,都是以前英雄争霸的战场。兴衰成败如此无常,而富贵强盛又在何方?想到这些,就会使人产生无限伤感而心灰意冷!

虽然薛永新文化程度不高,但他爱读书,特别善于思考。他能理解诗中的含义。

这首诗仿佛是薛永新此时心境的写照。联想历史的循环变迁,世态的冷暖炎凉,生命的悲欢离合,盛衰何足依恃?富贵名利如浮云,终不过"年年柳色,灞陵伤别"。历史上那些风流人物、英雄豪杰,最终也随大江东去。

烟雨里，爷爷的青冢显得那样孤寂，那样落寞，一种悲怆之感袭遍他的全身，那样锥心刺骨，隐隐作痛。即使全世界都属于你，又怎样呢？

回想自己那些年流浪的辛酸和遭受的屈辱，虽然现在扬眉吐气，抬起了头，还拥有了自己的事业。可是，又如何呢？人赤条条地来，到最后，还是赤条条地去，从生到死，什么也带不走。一切皆空！

《金刚经》上说："一切有为法，如梦幻泡影，如露亦如电，应作如是观。"

也许从小受爷爷的影响，薛永新爱读有关佛学的书，在潜意识里对佛教产生一种信仰。人世间变幻无常，过去、现在、未来，都是不可得的梦幻泡影，就像天上的浮云。亲人会死亡，良友会逝别，是非成败转头空，在这世间，什么东西都不属于我们自己。

佛告诉我，要放下！这是一种解脱吧？

我要放下红尘，解脱一切烦恼。薛永新突然有所触动，脑海里冒出了出家的念头。

这念头先是令他一惊，却越来越强烈，就像突然生了根，怎么拔都拔不掉。

他想到了一个人，李真果。

他要去一个自己追寻的世界。

薛永新在爷爷的坟前守了七天。

七天之后，他又一次踏上了那条不再陌生的山路，去遂宁找真果祖师。

李真果还在那里。

轻轻推开寂静的房门，看见真果祖师身着一袭白袍，正闭目打坐，旁边生着柴火。薛永新难掩哀痛的神情，眼里噙着泪水。

"道爷爷！"

"道爷爷都知道了。"还没有等薛永新说下去，李真果开口道，仍闭着双目，神情安详、平和。

薛永新悲痛的心顿时感到一股暖流。那是一种心领神会的感知和理解。见到慈祥的老人，他的每一根神经都有温暖的感觉。

这里不是家，但他来到这里，就感到安心。

"真果祖师，我要出家，我要跟您学道。"

李真果慢慢睁开眼睛，似乎并不惊诧，用平静的目光看着他："为什么？"

"我看破了，一切到头来都是空，像梦一样，像泡影浮云一样。不管你怎么奋斗，怎么成功，最后都化归乌有，都是过眼云烟。痛苦也罢，快乐也罢，人总归都有一死。"

"你没有看破。"李真果毫不客气地打断他。

"我连生死功名都看透了，还没看破吗？"薛永新觉得自己的这些理由，足可以说服道爷爷。

"你没有放下。"

"我放下了呀。我可以放弃云南的建筑队，什么都不要。因为我知道，世上的哪一样东西都不属于自己。"

"你的心没有放下。"

"心？"薛永新有些纳闷。老人的话像一团云雾。

李真果看着薛永新，此时的他，一片茫然。

"你知道孔子问礼的故事吗？"

薛永新摇摇头。

李真果伸手拿起放在旁边的酒葫芦，打开塞子，递给他："喝吧。"

薛永新接过来，一股浓烈的酒香顿时四溢开来，好像桂花的味道。他连喝了几口，一股芳冽之气顺着喉咙下去，仿佛五脏六腑都充溢着清澈而微醺的醇香，整个人瞬间变得精神起来，有了活力。

李真果又继续刚才的话题："孔子向谁问礼？当然是老子。孔子是历史上很有影响很厉害的人物，儒家思想的创始人，可他还要向老子请教。说明老子比孔子更厉害。"

老人的眼里流露出敬仰之色。

接着，他开始讲述这个故事，老人的眼神里打了一个长长的破折号：

"有一天孔子登门向老子问道，仲尼虽然精思勤习，一心求仁义，传礼仪，却空游了十数载，还是没有入大道之门。不知道为什么？老子回答说：'欲观大道须先游心于物。天地之内，寰宇之外。'这句话的意思是什么呢？"

老人把目光投向薛永新，但并没有让他回答。接着，缓缓道：

"老子说，想要认识大道是什么，想要进入大道之门，首先必须把心放下。一个人总是对一些事情耿耿于怀，放不下，就会使心灵闭塞，执着于一切烦恼与困惑。当你的心超然于物外，忘掉了身体，忘掉了自我，放下生死，才能遨游于天地间，真正地认识道。"

"放下生死？"薛永新咀嚼着李真果的话。

"什么是生死呢？"李真果看到他脸上的问号，解释道，"老子说，万物生于有，有生于无。一切万物的有来自无，一切万物的有又回到无。一切的无，都会产生有。一切的有，都会变成无。一个人来到世上，从没有形体到有形体，叫作生；一个人生命停止呼吸了，从有形体到无形体，叫作死。任何人都脱离不了生老病死，这是自然规律。但是，一个人死了，从有的世界进入无的天国。这个无，是永恒，是万物的归宿，是道。人死，只是肉体的消亡、物质的变化，他的精神和灵魂还在，回归于道。"

李真果停顿了一下，又说："当我们安于造物的安排，忘却生死，顺应自然规律，才能进入道的永恒境界。"

薛永新开始理解"生死"，但他仍然还有闹不明白的地方，发问道："道究竟是什么呢？"

李真果理了理长长的白胡子，微笑说："这个道啊，以后我会慢慢给你讲。简单地说吧，一个叫'一'的东西产生了天地万物和人，产生了有形的世界，有情的众生。'一'又从哪里来？它从道而来。道就是最高的，高于一切的。"

他停顿了片刻，看着思忖的薛永新，说："回到你的问题，道是什么？道是无，你抓不到，看不见，但它一直存在着，没有时间和空间的障碍，又遍布在宇宙无限和有限的时空之内，渗透在万事万物的规律之中，潜藏在我们的心灵里。它无为无欲地关怀宇宙中所有的众生，以最高的德行，帮助我们迷失的灵魂回到淳朴的本性，与道合一，使我们尘封的道德生命归复光明。只有找到自性的真我，才能寻找到人生真正的方向。"

薛永新的眼睛放光，他开始对玄奥的"道"有所认识和领悟。

"回到刚才的话题。"李真果看着他闪闪发亮的眼眸，继续讲道，"老子叫孔子把心放下。这个心，放在哪里呢？放在道中，就是无为无欲，远远超越了有相、有欲、有智的道。当你的心没有了私欲，没有了执着，道的慈爱之光就会照亮你的本心，滋养你的生命。当你的心超然于物外，就会反观内心，朗照乾坤，放出大道的无量光明。孔子听了老子的话，他的心终于放下了。他找到了道，他那些关于仁爱的思想，都是从老子的道德思想吸取过来的。"

李真果看着薛永新，语带深意地说："孩子，你明白吗？放下你该放手的东西。"

薛永新思忖老人的话，脸上挂着一个大大的问号。

"我知道你是想问我如何才能放下？"李真果又在发挥他的"读心术"了，"我给你讲一个佛教禅经故事，你就会明白。"

有一位修行人拿着两只花瓶给禅师。

禅师说："放下。"

修行人放下了一只手中的花瓶。

禅师又说："放下。"

修行人不解，又放下了另一只手中的花瓶。

禅师还是对他说："放下。"

修行人不解地摊开双手，问道："我现在已两手空空，还让我放下什么？"

禅师微微一笑："我不是让你放下花瓶，而是要你放下一切烦恼执着。当这一切你都放下，再没有其他什么的时候，你将从生死桎梏中解脱出来。"

薛永新被老人的讲解深深吸引，在柴火的火光映照下，他的眼中洋溢着异彩，突然有所触动和感悟："没有其他什么的时候，就是放下了生死，放下了那个自己，外在的因素，都不能影响我的一切，比方说，财富、权力、名利啦，包括痛苦、烦恼、屈辱啦，都不能影响我内心的喜悦与平和，像道爷爷您现在这样，对吗？"

　　李真果赞许地点头。

　　"道爷爷，我还有一个问题想不通。"他抬起头，委屈地说，"我一出生就抬不起头，家里被打成'黑五类'。父亲、爷爷被五花大绑游街、批斗，身心遭受摧残。"

　　他说到这里，眼圈红了。

　　"我十五岁便在外到处流浪，打工。我只求谋生，本本分分靠手艺吃饭。可是，在这十多年里受尽了磨难和屈辱。相反，那些为非作歹的坏人却飞黄腾达。这是为什么？命运为什么这么不公平？"他联想到那个陷害他全家，后来成为造反派头目的生产队长，联想到自己流浪在外，因为"黑五类"身份，东躲西藏，受尽冷眼和折磨，愈说愈激动。

　　"好，我们就先说说磨难吧。"李真果理解地看着他，淡淡地说，"你那些磨难算什么呢？我被冤枉折磨了几十年，那些人给我戴上'一贯道''历史反革命''搞封建迷信'的帽子，我遭到一次又一次无情的迫害，九死一生，难道我就心甘情愿吗？难道我因为想不通就心灰意冷吗？"

　　"可，您怎么会是'反革命''一贯道'？"薛永新的眼里满含惊愕。他的心目中早已认定，老人是一个高尚、慈爱、智慧和道德的化身。他怎么会是"坏人"呢？

　　"说来话长啊。"李真果的语气变得有些沉重，"我这一生历经了腐朽没落的清王朝末期，历经了军阀混战、日本鬼子屠杀我中国人民时期，亲身经历了种种压迫和欺凌。到了新中国成立，终于翻身了。可转眼间，反'封资修'和'文化大革命'开始了，厄运又降临我的头上。这是国家的劫数，更何况个人哪！"

　　李真果那双深陷的眼睛在袅袅青烟里透着辛酸。

"他们把您怎么了？"薛永新问道。

"这得从头说起。我自幼随母流浪，被义父收养。十五岁那年，未婚妻遭受凌辱而死，我为报仇雪耻，踏上了拜师学武的道路。我走遍名山大川，结识了几位高道大德，从此跟随他们学道行医，肩挑明月，两袖清风，开始了漫长的修行生涯。"

虽然老人轻描淡写地讲述了他的经历，但薛永新深切地感受到他所饱受的辛酸，非常人所能承受的磨难。

"'文化大革命'来临。我的劫难也来了。那些造反派说我是'牛鬼蛇神'，装神弄鬼、借医行骗，搞迷信活动。他们把我赶出道观，还把我满屋的典籍、医书，还有草药、丹药都抄走了，全部焚烧。我心痛啊！"

李真果的眼睛里闪烁泪光。

薛永新回忆起小时候，看到道观被砸毁得面目全非的惨景，感同身受。

李真果陷入了回忆中："他们把我关在厕所旁的黑屋子里，不准人来看我。隔个三五天就要开一回批斗大会，把我五花大绑，要我跪下。我不跪，他们就用竹板毒打我，用钢钎压我的腿，两头还有人踩着……

"那帮人要我写悔过书，承认罪行。我不认罪，劝他们停止恶行，不然会遭天谴。他们心里虚弱，就百般折磨我，用棍棒打，用布包上秤砣打，往死里打，将我的头发吊在黄桷树上。我的头发被抓掉，牙齿被颗颗打落，手被打断。最残酷的是，他们用钢钎从左后胸刺进，左前胸抽出。我昏死过去，百姓都认为我死定了。但是，我活过来了。"

薛永新的心被刺痛了，仿佛有把匕首穿透胸膛一样痛彻心扉。他无法想象那种惨无人道的残酷场面，更无法想象一个耄耋老人竟能承受非人的折磨。若不是老人有着强大的内心和深厚的武学内功，恐怕难以挺过来。

令他惊奇的是，眼前的老人已经百岁了，又经历了各种屈辱磨难，却红光满面，精神矍铄，浑身透着飘逸的风骨。尤其，那双深陷的大眼睛，神光外射。而他平静的脸上，仿佛没有风雨，没有沧桑。

此时，薛永新仿佛接收到了真果祖师身上的一股强大力量，感到身体里注入了一种强劲的活力，精神为之一振。与老人相比，自己十多年受的苦是如此微不足道。他感到惭愧。

"道爷爷，您一身武功，他们往死里折磨您，为什么您不还手呢?"他想到了一个问题。

他记得自己目睹爷爷当年被游街示众的情景，那时他恨不得把那姓黄的大队长干掉。他平生第一次也是最后一次想杀人的念头，也就是在那一刻产生的。

"我连蚂蚁虫子都从不伤害，我怎么能够还手呢?"李真果看着满脸疑窦的薛永新，"老子说，'夫天道无亲，恒与善人'。天道是最公平的。一个好人，一个有淳朴的德行的人，即使遭受很大的磨难，但最终伤害不了他们。因为上天会保护他们。而那些坏人得逞一时，却终会得到应有的惩罚。这也是佛家常讲的因果报应，善有善报，恶有恶报。'文化大革命'是非颠倒，违背了道，颠倒了乾坤，但灾难会有结束的一天。历史只有向前，不会倒退。这是道的规律，自然的规律，社会发展的规律。"

李真果的一席话，像一盏明灯，照亮了薛永新心头的黑洞。

"老子又说：'吾所以有大患者，为吾有身。及吾无身，吾有何患?'我们之所以会有忧患，是因为我们有自我的存在。如果我们忘掉了自我，还有什么忧患与畏惧? 虽然目前加在我头上的罪名还没有昭雪，但又有什么呢?"

李真果给薛永新念了一段圣训："为天地立心，为生民立命，为往圣继绝学，为万世开太平。"

薛永新默默地记着，沉思着。

"孩子，记得我们相见时，我跟你说过要记住一句话吗?"老人又反问道。

薛永新回忆那次相见的情景，暗想，那天老人说的话很多，是哪一句呢?

他猛然福至心灵："学好得好，做好得好，想好不得好。"

老人嘉许地点头："但还要加上一句，世界和平，国家安宁，大家都好。"

他又解释道:"道德的光明不仅充满每一个人的心灵,还观照整个民族和世界的和平安宁,遍布朗朗宇宙。"

薛永新陷入了深深的触动之中。他看到了老人崇高的品德和博大仁爱的胸襟,心中肃然起敬。他感到自己狭隘的视野打开了,境界得到了升华。

他把这句话深深地记在心里,作为自己人生的激励。

这是一种多么可贵的"无为"境界!薛永新突然灵犀一动,老人的这一席话,是在给自己传道啊。

从上午到晚上,从日出到月亮升起,李真果毫不倦怠地给薛永新上课,从老子讲到做人,从道家思想讲到治病救人,从社会和谐讲到世界和平,深入浅出,循循善诱。

"你还想出家吗?"李真果突然问道。

"我还是想出家,跟您学道。"薛永新的脸上有一种固执的神情,只是与先前出家的理由不一样了。在他的内心产生了信仰,越来越强烈。

李真果摇摇头,语重心长地说:"虽然我收你做徒弟,但你已结下了尘缘。你上有老,下有小,儿子是你与妻子爱的结晶,你必须对他们负责。我们中国传统文化讲的是孝为先。你有父母,要尽孝道。你有所爱的妻儿,身为人夫,身为人父,就要尽一份责任和义务。"

薛永新低下头,沉思。我的亲人都在,我怎么割舍得下我的父母,我的爱人,我的子女?

他的眼中噙着泪光,内心人神交战。

"不能出家也一样修道。真正的菩萨在庙外,真正的神仙在民间。只要你心里有善,有爱,有美好的信仰,无私无欲,把智慧和真理传播给大众,传播给那些迷茫的人,用行动为众生谋福祉,带去喜悦、安乐和光明,就能成就自己,成就大道人生。"

薛永新听得思潮翻腾。他从来没有听任何人讲过这些道理,更别说这么深刻的启迪。

他或许并不那么清晰地知道,决定自己命运的方向,对他的一生意味着什么。但是李真果的一番话饱含道家思想的真谛，把他提升到更高的境界上，"大道"两个字从此深深地嵌在他的生命里。

"回去吧。好好想想，你在哪里？你要去哪里？"李真果意味深长地说。

我在哪里？我要去哪里？带着这一个很大的哲学命题，薛永新回去了。

回家后的第三天，薛永新买了去禄丰的火车票，准备返回云南。那边的工程催他赶快回去。

这是 1980 年 5 月 1 日，一个淡淡阳光的午后。

他坐在开往云南的火车上，呆呆地望着窗外。当火车在峨眉山车站停靠时，他突然起身，伸手拿起行李，匆匆下了火车。

他后来回忆起那天的举动，仍然无法明白是为什么。或许，那是命运的指引。

他朝峨眉山走去。

走在幽深曲折的山路上，面对山中忽隐忽现、变化莫测的云霭，仰望高耸云天而静寂的雄峰，他一直在思考老人提出的问题："我在哪里？我要去哪里？"

或许他不能完全理解，但是他认为老人是对的，他必须知道在通往巅峰的旅程上，自己在什么地方。因为只有清楚地知道身在何处，才能根据情况改变路线，选择正确的方向。

此刻，他在峨眉山。

此刻，他从伏虎寺经清音阁，登上了洗象池。

此刻，他有两条路，一条下山去，重新登上开往云南的火车；另一条，继续往上走，直到清楚自己要去哪里。

此刻，他在此刻……

夜幕降临，明月中天，银色的月光披洒在金顶上。

薛永新沿着山路往上攀登。夜很静，一片暗黑。山寺的钟声忽然响起，一声又一声，清清玄玄，撞击他的心灵。

他关了手电筒。不用打灯，今夜有皎洁的月光。

幽暗里，山路边的野花传来芬芳的香气。他深吸了一口。不知为什么，他似乎听见了花开的声音。这轻柔的声音，很静，很细，在耳畔回响，直抵内心。

他登上了金顶，独自伫立在夜色中，月光投下他深沉的背影。他想了很多，从幼年便遭受迫害，少年便出外谋生，历经磨难。虽然现在事业刚打下基础，但是，他清楚地知道，这不是他要的未来。

大雄宝殿上钟声又一次响起。他突然明白自己在哪里，要去哪里。

他在金顶住了一宿。月光照进禅房，一夜无眠，他思考了很久很久。

第二天一早，他下了山，发了一封电报回工地。他告诉云南那边的伙伴们，自己不再回去了，工程交给他们完成。

眼下他有一件更重要的事要做。

第五节　师恩如海：为真果祖师平反

物或损之而益，益之而损。

——《老子·第四十二章》

老子认为，善待他人、肯为他人付出的人，不会因为付出而使自己受损，反而会使自己得到更多的回赠。

当你有爱人之心、利人之行，你就具备了滋养万物的厚德。

"你疯了吗？你说什么胡话？"当薛永新返回家里，说出自己的决定时，父亲蓦地站起身，又惊又气地责备道。

"我清楚自己在说什么，在做什么，父亲。"薛永新的表情很平静，语气透着一种决然，看得出来是深思熟虑之后的决定。

父亲了解儿子，一旦他决定的事，没有任何人能改变。

"云南干得好好的，为啥要放弃呀？你太傻了！你是不是走火入魔了？"

难怪家人无法理解，就是乡邻朋友都难以理解。但他完全理解所有人的震惊，便是他自己也觉得很突然。

在峨眉山的一夜，薛永新做了一个很重要的决定：为真果道人洗刷冤屈。

"文化大革命"已经结束，国家拨乱反正，一大批曾经的"走资派""反革命""臭老九"和"牛鬼蛇神"等得到了平反昭雪。可是，这位一生乐善好施、悬壶济世的百岁道人，历经磨难辛酸，竟还没有摘掉戴在他头上的"帽子"。虽然老人没有任何抱怨，也没有要求，但他感到揪心的疼痛。

他要让老人在有生之年沉冤得雪。

他要让世人认识，李真果不是"牛鬼蛇神"。

他要让人们了解，这位爱国爱教的高道大德，倾其一生弘道传法，利乐众生。

老子说："物或损之而益，益之而损。"善待他人、肯为他人付出的人，不会因为付出而使自己受损，反而会使自己得到更多的回赠。

当你有爱人之心、利人之行，你就具备了滋养万物的厚德。

薛永新决心不惜一切为师父平反。

这也是他对无私传道的老人的感恩。

薛永新清楚自己将失去什么。他会失去在云南亲手创立的事业，失去那一片天地。但是，他无怨无悔。他愿意放下，放下一切烦恼，放下一切名利。

孔子放下了，才有今天我们认识的孔子。

修行者放下了，才解脱所有的生死桎梏、烦恼执着。

放下了，才能走出来；放下了，才能知道自己要去哪里。

尽管放下比拿起更难，但薛永新义无反顾。

家人最终明白了薛永新为真果道人平反的心愿，理解了他。这让他感到安慰。

他的两位师兄听闻薛永新要为师父申冤的消息时，连夜赶来，问他需要什么帮助。

当地的群众、接受过李真果治疗的众多患者，听说薛永新要为彭道爷平反，纷纷表示支持。还有人来到薛家，主动提供彭道爷的真实情况。

薛永新和他的两位师兄，备受鼓舞。兄弟齐心，其利断金。他们立即着手准备真果祖师的申诉材料，连夜赶写申诉书。

薛永新从潼南来到了省城——成都。

顶着头顶一轮炙热的骄阳，一个肩挎背包的青年骑着脚踏车，奔走在城市的大街小巷。

带着厚厚的申诉书和各种证明材料，薛永新四处奔波。

省委统战部、省民政厅、省平反办公室……每到一处，他就拿出一大沓材料，向领导反映、呼吁，希望早日解决彭道爷的平反问题。

"你为什么要给彭道爷平反？你知道他的罪名吗？"在信访办，一位戴眼镜、姓王的干部问他。

王干部的眼睛从镜片的反光里折射出一丝疑惑和不解。

"他没有罪。"薛永新清晰地回答。他举着手上的一大沓材料，又说："这些真实的材料，能证明彭道爷无罪。"

"无罪？"王干部用手推了推鼻梁上的眼镜，"他搞封建迷信，蛊惑、欺骗群众，就凭这一条，他一辈子都洗不清。"

"请问，他为群众治病，解除他们的身体痛苦，这是搞封建迷信吗？"

"这……"王干部语塞，想了想，似乎找到了出路，"他装神弄鬼，就是封建迷信！"

"中华的医学和道教都源于上古时期的巫术，道医同源。道教是中国的本土宗教，你知道宗教是什么吗？"薛永新对王干部的"定性"非常气愤，不客气地反问道。

王干部愣了一愣，表情尴尬。

薛永新侃侃而谈："宗教是人类社会发展到一定历史阶段的一种文化现

象，是支撑人类生活的重要力量，也是世界文明延续的重要部分。它与人类文明同步。"

"宗教固然有神性色彩，但所有宗教都是引人向善的。"

"道教是在中国数千年古老文化的基础上形成的本民族传统宗教，是我们老祖宗对大自然、社会、众生和谐共生，探索与总结的经验，蕴含了道家对宇宙、万物及生命的思考，还包含了中国古代哲学、文学、医药学、养生学、化学、音乐、绘画、地理等。它博大精深，堪称中国传统文化的宝库。道教崇尚清净恬淡、存善去恶、修身养性，从古至今早已融入中国人的生活方式。"

"我连宗教是什么都不知道吗？"王干部不满地打断他的话。言下之意，我堂堂国家干部，还用你这个乡下来的给我上课？其实，王干部从未思考过什么是宗教，经薛永新这一讲，他对宗教开始有所了解，但面对薛永新的咄咄逼人，他又放不下面子，装着自己很懂的样子。

"不知道它的含义，就是无知。我相信王干部不会不知道吧？"薛永新并不介意，微微一笑道。

"我，我当然知道。"王干部更加尴尬。

薛永新话锋一转："所以，彭道爷作为宗教人士，他用道家医术为人治病，所作所为并非迷信，而是行善救人。"

王干部一时语塞。

为了说服王干部，他又讲起了道医之术："汤药、针灸、按摩等，是道医与中医共同使用的治疗方法。而气功治疗、仙丹、符箓、禁咒等，属于道家特有的治疗方法。古代的药圣孙思邈说，'斯之一发体是神秘，详其辞采，不近人情，故不可得而推晓也。但按法施行，功效出于意表'。"

王干部听得一头雾水，又感到一种新奇和神秘。他猜想这个从潼南来的农村小伙子，可能是某个名牌大学毕业的大学生。

如果他知道薛永新仅仅小学毕业，他绝对会目瞪口呆。

薛永新耐心解释说："孙思邈认为，这种带神秘色彩的禁咒法，好像不近人情，不可理解，但又有功效。彭道爷就是用汤药和道医的特有疗法，治好了数万人的病。这是事实。"

"可他是历史反革命!"王干部又抛出了另一条"罪名"。

"彭道爷一生行善施仁,爱国爱党,从未做过反党反人民的事。何罪之有?抗日战争时期,他曾只身到上海打败了数名挑战的日本武士,长了中国人的志气。他古稀之年还曾报名参加修建成渝铁路,这种爱国精神,难道错了吗?"

"他在'文化大革命'时期遭受那么大的迫害、凌辱,却丝毫没有动摇过对毛主席和共产党的热爱。他常对人说:'毛主席、共产党是为人民谋福利的。'他教导民众:要遵守三大纪律八项注意,认真学习、体会与实践。难道这是'反革命'吗?"

"他多年行医,为人疗疾,施惠于群众,常常分文不取,无私无欲,这样一个具有高尚品德的道医,难道是有罪之人吗?"

薛永新连连几个追问,使王干部哑口无言。

在改革开放之初,当时思想还没有得到彻底解放的中国农村,平反工作进展缓慢。尽管广大干部心里同情李真果的遭遇,但没有人敢为他摘去"冤帽"。谁摘了,谁就站在封建迷信这一边;谁摘了,谁就与"一贯道"一个立场。没有人敢冒险。

但是,薛永新不会放弃。

他想起真果祖师曾对自己说:"我一个年逾百岁的老人,也许到死都不明不白,背着一个历史反革命罪名的包袱去升天!但是,我问心无愧,我相信党的政策,对于我彭泽风一切问题,总有一天会尘埃落定,就算有一天我死了,一切事情也终会恢复它的本来面目。有相,是无相。老子说,宠辱无惊。生与死,宠与辱,荣与枯,没有什么一惊一乍的。"

老人面对生死荣辱如此从容,如此淡定,令薛永新更加心生敬仰。他暗暗发愿,一定要让历史还老人清白。

一个历尽坎坷磨难仍保有慈爱之心的老人,一个穷尽一生劝世救人、追求和谐之道的大德高道,怎么能够让他背几十年的沉重包袱?

师恩如海,虽然真果祖师并无半点要求,但他要回报老人对自己的知遇之恩。是老人把自己从迷茫中引向人生大道。他心怀感恩。

他有责任为老人做一件事。

自此，薛永新到处奔走，为真果祖师申诉。最初，他去了两个地方，一个是李真果的老家安岳县，一个是老人居住的地方——遂宁。

一趟又一趟地奔走，他坚持不懈；一次又一次地反复诉说，被冷落、被拒绝，被碰得头破血流，他没有放弃。

县里和乡上的一些干部为薛永新的精神和诚意所感动，主动给他提供一份份申诉材料。还有许多乡邻群众纷纷请求联名上书。

其中，遂宁大安公社干部林某及社员夏某、陈某，在申诉书中言辞恳切地写道：

"我们认为彭道爷讲道德，讲仁义，志在济世救人，不计厚利，并非以医骗财。现他年逾百岁，遭遇凄惨，我们心实难安。特此联名请求，宣布彭泽风无罪，恢复其人身自由，以体现党的温暖和政策的英明。这不单是我们三人的心愿，也是成千上万的沐恩病人的共同呼声。"

这样的申诉书还有很多，字里行间写满人们对李真果的崇仰之心，所发出的强烈呼声，让薛永新十分感动。

作为李真果家乡的安岳县委、县政府的领导，也十分关心这个问题。1984年有关领导专门召开会议，研究如何妥善处理历史问题，安排好李真果的生活。并专门派人拜访了当年跟李真果学艺练功的徒弟及知情者，查阅了有关资料，亲自会见了李真果，就有关疑点进行了核实，从而写出了《有关百岁老人——彭老道的情况调查报告》。从报告的内容上看，是比较客观、公正的。这也是李真果生前唯一的一份带有官方性质的报告。

有这么多人的支持，薛永新为之鼓舞，带着官方性质的报告，带着群众的联名书，他踏上了艰难的上访之路。

薛永新决定再到省城去。既然本地申诉无门，那么他就上高层反映。

于是，他揣着厚厚的一大摞申诉书，揣着满怀的希望，又来到了成都。

他去了当年住过的"红军院"。老首长听明他的来意，为他伸张正义的精神所感动，便建议他到商业街向省委反映情况。

这一天，在商业街"群众来信来访办公室"，一位干部热情地接待了他。

薛永新向信访办的同志反映李真果的冤情。他动情地讲述"文化大革命"中李真果遭受迫害的悲惨遭遇，回顾老人所经历的长逾百年、饱受苦难的一生，赞美他正道直行、竭力修真劝救，遭受重重劫难仍保持爱国爱教的精神。

一位女同志一边听一边记，眼里闪烁着泪花，充满同情。

"我们收下了你的材料，请你回去等待消息。"信访办的同志听取了他的反映后，对他说。

"谢谢同志!"

薛永新看到了一线希望之光。

走出"信访办"，薛永新的脚步却不由得放慢了。

他暗想，等待消息? 要等多久? 会不会像官场上"研究研究"之类的敷衍托词? 没有得到肯定的答复，他的心里很不踏实。

真果祖师已逾百岁，没有时间等。他不能让老人带着遗憾离去。走在商业街梧桐树下，他做出了一个决定：一边等，一边继续反映情况。

第二天，他东问西访，找到成都的红照壁街，来到四川省政协。他想，真果祖师是道教界有名的人士，政协工作就是要团结宗教界人士、落实党的政策。或许，这是一条路径。

"同志，我来为李真果道人申诉。"走进办公室，他直截了当地说明来意。

"请坐吧。"省政协的一位处理宗教事务的男同志热情地接待了他。

他再一次不厌其烦地讲述李真果的遭遇。男同志认真听取了他的反映后，对他说：

"李真果道人我们有所了解，但是他的问题很复杂，也比较敏感。我们需要认真研究。如果是冤案，请相信党和政府会为他平反。"

"那，什么时候能有结果?"薛永新急切地问。

"这个……我也不好说。"男同志为难地说。

薛永新走出省政协大楼。天色阴阴的，有些黯淡。他的心里感到迷茫，就像这郁闷的天气。

他必须要等到一个结果。

在成都南府街的舅爷家，薛永新暂时住了下来。他一边继续奔走，一边用真果祖师传授的药方为人们免费治病。他时刻牢记着老人的嘱托，做好事，做善事。

每天上午，或在青羊宫，或在文殊院，人们常看到他为患者免费发药的身影。他从不收取一分钱。有的病人被治愈后，送来礼品和现金作为酬谢，他都予以谢绝。

"薛师傅，请收下吧。您治好了我的病，把我从死亡线上救回来，我一定要报答您的大恩大德。"一位患者恳切地对他说，一定要他收下重礼。

"是啊，请收下吧。不然，我们心里不安哪！"其他患者纷纷恳求道。

薛永新微笑着对大家道："我不收钱、不收礼，这是道规，不敢有分毫的贪念。"

"可您要吃饭呀。"

"大家不要担心我。只要能解除你们的痛苦，你们的病好了，我就很高兴了。"

他又真诚地说："我治病，其实不是我的本事，是真果祖师传给我的。他是一个学识渊博、品德高尚、医术高超的大道医。我做这些事，都是老人家的指引。"

"真果祖师常说，学好得好，做好得好，想好不得好。不但自己要做好，还要劝别人做好。大家都来学好做好，世界也就好了。"

他随时不忘向人们介绍李真果，让人们认识一生充满痛苦与辛酸，却不忘劝善救民的真果道人。

有一位患者问他："我的病能治好吗？"这个患者对他讲，自己做了一些不好的事，担心自己患这种难治的病是报应。

薛永新便将真果祖师常对病人说的话转述给他："世上只有一种病不能治，死不改悔。只要知错就改，病就会好。如果不改，就别来找我了。"

患者听了，觉得有道理。自此常做好事，病也不久而愈。

为什么注重道德修养，学好行善，就能有利治疗疾病？道家治病有两种方法，一个是从生理上治疗，另一个是从心理上治疗。道家更注重精神治疗。李真果曾对薛永新讲过这样一个道理，行善积德者会给自己带来精神上的愉悦，不谋私利，不患得失，因而心志祥和、气血调和、身心舒畅，有益健康。这叫作"外功内果"。

道教从创建之始，便把医药学作为道家修道布教的重要内容，逐步形成了一套具有宗教特点的医学体系。现代医学也证明，精神治疗对病人是有效的。

薛永新谨记在心。他给病人发药的同时，常常从精神内在、道德品质方面，开导患者的心灵，使他们从内心解脱烦恼痛苦。

由于他每天坚持无偿为病人送药，加上四处奔走，不到半年，他就把做包工头时所挣的积蓄花光了。

薛永新做事从不半途而废。他坚持要等到李真果的冤案有了结果，再回老家。

为了能继续留在成都，他只得重操旧业，干起木匠活，帮城里的人们打家具维持生活。他做一个三门立柜收十五元工钱，然后又拿着这钱去买药。因为每天上午，很多人在青羊宫或文殊院等他发药。他不能让他们失望。宁肯自己饿着肚子，也要把节省下来的钱用来买药。

薛永新听说一位患者病重不能来拿药，他便抽空骑着一辆破自行车，亲自跑到二十多公里外的温江，把药亲自送到患者手中。

那天正下着雨，望着冒雨送药的薛永新，那位患者感动得流下了热泪，直握着薛永新的手久久不放。

因为长期免费发药，有时他无钱生活，日子非常窘迫，每天只能吃八分钱一碗的素面度日。但是，薛永新的内心是快乐的。能为人们治病，能为真果祖师奔走，他感到每一天都充满意义。

美国人约翰·路巴克说："有心让别人变得更快乐、更美好，即使只是举手之劳，也是值得称道的企图。"

能够给他人带来生活的希望，才是最崇高的、最可敬的企图。薛永新希望自己永远葆有这颗积极向善的心。

从 1980 年到 1981 年，整整两年的时间，薛永新多次往返于县、市、省之间，跑了很多部门，省委统战部、省民政厅、省宗教局等，通过各种渠道，一次又一次地反映李真果的真实情况。他的执着和不懈的努力，引起了有关部门的重视。

经过慎重研究，有关部门得出结论：李真果在"文化大革命"中被打成反革命、地主、"一贯道"等罪名均系造反派所为，这些罪名不成立。李真果是无辜的。但由于历史原因，当时的政府部门没有下任何书面结论与文件，所以不存在平反与否。

虽然有一些遗憾，李真果在"文化大革命"中所遭受的种种迫害，却因"不存在平反"而不了了之。但是，李真果的冤案终于有了明确的结果：李真果道人无罪。

历史终于还给老人以清白。

李真果背负了十年之久的冤屈，尘埃落定。

其实，当地的干部群众、经他治愈的无数病人早已在心中为他平了反。他坚持清静无为的道家学说，朴质坦荡，正直无私、修道求真、劝善救世的实践，已经在大众心中铸成了不可改移的形象。在民间一直流传着关于李真果的传奇故事，人们尊敬地称他"活神仙""神医""真果祖师"。这就是历史对这位生活在中国农村的宗教界人士——一代高道大德李真果的最高评价。

薛永新急匆匆返回遂宁。他要将这个消息告诉老人。

一路上，他不知道是高兴，还是失望，可能这两种情绪都夹杂其中。两年的努力并没有白费，李真果的罪名得到了洗清，可是，却没有拿到有关"平反"的一纸文书。

回到遂宁，他把结果告诉了老人。

李真果点点头，似乎结果在他的意料之中，沉默了片刻后，说："永新，你尽力了。"

"只是，这件事没有圆满。"薛永新难过地说。

"圆满在自己的心中。不要强求，已经很好了。"

"可是……"

"孩子，还记得我对你说过的话吗？"

"您说，你要知道自己在哪里，要去哪里。道爷爷，我已经知道了。"

我知道我在哪里，我在这里。我知道我要去哪里，那是我的方向。经过这两年的历练，薛永新已经领悟了这句话的深意。

李真果赞许地微笑了一下，又道："将来你会不知道自己在哪里。当你不知道自己在哪里的时候，忘记自己是谁，你就真正悟道了。"

"这是什么意思？"他一头雾水。老人家一会儿让我思考自己在哪里，一会儿又说，你要不知道自己在哪里。这就是玄之又玄的道？

李真果微笑不语。

这是一个深玄的禅机。薛永新当时并不能体会，但在后来他深深地参悟了。

第六节　道德洗礼：心灵的一次巨大冲击

掩饰自己罪过的，不能有幸福的人生；承认过失而悔改的，上帝要向他施仁慈。

——《圣经》

基督教认为，人类的始祖亚当和夏娃偷吃了伊甸园的禁果而成为整个人类的原罪。此罪代代相传，绵延不绝，成为人类一切罪恶和灾祸的根由。所以，人的一生只有不断赎罪、忏悔，才能获得拯救。

如果你看过电影《非诚勿扰》，葛优在教堂里跪地忏悔的身影，一定给你留下深刻的印象。那是我们熟悉的西方式的忏悔。

西方的"赎罪""忏悔"，与中国道教戒律规劝人去恶从善是一致的。要获得快乐永恒的人生，人类必须从道德修养上解决自身的问题。

薛永新亲身经历了一次中国式"持戒"的宗教仪式。那一次，他的心灵受到极大的冲击。

薛永新在遂宁留下来了，跟李真果学道。他是李真果唯一的道外弟子，也是唯一的没有身穿道服的居士。

一个夏天的黄昏，夕阳缓缓下坠。天空的一抹晚霞，像一片巨大的红叶落在山冈上。

薛永新在山上采药。他挽着袖子，那强劲的胳膊，结实的肌肉，看上去很有力。他俯下身，采摘草叶。那一双并不大，却清澈如泉水一般的眼睛，十分专注。而他清俊的面部侧影，静静的身姿，使他有一种飘逸出尘的气质。他身后的暮色越来越浓，晚霞加深了颜色。

他沐浴在一片紫色的黄昏里。

他喜欢这里，喜欢这样一种安静、祥和的氛围。这与他在云南尘土飞扬、机器轰隆的生活，完全是两样。两个不同的世界。

在李真果的指导下，加上他的勤奋与聪颖悟性，在短短的时间里，他已经能识别千百种草药。

此刻，他被眼前满山遍岭茂密的植物和芬芳的花草所吸引，这些都可能是珍贵的药材啊！他直起身，闭上眼睛，深深地吸了一口芳香，顿时感到身体内浸入了一股流动的清气，浑身上下变得充满活力。

如果将来我也在满山遍岭种上一大片药材，该有多好！他心念一动。

"师弟！"身后一个声音传来，打断了他的思绪。

他转过身去，见是大师兄玄一在远远唤他。

"祖师叫你赶快回去！"玄一走到他近前道。

从山下到山上，有几十余丈高，玄一师兄竟然毫不气喘，可见其内功有多深！真果祖师的弟子个个都是武功高人！他暗暗惊叹。

"有什么急事吗?"他问道。

"回去你就知道了。"玄一卖了个关子,表情神秘。

他不再追问,立刻挎上装满草药的背篓,随玄一师兄匆匆下山。

当薛永新回到李真果居住的旧式道院(实际上已被改造成农村院落),夜色刚好降临。

眼前的情景让他一阵惊讶。偌大而静谧的庭院布好了法坛,庭中央摆放着一张檀香木的香桌。香案上供着水果、米酒、蜡台、花瓶等祭品,还有盛"圣水"的净盂。香炉上,氤氲的灵香缭绕,笼罩着神秘的气氛。

乡村在夜色中隐去,院后的山峰如墨。安静得可以听见落叶的声音。

这里很僻静,丘陵起伏,与村里所住的人家都相隔甚远,几乎没有外人到此。

山坡上的这座独立院子,好像一个独立的世界,超然于红尘之外。

月亮升起来了,如水的月光洒向幽静的院子。院子里恭敬地站着二三十人,排成两排,相对而站。他们都是李真果的弟子。个个穿着藏蓝色的戒衣,谁也没有说话,垂首而立。鸦雀无声。他们似乎在等待着神训。空气在沉默中显得异常紧张。

薛永新心里一阵惊疑:怎么气氛好像不对?

这时,只听"吱嘎"一声,前庭正厅那道厚重的青黑色木门打开了。李真果头戴一顶云霞五岳宝冠,身着黄色的道袍法服,外披大红霞帔,脚蹬一双藏青色高靴,手持玉简,在清朗的月光中随徐徐清风飘然而来。那长长的白胡子,在胸前飘举。整个人好像仙翁降临一般。

薛永新第一次见李真果如此威仪,既感到神秘,又充满好奇。暗道,道爷爷要做法事吗?

更令他感到惊奇的是,一个二十多岁的年轻女子紧随李真果的身后。女子一袭白衣,挽着乌云般的道髻,发间一支如意玉簪,一绺青丝长发垂在肩后。她身佩一把挥灵剑,长长的剑鞘在月光下发出闪闪寒光。她长得很美,清丽脱俗,一双大大的眼睛闪动着云雾般的灵气,却又凛然生威。

她手持拂尘，步履轻盈如凌波微步，像飘过来一般，仿佛天界女仙下凡。一看便知轻功了得，此女子不凡。

薛永新从未见过她。

李真果来到庭中央，在醮坛的香桌旁坐下，神情肃穆。那把太师椅仍是斜着的。老人那双深陷的大眼睛神光外射，有一股凛然威严之气，让人望之顿生敬畏。

白衣女子静静地站在李真果的右旁。

李真果见薛永新回来了，对他说："永新，你到这边来。"

薛永新恭顺地走到李真果的左侧站着，刚好与白衣道姑一左一右，令人联想到神话中的护法灵官和天仙玉女。

他不明白真果祖师要自己做什么，但又不敢问。只能默立身旁，等待着。

院子里的气氛更加严肃，令人不安。

李真果轻捋胡须，对薛永新道："你就站在这里，给我执法。"

老人的语气里透着一种威严。

执法？他大惑不解。执什么法？真果祖师为何让我执法？他看到师兄们个个诚惶诚恐，噤若寒蝉，觉得事态似乎很严重。难道出了什么事吗？要惩戒谁？

在遂宁的这段时间，他读了许多道教的典籍，对道教的清规戒律开始有一些了解。道教除了实施种种修炼方法，还有一些严苛的清规令律、道德规范，要求修道之人行善去恶，以合乎道的规范，成为道德高尚、德行淳朴的人。因此道教有很多戒经，是道人每天都要修的功课。一旦行为举止违反戒律，就要受到严厉的惩戒。

月色下，李真果缓缓起身，面向坛上的红烛，屏气凝神，突然右手一指，"扑哧"一声，一排红烛不点自燃。幽暗的院子顿时明亮起来，笼罩着一层红光。

薛永新大吃一惊。第一次目睹真果祖师运气施功，如此神力，不由得差点惊呼起来，暗暗敬佩真果祖师深厚的内力，已达出神入化的高深境界。传说中李真果武功盖世，身怀绝技，真是真实不虚！

随后，李真果手捻三支清香，轻轻一晃，香燃。然后将香插于几案上。薛永新闻到一股清新的异香，深深地吸了一口，感觉五脏六腑都舒展开来，仿佛心随灵香飘向天宇。

他知道这是真果祖师用的降真香。道教醮坛以降真香品位最高，认为是天帝灵香，其香气可以上达通明，还可以下辟室内秽气、消除灾厄，仿佛神真降临。

香在民间是一种敬神的方式，在道教科仪中最重要的仪式是行香。神仙是道教的基本信仰。"凡修斋行道，以烧香燃灯，最为急务。香者，传心达信，上感真灵。灯者，破暗烛幽，下开泉夜。"道教认为"神"是一种超自然的存在，一种神秘的主宰力量。幽雅纯净的香品，吸收了天地的精华和灵气，被赋予通达上天，感通神灵之用。道教还认为，香可以提升人的修养，端正德性，清心净欲。同时，采自大自然的香料，如沉香、檀香、泽兰、麝香等，在道教医学中还具有药用价值，清净环境。

在感官上，焚香产生的沁人心脾的香气，给人愉悦的心情；在视觉上，淡淡的烟雾制造出仙境一般的幻景，让人有置身仙境的感觉，仿佛神真下降，人神交接。

薛永新沉浸在这种神秘的氛围中。

焚香完毕，李真果又回到桌边坐下。只见他正襟危坐，存思运气，尔后手执狼毫，蘸上朱砂，在香桌上铺开黄纸，运笔如飞地画着道符。他左手掐诀，一边画，一边嘴里轻轻念咒：

"神笔挥洒，众神保佑，藉以安宁，降魔伏邪，吾奉太上老君急急如律令。一笔天地动，二笔鬼神惊，三笔平天下，四笔度苍生……"

李真果用丹道内功心法，将符咒传入薛永新的耳鼓，令他肃然起敬。

念完，李真果将笔尖朝上，笔头朝下，以全身之精力贯注于笔头，用笔头撞符纸三次，然后用金刚剑指敕符，敕时手指用力，给人一种神力已依附到符上的威严感。最后他提起画好的符，绕过炉烟三次。画符仪式这才算完毕。

原来真果祖师在进行斋醮仪式，设坛作法！薛永新恍然大悟。

道教是多神崇拜的宗教，道家的符箓咒术，称为"道法道术""道术"，亦称"法术"，因而更具有神秘色彩。道家的法术，常为道教医家作为治疗疾病的手段之一，也被道家用于除恶扬善、斩妖降魔的一种斋醮法事活动。斋醮是道教特有的宗教仪式，源于远古的民间巫祝之术。人类学家马林诺夫斯基说："现代宗教中有许多仪式乃至伦理，其实都源于巫术。"

薛永新陷入了沉思之中，对中国道教文化所呈现的科仪有了进一步的感受。

过了一会儿，李真果转过脸对身旁的白衣女子点了点头。

白衣女子心领神会，躬身抱拳向李真果行了一礼。薛永新抬起头，望着这位神秘的白衣女子，不知她要做什么。

只见白衣女子左手端净盂，右手持一枝鲜花，浸蘸圣水，然后云步轻起，遍洒醮坛。

不知是谁吹起了玉箫，先是一缕若有若无的丝竹之声，忽然间，箫声仿佛夹着一股山林之气，带起一阵旋风，涛声阵阵。刹那间，万籁俱寂，连蝉鸣鸟啼都戛然而止。

随后，白衣女子向北斗方向拜了拜，转身迅速绕坛，左手掐诀，右手挥剑，脚踏星辰八斗方位，行走九宫八卦，随道曲款款而举禹步。但见她衣袂飘飘，举手投足之间，宛如翩翩起舞。又若凌波仙子，轻轻移步，掠过水面而无痕。

薛永新被她奇怪的步伐所深深吸引。暗想，这便是道教仪式中的"步罡踏斗"吧？他在书中了解到，步罡踏斗，又称为禹步。禹步是道士作法的一种特殊步伐，也是道教斋醮时礼拜星斗、召请神灵的法术。传说大禹治水时，来到南海之滨，见鸟禁咒，能令大石翻动，而鸟禁咒时常作一奇怪步伐。大禹便模仿此鸟步伐，运用于治水之方术。水患被治伏，大禹之术亦流传后世。这种奇怪的步伐，称为禹步。

道教认为禹步可招请神灵，伏魔降邪或者神驰九霄，启奏上天，是万术根源。葛洪在《抱朴子》中说："凡作天下百术，皆宜知禹步。"

明代世人张元凯有诗描写皇宫斋醮：

> 宫女如花满道场，
> 时闻杂佩响琳琅。
> 玉龙蟠钏擎仙表，
> 金凤钩鞋踏斗罡。

对于"步罡踏斗"，薛永新只是从道教书籍中获知，今夜亲眼所见，令他眼界大开。

白衣女子一边踏罡步斗，一边不停地念动咒语，并配合掌指动作，进行道教中的另一个仪式：掐诀。掐诀是道士施用符咒时的一种手势，作用是通真制邪。

在这灵香氤氲、灯烛洞幽的坛场上，伴随咒语声声，恍若天神降临。在这人神交结的坛场上，薛永新感到世俗的尘念被荡涤净化，心灵受到醮坛神秘气氛的感染。

他看到师兄们默立着，人人脸上流露出敬畏之色。

或许，斋醮仪式的感化作用就在于此吧。他想。

白衣女子踏完禹步，闭目还息，陷入存想。此刻，清清朗朗的月光，洒在白衣女子身上，她秀美的面庞呈现出一片祥和与安静。存想原是汉代流行的一种凝心反省的养生术，用于自身修炼。道教也采用了存想，作为修行通神的重要方法。

院子一片静谧。

薛永新默默地注视白衣女子，不知道她下一步要做什么。

过了一会儿，白衣女子慢慢睁开双目，平静地扫视站在面前的道士们。那一双灵动的明眸透出一道神光，令人不可逼视，感到一种威严和震慑。

白衣女子缓缓走到师兄玄一的面前，默默看了他很久。玄一脸上有一些不自在，把脸转向一边。

白衣女子盯着玄一，突然用手一指，厉声道："玄一，你知错吗？"

站在旁边的薛永新闻之，大为骇然。这道姑为何指责玄一师兄？

玄一的嘴角微微一撇，不语。他显然不服，一个年纪轻轻的女子，竟敢指责我这修道几十年的人？

"你不服？"白衣女子凌厉的目光逼向玄一。

"你心存嫉妒、挑拨是非。从真果祖师传授薛永新秘方的那一天起，你的心里就播下嫉妒的种子。你觉得很不公平，跟了祖师几十年，老人家从来没有传过任何秘方给你，却将秘方传给一个素昧平生的外来青年。于是，你对薛永新产生嫉妒，挑拨师弟们对他不满。"

薛永新闻言大吃一惊。原来玄一师兄对我不满，难怪那些师兄们也对我很冷淡。他感到很内疚，自己的到来，给他们带来了烦恼。

玄一被白衣女子揭穿了心思，脸唰地红了，结结巴巴地狡辩："我，我没有！你这是猜测！"

白衣女子冷冷一笑："为什么真果祖师没有把秘方传你？因为祖师了解你的心里潜藏着嫉妒的因子。嫉妒不是善念。老子说，正复为奇，善复为妖。正可能转变为邪，善可能转变为恶。当你嫉妒心加重，就会变成恶。一个修道之人，应存善持爱，怎可有杂念和私欲？"

"你知错吗？"

"知。"玄一涨红着脸，低声道，羞愧地低下了头。

薛永新暗道，这白衣女子从哪里来？她怎么知道这一切？

接着，白衣女子转过身来，指着另一个叫玄净的师兄，厉声道："玄净，你也别心存侥幸。你的罪孽比玄一更重！"

玄净就是当年在彭家场摆摊算命，骗人钱财的神算子，后来拜在李真果门下，成为老道的弟子。

玄净大惊，连连否认。

"你打着道士的幌子，又干起以前的江湖勾当，在邻县给人胡乱算命，骗取群众钱财，可有此事？"白衣女子质问道。

玄净一下慌了，仍然矢口否认。

白女女子盯着他，问道："有一天，你在溪边见到一个洗衣的女子，是不是起了色念？可有此事？"

"我……没有……不是……"玄净支支吾吾，暗想她怎么知道？那个地方很僻静，离村子很远，除了自己和那洗衣的女子，再无旁人。

玄净偷偷看了一眼正襟危坐的真果祖师，心里一阵骇然，不由得低下了头。

白衣女子又继续说："你把那年轻女子骗到高粱地，调戏她。如果不是突然蹿出一条狗，你就犯下了大罪。可就是这样，你已经触犯了道规'五恶'中的贪色淫乱。你可知罪？"

玄净更加惊慌，狡辩道："我，我没有！那女子迷路了，我给她引路。"

薛永新注视着玄净，明显看出他在撒谎。

这时候，一直默然坐在桌边的李真果突然开口道："举头三尺有神明。你有没有做过亏心事，上天看得到，神明看得到。"

他目光如炬，威严的声音令在场的人感到震慑。

"神明是什么？神明是万物，是自然，是你们本来德性淳朴的内心。你的内心是清静干净的，神明会知道。你的内心是肮脏猥琐的，神明会知道。神明在天上，也在你们的内心。"

他又进一步说："老子说，道常无为又无所不为。天地法道之无为，与道统一。人之犯错在于有为，妄为，为所欲为。人不念道，道就不念人。人体念道，道也就体念人。人好比鱼，道就像水，鱼得水而生，失水而死。道去则人虚，怎么可以企望久生呢？道人奉道，就是积修功德，谦行仁义，行善去恶，清正无为，这样才能得道成仙。"

薛永新思忖，如此真能成神仙吗？谁见过神仙呢？

李真果看了薛永新一眼，又发挥他的读心术："永新，你想问我世上有没有神仙？人究竟能不能得道成仙？"

薛永新暗暗佩服，自己的一点小心思，也逃不过老人的法眼。

"神仙是什么？张道陵天师在《老子想尔注》中说，神成气来。神仙是万物大化之气凝聚而呈现的个体生命，是道的人格化身，是生命至真、至善、至美的理想境界，代表德性淳朴、谦行仁义、行善去恶、清正无为的完美品德。这就是神仙。每个人都可以成仙。修仙，就是修道，修道就是修心。心清静了，才没有浊气。心清正了，才没有恶念。"

李真果的一席话，令薛永新的心灵触动，道家敬仰的神明，原来代表万物、自然的淳朴德性，居住在人的内心。那些神话中神通广大的神仙，其实是"道"的化身。

李真果停顿片刻，转过脸，对众弟子说："你们知道我为什么叫永新来？他是执法者，替天行道。"

薛永新心里一惊，随即恍然大悟，真果祖师叫自己站在他身旁，原来是叫我担任代表上天执法的人。

可是，我怎么执法呢？他想，一脸茫然。

"永新，你什么也不用做，也不用说，就站在旁边看。"李真果看穿了薛永新的内心。

站在旁边，就是执法？尽管他还没有完全明白真果祖师的用意，但他突然觉得肩上的责任重大，不由得挺直了胸膛，目光炯炯地注视着师兄们，俨然是一位从天而降的护法灵官。

灵官是道教著名的护法神将，常肃立在山门之内，镇守道观。灵官在道教中所起的作用，相当于佛教中的护法神将韦陀。他担当着纠察天上人间、除邪驱恶的神职。

黑暗中，众师兄的脸上流露出惶恐的神色。

"真果祖师，我错了！"玄净跪在李真果面前，一边磕头，一边流下悔恨的眼泪。

其他弟子也纷纷跪在李真果面前，一一忏悔。有的说自己曾经偷了别人家的鸡，犯戒窃盗；有的承认自己起过贪念，骗取百姓钱财；有的说自己嫉妒同门师兄，曾暗地使坏，冤枉好人；还有的说自己没有孝顺父母，让父母伤心离世，不忠不孝。

每个人都把自己的劣行罪念讲了出来，流着泪，真心地忏悔。

白衣女子默默听着，随后，走到一个叫玄空的年轻师弟面前，突然厉声道："玄空，你还隐瞒了一件事。"

玄空吃了一惊，神情慌乱。

白衣女子看着他道："你曾经看见一位病倒路旁的老婆婆，却见死不救，一个人走掉了。可有此事？"

玄空惊慌失措，低头承认："是。"

原来那天玄空急着赶路，去一座道观参加法事活动。路见一个老婆婆躺在地上痛苦地呻吟。他本来想去帮助她，可想到去晚了，就错过了法事。他便假装没看见，匆匆走了。但那以后，他心里一直不安。

"可你知道吗？老人家死了。"

"真的？"玄空的脸色顿变。

"如果当时你给老婆婆施救，她不至于死。半小时后，老人家痰哽在喉，停止了呼吸。"

怎么会这样？当时没有其他人，谁知道她是不是诈我的？玄空心里嘀咕。

白衣女子看穿了他的心思，又厉声道："你以为这事神不知鬼不觉，就可以过去了吗？真果祖师说了，举头三尺有神明。你能过得了良心这一关？事实上，你每天都在为这事不安。"

白衣女子一针见血。玄空心中骇然，万般悔恨。

"我有罪！我有罪！真果祖师，您惩罚我吧。"玄空泪流满面，重重地磕头，额头鲜血流淌。

众人彻底服了，纷纷把藏在心里、不可告人的错事、劣迹，全都毫无隐瞒地讲了出来，并请求真果祖师惩罚、拯救自己。

这场面让薛永新大受震动。他想起真果祖师说过的话："天人相通，你心通，我心通，他心通。"天人相通与天人相应，是道家天人一体的基本观念。因此人有善恶，"天地神明悉知"。虽然带有某些神学因素，但从"制恶兴善"的一面来说，它又是积极的。

李真果听完众弟子的忏悔，语重心长道："'人有众恶而不知悔，顿止其心，罪来归己，如川归海，日成深广。'人是有罪的，如不加以悔改，日积月累，如江川湖海，罪恶越来越深重，生命就无可救药了。"

说到这里，他注视弟子们充满悔意的神情，语重心长道："'有恶知非，悔过从善，罪灭善积，亦得道也。'你们若能奉守教戒不倦，改邪归正、弃恶废恶、解厄救困、雪中送炭，积善行，累功德，就获得了人生的大道，也就得道了。"

"弟子谨记！"众弟子异口同声道。

"这几天，你们要时时反省，检讨自己。都起来吧。"李真果的语气缓和下来，眼里流露出慈祥的爱光。

经过七天的"执法"，人人忏悔，人人过关。

薛永新作为"执法者"，似乎并未"执法"，只是默默在旁边看着，但他的内心却受到了极大的震动和冲击，胸中升起一股浩然正气，生命从道德上再一次得到了升华。

他终于明白老人的良苦用心——希望他像"执法者"一样扬善抑恶，做一个有正气的正直之人。

这七天，薛永新亲身经历了道教仪式中的"执法"过程，心灵得到了洗礼。虽然这一仪式，被罩上一层神秘的宗教色彩，但道教戒律规劝人止恶废恶，对人的行为做出种种严厉的规定，以解救人的道德沦陷，于此可看到积极的一面。

行善去恶是生命价值的完美体现，也是道教生命伦理的核心。西方的基督教以外在最高神——上帝公正地审判公民，而道教除了设立外在神的审判，还讲求内在心性的自我审判，是他律与自律的结合。即把行善去恶变成一种"自由的内心的情感"。

李真果告诉他："西方《圣经》说，掩饰自己罪过的，不能有幸福的人生；承认过失而悔改的，上帝要向他施仁慈。基督教认为，人类的始祖亚当和夏娃偷吃了伊甸园的禁果而成为整个人类的原罪。此罪代代相传，绵延不绝，成为人类一切罪恶和灾祸的根由。所以，人的一生只有不断赎罪、忏悔，才能获得拯救。西方的'赎罪''忏悔'，与中国道教戒律规劝人去恶从善是一致的。要获得快乐永恒的人生，人类必须从道德修养上解决自身的问题。"

薛永新领会道："无论是基督教的'赎罪'，还是佛教的'善恶报应'，或者是我们道教的'劝善成仙'，人类生命问题的最终解决离不开道德。这就是老子的'道生之，而德蓄之'的深刻含义。"

李真果赞赏地点点头。

道德的光芒胜过了太阳的灿烂。薛永新深深地体悟到老子告诉人类的核心价值——道德。

薛永新亲身经历了一次中国式"持戒"的宗教仪式。那一次，他的心灵受到极大的冲击。

从此以后，薛永新无论做什么事，从不敢乱贪念，不敢乱妄为。"执法"对他来说，是从心性上将道教的三规五戒，在心灵上打下坚实牢固的基础，建立正知正见。

这是一次灵魂的洗礼，"道德"成为他一生的追求。

李真果一步一步将他引向人生的大道。

第七节　勇者不惧：救师"杀身成仁"

志士仁人，无求生以害仁，有杀身以成仁。

——孔子

一次，孔子的学生子路壮起胆子问孔子：死是什么？孔子回答说："未知生，焉知死？"生的道理都没弄明白，怎么能够懂得死？

孔子又说：志向高远、品性高尚的人，不能因为自己生命的存在而去损害仁德。

换句话说，死对于志士仁人并不可怕。生命的意义在于为维护和发扬社会的正义公平，而不惜牺牲自己的生命，虽死犹生。

相反，人不为道德责任，不为社会利益和正义而生，虽生犹死。

这是儒学对待生死的态度，从死的形式上弘扬生命的永恒意义。

生死，是每个人必须面临和做出回答的生命问题。人将怎样面对死亡？怎样才能使生命永恒？

李真果告诉薛永新，儒家认为，人生有三大不朽事业，首先是立德，其次是立功，再次是立言。死为立德，死而不朽；生而立德，生能永恒。

薛永新记住了真果祖师的话，中华传统文化中的"仁德"精神，深深植入了他的内心。

李真果曾给薛永新讲起孔子关于生死的回答。

一次，孔子的学生子路壮起胆子问孔子：死是什么？孔子回答说："未知生，焉知死？"生的道理都没弄明白，怎么能够懂得死？

孔子又说：志士仁人，无求生以害仁，有杀身以成仁。志向高远、品性高尚的人，不能因为自己生命的存在而去损害仁德。

李真果解释道："死对于志士仁人并不可怕。生命的意义在于为维护和发扬社会的正义公平，不惜牺牲自己的生命，虽死犹生。相反，人不为道德责任，不为社会利益和正义而生，虽生犹死。这是儒学对待生死的态度，从死的形式上弘扬生命的真正意义。生死，是每个人必须面临和做出回答的生命问题。"

"人将怎样面对死亡？怎样才能使生命永恒？"薛永新问道。

李真果回答："儒家认为，人生有三大不朽事业，首先是立德，其次是立功，再次是立言。死为立德，死而不朽；生而立德，生能永恒。"

薛永新没有想到，有一天，他也面临着生死的问题。

他以为，"平反"后的李真果可以安享晚年，过完老人最后的平静人生了。他怎么也没有想到，灾难骤然降临。

1982 年 4 月，一个坏消息传来——李真果被遂宁县公安局拘留。

那年，李真果一百零二岁。

虽然中国大地已是春天，却乍暖还寒。

薛永新闻讯后，十分震惊。他立即急匆匆赶到遂宁公安局。

"为什么？为什么你们关押彭道爷？"他按捺不住激愤的情绪，质问值班干警。

干警回答："彭道爷非法行医，搞烧香拜神那一套，社会影响不好。"

"非法？迷信？"薛永新据理力争，"彭道爷是多年的道医，他治好的病人成千上万，这有目共睹，有据可查。烧香拜神是宗教的仪式。我国宪法保护宗教信仰自由。对于这样一个一生行善的宗教人士，你们凭什么抓他？老人已经一百多岁了，怎么忍心把他关押起来？"

干警无语，只好说："我们这样做，是在保护彭道爷！"

"保护？我没有听错？"薛永新感到无法理解，"请问，把一个百岁老人关押在看守所叫保护？难道就没有别的地方可以保护吗？"

干警一脸无奈："我们只是执行者。如果你觉得彭道爷有冤屈，可以上访。"

薛永新想，这样争执下去，不会有任何结果。于是，他提出了一个要求：

"既然是保护，那我能去看望彭道爷吗？"

干警想了想，回答说："我请示一下。"

这一天，薛永新来到看守所。经过几番周折，他被容许探视李真果。

"咣当"一声，监室的铁门打开了。这沉重的声音，让人心头一凛。

管教民警只给他五分钟的时间。

监室又窄又小，一股潮湿发霉的味道直扑鼻底。里面暗黑，只有高高的铁窗通了一线光。薛永新进去适应了一下，才看清房里有一个熟悉的身影。李真果白发披散，盘腿坐在一张破床上，双目微闭，凝神调息，似乎进入了"坐忘"的境界。

薛永新望着老人，悲愤、疼痛、心酸，百般滋味涌上心头，一时喉咙发堵，竟叫不出声来。

"清水池边明月，莱阳堤畔桃花。借问俺居何处？白云生处是家。恍恍惚惚超景，天地内外是他。"李真果缓缓吟诗道，声音平静，清扬，仿佛进入了超然无我的境界。

"道爷爷！"薛永新哽咽地叫了一声。他奔过去，紧紧地握着老人的手。

"我让您老失望了！我没能保护您。"他难过而自责地说。

李真果慢慢睁开眼睛，望着薛永新，目光里流露出慈祥。

"不要难过。我在哪里都是一样。孔子说，仁者不忧，知者不惑，勇者不惧。一个人只要做到了内心的仁、知、勇，就没有忧、惑、惧。"

薛永新眼中蓄满泪水。

李真果微笑地安慰他："一个人有了一种仁义的胸怀，有了明白取舍的智慧，有了勇往直前的力量，内心坦然，还有什么害怕呢？"

薛永新内心触动，百岁老人身陷囹圄，反倒来安慰我，开导我。老人面对自身苦难如此从容镇定，如此有胸怀，有气度。

老人一生经历了各种磨难与屈辱，好不容易洗清冤屈，可以安度晚年，却不曾料到，如今，一百零二岁高龄的他却被关押在看守所。望着白发苍苍的老人，薛永新百感交集，眼睛一阵潮湿。

虽然再度蒙冤受难，老人的脸上波澜不惊，保持着像婴儿一样纯真的笑容。薛永新深受感动。

李真果深深地看着他，问道："老子《道德经》中有一句话，你知道是什么吗？"

薛永新心念一动："'常德不离，复归于婴儿。'老子主张向婴儿学习，一切随性而为，做一个纯真自然的人。不管干什么都要因循自然的规律，安于祸福，屈伸自如，清静无为，这是道的境界。"

李真果满意地点点头。

在遇见薛永新的那一天，李真果便看出这个青年慧根很深，将来必有大的造化，但是，磨难也将伴随着他。所以，趁此点化他，即使将来遭遇大难，他已具备承受一切的心智和定力。

即使我归去了，也能在天上安心了。李真果想。

"老子认为，坚持正德的人烈焰不能烧灼他们，洪水不能淹死他们，严寒酷暑、飞禽走兽也不能把他们怎么样。因为他们回到婴儿纯真的状态，所以那些东西无法伤害到他们。"

李真果说到这里，又意味深长道："永新，不管以后遇到多大的灾难，你要保持'常德不离'，清静无为。只要你做到了，就是刀架在脖子上，也有人来解救。"

"祖师，我记住了。"

薛永新流下了泪。老人在如此恶劣的环境里，身心蒙受屈辱，却没有抱怨，没有悲观，还激励他坚强做人。或许当时，他还不明白李真果为什么对他说这些话，但当他经历了人生大难后，方明白老人此番良苦用心。

"薛永新，时间到了！"管教民警在门口催促。

"孩子，不要担心我，回去吧。"李真果对他说。

薛永新依依不舍告别李真果。走到铁门边，他含着泪回过头，大声道："道爷爷，我要给您申冤！您等着我！"

李真果朝他微笑了一下，又闭上了眼睛，静静地打坐，回到先前的状态之中。

薛永新离开遂宁看守所后，便立即找当地政府、宗教主管部门反映李真果的情况，要求释放老人。

可是，没有得到答复。

薛永新没有泄气，又开始了上访之路。

回家简单收拾行李后，他匆匆启程，又来到了省城成都。

他仍骑着那辆从成都舅爷家借来的破旧脚踏车，在大街小巷穿梭。寒冷的天气，他却跑得满头大汗。

省委、省政府统战部门的好多人都认识他。大家都很同情李真果的遭遇，也为薛永新救师心切的精神所感动。然而，在改革开放初期，人们思想还未得到彻底解放的情况下，由于李真果身份特殊，谁都不敢碰这个敏感的案子。

没有消息。

也没有结果，仿佛石沉大海。

希望一点一点破灭，越来越渺茫……

薛永新拖着沉重的步履，回到南府街23号舅爷的家中。深夜，他辗转反侧，久久不能入眠。

想到百岁高龄的老人还关押在看守所，他就心如刀绞。如果能够，他愿意代替老人去坐牢，也不忍看着一个真心修道济世的老人困在铁窗里，临到生命的最后还备受屈辱。

薛永新的脑海里反复想着孔子的话：仁者不忧，知者不惑，勇者不惧。有仁德的人不会忧虑，有智慧的人不会迷惑，有大勇的人不会惧怕。他心念一动，孔子说，用智慧才能解决问题。既然地方行不通，不如反映到最高层。他突然想到了党和国家领导人邓小平。这个念头一闪，他仿佛从绝望中升起了一线希望。

他从心里敬仰人民爱戴的小平同志。如果不是邓小平的改革开放政策，薛家将继续戴着"富农"的沉重帽子，而他将依然过着四处漂泊、东躲西藏的日子。

他决定以个人的名义给邓小平写信。想起真果祖师曾跟他说过的话："只要你有强烈的愿望，付诸行动，宇宙会接收到，帮助你达成。"

于是，他披衣起床，连夜疾书。

在信中，他言辞恳切，介绍李真果从幼年出家到历经磨难的一生，历数在"文化大革命"中遭遇不公，被错误地加上"一贯道""历史反革命"等罪名。

他在信中写道："真果道人一生行善积德，为人民的健康，为弘扬道德做出了很大贡献，是一个有信仰的道教人士，也是一个热爱中国共产党、热爱祖国、热爱人民的爱国者。在思想解放的今天，不应当把他'神化'，同样也不应当把他'鬼化'。"

他动情地说："我国宪法保护宗教信仰自由。真果道人无辜被拘留，遭遇凄惨。虽然说是'保护'，可是，现在改革开放了，人民获得了自由宽松的环境，一个百多岁的老人，难道只能在看守所得到'保护'吗？我真切希望政府能善待对社会和大众做过贡献的老人，体现党对宗教人士的关怀。"

薛永新清醒地认识到，这封信一旦投出去，危险就在向他靠近。他完全有可能被抓起来。但是，他不怕，勇者无惧。古代君子能"杀身以成仁"，为何我就不能？

为了让这封信顺利转到邓小平手中，他特意在信封正面右上角加了一句话："请秘书不要自作主张，这是人间悲剧。我在成都市南府街23号，等待来抓捕。"

第二天上午，他从容镇定地把信投进邮筒。

他在焦急中等待，希望、失望、焦灼、沮丧……交织在他的内心，煎熬着他。

十天、十五天过去，杳无音信。薛永新陷入深深的绝望中。舅爷担心他的安危，劝他出去躲一躲。

"我不躲，我写这封信时就做好了最坏的准备。我要等!"他坚定地说。

即使绝望，薛永新仍不肯放弃。

一天，一位身着干部制服的人来到南府街23号。

"请问，谁是薛永新？"

"我是。"薛永新回答。他打量着来人，暗想，莫非这人是便衣警察，来调查我的？他们终于来了。

在没有清楚来人意图之前，他镇定地望着对方。这种遇事沉着、不慌不乱的性格，也是受李真果的影响。李真果常给他讲老子，"宠辱不惊"，遇到任何天大的事，都要不慌不忙，从容镇定。这句话早已烙印在他的心里，影响着他的精神气质与性格。

"我是统战部的。"来人自我介绍，脸上露出了亲切的笑容，"薛永新同志，您写给邓主席的信，已经看到了。小平同志批转给了四川省委，指示尽快落实。现在我们已遵照小平同志的批示，已经把李真果道人从看守所接了出来，安排在三台县敬老院。"

当幸福来得太突然，薛永新忽然不知所措。他不敢置信。

"您还有什么要求？请告诉我们。"

薛永新猛然醒过神来，紧紧握住对方的手，连连激动地说："太好了！谢谢邓主席，谢谢党，谢谢省委领导，谢谢同志！"

谁都没有想到，包括他自己，日理万机的国家领导人为一封老百姓的申冤信亲自做批示。薛永新的心中对邓小平的敬仰之情油然而生，感激万分。真是绝处逢生！

"我能不能把老人接到身边，由我供养？"他提出了一个要求。

"这个……你去找民政厅，要由他们批准。"

薛永新立刻来到省民政厅。接待他的是陈俊同志。

陈俊同志认真地听取了他的想法后，对他说："你放心，我会把真果道人的情况向厅长汇报。你回去做准备吧。"

薛永新感到这事有希望，非常高兴。

但是，老人接来后住哪里？总不能住在南府街打扰舅爷一家吧？

于是，他临时在成都郊区租下一间农家草房，等待真果祖师。

1982 年 12 月 20 日，陈俊同志派车亲自与薛永新一道，从三台县敬老院把李真果接到了薛永新的租房里。

师徒团聚，悲喜交集。老人终于能够安居了，薛永新的心放了下来。

草房简陋潮湿，条件很差。为了让老人家有一个好的生活环境，第二年元月，薛永新与金牛区文星公社木材厂谈判，承包了这家木材厂。

谁都想象不到，当时薛永新身上只剩下了二十元钱。他为李真果申诉的这段时间，所有的积蓄几乎花光了。

而薛永新怀揣仅有的二十元钱，承包了木材厂，从此开始了他的创业之路。二十元钱，帮助他在成都立足，奇迹般地闯出了一片天地。

这是他当初没有想到的。

紧接着，他在成都红牌楼租了一所已停学的小学校作为场地，办起木材加工厂，聘请了十多个工人。半年之内，木材加工厂生意红火，承接了省工商局宿舍门窗加工、省邮车总站汽车货箱加工等工作。

薛永新无论做什么生意都火。他天生就是一个经商的奇才。上天给了他一颗智慧的头脑。

李真果住进了加工厂后院的一所宽敞舒适的房间。薛永新与真果祖师同吃、同住。白天，他到加工厂上班，李真果就在家中炼养修道，按道家的习惯生活，同时为人治病。

晚上，广袤的满天星空下，坝子上，师徒俩坐而论道，这是薛永新最期待的时刻。

于是，一个白发苍苍的智者与一个年轻人开始了一场对话——

薛永新问道："祖师，你认为道究竟是什么呀？"

"道"太大，太玄妙，无所不在，无所不包。虽然老人给他讲了很多，但他好像明白道是什么，又好像还没有完全理解。

"这个道是很难叙述的。"李真果沉吟道，"老子说，吾不知其名，故强字之曰道。强为之名曰大。我不知道它的名字，勉强地把它叫作道，又很勉强地给它取个名字叫作'大'。道的特点是无所不包，它是'大'。'大曰逝'，道又是运行不止不断变化的。'逝曰远'，它是无穷无尽的，广阔辽远。'远曰反'，因为太远，远到无边无际，它又返回到自身，回到本源，周而复始地变化下去。所以，道就是规律，一切事物生命变化的根源。万事万物都是呈周期性变化的，就像四季交替。这是一条永恒不变的规律。变化的本身是变的，并且永远都在变，在转化，像生死、祸福，但是这条规律是永恒不变的。这就是道。"

这个恍兮惚兮的"道"，在薛永新的脑海里渐渐清晰，世界的变化，生命的变化，人生的变化，比如阴阳、有无、死生、兴衰、成败、祸福、盈亏、虚实、强弱，都在这个变化的规律中。这就是神奇玄妙的道。

"道对于我们的人生有什么帮助呢？"薛永新追问道：

"你提了一个很好的问题。"李真果微微一笑，"知道了一切都是有规律的，一切都在变化和转化的这个道，那么，一切都是有希望的，又是不能奢望的。当你顺境时，不能得意忘形；当你遇到逆境时，也不能悲伤，不能慌乱，不要一惊一乍，这就是老子说的'宠辱不惊'，让你对待世界和人生的变化有一种镇定，有一种沉稳，有一种静力。以后你在人生的经历中能体会得到的。"

薛永新思忖着，感到"道"不再那么深奥遥远，道就在人生里。

"孔子当年站在水边感叹，逝者如斯夫，不舍昼夜。河水不知流向哪里，人来到世上要往哪里去呢？生命这么短暂，可能来不及建功立业，就像河水一样逝去了。"薛永新困惑地继续发问。

李真果顺便捋了捋长长的白胡子，微笑道："还是刚才的问题。老子的《道德经》就是来帮助你解决这些问题的。老子告诉你，人法地，地法天，天法道，道法自然。人要遵从地的规律，地要遵从天的规律，天要遵从道的规律，道要遵从和效法整个大自然的规律。整个大自然，又都是在道的管理下，按照一定法则有序地运行。"

薛永新忍不住打断："我知道，您讲过，'自然'是道的根本，道的精髓。人要顺应自然之道，做一切事要遵从它的规律，它的变化，不能违背规律，否则做什么事都会失败。可是……"

"可是什么？"李真果看着他，问道。

"人要像天地一样无为吗？有为才是积极的，怎么能无为呢？"薛永新道出心中的困惑。

"这就是了不起的老子。"李真果朗声笑道，"儒家主张有为，但老子却告诉你要无为。我们的为人、处世、从商，乃至治国、兴邦、治世，都应当遵从"无为"的基本原则，这是道的核心。老子的无为，并不是什么事都不做，并不是不为，而是不妄为、不胡为、不乱为，要顺应客观态势、尊重自然规律，以忘我与淡泊宁静的心态去做人、做事。老子并不反对人类的努力，他强调，'为而不恃'，'为而不争'，无为而不所不为。"

薛永新有一种拨云见日的感觉，眼前豁然开朗。

李真果看出他已经领悟，又道："逝者如斯夫，这是规律，为什么要悲伤呢？为什么不学习水的品德？"

薛永新思忖着，期待老人说下去。

李真果轻捋胡须，语重心长道："所以，老子又告诉你，上善若水。做人要像水一样柔弱、谦下、宽容、利他。这就是'道'的品格。水本身不是道，却是道的表现，它传达道所包含的精神和法则，启发人们通过类似修炼'水德'的途径，帮助你获得智慧、从容、镇定、宽广、宏远的品质，成就最高理想的道德人生。"

老子的每一句话，对我们今天的人都是一种深刻的智慧，一种极大的帮助啊！薛永新茅塞顿开。

每一个夜晚，在广袤无际的星空下，常常见到这一老一少对话的身影。

薛永新憧憬着像老人一样行医济世，这是他的人生方向。

"我能学医吗？"他问道。

李真果点点头，意味深长地说："学医，首先要修道。学会做人，才能做事。拥有高超的医术还不够，要有高尚的品德，要有一颗仁爱之心，才能化解病人的忧虑与烦恼，心灵无疾，才能消除病的根源。"

李真果似在讲医，又似在传道。每次都有新鲜的内容，薛永新总能从中受到启发。

李真果给薛永新讲道家的医药学，讲《黄帝内经》，讲张仲景的《伤寒论》，讲孙思邈的《千金要方》，讲李时珍的《本草纲目》……从道家的"天人合一"的哲学体系，讲到道家医学的基本理论，天地万物与人都是由阴阳之气所构成，互为感应。

李真果解释说："人就是一个小小的天地，人与天地同道，其首法天，其腹像地，其气血之盈虚消息，都与大自然同途。所以人要适应天地的变化，懂得变化的规律，过有节有度的生活，同时，保持恬淡虚无，'精神内守'，才能真正化解疾病。"

薛永新认真地听着，深深地记在脑海里。

李真果又把自己采集的药材拿出来"晒"，有紫苏、薄荷、黄檗、牛膝、白矾、蟾酥、地乌龟、灶下黄土等，三百多种，包括植物药、矿物药及少许动物药，都是贱价有效的方药。他把它们的药性、药理和用途一一讲给薛永新听。

薛永新天赋异禀，悟性颇好，道家医药学中那些深奥玄妙的医理，他很快就领悟了，并能与生命哲学融会贯通。

他越来越体会到，中国道家文化博大精深，道家医药学宝库神秘而浩瀚，那里有开发不尽的宝藏。

他看到一扇神奇的大门向自己打开，真果祖师正在引领他一步步走进去。

师徒俩从傍晚时分一直聊到翌日天明，仍言犹未终，情犹未尽。

薛永新与李真果这段患难与共的忘年交，对他的一生影响重大。这一段缘分，尤其与李真果朝夕相处的这段时光，铺垫了他日后的人生道路。

可以说，真正把薛永新引向制药王国的是李真果，而把薛永新引向无为大道的，也正是李真果。

每天晚上，李真果都要制药，把各种草药切碎、切细，用杵舂成粉末，包成小包。薛永新也跟着老人学会了制药。

每天上门求药的人很多。由于需求量大，薛永新见手工制药太慢，便花了几百元买了个粉碎机，把药打成粉末。

很多人服用了李真果的中草药，身体很快康复。大家口口相传，说红牌楼有个"神医"。这样一来，到此找李真果的人一天比一天多。

每逢星期日，薛永新便与老人来到成都著名的道教圣地青羊宫，将他们自制的成药分送给求医的群众，不收分文。

李真果擅长于治疗妇科杂症。那些在大医院羞于启齿的妇女，都愿意来找这位医术神奇的白发老人。大多数妇女服药后，久治不愈的"白带症""血崩"，包括"子宫肌瘤"等疾患，有的一剂而好转，有的十剂而痊愈。

薛永新一边跟李真果学道习医，一边将木材加工厂经营得红红火火。他的内心感到快乐而充实。如果生活就这样下去，何尝不令人满足？然而，厄运似乎偏偏跟他过不去。

灾难又一次降临。

这是 1983 年 8 月的夏天。薛永新正在加工厂忙着，一位好心的朋友匆匆跑来，神色紧张地对他说："你快躲起来！"

"怎么了？"他问。

"我接到可靠消息，公安局就要来抓你了！"朋友说。

"为什么？我又没犯法。"

"有人告发你搞封建迷信，还说你非法承包经营。你赶快到外地避避风头。"

"我不走，我们又没有犯法。不怕。"

朋友看了看他，见劝不动他，叹了口气，匆匆走了。

刚刚把老人从看守所接出来，好不容易过了一段平静而安稳的日子，现在自己也要坐牢了。虽然薛永新已做好了心理准备，但当事情突然来临时，他还是感到意外。

我究竟触犯了什么？他想不通。

他回想在成都的这半年，自己承包的木材加工厂有合法手续，不存在非法。有时，与老人一起去青羊宫"免费施药"，为的是治病救人，义务行医。说我搞封建迷信，更是无稽之谈。这一想，他心中坦然了。老子说，宠辱不惊，我没有必要惊慌失措。

虽然不怕，但他还是加紧准备。因为他最担心的是老人的安全，个人的安危倒不要紧。最坏的结果，无非是判刑，或者杀头。"杀身以成仁"，我怕什么。但是，百岁高龄的老人刚从看守所出来，再经不起折腾了。这是他最担心的事。

他想了一个晚上，做出一个决定：送真果祖师走，把老人家安顿到一个清静、安全，又能养生的地方。

第二天一早，他给贾老打了一个电话。贾老是全国政协委员、省道协秘书长，李真果到成都后，曾多次与他见面。两人论道古今，十分投契。薛永新把情况简略告诉了贾老，请贾老为真果道人安排一个安全的去处。

"好。"贾老在电话里爽快地答应，"这样吧，让真果道人到青城山住下。我先派人去青城山联系。你等我消息。"

"谢谢贾老。"薛永新松了一口气。

然而，一天、两天过去，贾老一直没有消息。薛永新明显感到风声越来越紧，内心掠过不祥的预兆。

晚上，下班回来，他嘱咐老人这两天不要外出"施药"，家里有病人来也不要接待。李真果从薛永新的脸色感觉到有些不对劲。

"永新，出什么事了？"

"啊，没什么。祖师，我想把您送到青城山住一段时间。那里适合修炼，调养身体。"他怕老人担心，隐瞒了实情。

"我连累你了。"李真果叹息了一声。

薛永新看到一颗泪珠从老人的眼角滑落下来。老人在坐牢的时候，都没有流过一滴眼泪。他的心里一阵揪痛，眼中泛酸。

"您老不要这么说。没有大不了的事，您不要担心我。"

薛永新正安慰老人，这时，贾老派人带信来，说已经与青城山建福宫联系好了，他们欢迎真果道人前去居住。

事不宜迟。第二天一早，薛永新叫了一辆出租车，嘱咐司机把老人送往青城山。

薛永新把李真果送上车，为老人家轻轻关上车门。

"道爷爷，您安心去青城山修养，这是省道协为您安排的。"

"道爷爷"是薛永新对李真果最亲密的称呼。一声"道爷爷"，师徒二人的情感翻滚汹涌，彼此心下都明白，这一分别，不知何时再见。或许，这是永别？

李真果深深地看着他，百感交集。

"道爷爷，我可能要去坐牢。"薛永新抬起头，望着老人道。他知道，其实老人心里早已有数，只是没有说穿吧。

李真果沉默了片刻，注视他的眼睛，说："没问题。你安心地去。"

相处日久，薛永新了解道爷爷说的话都有深意，暗藏玄机。道爷爷说"没问题"，是告诉我不会坐监狱，还是说，我即使坐监狱也没问题？

"夫天道无亲，恒与善人。上天会帮助有德的好人。"老人又加了一句。

这是李真果常说的一句话。

薛永新怎么也没有想到，这一别竟真成了他与真果祖师的永诀。后来回想起来，他就心碎。

汽车就要启动了，发动机不耐烦地转动着。离别的时刻就要到了。

薛永新看着汽车缓缓地向前行驶。慢慢地，汽车开始离他而去，上了那条将把真果祖师带向青城山的碎石路。

汽车渐渐远去，远去。恍恍惚惚。然后，绝尘而去，从他的视线中消失。

道爷爷走了！车轮仿佛从他的心上碾过，他突然感到一种悲怆袭遍全身。

第八节 一百二十天：铁窗下悟道

老子说，我命在我，不属天地。

痛苦是生命中的一部分，欢乐也是。有幸福，也有苦难。有时厄运会突然降临，就像天空忽然变得黑暗可怕。电闪雷鸣，狂风怒号，倾盆大雨。是消极地接受命运的安排，还是让自己掌控命运？

当厄运降临薛永新的身上时，老子为他提供了一个进取、积极的人生态度。

"天有不测风云，人有旦夕祸福。"这句古训，在薛永新身上应验。

1983 年 8 月，酷热的太阳炙烤着成都这座盆地。木材加工厂里，薛永新正与工人一道挥汗如雨地忙着。

突然，一阵警笛声从远处传来。随即，几辆警车呼啸而至。七八个身着制服的公安干警迅速下车后，立即包围了薛永新的木材加工厂。

厂里的工人们被突如其来的情况惊呆了。大家面面相觑，出什么事了？

薛永新心里有数，神情镇定。

一位干警直接走到薛永新面前，满脸严肃："你是薛永新？"

"是。"薛永新平静地回答。

干警拿出拘留证，当众宣布："薛永新涉嫌散布封建迷信，非法承包经营，即日起接受公安机关审查！"

"同志，我没有犯法！"

"签字吧！"

薛永新沉默了片刻，平静地在拘留证上签上名字。

紧接着，两名干警上前给他戴上手铐，把他押解到车上。

一切来得太突然，工人们不知怎么回事，完全蒙了。现场鸦雀无声。

这时，一个叫彭崇斌的工人猛地冲上来，拦住就要开走的警车，大声问道：

"你们为什么抓薛厂长？他是好人！你们不能抓他！"

"不要妨碍公务。否则，连你也抓起来！"一名干警警告他，强行把他拉开。

公安人员带走了薛永新。

薛永新坐在警车里，回头望去，彭崇斌一边跟着车子追，一边大声喊。他的心里一阵感动。看到工人们呆呆地站在大门口，仿佛还没有从惊恐中回过神来。他难过地长叹，兄弟们又要失业了。

万幸的是，道爷爷去了青城山。不然，老人家也要受我连累。他庆幸地想。

警车一路呼啸，绝尘而去。

薛永新被关进了莲花村收审所。

警察按规定让他脱掉身上的衣服，换上编了号的"牢服"，然后把他带进了大铁门里面，一间二十几平方米的监室。

铁门打开，伴随"咣当"的沉闷声音，他走进去，房间又暗又黑，一股夹杂着各种恶臭的污秽之气顿时扑鼻而来。

里面关押着二十多个人犯，黑压压的一片。他们大多是扒窃、偷盗、流氓等刑事犯罪嫌疑人。见他进来，那一双双向他斜视过来的眼睛，在黑暗中闪着凶恶的光。

薛永新莫名其妙地跟这些坏人关在一起，他感到气愤、不平和屈辱。房间有四五米高，四周是阴森的高墙。一扇不大的铁窗，用钢筋牢牢地焊死。一束光线从窗外投下，却难以见到阳光。

在"文化大革命"结束不久的那段时期，一切还没有走上正常的秩序。监室是一个特殊的小社会，有着不成文的特殊"规矩"。新入号的人犯都要受监室里的人犯"教训"，或挨打，或受惩罚，像《水浒》里的"杀威棒"。

薛永新虽然没有挨打，但被"号长"叫到紧靠厕所的一边睡觉。厕所只是稍微与监室隔了一下，气味非常刺鼻难闻。他忍了。但让他气愤的是，吃饭的时候，那些人犯竟然把他的菜给抢走，只剩下一点残汤。

如此乌烟瘴气的恶劣环境，他一分钟都不想待下去。虽然他没有专门学过法律，但他知道，判定一个人是否有罪，要有法律依据。怎能随便把人抓起来？

我是被冤枉的，我要为自己据理力争，赶快离开这个地狱！他想。

关了三天，没有任何人提审他。他没有机会辩护。

收审所让关押人员全部出来劳动。有的抬石头，有的挖土方，有的拉大锯。木匠出身的薛永新顺理成章地被派去拉大锯。

当年在他给城里人打家具的那些日子里，完全没有想到，有一天，他会在收审所干起老本行。生活给了他一个莫大的讽刺。他的嘴角露出一丝凄凉的苦笑。

劳动十多天之后，他终于等来了第一次提审。

审讯在一间小房子进行。屋里烟雾弥漫，空气令人窒息。一个姓陶的警官抽着烟，与一位审讯人员坐在桌旁。光线很暗，桌上一盏雪亮刺目的灯射向了坐在对面的薛永新。强光打在他的脸上，令他有些目眩。

审讯人员照惯例问了他姓名、年龄和职业后，厉声道："坦白从宽，抗拒从严。你要老老实实交代自己的罪行！"

"请问，我犯了哪一条罪？凭什么抓我？"他反问道。

陶警官把烟头掐灭，大声呵斥："老实点，端正你的态度。"

薛永新沉默地盯着他。

"你窝藏封建迷信分子彭道爷，烧香磕头，非法行医，扰乱社会治安，非法承包经营加工厂，凭其中任何一条罪都可以判你十年八年！"

"警官，你们抓错人了，我要澄清事实。"薛永新沉着地说，"第一，我供养百岁老人是敬孝道，不是窝藏。我有省民政厅的手续。中央有关文件规定，凡是宗教职业者、宗教信仰者，在家中讲经、说法、受戒、烧香……均是宗教自由，任何团体、个人不得干扰。彭道爷是道教人士，少年出家。家中焚香，是道教的一种生活仪式，不是迷信。宪法与中央文件都规定保护宗教信仰自由。"

他有理有据，驳得陶警官哑口无言，铁青着脸，却不好发作。

"第二，非法行医问题不存在。"薛永新接着说，"因为我和彭道爷从未收取病人一分钱，这可以去查实。我们也并没有影响社会治安。"

"你不坦白罪行，还敢狡辩抵赖！你要知道，抗拒从严！"陶警官打断他，愤怒地喝道。

薛永新没有被吓住，继续说："第三，关于农民进城务工、承包企业的问题，今年元月份，《人民日报》上登载了鼓励农民进城致富的文章。"

原来薛永新是有心之人。当他知道自己可能要进监狱，特别留意了最近的报纸。当他看到《人民日报》登载的这篇文章，心里更有底气了。

"我搞木材加工，得到地方政府允许。我合法经营，照章纳税，请问，怎么是非法了？你们有什么证据就拿出来。只要有证据，证明我触犯了法律哪一条，我甘愿服罪。"

"哼，死鸭子嘴硬，死不认罪！"审讯人员见薛永新如此理直气壮，不仅不交代"罪行"，还反驳他们，不禁火冒三丈。

"你整天跟道士鬼混在一起，搞歪门邪道，这不是进行封建迷信活动是什么？你从潼南来开工厂，有手续吗？没有吧。这是违法！有人检举揭发，你每天晚上在家聚众，搞反革命串联，这就是证据！"

"你们所说的都不是事实！"薛永新抗议道，"请你们调查清楚，我向老道学习道家医学和文化经典，这哪里是封建迷信？这是其一。国家政策允许农民进城办厂，不是非法。这是其二。我更没有搞反革命串联，有何言论？这是其三。我没有罪，你们不能冤枉好人！"

啪的一声，陶警官突然掏出枪，猛然拍在桌上。气氛顿时紧张，弥漫一股火药味。

薛永新没有被他的威势吓住，镇定地注视他。

"你想造反了是不？敢跟国家公安机关对抗？"

"法律要讲证据！"薛永新镇定道。陶警官试图震慑他，但他没有被吓倒。

"我重复三遍，我没有对抗国家公安机关。国家公安机关是维护公平正义的机构，是保护公民的人身权利的。我是被人冤枉的。我没有罪！我相信，公安局会还我清白。"

"你还继续负隅顽抗，不要命了！给我老实点！"陶警官气急败坏道。

薛永新面不改色地盯着桌上黑洞洞的枪口，对陶警官说："警官同志，你没必要动怒。我不是吓大的。如我冤枉而死，脑袋砍了也只碗大的一个疤。"

"你的意思是，我们冤枉你了？"

薛永新沉默。

见审问不出结果，又见薛永新态度强硬，更无法反驳他，陶警官只好无奈地对审讯人员说：

"把他带下去，劳动改造。让他好好反省！"

又是一个星期的繁重劳动，从早到晚拉大锯，解木头。

第二次提审薛永新，审讯他的人换了，但还是审问同样的问题。他们逼迫薛永新承认"罪行"。薛永新拒绝承认。

于是，他们便连续几天几夜不间断审讯，疲劳轰炸，使尽浑身解数。

薛永新没有屈服。他大声抗议：

"你们这种逼供做法完全不符合党的政策，我要求公开审讯我的案子！"

"你们是对人权的侵犯和侮辱！"

"带下去，叫他继续拉大锯！"审讯人员无奈道。

薛永新始终不认罪，而且又无证据。这几个审讯人员不敢把事情闹大，尤其怕被所长杜国钦知道，只好放弃逼供。

转眼两个月了，从秋天进入冬季。天气渐渐转寒。薛永新锯下的木板堆成了一座小山，可是，问题解决却遥遥无期。寒冷的冬天似乎没有尽头。

为什么？为什么？望着苍茫的、灰色的天空，他在心里呼喊。

劳动回来，薛永新精疲力竭地回到了那间黑屋子。

天气很冷，室内的空气仍然污浊不堪。各种人犯挤在一堆，相互骂骂咧咧、打打闹闹。薛永新只好独自坐在草席上，闭目凝神。他的脑海中浮现曾经去看守所探望真果祖师时，老人家在恶劣的环境中"坐忘"的情景，耳边回响老人吟诗的声音："清水池边明月，莱阳堤畔桃花。借问俺居何处？白云生处是家。恍恍惚惚超景，天地内外是他。"

薛永新的内心渐渐平静，好像置身"忘我"的境界，忘记了所有的屈辱与不平。

天气寒冷，监室的浊气，加上人员拥挤，导致有的人犯生病了。薛永新便趁劳动的时间，在山坡地边扯了一些草药，拿回来为生病的人犯治疗。病人痊愈后，很感激他。从此，再也没有人欺负他，也没有人抢他的饭菜。那些人犯还主动地把自己碗里的菜给他吃。"号长"还把自己睡的地方腾出来，让他睡得舒适一些。

相处日久，薛永新感觉到这些人犯的本质并不坏，便给他们讲禅经故事，讲道德修养，做人的道理，劝他们改过自新。人犯都认真地听，内心触动很大，纷纷有所悔恨。

"你都这样了，还劝我们。你就不担心一辈子待在这个鬼地方？为啥呀？"有的人犯感到不解。

"我相信自己行得端，走得直，受冤枉是暂时的，总有一天会还我公道。"

"他们冤枉你，你就不恨共产党？"

"没有共产党，哪儿有新中国？那只是少数败类想整我。"薛永新了解到，他之所以被关押，是因为没有给一位有权势的人"进贡"。

那时薛永新就这么认为，即便日后经历了更大的迫害，他依然坚定不移地相信，共产党是伟大的党，只是党的内部存在着少数腐败分子。无论任何历史时期，都有奸佞小人当道，但他们阻挡不了社会的公平正义。

一个人能有如此坚定的信念，尤其在其身陷囹圄时，仍然保持清醒的认识，这的确难能可贵。从另一方面来说，老子的"大道"思想，给了薛永新一种无形的精神力量。

而李真果是他的引路人。

每当夜深，同室的人犯都已熟睡，薛永新却久久不能入眠。他坐在草席上，望着铁窗外蒙霜的月亮，陷入了沉思。劳动的沉重，体力的透支，对于从少年时就摸爬滚打的他来说，并不算什么。但是，靠劳动挣钱，凭本事立业，做善事济世，竟然遭到不公正的对待，蒙受不白之冤，这不能不使他的心感到阵阵寒冷和刺痛。

公平在哪里？正义在哪里？所有美好的愿望都错了吗？他在心里苦闷地问。

月亮钻进了云层，四周重又陷入黑暗。他回想自己从幼年开始便与苦难相伴，直到现在而立之年，苦难依然如影随形。释迦牟尼说：苦海无边，回头是岸。难道幸福只能在遥远的彼岸？

真果祖师穷其毕生孜孜求道、行善积德，却一直遭受各种磨难，受尽歧视和误解。在老人漫长的百年人生旅途，充满了艰辛与苦痛。

苍天为什么让好人受苦？难道这是命吗？想想看，人在没出生之前又有什么形体相貌？再想想，死了之后又是一番什么景象？最终化烟而去。生命如此短暂而痛苦。一想到这些，他不免万念俱灰。

他望着漆黑的铁窗外，月亮穿过云层，慢慢地出现了。虽然蒙着一层薄薄的霜雾，但那皎洁的月光依然顽强地透了出来，照射着睡梦中的城市。光明永远不会被黑夜阻挡。即使在心灵最黑暗的时候，希望依旧还在。他仿佛看到，月亮放射出一束道的光芒。

痛苦是生命中的一部分，欢乐也是。有幸福，也有苦难。有时厄运会突然降临，就像天空忽然变得黑暗可怕。电闪雷鸣，狂风怒号，倾盆大雨。是消极地接受命运的安排，还是让自己掌控命运？薛永新思考着。

他想起真果祖师的教谕："一切万物并没有规定你要做什么，你能做什么，成为什么人，主动权在你，你的命运在你的手中，你是命运的主人。道并不控制你，道用无私无欲的德行，帮助你，成就你。"

"是啊，我命在我，不属天地。我要做命运的主人，改变它。"薛永新对自己说。

他的耳畔再度回响着老人的话："每个生命都具有各自的意义。你所体验的各种苦难，都是为了历练自己而使生命升华。你是因为爱这个世界来的，就要用心中爱与无私的美德来改变这个世界，使它变得更美好。"

此刻，他好像感觉到一股强大的力量在内心产生。

可是，怎样从根本上解脱生死的烦恼，使人生走向永恒？他陷入深深的思索中。

老人说，唯有忘掉自我，无私无欲，与道合一，才能解除人世间的烦恼和忧患，达到人生的最高境界。

想想，世间的一切压迫、剥削、苦难、战争、争斗与丑恶，均出自有我的存在。有我就有欲望。人有了私欲，就会危害他人，滋生野心。这些都是私欲作祟。

望着铁窗外的一轮月亮，薛永新苦苦地思索着。

生命应当像月亮一样发出光华，万古不朽，这就必须从道德出发。唯有顺应自然的规律，合乎道德规范，做有益社会和他人的事功，社会才能和谐、安宁，个人也才能获得完美而永恒的人生。

他的心一下明亮起来，仿佛一束光亮照进了铁窗。黑暗过去，光明涌来。

他盘腿而坐，像真果祖师平常那样闭目打坐。慢慢地，他忘掉了周围的一切，沉浸在内在里。月华皎洁，从窗外照射进来，他整个人沐浴在清澈如水的月光里，仿佛老人来到他的身边，与他交谈，像以往那样对话——

"孩子，中国五千年文化产生了一个本土宗教，它就是道教。《道德经》是道教的主要经典。道教承袭了老子思想，以道为核心，探索宇宙奥秘和天地万物法则，探寻世界和生命的终极，推崇和提倡道法自然、天人合一，追求清静无为、去私寡欲和俭、慈、让等精神品格，崇尚抱朴守真、顺应自然的统一等。老子思想包罗万象，凝聚了五千年中华民族的智慧和人生哲学，对中国和世界产生了深刻的影响。直到今天对我们都有很大的帮助。"老人注视着他，语重心长地道。

"是啊，老子太伟大了。"薛永新搭腔道，"鲁迅先生说，中国的根柢全在道教。《道德经》作为道教的经典，是对老子思想的传承，是对中华文化的传承。西方的哲学家尼采也说，老子思想像一眼不枯竭的井泉，满载宝藏，放下汲桶，唾手可得。《道德经》在西方世界被视为至宝，是公认最智慧最古老的学问。老子思想是人类的伟大智慧。"

李真果赞赏地点了点头，问道："老子有三个重要的观点，对我们今天都有深刻的启发。你知道是什么吗？"

自从跟李真果学道以来，薛永新对《道德经》和道家思想有了更深的理解和感悟。

他侃侃而谈："第一，老子告诉我们，道法自然。这个自然是道的根本，道的精髓。人要顺应自然之道，做一切事要遵从它的规律，它的变化，不能违背规律，否则做什么事都会失败。"

老人兴趣盎然地听他讲。

"第二，老子告诉我们，要'无为'。他主张我们的为人、处世、从商，乃至治国、兴邦、治世，都应当遵从'无为'的基本原则，这是道的核心。老子的无为，并不是什么事都不做，并不是不为，而是不妄为、不胡为、不乱为，要无私心、无贪欲，忘我地利益他人。顺应客观态势、尊重自然规律，以忘我与淡泊宁静的心态去做人、做事。老子并不反对人类的努力，他鼓励人们，'为而不恃'，'为而不争'，不要争夺，不要占有，不违背规律，去'为'，去做，去贡献自己的力量，无为而不所不为。"

老人满意地轻捋胡须，默认了他的说法。

薛永新继续道："第三，老子告诉我们，要像水一样柔弱、谦下、宽容、利他。这就是'上善若水'的境界，水本身不是道，却是道的表现，传达道所包含的精神和法则，帮助我们智慧、宽广、从容、镇定、远大，成就最高理想的道德人生。"

老人嘉许地微笑，但很快神情变得沉重起来，叹息了一声。

"祖师，你为什么叹气？我讲的有哪里不对吗？"薛永新紧张地问。

"你讲得很好。"老人表情凝重，"可惜啊，这么伟大的思想，这么宝贵的文化遗产，却没有被真正认识。因为人们误解了老子思想与道家学说，把'道'视为虚无的、消极的，甚至认为是封建迷信的玄说。而没有认识到，'道'是高于一切的人生大道，道教提倡天人合一、道法自然、齐同慈爱、尊道贵德等和谐相生的思想，行善积德、护济众生的教义精神，对整个中华民族心理和民族性格的形成，以及精神气质和生活产生了不可估量的作用与深远影响啊。"

老人语速加快，变得激动起来，俨然不像平时那么安详、平和。他看着陷入沉思的薛永新，反问道：

"老子思想和道教文化的价值为什么没有被认识？原因在哪里？"

薛永新无法接腔，这个问题没有思索过。当老人提出来，他这才意识到确实是一个当今存在的问题和现状。

他一脸茫然地望着老人。

"原因在于老子思想和道教文化没有得到极大的弘扬和传播，许多道教仙师们只注重隐修、清修，不过问世事，只注重个人的修养，这样就不能完全发挥道家对社会的作用，不能向社会阐释道教文化中积极、进取的人生哲学和精神。"

薛永新恍然所悟，确实是这样的现状啊。他不由得也感到凝重起来。

"张道陵祖天师把'佐国扶命，养育众生'作为道教的最高目标，热爱民族和国家，积功累德、遵守社会公德，以至真至善为生命之美，追求理想人格和生命价值，历来是道教的优良传统。"

老人话锋一转："当今中国正处在伟大变革的时代，更需要继承和弘扬中华传统文化和大德大智的文化精神，这是每一位修道者的责任和神圣使命。"

薛永新的眼中散发光芒，一下明白老人讲这么多的原因，就是要让自己去担负这个神圣的使命。他的精神为之一振。

"道教文化没有得到普遍的传播，还有一个原因，就是没有通俗化，没有让它真正走进民众领域，走进人们的生活和心灵。老子的《道德经》五千多文字，简短、精练、抽象，充满了深刻的智慧和思辨性，包含了博大精深的哲学，不仅普通人，便是有学问的人都弄不明白，难以解说，要用一辈子来理解它。而道家学说更有庞大的理论系统，这也就导致了它传播的局限性。"

"怎么办呢？"薛永新急切地问。

老人深深地看着他，加强语气，一字一顿："身体力行。"

薛永新琢磨着老人的话，有所触动。

"老子思想和道家学说并不神秘，是活的东西，永恒的东西。它是出世法，又是入世法，提倡以超然的出世精神做入世的事业，它蕴含的智慧和哲学以及精神品格具有人间性和生活性。我们要把它传播到大众，把它通俗化、普遍化，对社会、国家，对每个人的人生都有极大的帮助。做到了，就是无量功德。"

薛永新听得痴了，胸中激情澎湃，感受到一股强大的力量驱使着自己，要做一番惊天动地的大事。

"道爷爷，我明白了。传播老子思想，弘扬道家文化，这是我的使命！"

李真果赞赏地点头，问道："你想到怎么去做吗？"

薛永新低下头沉思："要让老子思想和道教文化走进大众，并不是到处演讲那样简单，必须躬身实践，把自身的修为和社会善举结合起来。对，这就是道爷爷所说的身体力行。"

想到这里，薛永新的眼中再度散发光芒，抬起头望着老人，定定地说："我出去后，要办一个大企业，从宗教文化中汲取营养，变为一种文化实践，一种文化精神，用老子无为思想和道家学说作为企业的灵魂，实业振兴民族经济，实业振兴民族文化，造福人类，造福社会，为大众做贡献。我要让中华传统文化的'道德'精神在社会得到弘扬和传承，我要让这个世界变得更美好，更和谐，我要担当起这个神圣的责任和使命，为中华传统文化复兴尽自己的绵薄之力。"

薛永新激动地说完，望着老人，期待他的肯定。

"好！好！"老人连连说了两个字，脸上露出了赞赏的笑容。他轻捋胡须，深深地看着薛永新，意味深长地说："孩子，道爷爷可以安心地去了。"

说完，他的身影转瞬消失了。

薛永新心里一惊，睁开眼睛，仍旧是寂静的黑夜，月光照在自己的身上。铁窗深锁。

我做了一个梦吗？他回到现实。

但又不像是梦，那些清晰的对话仍在耳畔回响。他知道，这是老人在指引他。

在这段艰难的铁窗生活里，薛永新从李真果身上获取了智慧和力量。

当厄运降临到他的身上时，老子思想和道家学说为他提供了一个进取、积极的人生态度。

此刻，他恨不能现在就出去实现自己"梦中"的愿望，施展他"无为"之志。

只是，他还将在铁窗里度过漫漫的长夜。何时是尽头？何时才能守得云开见日出？他望着窗外的一轮明月，在心里追问。

在薛永新被羁押的这段时间里，有一个人出现了，他就是莲花村收审所的所长杜国钦。

杜国钦，时年五十二岁，高大魁梧。他曾参加抗美援朝战争，立过战功。他从部队转到地方工作，办事认真，雷厉风行。

"严打"开展以来，莲花村收审所已经羁押几百人。杜所长要求所里的干警对这些人一一审查清楚，不能放掉一个坏人，也不能冤枉一个好人。有犯罪行为的，移交检察机关；有违法行为，但不够上刑事犯罪的，则视不同情况，予以处罚。如发现抓错了的，要及时纠正，予以释放。

这天下午，北风凛冽，天气异常寒冷。人站在坝子上都直哆嗦，更何况薛永新要站到两米多高的木架上拉大锯，得承受多么强烈的寒风！

只见他用冻得通红的双手握住大锯的木柄，另一个人则站在木架下面，两人配合一致，你推我拉，你拉我推，极富节奏感，不急不慢。在"吱——吱"的锯木声中，锋利的锯条寒光闪闪，一分一寸地"杀"进木头里。厚厚的木方转瞬间变成了一块块木板，锯末纷扬，像漫天飞舞的小雪。薛永新看上去就像一个武功高强的大侠，剑法游刃有余，得心应手，一剑劈下，完美地将"对手"大卸八块。

这是最古老的人工解木头，也是最累人的活计。正从坝子经过的杜所长，早已看呆了。他是外省人，从来没有看过这样解木头的方式。他发现站在高高木架上的那个脸圆圆的年轻人，一招一式，十分娴熟，显然是个内行。从年轻人专注的神情上，他看出绝非游手好闲之辈。

这小伙子到底犯了什么法？他寻思着。

解完了木头，薛永新从木架上跳下来，一只有力的大手在他肩上拍了一下。

他猛地一回头，见是一个五十岁左右的高大男人，面容威严而又和蔼。

"你这个小胖子，究竟犯了什么罪？"

"您是……"

旁边的人告诉他，这是杜所长。

原来是收审所的所长。薛永新听说所长是一位转业军人。他感觉到，杜所长与个别的审讯人员不同，很亲切，很值得信赖。

于是，他把事情发生的经过从头到尾告诉杜所长——他从潼南到成都为彭道爷申冤，半年前开办了一个木材加工厂，有合法手续。彭道爷的冤情在邓小平的关怀下得到昭雪后，他又把老人家接到身边照顾。彭道爷精通医术，经常义务为人治病。他自己也喜欢钻研道家医学，跟着彭道爷学医。可是，突然莫名其妙被说成搞"封建迷信"，还不明不白地被抓了进来。

杜所长听后，沉思了片刻，对他说："好好劳动吧。"说完，就走了。

虽然没有得到具体的答复，但一句"好好劳动"比那些审讯人员整天叫他"交代罪行"要令他多少有些安慰。

站在凛冽的寒风中，望着杜所长大步流星的背影，薛永新的心里感到一丝温暖。

杜所长回到办公室，立刻调来了薛永新的立案材料，认真地看起来。他发现了三个疑点：第一，说薛永新非法从潼南到成都办厂。现在政策完全允许农民进城务工，罪名不成立。第二，说薛永新"散布封建迷信"，没有言论，也无证据。他与一位道教人士在一起，并不能说明其在搞封建迷信活动。第三，说他搞反革命串联，也没有证据。

"抓错了人！"杜所长点燃了一支烟，眉头紧锁。

他拨通电话，请专案组的同志到他办公室来。专案组的同志很快赶到。他将案情疑点告诉他们，请他们重新审查薛永新的案子，尽快弄清问题。

然而，案子遇到阻力。

杜所长决定亲自奔走、调查。在调查中，他发现导致薛永新被抓的原因，在于某官员因薛永新没有行贿而迁怒，有意陷害薛永新，罗织莫须有罪名。而办案人员也收到"好处"，强行逼供，执法犯法。

真相大白。这位在朝鲜战场出生入死的军人震怒了。杜所长连夜向上级机关汇报。

一个月后，某官员落马，参与办案违法乱纪的几个审讯人员也被立案调查。

1983年岁末的一天，薛永新无罪释放。

一百二十天的屈辱，一百二十天的铁窗生活，终于结束了。薛永新相信，天地自有公道，人间自有正义。世界依然美好。善良、正直的人们，像杜国钦那样的人，依然很多。

薛永新走在大街上，深深呼吸了一下新鲜而自由的空气。虽然风还是那么冷，但他的心是温暖的。

尽管世界上还有邪恶的东西存在，但并不能阻挡他追求人生大道的理想。通过邪恶去发现和选择美好的东西，通过遭受的痛苦和磨难，去做出努力来达到人生崇高的境界，生命便具有深刻的意义。

正是在生活中经历了苦难的人，才获得了在某一方面特别的才华和品质，才增添了无穷的智慧和力量，才使心中希望之火燃烧得更加炽热，而历练出超乎常人的忍耐力和承受力，具备了一往无前的勇气，去追求使社会进步的事业。从这一个意义上说，苦难是人生的一笔巨大的精神财富。

很久很久以前的一个清晨，释迦牟尼在尼连禅河边的菩提树下悟道。而薛永新却是经历了人生最黑暗的一百二十天，在高墙铁窗下，悟出了生命的真谛和意义，找到了人生目标——以实业振兴中华传统文化，让老子思想走进民众。

现在，他恨不得马上把心中所思所悟告诉一个重要的人——李真果。

第六章

艰辛创业：愿众生幸福

你站在山下往上看，你的目标最多就是达到高峰；当你站在最高峰往远处眺望，你看待世界的眼光越远，你的目标就越大。

薛永新认为，老子的"无为"思想，是世界上的绝顶奇峰。站在"无为"高度，你的境界就越高，设立的目标就更远大。

什么是"无为"？薛永新认为，老子的"无为"，不是什么都不做，而是不妄为、不乱为，要顺应自然规律、社会规律、时代潮流。顺者昌盛，逆者灭亡。只做合于正道、合于人类利益的事。

经过一百二十天的磨难，一百二十天的思索，薛永新从老子的"无为"思想里，汲取到世界上最高深的智慧，确定了自己与企业的终生信念："愿众生幸福，社会吉祥。"也确定了人生的崇高目标："服务社会，造福人类。"

老子又说："夫物芸芸，各复归其根。归根曰静。"万物清静无为，才能回归根本。原本是什么，就安然于什么。就像是花就开，是鱼就游一样。唯有明白自身的根本之所在，弄清楚自身究竟能做什么，才能为企业行为找到"根"。

一位思想家说："如果你没有你想要的才能，就使用你本来就拥有的才能，专注于你做得到的，胜于做你做不到的。"

薛永新决定创办制药企业。

第一节　从头再来：为了更大的目标

薛永新回到了久违的木材加工厂。

细雨的天空夹杂着雪花，北风凛冽。眼前所见的景象让他不免心酸：昔日木锯声声的加工厂，木材堆成了山头，如今却一片衰败，杂草丛生；工人们全走光了，很多机器设备和一堆堆木材都不翼而飞，只剩下空荡荡的厂房和几台无法搬走的加工机械、一台破锯孤零零地在等他的主人。

他弯下身抚摸着已失去锋利、锈迹斑斑的锯子，就像一个末路的英雄哀痛着折断的长剑。当他抬起头时，脸上分不清是雨雪还是泪水。他心中哀痛的不只是垮掉的工厂，更有对真果祖师深深的哀思！

在他关在收审所的那段日子，李真果已驾鹤西去，葬在遂宁的一座山冈上。那天，漫天的大雪，白茫茫的大地，一片干净。天地降生了老人，最后以庄重的洗礼，送别了老人，还他一个清白无垢之身，让他安息在大自然洁白的怀中。

没有能够与真果祖师诀别，这是薛永新内心深处最大的遗憾。想到自己送真果祖师上青城山的那天，竟然成了永诀，自此阴阳相隔，再不见恩师音容！

回望真果祖师住的那间房屋，永远地关上了门。他的心一阵阵哀恸，泪水止不住地流了下来。

"永新，没问题，你安心地去。"临别那天，真果祖师对他说的最后一句话犹回响耳畔。当时，他并没有明白真果祖师的深意，现在想来，真果祖师是在告诉他，你会没有事，安心地做你想做的事。

他想起真果祖师曾经对自己说："你要在世界上办五个大药厂、五家大医院，为大众的健康服务。"

他抹去脸上的泪水，站起身，挺直了胸膛。我不能辜负真果祖师的教诲和期待，我要完成在牢房中立下的誓言，他想。

加工厂的牌子横倒在地上，被踩成两半，那上面"恩威"两个字依然十分清晰。他走过去，默默地拿起来，久久地端详。

他想起刚开办这个厂时，请真果祖师给工厂取个名，真果祖师说："天恩地威，就取'恩威'好了。不管你以后到哪里，离不开天恩地威。"

老子说："人法地，地法天，天法道，道法自然。"人以地为法则，地以天为法则，天以道为法则，道以它的自身本性为法则。只要按法则做事，对天地常怀感恩之心，敬畏之心，无为而无所不为，就没有任何力量可以阻挡企业的发展。

李真果为薛永新的工厂取名"恩威"，深含着老子的哲学思想，也暗示他日后会经历很多艰难曲折，但因为有"天恩地威"，终将战胜一切邪恶和挫折。

而当薛永新建立起制药王国以后，"恩威"的含义又加深了一层，那是后话。

我今后要办制药厂，名字还是叫"恩威"。他想。

可是，工厂被查封后，损失很大，只剩下几台加工木材的旧机械。没有资金，怎么办？他犯难了。

制药，是为了解除人们生理上的疾病和痛苦；弘扬中华传统文化，是为了社会和谐，解除人们心灵的烦恼与迷茫。除此，薛永新心中还编织了一个梦，追求着一个目标，这就是：以中医药为产业，利用现代科技手段将中草药制成先进的剂型，改变大碗药汤的服用习惯，帮助中医药更好地走向世界。

制药，需要庞大的资金。但是，资金从何而来？他一筹莫展。

当他沮丧地走出厂门，一只有力的大手从背后拍在了他的肩上。

他回过头一看，是杜所长。

"留得青山在，不怕没柴烧。从头再干嘛。"杜所长给他打气道。

是啊，重头再干。薛永新想，现在没有资金，要办药厂极不现实。自己要走医药之路，要弘扬传统文化，就必须要有经济实力。没有经济实力，一切理想和愿景都是空中楼阁。他决心继续办加工厂。有了雄厚的资金后，再办药厂。

杜所长的一句话，让他振作起来。

他谢过杜所长后，大步走了。雨停了，飞舞的雪花，落满了他的肩头。他迎着风雪，坚定地朝前走去。

薛永新又从木工本行做起。

他在双流县城边租了一家厂房，将原来的加工厂剩下的几台加工木材的机械搬了进去。与此同时，还与双流团结乡塔桥村签订了合作开办木材厂的协议，并经双流公证处公证，将木材厂进行承包。

这一天，在一阵鞭炮声中，"恩威木材加工厂"的牌子挂了起来。一切又重新开始。薛永新感慨万端。这像一趟列车绕了多少路，又回到原来的站点，再重新出发。但是，这一次出发意义已经完全不同。

恩威木材加工厂正式营业。

然而，要让厂子迅速运转，产生经济效益，首先要揽到大量的业务。这一点，薛永新早已胸有成竹。

他得到了红军院的老首长和他们子女的理解与支持，他们热情地给他介绍了许多木材加工业务。

这样一来，业务源源不断，工人们又忙开了。满天的木屑刨花飞舞，木锯声此起彼伏。木材加工厂重现繁忙而红火的景象，甚至超过了以前。

薛永新天生是经商的奇才，他对市场的感受是敏锐的。

他发现自改革开放以来，市场从死寂变得富有活力。原来对木材的需求量很小，现在突然激增起来，供不应求。他看准了经营木材必定大有收获。

他立即动身到理县。理县在群山逶迤的阿坝州境内，许多木材从这里运往全国各地，而理县又是他曾经流浪打工的往返之地。他通过当地的熟人，联系了一批木材。

对方要求先预付五万元木材款，余下的货款，可以收到木材后再付清。这已经是非常优惠的条件。但是，他手里没有那么多流动资金。怎么办?

他又马不停蹄赶回双流。

在 1984 年,五万元,数目不小。为了尽快筹措到这笔资金,薛永新找到双流工商银行,说了很多好话,银行才答应贷款给他,但要求他春节前归还。

这意味着,他必须在两个月之内完成木材交易。如果木材卖不出去,就无法把贷款还给银行,加工厂不但要破产,而且自己将债台高筑。

两个月,这是一个时间差。风险与机遇同时存在,这是一次博弈。在走向成功的途中,要做大事的人,毫无例外,都是敢于冒险的人。不愿冒险的人肯定一事无成。薛永新不愿放掉任何一个时机。

事不宜迟,薛永新很快找到了买主。买主是江苏人,自称是江苏常州某公司,正急需一大批木材。

"薛厂长,您放心,货到立即付款。我们公司的信誉有口皆碑。"江苏商人信誓旦旦地保证。

薛永新当机立断,与买主签了合同,然后通知理县方面运木材。与此同时,他联系火车皮,等理县的木材从山里运出来后,立即装运。

不到二十天,几车皮木材就运到了江苏。可是,对方收了木材后,竟然找各种借口拖延付款。薛永新倒吸了一口冷气,只得发电报催款。然而,买主似乎突然人间蒸发。薛永新又打电话到公司,可合同上所谓的公司并不存在。

买主是个骗子!这是薛永新闯荡江湖以来,第一次上当受骗,而且还被骗得这么惨。险恶的江湖给了他当头一棒。

两个月的期限快到了,银行不断催着还款,理县也催着要他付清尾款,可他却拿不出钱。薛永新如坐针毡,陷入了绝境。

正当他进退维谷之际,杜国钦来看他。

当时杜国钦已从收审所长岗位下来,退居二线。这一年他才五十三岁。薛永新一直对杜国钦心怀感激,如果不是他为自己翻了案,如今也许还关在铁窗里,不知何时才有出头之日。

薛永新敬重杜国钦的人品和胆识，杜国钦也欣赏薛永新善良的品格，智慧的头脑，过人的才能。虽然赋闲在家，但他很关心薛永新的工厂。

"永新，我能帮你什么？你尽管说。"杜国钦直爽地问。

"这……"薛永新有些犹豫，杜所长帮了自己很大的忙，不好意思再麻烦他。

"哎，只要我能帮上忙，比什么都高兴。你就说吧，要我做什么？"

"杜所长！"

"别叫我杜所长，我已退下来了。就叫我'杜老头'吧。""杜老头"是所里的人私下对他亲昵的称呼，尽管他并不老。

"我想请您到江苏去，协助我收回木材款，您看如何？"

"好，就这么定了。"杜老头爽快地答应下来。

第二天，杜老头乘飞机先到了江苏常州。

经过千方百计打听，他终于找到了那个"骗子"江苏商人。从江苏商人那里，他了解到真正的买主是东台某公司。只要找到这家公司，就有可能追回这笔款子。这个线索无疑给他带来了希望，职业的敏感告诉他，有办法了。

薛永新接到杜老头的电话，立即飞到常州。第二天一早，他和杜老头就出发到东台收款。当时正值寒冬腊月，寒气袭人。从常州到东台有六七十里路，没有客车，二人只好步行。

半路上下起了鹅毛大雪，雪花漫天飞舞，北风萧萧。他们人生地不熟，边走边问，艰难地走在陌生的路途上。

直到傍晚，又冷又饿的他们终于到达东台。

事情出乎意料地顺利。东台某公司的负责人见两人冒着风雪，从大老远赶来追款，心里感到歉疚。薛永新拿出合同以及那个江苏商人与东台公司签订的协议。

"伪造合同是诈骗行为，是要负法律责任的！"杜老头趁机给那位负责人上起了法律课。

那位负责人怕他们起诉公司诈骗，从良心上也感到不安，只好付清了木材款。

追回了货款，薛永新大松了一口气。他当即从常州给双流工商银行汇去了应还的贷款和利息。这场危机终于化解。

春节过后，薛永新判断木材将会更加走俏。于是，正月初五，他便赶到云南丽江。这里的木材比四川更便宜。他果断地订下了一万方木材。虽然木材订了下来，但要交付给当地林业局签章费一万元，预付木材款五六万元。

怎么办？他没有足够的流动资金。虽然上次木材生意赚了一笔钱，但除去付给工人的工资以及添置木材加工设备后，所剩无几。薛永新再次遇到了资金缺口。但是，他不愿放弃这一个机会。困难越大，对他越具有挑战性。

他回到成都双流，向双流工商银行贷款。因为建立了信誉，双流工商银行很快贷了一万元给他。

办好手续后，他与杜老头几乎马不停蹄地一起又到了云南。

交了签章费后，他俩便身无分文了。当时，要拿到林业局的签章证很不容易，有些投机的商人便趁此做起买卖签章证的生意。如果薛永新把签章证卖给别人，可以从中赚到一大笔钱。但他不愿做投机生意，投机只能获得眼前利益，却永远做不大。

接下来，他必须想办法筹措到木材的预付款。

或许他命中总有贵人相助。他在云南结识了一个木材商万老板。万老板是四川荣经人，为人爽直、仗义。因为是老乡，又见薛永新有困难，爽快地同意借八百方木材给薛永新，销售后还他。

"你不担心我拿了你的木材不还吗？"薛永新问。天底下还有跟自己一样容易相信别人的商人？

"哈哈。"万老板大笑起来，"老弟，我看人从来没走眼。我信你！"

这份信任让薛永新感到温暖。

一个问题解决了，另一个问题又摆在了眼前。

有了木材，可没有地方储放。再则，必须想办法通过火车运输出去。

只有迅速把它消化掉，才可以转成资金，再把云南丽江的木材拉回来。

薛永新想到了西昌铁路局的一个朋友。于是，他与杜老头又坐火车赶到西昌。

事情进展很顺利。在朋友的帮助下，他与西昌铁路局签订了合同，由铁路局负责储放和运输木材，薛永新则负责采购和销售。

他把万老板的木材销到永川，八百方木材在几天内销售一空。收款后，他再把云南丽江的木材运出来，按照约定，如数还给万老板，并付给一笔费用。万老板见薛永新很守信用，便愿意与他保持长久的合作。

通过这件事，薛永新感到这是一条可行的路子，以后他就采用这个办法：先借木材来卖，销售后，再从云南搞木材来还。这样资金周转快，又无销售后顾之忧，用一万元可以做两三万元的生意。薛永新第一次领悟到了营销中的学问。

他与木材商做生意，凭借的是诚信。他认为这是商道，是经商的法则，也是老子所讲的大道。大道无形无相无始无极，却可以通过天道、地道、人道、政道、商道、一切道等不同的途径去运用。只要坚守"道"的法则，做任何事都会获得成功。企业"无德"，就是"无道"。所以，诚信是企业立身之本。

孟子说："君子不亮，恶乎执？"君子不讲信用，怎么能够有操守？薛永新不仅把诚信作为企业生存与发展之道，也作为自己做人、做事的根本。

由于他言出必行，因而得到同业中人的尊重。

薛永新不仅与木材商建立了信誉，而且与西昌铁路局也合作得非常愉快。铁路局为他大开绿灯，不仅提供储运场地，而且不收储运费。只要能安排车皮，就尽可能地先让他装运木材。1984 年，薛永新通过铁路运送了整整一百车皮的木材，销售额达几十万元，盈利四万多元。

在改革开放的初期，"万元户"如凤毛麟角，而薛永新便是这为数不多的一片凤毛，一只麟角。

"万元户"带给当时中国的启示，已经远远超过了"少数人先富"的含意，而是意味着改革开放的大潮不可阻挡地到来了。薛永新与当时的企业家们便是这股大潮中的弄潮儿，将掀起千层骇浪，激起万顷惊涛。

如果薛永新继续将木材生意上做下去，也许，离他的目标不远了。但一切是不是都会按计划进行呢？

第二节　森林警示：知可为而为

知止不殆，可以长久。

——《老子·第四十四章》

两千多年前的老子深谙此理，一个人最重要的是要知道什么时候可以开始，什么时候应该停止，什么是必须停止不能踏入的禁区。这才是长久之道。

学会选择，懂得放弃。成功者的秘诀是随时检视自己的选择是否偏差，合理地调整目标，放弃不利的甚至有害的执着，朝着正确的方向全力以赴，从而成就一番大事业。

选择放弃是一种智慧，更是一种境界。

1985 年，恩威木材加工厂运转得非常好，业务源源不断，整车整车的木材从云南、贵州、四川、西藏……不断地运往目的地，在短短的时间里，创下了可观的销售奇迹。一切都在薛永新的计划中。

如果在此基础上扩张"版图"，乘胜追击，一个木材加工王国的建立，指日可待。然而，正当事业如一列火车呼啸奔驰之际，薛永新却及时刹车了。

薛永新是清醒的。他没有被目前发展得这么快的事业而冲昏头脑，也没有被巨大的利润所诱惑，相反，他越来越冷静。

他注意到经营木材的公司和个人越来越多，醒悟过来的商人们突然意识到木材市场是一个香馍馍，于是纷纷转行，蜂拥而来，争着、抢着经营木材。

薛永新并不怕被别人挤掉、吃掉，因为他早已抢在别人前面，占据了绝佳位置。"会当凌绝顶，一览众山小。"一个站在最高峰的人，还有什么可惧怕呢？

从另一个角度来说，他认为，竞争说明市场保持着旺盛的活力。优胜劣汰，是市场的法则。"沉舟侧畔千帆过，病树前头万木春。"有的企业在激烈的市场竞争中被淘汰，但仍有很多企业"直挂云帆济沧海"，形成竞争的活力。

"狭路相逢勇者胜。"薛永新不是在竞争中退缩的人，但是，他喜欢"处低"，把自己放在低位。老子认为，江海所以能成为百川归往之地，因为它处于低下的地位，所以才能成为百谷之王。

"经营得好好的，你为什么突然要放弃？"杜老头吃惊地问。

黄昏，云南丽江的玉龙雪山下，薛永新与杜老头坐在草地上谈话。夕阳的余晖映照着面前清澈的湖水。在他们身后是一个林区，工人们正在砍伐林木。

薛永新微笑道："老子有一句话：上善若水，水善利万物而不争。"

"这，什么意思啊？这跟你做木材加工有啥关系？"杜老头费解地问。

薛永新不急不慢地说："老子的意思是，水具有滋养万物生命的德行，却又什么都不争，也不居功。"

杜老头猛地拍了一下脑袋，打断他："我明白了，你的意思是，你不跟他们争。可那些木材商根本不是你的竞争对手呀。"

"杜老，你还是没有明白。"薛永新笑了笑，又说，"我不是怕竞争。你看，水总是自甘处于低下的位置，'处众人之所恶'，大家都不愿像水一样往低处流，所谓'水往低处流，人往高处走'。老子却认为，水的品格恰恰是'几于道'。"

"啥是'几于道'？"杜老头听得云里雾里。

"我理解，老子认为水的这些品格几乎就是'道'，但它本身不是道，然而它是道的表现，传达道所包含的精神和法则。'圣人之道，为而不争。以其不争，故天下莫能与之争。'"

"你的意思是，像水一样利益万物而又与世无争?"杜老头琢磨道。

薛永新微笑地点点头。

"我还是不懂。做木材加工是正当生意，这些木材可以做门窗、打家具等，利可多了，不是一样利益万物吗?"杜老头大惑不解。

薛永新摇摇头，说:"这不是长久之利，是有害的。"

"有害?"

薛永新站起身，指着身后的伐木场问他:"你看到什么了?"

"伐木呀。工人在伐木。"

薛永新望着远处的森林，神情变得凝重。

"我看到森林在流血。"

"什么? 流血?"

杜老头朝林区望去。工人们正挥着斧子，一棵棵参天大树噼啪折断，轰然倒下。再往远处看，一大片红松、杉木被砍光了，呈现的是一片光秃秃的坡地。

"每次看到人们大肆伐木，大树砍掉，小树也不放过，我的心就感到痛。虽然森林是可以再生的，但是，过度的采伐，会使森林资源日益枯竭，将影响到人类赖以生存的环境。"薛永新沉重地说。

几个月前，他来到林区，看到的是海洋般浩瀚而碧绿的森林。半年后，当他再次来到这里，所见面目全非，触目惊心，到处是横倒在地上、还没有到砍伐年龄的树木。曾经一座座植被茂密的山冈，如今裸露出嶙峋的岩石，可怜地晾晒在那里。他听到了森林在呻吟，在流泪，在淌血。这使他感到不安。

他想起真果祖师说的话:"地球和人一样，也是有血有肉的生命体。天然气好比地球的气，石油是地球的血液，钻石、黄金等各种宝物是地球的五脏，森林是地球的发肤。如果人类不自觉地保护地球，大肆地砍伐森林、破坏山川，总有一天大自然会报复人类的。"

虽然真果祖师已经仙逝，但似乎还在身旁时时敲醒他。他的心情更加沉重，感到自己有一份责任。

"这种毁灭性的采伐，是对大自然的扼杀，必将破坏人与自然的和谐。人类的生态环境日益恶化，生存空间越来越小，大自然的报复也就越来越重。"

听他这么一讲，杜国钦也觉得是个理儿。

"木材加工这行需要大量地砍伐森林，对生态环境是一种破坏。这有违道家思想，不是我的人生目标。"薛永新说。

"我懂了。你做得对！"杜国钦握住他的手，说，"今后你无论做什么，我都支持你！"

两双男人的大手紧紧地握在一起，包含着信任、理解和兄弟般的情谊。

薛永新果断地停止了向云南丽江订购木材。

回到成都，他不再承接木材加工业务。木材加工厂到此终结了它的使命。

老子在《道德经》中说："大直若屈，大巧若拙。"做大事的人常常不容易被人认识，甚至对他做事的方法和行为，感到不可思议，让人感觉很傻很笨，很不开窍。但是，人们忽略了重要的一点，凡成功者往往不按常规出牌。真正的大智慧，是懂得放弃。

许多人都对薛永新突然停办木材厂无法理解。

"你傻呀，这么赚钱却要放弃，好多人都眼红呢！"朋友为他感到惋惜。

"加工厂做得好好的，突然把它关了，你这是为啥呀？"有人感到不可思议。

薛永新却心中坦然。放弃盲目扩张的欲望，放弃有害的事，这是他最正确的选择。要想到达更高更远的目标，就得放弃眼前的利益。

事实证明，薛永新做出的决定完全正确。不久，国家颁布了《森林法》，对木材经营和管理有了新的严格规定，旨在保护森林，禁止乱砍滥伐。

不搞木材加工，又做什么？办药厂，还不到成熟的时机。但究竟搞什么产品呢？薛永新冥思苦想。

到市场中去寻找。薛永新开始了三个月的市场调研。

这三个月来，他什么事都没做，每天跑商场，东瞧瞧，西看看，像一个无所事事、闲逛溜达的人。然而，这个城市"闲人"，却是"有心人"。

他发现，从1984年开始，中国改革的重点已从农村转入城市，现在是1986年。短短两年时间，城市发展变化很快，人民生活水平不断改善，最明显的变化反映在人们的穿着上。以前大家都穿的是灰布、蓝卡叽布制服，或者绿军服，大街上灰蒙蒙一片。偶尔，有两三个穿着笔挺的毛料衣裤的人经过，总会引来人们羡慕的目光。而现在穿毛料衣物的人多了起来，而且颜色也很鲜艳。

这一天，他在外地某大城市偶然从一家洗衣店经过，发现那家洗衣店生意特别好，很多人拿着衣物去洗。

他好奇地凑上去，看到人们手上拿的是毛料衣物。店里衣架上也挂满了干洗后的各式毛料衣物。

"老板，这件衣服干洗多少钱？"一位妇女拿着手上的毛呢大衣，问道。

老板接过衣服看了看，说："八元。"

"八元？这么贵？"妇女吃惊地张大了嘴巴。

"都这个价。上装五元到八元。你这是大衣，要贵一点。下装便宜，三元到五元。"

妇女不情愿地付了钱，嘟囔着对旁边的人说："要是我能洗，才不拿到干洗店呢。每次一洗就是八元，多贵。"

"是啊，买得起，洗不起。"旁边的妇女无奈地说。

薛永新离开洗衣店，一路慢慢地走着，洗衣店旁两个妇女的对话在他耳边回响。

毛呢和皮革服装一旦沾上油渍污迹就洗不掉，必须送去干洗。如果有一种一擦就净的干洗剂，不就解决了人们的烦恼吗？他突发奇想。

对啊，我就开发这个产品！办一个化工厂，生产家用干洗剂、餐具洗洁精、除锈剂等产品，家家户户都需用。既给人们的生活带来便利，市场的潜力也很大，而且成本低。他为自己的这个想法兴奋起来。

然而，他对化工领域完全是陌生的。正因为陌生，他才想去挑战它。他要做不寻常的事，做别人没有做过的又利于人们的事。

从何处着手呢？他想起了邓小平在 1985 年的一次谈话中，提出了"进一步解决科技和经济结合的问题"。喜欢阅读报刊的他，从中捕捉到走科技实业之路的信息。

对，找科研所合作！他猛然想到。有科学技术支撑，所有难题都会迎刃而解。阳光从窗外射进宾馆的房间，他似乎看到了科技的曙光正照进现实。

他迅速返回成都。

这天上午，他来到中科院成都分院。该院是中国西南最大的科技城，有雄厚的科技力量。

他向该院有机化学研究所程副所长说明来意。程副所长听了他的设想后，感觉到这个来自乡镇企业、三十多岁的青年人思想大胆，富于创新，不由得连连赞叹。

时值各科研院所正在学习邓小平关于"改革科技体制"的讲话，"把科技的发展纳入为国民经济服务的轨道"。中科院成都分院有机化学研究所也正在寻找科技为国民经济服务的切入点。

程副所长当即拍板，与薛永新合作，提供干洗剂制造技术。

薛永新没想到会这么顺利。他从该所选中了一种干洗剂，花四千元买下此项技术专利。

薛永新有一个很大的特点，一旦认准的事，毫不犹豫，立刻付诸行动，讲求效率。这是一个成就大事者必具的素质，也是成功的秘诀。

他马上建厂房，招工人，买了一口生产化学制剂的大锅炉。他一边安装设备，一边试制干洗剂。可是，试验并不理想。产品成本高且又洗不净浅色衣料的污渍。

问题究竟出在哪里？他百思不得其解。

于是，他查阅大量的有机化学资料，又买来仪器。一边学习，一边试验。失败了，又重来。功夫不负有心人，经过上百次试验，终于试制成了一种价格低廉、去污能力强、特别适宜洗毛料衣物的干洗剂，而成本只是原来工艺的六分之一。

成功了！他长吁了一口气。

但是，他并没有沉湎在成功的喜悦中，他立即将此项技术进行了注册登记，获得了"恩威牌"干洗剂商标。

就在这时，国家开始整顿木材市场。双流县林业局、工商局将薛永新的木材加工厂的经营资格取消。这是1986年2月。

虽然薛永新已停止经营木材，但因为他在双流白家火车站租的场地堆放了一千三百多立方的木材未出售，便没有关闭工厂。工商局限定他在5月1日前处理完全部木材。按规定，他符合继续经营加工木材的条件，但因为他是外乡人，他们把团结乡唯一——张经营木材资格证发给了没有经营木材经验的乡政府某工业公司经营部。

由于时间仓促，这一次处理木材，薛永新亏损了八万多元。人为的干扰，使他的企业又蒙受了较大的经济损失。

"祸兮福所倚。"有时意料不到的巨大损失，反而促成了另一件事的成功。

薛永新抓紧时间申报双流县实验化工厂。八户人联办，符合当年中央的5号文件"三户以上联办视为集体企业"的规定。

通过乡政府、县乡镇企业局、县计委批准，双流县实验化工厂于1986年3月22日正式注册登记，拿到营业执照。

双流县实验化工厂正式成立了。

薛永新决定把"恩威牌"家用干洗剂首先投放到成都市场。他在成都人民商场、百货大楼租了柜台。当时很多人不知道干洗剂是干什么的，有什么用途，又得知他们是乡镇企业，脸上露出鄙夷的神色，不屑一顾。

薛永新并不介意，亲自拎一个熨斗，拿一张湿毛巾，现场演示，免费为消费者干洗衣物。

起初，一位男顾客不以为然，觉得是吹的，不相信干洗剂有这么神奇的功效。薛永新建议他脱下毛呢外套，为他把外套上的油污去掉。

男顾客怀疑地看了他一眼，拒绝了。

"我保证一擦就干净。如果去不掉污渍，我赔你一件。"薛永新说。

男顾客半信半疑，把外套脱给他。

只见薛永新将干洗剂挤出一点，涂在衣服的油污处，然后用湿毛巾轻轻一擦，污渍没有了。

"哇，真的干净了!"男顾客身旁的年轻妻子惊呼起来。

"一元一瓶，'恩威牌'家用干洗剂，一擦就净。免费试用!"弟弟薛永江则在旁边高声叫卖。他也跟着哥哥干，十分卖力。

这时，许多人好奇地围拢过来，争先恐后地拿自己的衣服给薛永新干洗。

大家亲眼看、亲手做，都认为很方便，且价格低廉，于是，纷纷掏钱买干洗剂。一时间，柜台前热闹起来，人们排起了长队。薛永江数钱数得手软。看到辛勤的劳动得到很好的回报，年轻的他心里别提多高兴。他更加佩服哥哥的眼光。

一个大男人干起了为别人干洗衣物的事，薛永新并没有觉得难为情。他干得很认真，使劲地擦、擦、擦。一件又一件衣物，小小的干洗剂，"擦"出了他的希望，擦出了成功的火花，擦出了他与弟弟共同期盼的未来。

初战告捷。为了让更多的消费者了解干洗剂的功用，薛永新又做了一件不寻常的事：在报纸上刊登广告。

当时，绝大多数的企业广告宣传意识并不强，还没有认识到媒介的作用。薛永新却以超前的眼光，看到广告的效应，走在了前头。

每天，登有"恩威牌"家用干洗剂的各类报纸广告铺天盖地，人们很快知道了市场上出现了一种方便、价廉的干洗剂，广告起到了良好的宣传效果。

薛永新立刻联系了九家大商场，共租下了二十多个柜台。这个看上去有些"土气"的乡镇企业老板，出手不凡，显示出他那超乎常人的大气魄。一气租下二十多个柜台卖同一种产品，在当时还没有先例，但这仅仅是薛永新小试牛刀。

国庆节期间，薛永新与弟弟薛永江以及销售人员搞促销活动，在各大商场义务免费干洗衣物三天。

这种新鲜的、富有创意的、有利消费者的促销活动，收到了意料不到的效果。场面火爆，令人振奋。在春熙路的一个商场门口，消费者蜂拥而至，纷纷挤到他们设的销售柜购买干洗剂。最初大家有序地排着长队，后来人越来越多，有人干脆抢到前面去，秩序一下被打乱了，更有甚者从人群头顶翻过去抢购，场面的火爆程度让人惊叹。

薛永新并没有因"胜利"而沉醉，他又将目光投向了干洗店。他安排销售人员走出柜台，不要坐等用户，主动出击。

"你们一部分人到街上去转。大街小巷满街走，看见哪里新开了干洗店，就上门去推销。"

这一招果然见效。成都市的大大小小包括新开的干洗店都接受了这种"一擦就净"且价格低廉的干洗剂产品。这种主动推销方式，比"被动式"柜台销售又进了一步，是日后恩威"动态营销"的雏形，也是薛永新从市场中摸索出的企业营销经验和策略。

销量比预期的还要好。薛永新白天上柜台卖货，晚上回厂调制干洗剂，然后与工人们一道装瓶。第二天早上再分别送往各大商场和干洗店。深秋的夜已渐有寒意，但薛永新却并不感到寒冷，他的心头注满了希望的暖意。

从当年的6月上市到年底，不到半年时间，"恩威牌"家用干洗剂就占领了整个成都市场，盈利四十余万元。1987年，"恩威牌"家用干洗剂被成都市人民政府授予"成都市优秀新产品"称号。

科技办厂的路子走对了。

薛永新以天才敏锐的眼光，及时地抓住了机遇，在市场中占得先机。

1986 年 8 月，薛永新将真果祖师传给自己的道医秘方，经过多次研究、配伍，制成了纯中药的妇女卫生洗涤剂，取名"性官浴珠"。它不仅能清洁妇女皮肤，还对各种阴道炎、外阴与皮肤瘙痒症有消炎作用，止痒效果快。他迅速把它申报成日化产品投放市场。

"性官浴珠"，即恩威著名的品牌"洁尔阴"的前身。

令他没有想到的是，"性官浴珠"一经面市，消费者反映效果很好，购买者众多，不亚于干洗剂。

当时市面上尚未出现这种具有清洁妇女外阴卫生功能的洗液，而且是用纯天然中草药制成，这在全国是最早开发，开了先河。这是薛永新试水制药业迈出的第一步。

接着，他又相继研制出黄精洗发液、沐浴液、脚气霜、护肤霜等中药日化产品，消费者反映同样很好。

看似偶然，仿佛无心插柳，但其间却蕴含着一种必然。

薛永新停止了不利于人类生存环境的木材经营，转向服务大众的新产品开发。

放弃有害的，是为了选择更有利的事业。知道什么是应该做的，什么是不该做的，不能做的，"知可为而为"，这是一种睿智，也体现了薛永新非一般人所能及的人生境界和高度。

第三节　开发"神药"：找到最正确的方向

上善若水，水善利万物而不争。

——《老子·第八章》

在老子看来，最高之善莫过于水。水具有滋养万物生命的德行，而与万物毫无利害冲突。水之道，是一种长存之道、长流不息之道。

薛永新从中悟出，如果企业像水一样，给社会、给人类带去实在的利益，并不断被需求，企业就有了立足之地。

1986年秋天的一个晚上，他找到了最正确的方向。

佛学认为，诸行无常。每一秒钟，世界在变化，生命在变化，人心也在变化。

市场无常，瞬息万变。市场现象包含在世界万象之中。大众的市场观念也是迁流不息，念念无常。现在人们都需要干洗剂，但随着生活水平的提高，或者市场的竞争，它可能不再是人们离不开的需求。

薛永新清醒地认识到，在干洗剂旺销时，他必须寻找新的目标、新的产品。认识市场，选准需求，一种立于不败之地的需求。

那么，市场要的究竟是什么？这是他思考的问题。

回到家里，他把自己关在房间苦苦地思索。夜很静，妻儿在隔壁的房间已安然入睡。他熄了灯，披衣走出屋子。

府河静静地流淌，月光洒在水面上，波光粼粼。

他出神地凝视着河水，不由得在心里默念老子的《道德经》："上善若水，水善利万物而不争。"

他突然想到，水的利益不在自己而在万物。万物都从水那里得到利益，因而万物都离不开水，万物都需要水，万物都不能没有水。这种"万物受益"与水的"利他"之间的相互关系，完全可以作为我们企业的借鉴呀！

利益社会和人类普遍需要的产品，就是市场所要的，如水与万物的关系。只要我们把大众所需要的东西送到大众的手里，并且被大众接纳，被大众承认正是他们所需要的东西，并且还将不断地需要时，我们的产品就站稳了脚跟。不管市场如何变化，竞争如何残酷，我们的产品永远是大众需要的。

水给他带来了启迪。可是，大众所需要的究竟是什么？

药！道家医药！那个埋藏在心中多年的强烈愿望又冒了出来。我不是要开发真果祖师传授的道家医药吗？我不是要立志弘扬道家文化、制药济世吗？我不是要打开中华医药宝库之门吗？

他编织了多年、孕育了多年的理想，此刻，梦已开花。

他仿佛看到了铺满梦想的花一路缤纷，那里湖面清澈，那里鸟语花香，那里雪白的明月照在大地。整个天上、地下，一片和气，一片宁静。世界和谐、社会安详，人们身心健康。

这就是自己要去走的路，追求的终极目标。他又想起了寓言中那个老农夫说的话："只要方向正确，这条路可以带你到世界上任何你想要去的地方。"

他意识到，现在他该向那个地方走去了。时机已经成熟。

开发什么药呢？从什么地方着手？首先要找到一个突破口。确定了方向后，薛永新又被另一个问题困扰。

他开始了市场调查，到医院、到药房走访，观察患者看什么病，买什么药。哪些药奇缺，哪些病症很难医治。他还询问了很多人。

"性病、皮肤病就很难治啊。"一位刚从国外回来的朋友对他说。

"国外都没有一种很有效的药吗？"他问。

朋友摇摇头，说："难。最王牌的西药都没法彻底解决。"

随着社会的逐步开放，性病、皮肤病已是一个世界性的常见病。泰国、缅甸、越南等国家的性病，开始向中国大陆蔓延。中国台湾地区、香港地区以及厦门、深圳、广州、海南等沿海省市的性病，也逐渐向内地侵袭。

朋友的话，提醒了薛永新。他想到自己曾经研制的"性官浴珠"妇女外用洗液，对皮肤病有很好的效果。如果在配方上加以改进，就可以形成一种治疗皮肤病的外用新药。

这个想法在脑海中闪现，令他感到兴奋。他决定再深入到市场中调查。

早在 20 世纪 80 年代他义务行医时，就知道男女生殖器官疾病一直困扰着人类，妇科炎症、男女性病等，成为影响妇女健康的隐形杀手。妇女一旦染上生殖器官疾病，难以治愈，终身痛苦。

他发现，许多妇女对于此病羞于启齿，致使病情加重，给工作、生活带来极大的影响。甚至，有的造成夫妻离异，家庭破裂。此病成为她们的"难言之隐"。

他还发现，医院对妇科炎症也束手无策，只是用西药治标。而且，西药只对部分已知的病菌有效，对病毒无可奈何。特别是不明原因的阴道炎、滴虫与霉菌混合感染的阴道炎，就很难治愈，易反复。不明原因的皮肤瘙痒、湿疹，是世界医学难题。目前，药房所售的针对治疗妇科疾病和各种皮肤病的外用剂，也是西药制剂，效果并不理想。

他想起真果祖师最擅长的就是治疗妇科杂症。当年真果道人用几味药治好了众多妇女的"难言之隐"，如白带、青带、黄带、黑带、赤带、血崩等疾病，收到了奇效。

能不能研制出一种治疗妇科炎症的中草药外用药？患者不用医生诊治买来就用？他想。

灵感从脑海中一刹那迸发出来，他为这个富有创意的念想激动起来。

可是，仅仅治疗妇科炎症似乎单一了点，倘若能够达到一药兼治其他，不是更好？此刻，灵感如泉喷涌而来。

薛永新决定研制一种外用中草药洗液。这种药液不仅可以治疗妇科炎症，还能治疗各种皮肤病如湿疹、疥疮、神经性皮炎、体癣、脚气以及淋病、非淋菌性尿道炎、尖锐湿疣等。总之，上述病症都可以"一洗了之"！

如果成功，它将会为全世界千千万万妇女，包括男性，解除生理上的疾病烦恼。这才是造福人类健康的事业！

找到了！我找到了目标！他恨不得把这个"惊天动地"的想法第一个告诉最亲爱的妻子。

披着一肩月色，薛永新兴奋地回了屋。

他走进卧室，看见妻子正在熟睡之中，不忍心惊扰她，便悄悄上了床。

"你有办法了?"妻子忽然睁开眼睛,轻声问道。

刘朝玉并没有入睡。她知道丈夫正为事业烦恼,可自己又不能帮上忙,心里暗暗自责,却又不愿把情绪流露出来,给丈夫添乱,只得假装熟睡。

看到丈夫踌躇满志的神情,她猜到了,自己的丈夫已找到了目标。

"嗯。"薛永新定定地点了点头。

"我就知道什么都难不倒你。"刘朝玉说。

她完全信赖自己的丈夫,相信他能够干出一番大事。没有什么力量可以阻止他前行。即使遇到障碍,他也会越过去。

这一份信任,带有一个女人对所爱的男人几乎虔诚的崇拜;这一份信任,包含一个聪明的妻子对丈夫深深的了解。

这一份信任,如寒冬里燃烧的炭火,给了薛永新温暖和无穷的力量,使他在事业路途上奔跑得更快、更远,也使他更深爱着自己的妻子。

这一段时间,薛永新静下心来,每天"泡"在家里,细细研究道家医药典籍和真果祖师留下来的药方。

他根据传统中医理论和道家医学,反复琢磨真果祖师口传身授的道家秘方,从中领悟到一个基本原理:人的一切疾病,包括性病,归根到底都是因为阴阳失调、气血不合而引起的。

中医经典《黄帝内经》便贯穿了道家哲学思想:"阴阳者,天地之道也,万物之纲纪,变化之父母,生杀之本始,神明之府也,治病必求其本。"

道家医学认为,天地万物与人都是由阴阳构成,并互为感应,互为相通,象天法地、天人一体,既是道家思想的基本观念,也是古代中医的指导思想,更是道教医家无时不遵循的祛病疗疾的法则。

跟随李真果学医三年的薛永新,深谙治本驱邪气之医理,决定从清湿热、解毒气、杀虫、止痒、滋养肌肤方面入手,进行配方。

可是,中国的中草药几千种,常用的也有数百种,用哪些药好呢?他又一头钻进了李时珍的医药宝典《本草纲目》里。

中医把治病喻为治理国家,君、臣、佐使,一服药方中,君为主,臣为辅,佐使做配合。

薛永新把自家的书房当成了药房，他俨然是金庸笔下的神医高手，琳琅缤纷的天下草药，在他手中尽归其位，使每一味药发挥最大的效力。他又像一个深谋远虑的三军统帅，帷幄之中周密部署，调配军队，选好主帅，配备良将辅佐。

经过许多个不眠之夜，他终于研究出新的配方，在真果祖师秘方的基础上，创新地增加了苦参、蛇床子、苍术三味主要草药。

刘朝玉看到丈夫配制的药方，念出了声："苦参、蛇床子、苍术……"她不解地转过脸问他："这三味是治啥病的？"

他笑答："李时珍《本草纲目》上说：苦参，苦、寒、无毒。主治小便沥沥不尽，除痈肿，治热毒风，皮肤瘙痒生疮。除大热，可以治风杀虫。"

"那苍术呢？"

"苍术除恶气，主治脾湿下流，浊沥带下，风寒湿痹。"

刘朝玉似懂非懂地点了点头。

"咦，蛇床子这名字真怪，蛇还有床啊？"她惊讶地说。

薛永新又笑了笑，道："蛇床是一种植物。'蛇床子'即蛇床的果实。功能温肾阳，祛寒湿，杀虫。"

"哦。"

"蛇床子主治妇女各种阴道炎、宫颈炎、淋病、尿道炎、尖锐湿疣，还有妇女外阴白色病变所引起的疼痛不适。还治男子阴囊湿痒、体癣、湿疹等皮肤病。既暖男人阳气，又助女人阴气。"薛永新给妻子解释。

"太好了。好多结了婚的妇女都有这种妇科病。我的一些朋友常常为这病烦恼呢，找不到有效的药，炎症还反复。这下可为她们解除痛苦了！"刘朝玉高兴地说。

她为丈夫感到骄傲。

药方出来了，只能算走了一步。薛永新没有沉醉在成功里。

他清醒地意识到，下一步是制药，要把药的有效成分提取出来，这才是关键。

制药的过程是浸泡、灭菌、过滤、配制。当时根本没有蒸馏、提取、高压等设备。没有熬药的专门设备，没有参照物，怎么办？

他突然想起已经废弃的制作干洗剂的搪瓷反应锅，灵机一动。如果将搪瓷反应锅进行技术改造，是不是就可以做制药的设备？

于是，他请来压力设备厂的技术人员，请他们将搪瓷反应锅改造成制药设备，将锅底部改为气动门，便于排放药渣，将上部加一个大的投放药材的漏斗。

一个月后，设备厂按照薛永新的要求将药罐送到了他的工厂。

试验证明，药罐很好用。技术人员在罐子的底部接管道，制作好的药液可以顺管道源源流出。这个简易而实用的药罐，可以装一吨药液。

这是薛永新的一个创新和发明。

中药提取罐的自主发明，其意义更在于，薛永新已开始朝现代化制药技术迈出了一大步。后来全国生产中成药的企业逐渐多了起来，市面上新出现的中药提取罐，竟与薛永新当年创新发明的药罐没有多少差异。北京、成都等地中医药大学的研究生还专程到恩威学习中药提取方法。

药液终于制成了。就像一个孩子经过母亲十月怀胎，呱呱坠地。

该给"孩子"取什么名字呢？总不能像做试验时那样称为"1号药""2号药"吧？薛永新绞尽脑汁。

自从跟真果祖师习道以来，他养成了每天打坐修行的习惯，好多难题都是他在打坐中解决的。老子说："致虚静，守静笃。"当人进入清静的至高境界，智慧便随之产生。

这天晚上，明月窗前，月光如水一般泻进屋里。他关了灯，点燃了一支降真香，盘腿打坐。他闭上了眼睛，天地一片静寂，万物虚空。

"万物负阴以抱阳，冲气以为和。"一个苍劲、悠远的声音从清玄的太空而来。

"洁尔阴！"一个名字在他的脑海中突然跳出。

按照道家阴阳五行学说，人体"阴阳之代谢，悉与天地相似"。当人体的阴阳被邪气冲撞，疾病便乘机而入。

风、寒、热、毒、湿，是自然界的五种元素，中医称为"五毒"。五毒过重，积蓄在五脏六腑，疾病产生。这五种毒素，与皮肤接触最直接。如皮肤不健康，毒素就会直接进入毛细孔，深入到血液，人体就会产生瘙痒，严重者痛苦不堪。

薛永新用这药名明确而含蓄地告诉人们："洁尔阴"就是清除人们身体内的邪气，让你的身体更清洁，抵御和抗击疾病的侵入。珍爱身体，善待生命。

他在研制的新药标签上庄重地写下了三个字：洁尔阴。

1986 年秋天，一个普通的夜晚，对薛永新来说，却具有并不寻常的意义。

因为，一个将影响世界的"神药"——"洁尔阴"诞生了。

或许，他还不知道，他将由此建立起一个"中国制造"的制药王国，也将由此掀起惊天动地的狂风巨澜。而他人生中的九九八十一难，也正是从这里开始。

"每个人都会使世界有所不同。"他正在使这个世界有所不同。

第四节　干洗剂下马：置之死地而后生

投之亡地然后存，陷之死地然后生。

——《孙子·九地》

置之死地然后生，是战争中的奇险战术。当战场上军队无法退却、陷入死地绝境，士兵就会奋勇而起，杀敌取胜。这种战术在商战中同样适用。当面临失败，毫无退路之时，反而促使你下定决心，"杀"出一条生路。

薛永新没有想到，给他带来巨大效益的"干洗剂"，却把他推入了绝境。

"洁尔阴"研制出来了。但是，一个新的难题又摆在了薛永新的面前。

干洗剂销量好，没有品牌可以竞争。但是，原料缺乏，只能靠进口。而进口原料的价格越来越高，开始是每吨四千元，后来卖到了每吨上万元。如此高昂的价格，对于一个初创阶段的工厂，是无法承受的。所以，必须解决原料问题。

1987年9月，为了解决原料问题，薛永新再次与中科院成都分院有机化学研究所合作，生产四氯乙烯。四氯乙烯主要用作有机溶剂、干洗剂和金属去脂剂，是一种化合物。有了四氯乙烯，干洗剂原料的难题便可迎刃而解。

程副所长和刘副院长都是富于开拓进取的领导。研究所虽然有雄厚的科技力量，却英雄无用武之地，科技与市场脱离。

基于第一次合作的成功，也基于当前科技体制改革形势的推动，当薛永新提出希望再次与研究所合作时，两位领导感觉到，与企业合作将是研究所在科技改革方面的一种新的尝试。他们当即表态：

"研究所愿意提供一切技术支持！"

薛永新被他们的真诚和热情感动了。双方很快达成了联合建立经济实体和生产四氯乙烯的协议。有机化学所负责技术，投入40万元，占总股份的45%，薛永新投资厂房和部分设备，以60多万元的资产入股，占总股份的55%。

1987年10月，经中国科学院成都分院有机化学研究所批准，双流县计划经济委员会批复，成都恩威化工公司正式成立。这标志着成都恩威化工公司作为全民与集体所有制联合的经济实体，已提前迈入了全国股份制企业的改革步伐中。这便是成都恩威集团的前身。

此次合作，无论成败，都超过了本身的价值，而具有改革前沿的深远意义。股份制，这个对于20世纪80年代的中国还很陌生的新名词，产生于18世纪的欧洲，19世纪后半期广泛流行于西方资本主义各国。到了20世纪90年代，我国才开始全面"引进"和推行"股份制"。

1992年之前，中国经济在摸索中前行，股份制改革还没有兴起。当人们还在争论姓"社"姓"资"的时候，薛永新已在寻找适合企业发展的创新之路，摸着石头过河了。他与那些80年代的改革先锋一道，率先登上了中国改革的历史舞台，充满激情地奔向一个目标——市场经济。

薛永新与成都科分院的合作，所采取的股份经济模式，便是一种投石问路。不管有路还是无路，一石总会激起千朵浪花。

接下来，薛永新在双流县租赁土地2.9亩，建办公楼与厂房。然后又马不停蹄地购买设备，安装机器。不到半年，新建厂房就投入了生产。

"薛总，管道又被腐蚀了！"技术人员向薛永新反映。

"有人发生皮肤过敏。"车间主任反映。

这问题引起薛永新的高度重视。原来四氯乙烯是一种腐蚀性很强的化工产品，不论钢板、铁管，与四氯乙烯接触后，不到几天就变得锈迹斑斑。

让薛永新始料未及的是，四氯乙烯竟像一只"吃铁的老虎"，不到一个星期，被它腐蚀的管道就开始漏气、漏液，释放出一股刺鼻的气味，在车间弥漫。有的工人不慎接触到四氯乙烯，皮肤出现了严重过敏现象。

薛永新一面叫工人停止生产，请技术人员来检修管道，一面用真果祖师传授的秘方亲自配药，给皮肤出现过敏现象的工人服用。工人吃了药后，皮肤红肿、奇痒的症状很快消失，薛永新总算松了口气。

由于四氯乙烯受高热分解产生很强的腐蚀性，管道腐蚀严重，无法修理，薛永新只得花几千元更换新的管道。然而，没过多久，管道又被腐蚀了。刺鼻的气味像毒气般四处蔓延，无法生产。

"怎么办？"维修技术人员问他。

"换！"薛永新果断决定。

"假如又腐蚀了，怎么办？"

"再换！"

不换，就没法生产。投入的资金，不但收不回成本，而且蒙受了巨大的亏损。换管道，就像一个无底洞，你投多少钱，它就吞掉多少。薛永新当然清楚这点。但是，开弓没有回头箭，他只能咬着牙，边换管道边生产。

更使人头痛的是，生产出的四氯乙烯始终达不到 99% 的纯度。研究所的科技人员反复实验，这道技术难关仍然无法攻克。

两年来，由于技术不成功，干洗剂的销路受到影响。投资不断增加，却没有产生利润。

屋漏偏遭连夜雨。薛永新开发的"性官浴珠"妇女卫生洗涤液，以及洗发、护肤类产品，也因为干洗剂问题而受到"连累"，销量直线下滑。

工厂陷入了经济危机。工人们忧心忡忡，有的担心领不到工资，有的准备另谋出路。

另一边，研究所的职工强烈反对与私企合作。在当时，凡是科研单位、国企职工大多有一种优越感，不屑与私企为伍，似乎与私人老板合作便降低了自己"尊贵"的身份。许多人还没有从旧有的观念中转变过来。

1989 年 4 月，研究所工会投票反对与私企合作。强大的压力下，研究所的领导开始动摇了，想抽走投资的四十万元，却又怕违反合同，不好开口。于是，他们暗示薛永新先提出下马，以便名正言顺地收回投资。

薛永新很郁闷，独自坐在公司办公室里发呆。春天的气候多变，狂风乍起，窗户噼啪作响，广告牌刮倒在地，包装盒被吹走，狂风似乎卷走了一切。

商场的风云又何尝不是如此？他心里慨叹。

他雄心勃勃地想"杀出一条血路"，却又遭遇"四面楚歌"！严峻的现实逼得他必须做出决断：四氯乙烯搞还是不搞？搞，只见投入，不见产出，必将泥足深陷。不搞，整整一百五十多万元投资付诸东流，而且研究所就会提出退款。怎么办？

无论搞还是不搞，都是一条死路。薛永新的事业又一次地受到挫折，他被逼到了绝境。

他早已不抽烟了，此刻，他又点燃了烟，一支接着一支。蓝色的烟雾里，他陷入了沉思。

孙子说："投之亡地然后存，陷之死地然后生。"他想起了项羽巨鹿之战的故事。

公元 207 年，项羽起义军与秦将章邯的秦军主力在巨鹿相逢，展开大战。项羽引兵渡漳水后，命令全军："皆沉船，破釜甑，烧庐舍，持三日粮，以示士卒必死，无一还心。"

力拔山兮气盖世的项羽，带领几万楚军破釜沉舟。没有退路的士兵奋勇拼杀，以一当十，以十当百。沙场上，烟尘弥漫，呼声动天地。巨鹿一战，大破秦军，项羽威震诸侯。

只有置之死地，才能辟出一条生路。他掐灭了烟头，毅然决定：下马。

让产品下马，意味着将承受巨大的损失。但不这样做，会"死"得更惨，也许连生路都没有了。

第二天，他主动找到程副所长和刘副院长，同意解除合同。

"你们一切损失由我负责。"

"薛总，我们……"程副所长一时不知说什么好。

"你们所里的投资我会按本付息，全部退还。另外，按你们投资总额15%的利润，补付 120 万元。"

"谢谢薛总的理解！"刘副院长感动地握住他的手。

照理，合作中止造成的损失应当双方承担，但他们没有想到，薛永新不仅承担全部损失，还从变卖设备款中拿出一部分补偿给对方，作为投资利润。

"从不让支持过我的人吃亏受累。天塌下来我自己承担。"虽然薛永新把自己"置之死地"，却赢得了对方的尊敬，也赢得了自己的尊严。

莎士比亚说："我不该懈怠自己的责任，忠诚于自己的使命，绝不找一些理由为自己开脱，考虑的永远是怎么才能把事情做得更好。"

承担、履行责任，是一个成大事者的秉性。在他们身上有一种无形的精神力量，使他们勇于承担一切。

薛永新是一个识大体的人。他认为，作为经营者，应有当舍则舍的将帅气魄。

第五节　十年磨剑：善因结善果

　　夫唯道，善始且善成。

——《老子·第四十一章》

　　智慧伟大的老子告诉我们，唯有合于大道，才能有好的开端，而最终成就一切。

　　《涅槃经》上说："若能远离一切恶业，则得善果；若远善业，则得恶果。"

　　每个人的内在都有一种向前的自我激励力量，它使我们的人生变得更崇高，推动我们去做应该做的事。

　　薛永新"以造福众生作为立业之本"。他认为，这是老子所说的"大道"，也是佛学智慧中所指的"善因"。

　　向善，是宇宙天地"第一因"。世上没有无根之树，法中没有无因之果；要求善果，先种善因。个人之立命，企业之立业，当作如是观。

　　恩威的立足点和它的成功之处在于：把"造福人类、服务社会"的善愿，当作"恩威一切的第一因"。

　　恩威的成功，证实了老子"道"的法则，放之四海而皆准。

　　"桃李春风一杯酒，江湖夜雨十年灯。"薛永新十年磨一剑。只是，这把"剑"是金庸《笑傲江湖》里的令狐冲手中天下无双的冲灵剑，还是一把寻常普通的剑？谁来评说和认定？

　　薛永新清楚，"洁尔阴"洗液虽然制成了，但还不能投放市场。药效如何，是否符合中国药典标准，要通过有关部门和专家进行药品检验和鉴定。尽管他曾经成功地将"性官浴珠"妇女卫生洗涤剂、洗发水、护肤霜等推入市场，但那些都属日化产品系列。"性官浴珠"妇女卫生洗涤剂最多只能是一个具有保健功能的"擦边球"。真正作为药品推向市场,"洁尔阴"还是第一次。

他完全没有经验,甚至不懂得药品通过检验有什么程序,该找什么部门鉴定,一时不知所措,只能一步步摸着石头过河了。

考虑到当时人们的观念还很保守,对于直指生殖器官疾病的"洁尔阴"药名可能一时"羞"于接受,薛永新将"洁尔阴"命名为"妇女卫生洗涤剂"。

事实上,"洁尔阴"是薛永新在"性官浴珠"妇女卫生洗涤剂的基础上改进的纯中草药配方,也就是说,既传承了李真果祖师的道家秘方,又创新地添加了几味中药,进行了"君药"和"臣药"的重新配伍。

这好比一次战役。为了打好这场决定生死的大仗,他让原有兵马不动,再从南北调集军队加入,重新布阵,以出奇制胜。

1986年9月的一天,成都告别了闷热的炎夏,天高云淡。秋风吹来,空气中一股清流婉转,令人神清气爽。

薛永新带着"妇女卫生洗涤剂"和相关书面材料,兴冲冲来到了四川省卫生厅。药监处的陈勇处长和宋民宪同志热情地接待了他。

"您有什么事吗?"陈处长请他坐下说。

他礼貌地出示了自己的名片。

陈处长接过名片看了看,神情中流露出一种欣喜,对他说:"您就是生产'性官浴珠'的薛老板?"

薛永新没有想到,陈处长竟然也知道他的产品,这让他喜出望外。

"前段时间,各大商场都有售这种中药制成的妇女卫生洗涤剂,消费者反映挺好嘛。我爱人买回来用过,赞不绝口呢。"陈勇笑道。

"好像后来销得不怎么好了,是吧?"旁边的宋民宪插话问道。

薛永新点了点头。

"可惜了。"陈勇惋惜地摇了摇头,又说,"薛老板,您怎么不把它转成药品推向市场呢?"

"我就是为这事来的。"薛永新把药品材料递给陈勇。

"哦，是吗?"陈勇接过材料，感兴趣地翻阅。

"陈处长，我了解到，目前世界上对皮肤病、性病和妇科炎症等常见病，还没有更有效、更便捷、无副作用的药物治疗它。我根据中药学原理和道家医学，在原来的'性官浴珠'妇女卫生洗涤剂的配方上，研制出一种纯中药的外用洗液。专门治疗妇女阴道炎、宫颈炎等各种妇科疾病，对皮肤病、性病也有很好的疗效，无毒无副作用，非常安全。"

"很好啊。中药外用复合制剂……如果真能够达到您所说的疗效，这不仅是对中医药的贡献，而且是对世界医学的重大贡献。"陈勇从材料书中抬起头道。

省卫生厅药监处领导的一番话，令薛永新顿时信心百倍。见惯了一些官员高高在上的官僚作风，来之前，他已做好了被拒之门外的准备。然而，让他意想不到的是，自己研制的药品非但没有遭到轻视，还得到高度评价。

"虽然药品研制出来了，但我没有经验，不知道该如何申报，所以特地来向你们请教和咨询。"薛永新诚恳地说。

陈处长告诉他要做哪些药效学、药理学研究和鉴定，仔细讲了审批药品的程序，并建议他找华西医大或者第三军医大做药理鉴定。

"谢谢。"薛永新起身告辞，充满感激地握住陈处长的手说。

"你决定在哪家做鉴定，届时我帮您联系。"宋民宪热情地说。

"好的。真的太感谢了!"

或许是一种天意，或许是一切太顺利，上天要给薛永新一些曲折和考验。说冥冥中的安排也好，鬼使神差也罢，总之，出于对解放军的敬意，他选择了第三军医大药理室做药理鉴定。

在宋民宪的帮助下，薛永新与第三军医大药理教研室的颂××、黎××见了面。

薛永新说明来意，希望在第三军医大进行"妇女卫生洗涤剂"的药品鉴定。

"好，我们可以做。"

当颂、黎两人看了"妇女卫生洗涤剂"相关材料后，尽管并没有对该药品表现出异乎寻常的重视，但还是表示愿意对其做药理与毒理试验。

事情出乎意料地顺利。1988年1月，薛永新与第三军医大药理教研室签订了委托做药理实验的合同，并按合同约定支付了试验费。

接着，薛永新依照第三军医大药理教研室的要求，提供了试验用的药品样本，以及药品的大部分配方、理化性质及其主要用途说明。

这些属于"绝密"的技术成果内容，"门外人"或许不知道它的重要性，但在医药领域，即使普通的技术人员一旦掌握了该药品的配方和技术内容，都能够制造出与它相同的药品。

"万一有人把您的技术成果窃取了，仿造出同类药品，该怎么办？"朋友提醒薛永新。

"我相信军医教授是有道德诚信和良知的，更何况有我国《技术合同法》对技术成果的保护，谁还敢做违法之事？"薛永新说。

基于对第三军医大的信赖，也基于对颂、黎两位军医教授的信任，薛永新毫不犹豫地将"妇女卫生洗涤剂"的大部分技术内容提供给了他们。但是，他万万没有想到，自己的"信任"，却为日后埋下了一枚"隐形炸弹。"

颂、黎二人开始对"妇女卫生洗涤剂"进行药效的检测。他们先后反复做了抑菌试验、急性毒性试验、皮肤和黏膜试验、过敏试验等，又从药学、药理学和毒理学方面，测定它的纯度、有效成分含量和安全性。作为经验丰富的军医教授，他们在检测和实验上是尽职而严格的。

同年10月5日，第三军医大药理教研室按委托约定，完成了"妇女卫生洗涤剂"的药理毒理实验检测，并出具了报告。

报告结论如下：供试药物，妇女卫生洗涤剂由成都恩威化工公司提供。药效、毒理性能优良，对霉菌、滴虫均有很强的拟杀作用，无毒性，无刺激性。

"妇女卫生洗涤剂"成功"转身"，正式成为一种药剂。

拿到鉴定报告后，薛永新又为"妇女卫生洗涤剂"的药名困扰。

根据 1987 年恩威在全国百货商场销售的信息反馈表明：该产品名称太长，消费者不易记忆。而现在这种改进后的配方，并不局限于妇科炎症的治疗，它还适用于治疗皮肤病、性病等。

怎样才能让消费者知道它、认识它呢？如果沿用原名，不仅难以记忆，而且让消费者停留在原来的认知上。必须抛弃原用名。

"洁尔阴"这个曾在薛永新的脑海中跳动的名字，又闪现出来了。

按照道家的阴阳五行学说，邪气代表阴，在中医上指人的疾病。当人体阴阳调和、气血流通，便可抵御外界"邪气"侵人；当天人合一，人与自然便会和谐相处，共荣共生。"洁尔阴"就是清洁人们身体内的邪气的意思。

这名字符合道家阴阳五行学说，也符合中医理论，还具有东方的哲学智慧。响亮、易记，目的明确。

"没必要'犹抱琵琶半遮面'，就叫'洁尔阴'！"在公司高层会上，薛永新说。

他果断决定，将"妇女卫生洗涤剂"更名为"洁尔阴"。

数天后，他与同伴再次来到第三军医大。

见到颂教授和黎研究员，薛永新向他们说明了将"妇女卫生洗涤剂"更名为"洁尔阴"的意图。

他完全没有想到，颂、黎二人竟提出了一个苛刻条件，要求把他们二人列为此项成果的研制者。

薛永新感到非常震惊。

这明明是我的研究成果，为什么要加上他们的名字？"更名"是研制者的权利，为什么他们要提出如此严重违背事实和常理的要求？他感到匪夷所思。

也许看出了薛永新脸上惊愕的表情，颂尴尬地"嘿嘿"笑了笑，道：

"薛总，您不要误会。说实话，根据我们对该药的检测，我们认为，这种纯中药外用制剂，今后会大有前途，肯定会获重大的科技成果奖。我们是搞药理专业的，不懂得中草药研制剂，要获得这样一个成果很不容易。所以，我们只想沾一点'光'，以便我们晋升职称。"

"对对，我们以军人的名誉向您保证，绝不分享任何经济利益，绝不泄密。"黎信誓旦旦地附和道。

原来颂和黎对该药进行药理试验后，发现其惊人药效，超出他们的预想。凭着职业的敏感，他们预见，该药将填补国内乃至世界医药学上的空白。

如果此项成果署上他们两人的名字，不但他们的前途不可限量，而且有利可图。功利面前，颂、黎二人难以自抑。

"我能理解。但是，很抱歉，我不能同意将你们的名字列入研制者之列。这有违事实。"薛永新直率地说。

颂、黎二人顿时不悦，气氛十分尴尬。

"薛总，我建议您在该药里加入呋喃西林和制霉菌素。它的杀菌效果更好。"黎教授似乎想岔开话题，打破尴尬。

薛永新明白了他的意图。这样一来，他们便名正言顺地"参与"了该药的研制。如果真的有益于"洁尔阴"的安全药效，即使分享技术成果也无妨。问题是，恩威申报的是纯中药制剂。若加入化学药品，这既是对消费者的欺骗，也是违规的。

"两位想必清楚它是纯中药制剂，加了化学药品就失去了研发的意义。"

"这……也是。"黎嗫嚅地说。

"麻烦二位教授出具一份'更名'报告。"

"好吧。我们会把报告寄给你们。"颂勉强接受了薛永新的要求。

十天、十五天、一个月、两个月……薛永新未见报告寄来，心急如焚。

到底什么原因呢？一份"更名"报告用不了这么长时间。他想。

"依我看，他们心术不正。"一位部下愤愤地说。

"人家是军医教授，说话注意点。"薛永新婉转地批评他。

"军医教授咋啦？他们就是有私心！肯定因为我们没有同意他们的要

求，所以故意拖延不寄报告。"

部下的话不无道理。怎么办？没有"更名"报告，药品无法向省医药局申报，鉴定会无法举行。公司的员工等着生产。时间拖不起啊。薛永新陷入了烦恼之中。

"薛总，该怎么办？"

"他们要的无非是'名'，那就给他们吧。"薛永新是一个淡泊名利的人。

为了能早日申报，薛永新只好委曲求全，给颂、黎二人去信，同意他们列名。

果然，报告很快寄来了。

薛永新吃惊地看到，他们在"更名"报告上擅自加了一段话："'洁尔阴'由成都恩威化工公司薛永新研制，并经第三军医大药理教研室颂××、黎××对处方加以改进而成。"

"他们改进了啥？分明是欺世盗名嘛！"

"完全是薛总一人研制的成果，倒被说成是他们出了一份力。真是天大的笑话！"

"简直太无耻了！"

公司上上下下的人纷纷感到不平。

"薛总，我们宁可不生产，都不能让他们掠夺恩威的成果！"有人激愤地说。

"对，我们要为名誉而战！"很多人表示拥护。

薛永新理解员工的心情，但他考虑的是，如果"洁尔阴"不能面市，自己要造福人类、为社会服务的善愿就无法实现。损失一点"荣誉"，比起这项崇高的善愿，又算什么？

老子说："上德无为而无以为，下德无为而有以为。"一个人抛开功利心，自然而然地去做善事，才是"上德"。相反，为了功利而强加施为，那是妄为与贪欲，是一种"下德"。

对于"更名"风波，薛永新一笑置之。

俗话说：真的假不了，假的真不了。四川省医药管理局、省科委对"洁尔阴"技术成果做出了实事求是的鉴定。在川科鉴字〔1989〕第3号技术鉴定（评审）证书中，特别明确："洁尔阴"主要研究人员：薛永新，对本品进行处方设计、筛选、工程设计。颂、黎二人只是协作人员，进行药理、毒理试验。

1988年8月，薛永新向四川省卫生厅、四川省医药局申报"洁尔阴"为妇科外用药。

在等待审批的过程中，薛永新加紧筹备药品鉴定会。这是药品审批的一项程序，即：延请若干医学专家教授来评审，评审通过后，医药管理部门才能批准生产。

药品鉴定会，也是向专家教授们介绍宣传药品的一个良机。薛永新更看重这点。

他充满信心地筹备着一切，全力以赴。

寒冷的冬天，一个三十六岁的青年人冒着寒风，骑着一辆破自行车，在双流至成都两地的车水马龙中来回奔波。

那时候的薛永新像一个拼命三郎，在寒流中不停地狂奔，奔向一所所医院，奔向一所所大学，奔向省医药局、省卫生厅，送材料、请教授专家。创业时期，一切都要自己亲自跑，还要忍受冷眼。那种艰难和辛酸，是今天的我们无法想象和体会的。

也许因为他是一个农民企业家，人们多少还带有一些偏见，他吃了一个又一个闭门羹，撞了一次又一次的南墙。可是，他没有气馁，不达目的不罢休。

似乎较上了真儿。早上，他吃两个馒头就骑着自行车出发了。中午，在面馆简单吃一碗面，又忙着去各处办事。直到晚上，在茫茫的夜色中，精疲力竭地回到双流。

他一次一次地上门邀请专家教授，不厌其烦地介绍自己研制的新药。"精诚所至，金石为开"，他的诚意和执着打动了专家教授。他们不仅表示愿意参加药品鉴定会，还给他引荐全国各地的医学专家、学术权威。

薛永新一步步"跑"出了希望，一步步"跑"出了天地，一步步接近了目标。

1989 年 4 月 8 日，一个重要的日子。"洁尔阴"洗液鉴定会由省卫生厅与省医药管理局组织召开。成都、重庆等各地专家云集。皮肤病专家、性病专家、妇科病专家济济一堂，俨然一个"武林大会"，各方高手从四面八方而来。

"中草药外用剂治疗性病、妇科病"，这是一个重大的医药成果，至少在整个医药界引起了极大震动，谁都想来亲自验实，见证一个奇迹。

当然，还有的专家抱着怀疑的态度，他们并不相信几味中草药就能解决世界上的一项医学难题，更何况"洁尔阴"出自一个什么都不懂的农民企业家之手。他们的脑海里画着一个个问号。

这天，一向衣着随意的薛永新特地穿了一套黑色正装，内着白色衬衣，打一条水纹的深色领带，神采奕奕地坐在主席台旁，脸上带着微笑，双眼目光沉静。面对台下坐着的二十多位专家，第一次作为"主角"的他，显得自信而从容。

鉴定会上，薛永新用传统中医理论和道家思想来解释"洁尔阴"的治病原理。他引经据典，侃侃而谈：

"自古道医一体。在历史长河中，中华医学与道教有着极为紧密的血肉联系。医家经典《黄帝内经》集先秦道家、医家、神仙方士、养生各家学说之大成。《内经》'天人合一'的理论来自道家。"

"老子说，'万物负阴而抱阳，冲气以为和。'强调万事万物变化不离阴阳。贯穿整个《黄帝内经》理论体系的'阴阳五行变化论'，更是道家哲学核心。"

那个时候，人们还没有完全冲破思想的藩篱，所谓老子、所谓道家哲学，大家都是带有一种或批判或消极的眼光看待。尽管心里承认道医同体，却不敢大张旗鼓地"宣扬"。而薛永新却"一语惊人"，好像突然将一块石头投进了死水般的湖面，激起了波澜。

会场突然变得安静，鸦雀无声。

"中医、中药的核心，根本在道。老子思想的元气论、天人合一、阴阳变化论，是我们中医理论的重要指导原则。而称之为'玄之又玄'的道医对中国医学的贡献尤为重大。"

这时，会场出现了小小的骚动，专家和教授们低声交谈。

"这个青年不简单!"

"没想到一个农民企业家懂得这么多，很有思想，见解独到。他准是哪所名牌大学毕业的。"

有人"唔"了一声，说："他的思想比我们开放多了。"

还有的教授在悄声打听："恩威公司在哪里？以前怎么没听说过?""他的导师是谁呀?"

当会场安静下来，薛永新迅速切入主题。他说："'洁尔阴'正是在传统中医理论和道家医学基础上，针对妇科疾病、皮肤病和性病等研制的一种纯中药外用洗液。"

他详细地介绍了"洁尔阴"的治病功能和疗效，并拿出了"洁尔阴"药物试验等报告，分发给与会者。

鉴定会上，专家、教授们频频点头，互相交换着赞赏的目光。

最先发言的是一位从海外归国的医学专家。他激动地说："'洁尔阴'洗液是迄今为止第一个纯中药外用复合方剂，填补了国内乃至世界医药学的空白。恩威将中华传统医学发扬光大，既继承了传统中药的特点，又采用现代工艺，科学地利用中草药，为大众健康服务。在这里，我要向薛永新先生表示敬意和感谢!"

他的话音刚落，全场响起了长达两分钟的掌声。

鉴定会上，专家们一致肯定"洁尔阴"新药，一致表示同意通过鉴定。

会后，有一位专家意犹未尽，提出要到恩威去参观，大家都随声附和，表示愿一同前往。

薛永新却犹豫了。专家教授来自各地，都见过"大世面"，假如人家参观后，见到厂里制药设备简陋，对药品疗效会不会产生疑问呢？虽然每一道流程都有严格的消毒灭菌程序，但他无法保证参观者都留下"好印象"。

他担心功亏一篑。

"很抱歉。草创之初，无力接待。"他委婉地拒绝了。

专家教授们表示理解，再没有坚持去厂里。那时候，他心里发誓，总有一天，我要建一座国内最大的现代化药厂，把专家教授都请去参观。

后来，他果真实现了自己的誓言。

专家评审通过后，两个多月过去，薛永新领到了四川省卫生厅、四川省医药管理局颁发的新药证书、药品生产企业许可证。

这意味着，"洁尔阴"被准许生产、上市、销售。

成功了！我成功了！薛永新激动不已。

恩威有救了！咱们有活干了！恩威公司的员工欢欣鼓舞，奔走相告。大家又看到了希望，重新铆足了劲。

如果说大家看到的只是头顶上的一小片天，那么薛永新看到的却是无边无际的蓝天，连接着一望无涯的大海。海的那边是一个新的世界。

站在府河边，夕阳将余晖洒在清澈的河面，水波荡漾，泛起点点金色的碎片，摇曳着他金色的梦想。

他面向真果祖师仙逝的方向，默默叩首，眼里含着激动的泪水，喃喃地说："道爷爷，徒弟实现了您的愿望，用您传授的秘方成功研制出了'洁尔阴'。今后我要建大药厂，像您那样济世救人，还要把药品销售到全世界去。"

想到真果祖师不能看到他成功的这一天，薛永新心里一阵悲戚。与真果祖师朝夕相处、患难与共的往事片段，浮现脑海。那种经岁月磨砺积淀的深厚感情，与斯人不再的刺痛，使他内心汹涌澎湃，泪水禁不住流了下来。

"道爷爷，是您照亮了我的生命，给了我前行的方向，我会坚强地朝前走。不管前面还有多少困难，还有多少风浪，我都不怕。"

是的，他必须向前走，别无选择。

"停止日化产品的生产，包括各类洗发水、护肤霜等，全力生产'洁尔阴'！"薛永新果断做出部署。

他把全部精力投入到药品生产上，安排工人分班日夜生产。从这一刻起，真正走出了他制药目标的第一步。

然而，药品生产出来了，销路竟然没有打开。

问题出在哪里？薛永新与杜国钦、薛永江等公司骨干商量，研究营销对策。他们发现，仅靠"被动式"的柜台销售，显然不能适应竞争日益激烈的市场，必须建立新的营销渠道。那么，从何处入手呢？

"医院！上医院推销！"薛永新说。他的目光流露出熟悉的自信。

"'洁尔阴'要打开销路，关键在医院。让有权威的大医院做临床试验，来证明'洁尔阴'的药效。医院开路，销售局面一定能打开。"

"那是不是要找医院院长？"有人问。

"院长要找，专家教授更要找。"他斩钉截铁地说。

鉴定会的成功，启发了他。专家教授对公司产品的认定和推荐，可以大大提高公司产品的可信度、知名度和销售量。

"药品与人们的健康息息相关，而专家教授在某一领域有比较突出的贡献，是社会上享有一定知名度和深得人们信赖的人。由他们宣传、介绍和推荐公司产品，绝对能起到事半功倍的效果。"

"对啊，好主意！"大家一致赞同。

这个"好主意"——专家教授推销策略，在不经意之中，成为了恩威创业之初的营销特色，也是其发展与繁荣的一个关键。

销售一线人员，包括公司副总，兵分四路，奔向华西医大附属医院、省医院、省中医院、省妇幼医院和市内其他各大医院推销。大家齐心协力，主动出击。

薛永新披挂上阵，亲自到医院推销。他拎着手提包，包内装满了"洁尔阴"。他找到了华西医大附属医院皮肤科的罗教授，希望该院能帮助他们做临床试验。

罗教授听了他的介绍，对这种治疗皮肤病和生殖器官疾病的新药很感兴趣，觉得作为一家乡镇企业，能研制和生产出纯天然中草药复合制剂，是一件了不起的事。于是，欣然接受了他的要求，立刻安排皮肤科做临床试验。

罗教授原计划安排两个疗程，共十四天。可还不到一个疗程，负责临床试验的主治医生跑来告诉他一个好消息：接受临床试验的十多位皮肤病患者几乎全部治愈，有效率90%以上，特别是对皮肤瘙痒有很强疗效。有的患者十多年的不明原因的瘙痒症，涂上"洁尔阴"三至五分钟就止痒。尤其对湿疹，世界十大医学难题之一的湿疹，"洁尔阴"也能治愈。

罗教授非常高兴，让主治医生继续做临床试验。两周过后，反馈的结果仍然是高达90%以上的治愈率。有的患者试用"洁尔阴"后，仅一两天的时间，顽固的皮肤湿疹"神速"地消失无影。而生殖器官疾病患者用"洁尔阴"擦洗患处后，令人痛苦的红肿、皮疹等症状也奇迹般消退。

"太好了！神药！"罗教授激动地对薛永新说。

罗教授又将"洁尔阴"推荐给妇科做临床试验。妇科病组做了一个疗程后，传来的消息令人振奋：有效率100%，其中痊愈率达80%。

整个医院沸腾了。无论是在走廊，还是在病房、医生办公室，从医生到护士、从教授到院长，都会听见大家兴奋地议论着"洁尔阴"，像谈一件国家大事一样。

罗教授决定将"洁尔阴"作为皮肤科新药向所有患者推荐。妇科、性病科也正式推广"洁尔阴"。

"洁尔阴"旋风从华西医大附属医院刮起来了。很多人开始认识和了解"洁尔阴"的神奇功效。

"薛总，您做了一件大好事啊。"罗教授对薛永新说，"原来很多医生都不愿到皮肤科。因为医院没有治疗皮肤病的有效药，患者很少来看病。现在用了'洁尔阴'后，患者都跑到皮肤科来求诊。还有的医生也主动要求到皮肤科来工作。"

"嘿嘿。"薛永新憨厚地笑了笑，诚恳地说，"罗教授，我衷心地感谢您的支持。如果没有您的临床试验，没有您的推荐，'洁尔阴'还默默无闻呢。"

"不，是你们的药好！我认为，目前，能解决皮肤湿疹、各种阴道炎、生殖器官疾病这类国际医学难题的，只有'洁尔阴'！"

罗教授赞叹地对薛永新说："您创造了一个医药奇迹啊！"

当时，在成都做"洁尔阴"临床试验的有四川省人民医院、成都市中医药大学、成都市第二人民医院。在其他地方，如重庆医科大学、上海长征医院等20余个省、直辖市的医学院校附属医院，省、市立医院都做了临床试验。薛永新还支持专家教授就"洁尔阴"的相关机理、疗效撰写论文。

是的，薛永新制造了一个奇迹，也创造了一个成功的营销模式。成都各大医院相继推广新药"洁尔阴"。它神奇的疗效，加上专家教授的推荐，渐渐被人们口口相传，名声在外。

实践证明，这一营销战略打开了局面，使"洁尔阴"走出了"养在深闺无人识"的困境。

多年后，薛永新仍然十分感叹："恩威发展到今天，与广大医务工作者、专家教授的努力是分不开的。"

究其原因，恩威顺应了造福人类的"道"，顺应了"宇宙自然第一因"，善愿之树结出了丰硕的善果。

在金庸武侠小说里，真正的宝剑不能单凭剑锋削铁如泥，全靠剑客内力修为，才能"草木花石皆可为剑"，达到无剑胜有剑的至高境界。

江湖十年，薛永新以"无为"作内力，锤炼出一把化草木为神奇的至柔之剑——洁尔阴"神药"。

第六节　营销突破：以无事取天下

将欲取天下也，恒无事。

——《老子·第四十八章》

所谓"无事"，不等于什么事都不做，而是"不争"。"夫唯不争，故天下莫能与之争。"老子强调无为，实际上是有为的。要想夺取天下，就要建立在不争的秩序上。

薛永新从中悟出，市场的繁荣与否，其道理也是一样，要紧的并不是在市场上找对手与之相"争"，彼此相"斗"，而是自觉地顺应客观规律，从人们的需求出发，找到市场的热点。

　　市场总是充满竞争的硝烟，看不见的刀光剑影、明争暗斗、尔虞我诈无处不在。人们常用"商战"形容市场竞争的残酷性。但是，薛永新却不主张"竞争"。

　　他常常对员工讲，"争"就使企业为一己私利盲目地乱争，"争"就使企业脱离了市场向人们奉献所需的根本，"争"就是"有事"。有事者难以取天下。明智的企业，应当在"不争"上下功夫，了解大众新的、未被发现的利益需求，设法满足这些尚未被市场认识的潜在需求，拿出大众满意的新的产品，市场自然是你的，谁又能与你"争"呢？"天下"就是在"无事"中取得的。

　　无事就是顺应社会需求去做，不与对手竞争，从另一方面开拓市场，达到目标。

　　"专家推销"这一营销模式，启发了薛永新。他看到了医院这个很大的"需求点"，是产品打入市场的最佳捷径。当"洁尔阴"刚刚在四川占据一席之地，他已经把目标瞄准了上海。

　　上海，闻名于世界的中国繁华都市，从明清两代起，便成为海舶出入的贸易港口。20世纪30年代的上海滩，已是风云际会的商业之地。如今，这座大工业城市也是全国药品销售的窗口，各地的医药公司都在上海设有办事处，并通过医药总公司订购和销售药品。

　　"如果'洁尔阴'能打进上海，那么就能通过上海远销到全国各地，甚至海外。"在一间简易的办公室，薛永新对杜国钦说。

　　"好啊！"杜国钦兴奋地站起身，随后，又沮丧地坐下来，说，"好是好，但要想在强手如林的上海滩占领市场，难哪。"

　　"这点我考虑到了。比历史，'洁尔阴'比不过上百年的'云南白药'；比实力，比不过'三九胃泰'；比洋药，比不过'西安杨森'、'天津史克'。

但是，我们有独一无二的‘洁尔阴’。我们不需要去竞争，只要把自己拥有的，别人所没有的，人们又最需要的，运用到最好。"薛永新说，目光里又流露出往日熟悉的自信。

"好药，好比先进的武器。因为我们送去的是治疗人们身体内的痛苦与解除痛苦和烦恼的药品。专家再知名，如果没有治疗疾病的好药，也是不行。所以，中医讲的是医、药不分家。"

一个人重要的不在于拥有多少，重要的是如何运用拥有的东西。无须"争"，只要去做。以不争取天下，这是"道"的思想在现代市场经济条件下的运用，也是市场本身的规律。

但是，怎么去做？由谁去做？薛永新在考虑。当时的恩威处于草创之初，人才匮乏。那时候他深感自己多么需要一批人才，却又苦于没有资金广纳人才。

"我杜老头去！"杜国钦主动请缨。

"您?"

他吃惊而感动地望着杜国钦。从创业开始，无论经历多少失败与多少艰辛，德高望重的杜老就一直与他一起奋斗，不离不弃。这份深厚的情谊，让他一生都充满感激。如今，杜老已接近六十岁了，他怎么忍心让一个老人再出外奔波？

"您别担心我，我健壮得很哪！"杜国钦看出了他的心思，拍了拍胸脯，又抡起胳膊给他看。

"瞧，我这肌肉年轻人都没法比。不是吹，让我再像当年一样跨过鸭绿江，照样雄赳赳、气昂昂！"

薛永新被杜国钦的倔强劲感染，禁不住笑了。

"不行。我还是另外派人去。"

尽管杜老是最合适的人选，经验丰富，能力强，而且在上海有熟人关系，但是，他不能让杜老太过操劳，自己会心里不安。

"什么？嫌我老?"杜国钦不满地瞪大眼睛，"古文上有句话叫什么来着？廉颇老了，还能吃饭。"

薛永新笑着纠正他："是'廉颇老矣，尚能饭否'。"

"对对，反正意思差不多。"杜老头嘿嘿地笑道，挠挠脑门。

这时，弟弟薛永江开车送完货回来，走进办公室。

薛永新打量着弟弟。薛永江刚年满十八岁，浑身上下透着一股青春气息。兄弟俩外貌、身材、个子都很相似，只是年龄相差二十岁。

薛永江初小毕业就跟着哥哥打拼，起初在木材加工厂帮着干。十四岁那年，哥哥让他到驾校学开车。驾校毕业后，他就在恩威开车，负责送货。那时候他个子还没长高，开货车，几乎要站着开，可是干得比别人多。每次送货到成都，别人一天送两趟，他却要跑三趟，自己送，还要自己装卸。少年的他常常累得满头大汗，却一丝不苟，毫无怨言。这种吃苦耐劳、倔强认真的劲儿，很像哥哥。

薛永新十分心疼弟弟。这几年弟弟跟着他干，吃了不少苦。但是，他知道，磨炼是一生的财富，对弟弟的成长会有益。尽管心里疼惜，但他没有把这份爱表露出来。眼下，弟弟长大了，该让他出去历练，长见识，独当一面。而且将来公司发展，仅仅会开车，远远不够。

他想把弟弟派去上海。一个十八岁的青年，要想在繁华的上海打开局面，难度相当大。没有灵活的公关手段，没有敏锐的经济头脑和机智的应变能力，没有坚韧和毅力，是不可能获得成功的。但这正是一个锻炼能力的机会。或许，年轻的弟弟会在这次历练中脱颖而出。

"永江，我想让你去上海。"他说。

"好啊。"薛永江高兴地一口答应。长这么大，他还是第一次出远门，更何况他要去的地方是"上海滩"！

"你的任务很重哦。"薛永新提醒弟弟。

"哥，您放心，我保证完成好任务。"薛永江信心百倍地说。

一旁的杜国钦有些着急，心里嘀咕：干吗不让我去？

"你跟着杜伯伯，要多学学，多动脑子。"薛永新又说。

杜国钦喜出望外："没问题。我会好好带着永江，他绝对有出息。"

"哥，我现在就去买火车票。"

234

"不。"

薛永江诧异地望着哥哥。

脑细胞随时处于活跃状态的薛永新，突然产生了新的想法。让薛永江开车去上海。好处是，沿途要跋涉几千里，经过六七个省几十个城市，横贯半个中国，正好可以利用这次机会，搞一个"成都—上海'洁尔阴'大宣传"。

杜国钦和薛永江都说这主意好。

他让薛永江把厂里的微型面包车开来，叫人在车身上刷满广告：恩威牌洁尔阴——皮肤病、性病、妇科病的良药。

那时候，那个著名的广告词"难言之隐，一洗了之"还没有诞生。而且，当时没有网络媒体可以做宣传，电视广告要花钱。薛永新没有钱做广告。这种动态的、几乎不花成本的车身广告，是薛永新"偶然"之中的一个创意，却起到了意想不到的宣传效果。

薛永江驾驶汽车，满载着一车"洁尔阴"，带着哥哥的嘱咐，带着恩威的希望，意气风发地出征了。

他与杜老一道，靠着一张全国交通地图，踏上了迢遥的路途。他们风雨兼程，向东、再向东……经过了陕西、湖北、河南、安徽、浙江、江苏等省，八千里路云和月，不舍昼夜。

每到一个大城市，他们便把车停在最繁华的街道上。花花绿绿的车身广告、醒目的广告语，吸引了路人。很快人们好奇地围拢过来，打听"洁尔阴"的疗效。

"'洁尔阴'是什么药呀，怎么从来没听说过？"

"它是不是有效哦？"

"八成是江湖上的'狗皮膏药'。"

有人好奇，有人怀疑，有人不屑。

薛永江一边给他们发宣传单，一边给他们热情地介绍"洁尔阴"的功效："纯中药洗液，无毒，无副作用，安全有效。治皮肤病、性病、妇科病。"

"它真的能治……妇科病？"一位妇女小声地、羞羞答答地问杜国钦。

"能，肯定能！如果你不信，我卖给你一瓶试一试。如果没有效，你把药退回我们恩威。"杜国钦把名片给了那位妇女。

妇女买了一瓶"洁尔阴"。从大众心理学的角度看，人都有从众心理。见有人带头买药，加上薛永江卖劲地宣传，一些妇女也跟着买，场面一下热闹起来。

毕竟这次出行途经的城市是顺便宣传"洁尔阴"，不是搞销售，而且他们也没有带很多药。如果到了上海没有了药品，拿什么打开销路？所以，杜国钦和薛永江只能走一路，宣传一路。虽然没有怎么销售药品，但收到了很好的宣传效果。

在河南，有人悄悄问，"洁尔阴"能不能治淋病，是否能卖点药给他；在武汉，一位医生希望恩威多生产这种好药，把它销售到外地；在南京，一家皮肤病防治所对"洁尔阴"很感兴趣，愿意帮恩威做临床试验；在安徽、浙江、江苏等地，很多人都领到"恩威牌洁尔阴"宣传单，表示要向恩威汇款买药。

尽管旅途千辛万苦，还冒着凛凛寒风，但所到之处都大有收获。这是杜国钦和薛永江最感欣慰的事。他们及时地把信息通过电话告诉了薛永新。

"哥，'洁尔阴'大受欢迎！沿路好多人争着买'洁尔阴'呢！"薛永江抑制不住兴奋说。

"太好了！"

薛永新自然非常高兴。他有一种预感，"洁尔阴"走出四川指日可待。

八天的长途跋涉，八天的沿途宣传，杜国钦与薛永江终于到达了目的地——上海。

没有时间去看十里洋场的繁华，没有心情赏黄浦江的冬景，他们在南京路上租了一间便宜的房子，先安营扎寨。顾不上休息，他们又直奔上海医院。

出发之前，薛永新跟他们部署了"战略"：到上海后，首先将"洁尔阴"

带到医院做临床试验，通过医院打开销售局面。

"不打无准备之仗。"薛永新凡做事之前，总是要做到胸有成竹。只有心中有数，才能一举定乾坤。他了解到，上海最大最有名气的医院有三家：上海第二医科大学附属医院、长征医院和瑞金医院。但是，不是任何药都可以拿到这三家医院来做临床试验，除了医药管理部门允许生产的批文外，还要有可行性报告、药理分析和毒理试验报告。因此，只要攻破这三家医院，上海就站稳了。

经验丰富的杜国钦决定先从最容易"攻破"的上海第二医科大学附属医院着手。因为他有一个战友在这里工作。当年在朝鲜战场上打"美国佬"时，他俩一起并肩作战，出生入死。只要找到战友，事情就好办多了。

久别重逢，这位战友见到杜国钦，非常激动，表示一定帮这个忙。战友的爱人是门诊部主治医生，她亲自安排医生给患者做"洁尔阴"临床试验。

不到一个疗程，神奇的疗效已经显现出来。两个疗程之后，有90%以上的治愈率，这让二医大的院长感到惊奇，当即决定推广此药。

接着，杜国钦和薛永江又到长征医院去。然而，进展却没有上海第二医科大学附属医院那样顺利，吃了一个闭门羹。

长征医院皮肤科主任陈教授，也是研究性病的专家。他对中医非常排斥，只信赖"王牌"的西药。当薛永江把一桶"黑乎乎"的"洁尔阴"洗液拿给他时，他不由皱了皱眉头，用上海话冷冷道：

"侬是做啥个啊？"

薛永江愣了愣，听不懂上海话，猜测教授大概问他是干什么的。他机灵地递上自己的名片。

陈教授冷淡地瞥了一眼名片。

"陈教授，这是阿拉公司研制的纯中药复合制剂'洁尔阴'，治疗性病、皮肤病、妇科病效果显著。阿拉公司特意派阿拉到上海，请贵院帮忙做临床试验，希望能在贵院推广新药。"杜国钦用半生不熟的上海话对陈教授说。

"阿拉不做个中药临床试验。侬拿回去吧。"陈教授说完,拿着一管试剂离开皮肤科,头也不回地走了。

"啥态度,这么傲慢,还是教授!"薛永江气呼呼地说。

"走吧,我们明天再来。"杜国钦说。

"还来?"薛永江瞪大了眼睛,有些不情愿。

第二天上午,杜国钦和薛永江又来到长征医院。皮肤科陈教授见到他们,皱了皱眉头。

"怎么又是你们?"

原来他会说普通话,干吗说"鸟语"?薛永江心里嘀咕。

"对个。唔好意思,要麻烦侬噢。"杜国钦递上"洁尔阴"的相关资料。

或许因为杜国钦会讲一点上海话,陈教授把资料接过来看了看。

"不行,你们没有可行性报告。"陈教授把资料还给杜国钦,一副拒人于千里之外的表情。

"陈教授,虽然没有可行性报告,但是,第二军医大、华西医大为'洁尔阴'做了临床试验,通过了鉴定。我们恩威请贵院再做临床试验,是希望通过贵院的影响力,把这种新药推荐给更多的患者,为他们服务。"杜国钦说。

"西药都无法解决顽固的皮肤病,中药有效吗?"陈教授冷冷地说。他压根就不相信这黑咕隆咚的洗液有什么效力。

"教授如果不信,您做个试验就知道了。"薛永江插话道。

陈教授语塞,看了一眼面前的这个小青年。

"拿走吧。我很忙。"

又被拒之门外。薛永江有些灰心,很郁闷。他给哥哥打电话。

"哥,太难了。我们跑了两次长征医院,可那个陈教授很冷淡,我们嘴皮子都磨破了,他就是不肯答应做临床试验。我们还碰了一鼻子灰。"

薛永新握着话筒,对弟弟说:"不要泄气,这点挫折算什么?要对自己有信心。你再去,会成功的。"

挫折是磨炼一个人最好的机会。承受挫折,才能对抗失败。薛永新希望弟弟通过战胜挫折，迅速地成长起来。

在哥哥的鼓励下，薛永江又重新鼓起勇气。他决定再去试一试，碰碰运气。

当杜国钦和薛永江"三顾"长征医院时，却意外地碰见了二军医大附属医院皮肤科的龚教授。原来龚教授到上海出差，专程来看望老同学陈教授。虽然他并不认识杜国钦和薛永江，但他因为通过做"临床试验"认识了薛永新。听他们讲了来意后，他对陈教授说：

"老陈，你放心，我已经做过临床试验了，绝无副作用。我认为，'洁尔阴'是目前为止最好的治疗皮肤病新药，填补了国际医学空白。我们二军医大已把它推荐给患者，效果蛮好。"

"一个中药洗液比西药还有效？"陈教授还有点不相信。

"如果你不相信中药，你就相信我的话吧。"

龚教授的话，彻底地打消了陈教授的顾虑和怀疑。

"药留在这里，我明天安排人做临床试验。"陈教授同意了。

杜国钦和薛永江非常高兴，长长地松了一口气。

陈教授亲自参加临床试验，建立临床观察表，每天登记治疗情况。

临床结果，患者的治愈率超过 90%。病情稍轻的，用药几天后症状就消失了。大部分患者一个疗程之后痊愈。

如果不是自己亲自试验，陈教授完全无法相信，一桶"黑咕隆咚"的中药洗液竟然能产生如此惊人的药效。

"西药都治不了的病，想不到中药还能治。"陈教授感叹道。"洁尔阴"让他改变了对中医的陈旧观念，同时也对道家医学产生了浓厚的兴趣。

陈教授亲自把"洁尔阴"临床试验报告和鉴定意见交给薛永江，对他说：

"阿拉医院决定包销'洁尔阴'。"

这意外的好消息，一时让薛永江不敢置信。他醒过神来后，用现学现卖的"上海话"，激动地说：

"陈教授，虾虾侬（谢谢你）！"

陈教授喜爱地拍了拍他的肩膀，说："小伙子，侬有前途噢。"

长征医院是上海最有名气的大医院，"洁尔阴"通过了长征医院的临床试验，这意味着拿到了进入上海销售的通行证。接下来的另一家大医院——瑞金医院，自然顺利地通过。

最后一个目标——上海医药总公司，这是打开销售渠道的关键，与三家大医院同等重要。

这一天，杜国钦和薛永江来到上海医药总公司。走进二十层高的大厦，脚踩着明亮光洁的大理石地面，经过一间间科室部处，信心满怀的薛永江此刻不免忐忑不安。

毕竟"姜还是老的辣"，杜国钦见惯了世面，他的沉着，稳定了薛永江的不安。

他俩直接到了经销部。经销部的经理见他们是"成都恩威公司"的，热情地请他们坐下谈。似乎他早已知道"恩威"的名声。

杜国钦说明来意，然后把"洁尔阴"拿出来，又把上海三家医院做的临床试验报告给经理看。

经理频频点头，偶尔提出一两个问题。他说：

"在你们来公司之前，我也在了解'洁尔阴'的情况。据长征医院介绍，'洁尔阴'疗效相当好。"

原来长征医院曾向医药总公司提出包销"洁尔阴"。能够让长征医院主动包销的药品，绝非一般药品。市场嗅觉敏锐的医药公司当然不愿意失去这个机会。他们正找人打听"恩威"来人情况，住在哪里，没想到杜国钦和薛永江主动上门来了。这真是："踏破铁鞋无觅处，得来全不费工夫。"

双方自然谈得很顺利，不费一点周折，当即敲定，签订包销合同。

回到住地，杜国钦兴奋地给薛永新拨去了一个长途电话，把喜讯告诉了他，并兴奋地讲起他们在上海的工作进展。

"喂喂……喂。"杜国钦见电话那端没有声音，以为电话出故障了。

"杜老，我有一个宏大的销售计划。"薛永新的声音重现，听上去很激动。杜国钦报告的喜讯，让他的脑细胞又开始高度活跃起来，突然产生了制订新的销售战略的想法。

"我要在上海开一个'洁尔阴'产品推介会,邀请各省市大医院和医药公司的代表参加。您和永江继续留在上海,做好会议筹备工作。"

"薛总的金点子就是多!"杜国钦敬佩地说。

这个点子得益于"洁尔阴"鉴定会的启发。每一次的"偶然"机会,总是带给薛永新无限的创意源泉,创新地设想出企业生存之道、战略之道、市场之道,这些经验和模式在当时都是超前的,而延续至今仍然实用。

其实"偶然的机会"到处都是,只是杰出的人更善于留心它们在哪里。1901年的一个晚上,英国人布斯就是在这样的"偶然"之中,成就了自己。

故事是这样的:

一个美丽的傍晚,英国土木工程师布斯正在泰晤士河畔享受日落,沉浸在醉人的黄昏中。他看见一缕缕烟尘从自己的门廊前吹过,忽然想:我们能不能够让风逆转,而以抽动烟尘代替吹动烟尘呢?

在那一年,布斯发明了真空清洁机。

布斯的故事告诉我们,只要善于抓住某一个"偶然",产生联想,就会找到新的方向。"洁尔阴"的产生,不就是源于偶然中吗?

1989年12月18日,薛永新冒着凛冽寒风赶到上海。杜国钦和薛永江到车站去接他。

返回住地的路上,杜国钦向薛永新汇报了半年多来的工作,薛永江也滔滔不绝地讲述了在销售"洁尔阴"中遇到的挫折和趣事。

弟弟薛永江虽然瘦了许多,可是却显得成熟起来,脸上脱去了稚气,言谈举止都很老练,有自己的见地。这使薛永新感到高兴和欣慰。

第二天,上海虹桥一家四星级宾馆中,"洁尔阴产品推介会"隆重召开。

来自浙江、江苏、安徽、湖北、山东、福建、广东等省及南京、杭州、福州、厦门、温州和上海等市的医药公司代表,还有上海市各大医院以及妇产科医院、性病防治监测中心、皮肤病研究所等单位的教授和专家,共一百多人,济济一堂。薛永新还特别邀请了二军医大的龚教授出席。

又是一个"武林大会"，座中高手如云。薛永新首先对各路"神仙"表示真心的感谢，然后介绍了"洁尔阴"的主治功能和疗效。他依然像在鉴定会上那样侃侃而谈，从道家阴阳五行学说，谈到道家医学，进而谈到中医理论与道医体系的相通相融，又生发开来，谈到生命的哲学和人类的使命。

整个会议似乎不是推介药品，而是一场别开生面的演讲。薛永新极富口才，讲话从不打草稿，"文章"都在他的脑子里。只要一开口，便是一篇精彩、生动、观点精辟的文章。

大家都被他的演讲吸引住了。他新鲜的观点、宽博的知识面、引经据典的佐证，征服了全国各地的名老专家。在这里，"洁尔阴"不再是一种单纯的药品，而是一种精神、一种文化。

推介会获得了成功，与会的专家和教授以及医药公司的代表纷纷对"洁尔阴"表示肯定，愿意推荐和包销药品。

然而，在接下来的订货会上，却出现了一点曲折。一些人看到"洁尔阴"那土里土气的包装，就摇了摇头。有人觉得"洁尔阴"五公斤装一桶，分装很麻烦，又容易污染，迟迟不敢订货。

薛永新心里暗暗着急。当时，他想：有一天我一定要改进"洁尔阴"的包装。

龚教授对"洁尔阴"疗效很了解，见一些人还在怀疑，便对他们说："你们不要看它的包装嘛，这'洁尔阴'的疗效可真是神奇啊。你们要不订货，可要后悔的哦。"

龚教授是全国有名的专家，在皮肤病研究领域享有盛誉，大家听了他的话，不再犹豫观望。再加上看到上海医药公司一次定购了一百件，所以他们也踊跃订货。你订十件，我订十件，推介会上总共订了二百多件。这样多的订货量对恩威来说，是一个"天文数字"，是从来没有过的事。

当天，一封加急电报传到了恩威。电文："上海订货二百五十件，望加快生产！！！"后面加了三个感叹号。

这是薛永新亲自发的电报。

"洁尔阴"洗液在上海推介会上大获成功后，销售量直线上升。这使薛永新更加坚定了信心，决定乘胜追击，寻找市场空隙。

所谓"空隙"，是指市场中存在的"空白"，而"洁尔阴"恰恰是一个"无竞争的空白点"，属于大众需要、市场上却没有的药品。

薛永新决定开拓"空白"的市场领域，扩大战略成果，将恩威在本土的"柜台销售"，扩张到全国各地。

于是，他把恩威在全国二十七个省会城市设立的销售日化产品的办事处转为销售"洁尔阴"洗液，又派公司销售人员到省会城市的大商场租了二十七个柜台，设立"洁尔阴"洗液专柜。上海十二个百货商场都有专柜，北京、广州、武汉等城市也都设有专柜。这种全国连锁的"柜台销售"模式，在当时全国是第一个，开了先河。恩威洗液由此扩张，迈向了辉煌的第一步。

不止如此，薛永新将省会城市的临床试验扩大到地、市、州医院，并由当地的医药公司召开一次"洁尔阴"洗液推介会。每次会开完，"洁尔阴"洗液均会有一百至二百件的销量。

从"洁尔阴"作为洗液于1989年7月份投入市场到年底，销售了八百多万元，盈利二百余万元，而且洗液销售到了海外市场。

薛永新说："'洁尔阴'之所以覆盖全国市场，远销海外，就因为'洁尔阴'被我们恩威创造出来之前，从来没有'洁尔阴'这个东西，从来就一直有广大的患者在痛苦中等着它的诞生……整个过程，我们没有跟谁去争什么。"

"洁尔阴"的成功，正是薛永新以老子的"无为"思想做企业立业之法则，"立于不争而有成"，在产品方面采取了"空隙定位"的策略，以不争得了天下，也正是孙子兵法中的"不战而胜"之道。

第七节　农夫与蛇：现代伊索寓言

> 益者三友，损者三友。友直，友谅，友多闻，益矣；友便辟，友善柔，友便佞，损矣。
>
> ——《论语·季氏》

一个人在一生中遇到什么样的朋友，非常重要，直接攸关自身的祸福，甚至事业的成败。

孔子谆谆告诫世人，这个世界上对自己有帮助的有三种好朋友，就是正直的朋友、诚实的朋友、广见博识的朋友；如果遇到三种坏朋友，即谄媚拍马的朋友、虚假伪善的朋友，还有奸诈阴险的朋友，你将付出惨重的代价。

小人往往善于伪装，骗取同情和信任，而好心的你有可能成了伊索寓言中的农夫：冻僵的蛇一旦苏醒，你的灾难也就不远了。

薛永新是一个善良的农夫，因为自己的恻隐之心，帮助了一个叫云付恩（化名）的人，却不幸反被"蛇"咬。这是他人生中最惨痛的教训。也正是这个人，把他推向了一场惊天动地的灾难之中，他通向成功峰巅的事业差点毁于一旦。

1989 年 4 月的一个晚上，薛永新在家中书房里看书。电话铃声突然响了，在寂静的春夜显得尤为刺耳。

"喂？"他拿起了话筒。

"薛总，我是云付恩，好不容易找到您了！"电话里传出一个男人略带沙哑却很急促的声音。这声音还透着一种激动。

云付恩？他怎么突然打电话来了？薛永新想。

薛永新与云付恩并无深交。他们相识于 1980 年，一个很偶然的因素。

那时候，薛永新在成都义务行医。经朋友介绍，云付恩来找薛永新看病。他当时得了一种咯血病，后来薛永新请真果祖师给他治好了。他们相识前后加起来不超过十天时间，完全是萍水相逢，过后不再有联络。

直到1985年的某一天，云付恩突然来到薛永新的木材加工厂，满脸焦急地对他说：

"兄弟，大哥遇到了一点困难，能不能借我一万元，我保证一个月内就还。"

当时薛永新正在筹集资金到山里进木材。货款需要五万元，可他只筹到1万元，正为此发愁，哪有钱借给云付恩？可是，别人有难，他又不能不帮。

"如果没有这笔钱周转，我的生意就完了。兄弟，请您帮帮我。我没有别的朋友，但我知道您是好人。您相信我，我一定按时还钱！"云付恩又是诉苦又是哀求，还信誓旦旦地保证。

薛永新二话没说，当即把筹集到的一万元拿给他，自己另想办法。

云付恩对薛永新说了许多感激的话，然后拿着钱走了。这之后，便渺无音讯。

这件事以后，薛永新对云付恩的信任已荡然无存，但他并不是一个斤斤计较的人，也没有把这事时刻放在心上。随着时间的推移，他早已淡忘了。但他没有想到，时隔四年之后，云付恩又突然给他打来了电话。

"兄弟！"云付恩在电话里叫了一声。

"你不要叫我兄弟。你有什么事？"薛永新淡淡地说。

"我知道您生我的气，我对不起您，违背诺言，当年借的钱到现在都没能还您。因为自从那以后，虽然那笔钱解了我燃眉之急，可后来生意又做亏了。我很惭愧，都不敢来见您了。"云付恩语带哽咽地说。

"哦，你现在还好吗？"薛永新关心地问。他是一个心软的人。

"唉，一言难尽啊。这几年做汽车修理生意就没有赚过，现在生意完全垮了，还有三十多万元的债务无法偿还，债权人起诉了我，法院已经将我的家产都查封了。我上有七十多岁的父母，还有妻儿，现在是走投无路，真想跳楼死了算了。"

"你要想开些。留得青山在不愁没柴烧。你还可以从头再来，跌倒了再爬起来。"薛永新安慰道。云付恩的遭遇，让他很同情。

"薛总，我也是这样想啊。可我现在一无所有了，还欠了一屁股的债，我真的是没有办法了！连养家糊口都没有能力了！"云付恩说着，在电话里哭泣起来。

一个大男人向他哭诉，这使薛永新动了怜悯之心，先前对这个人的反感不觉中已经消失了。他真想伸出援助之手帮助云付恩渡过难关，但是，以自己目前的经济能力，企业又处在起步阶段，他没有钱去帮助他。更何况那是一笔三十万元的巨债，自己无能为力。

薛永新是一个深受儒释道传统文化影响的人，儒家的"仁义"，佛家的"慈悲"，道家的"行善"，早已渗入他的血液里。此时，他握着话筒，寻思着如何才能帮助云付恩。

"薛总，我在报纸上看到恩威的招聘广告，能不能让我到你那里工作，有口饭吃？"云付恩可怜巴巴地说。

或许，担心薛永新有所顾虑，他又恳求道："请您救救我，您的大恩大德我一辈子都不会忘记！您放心，我不会给您添麻烦。"

"你来搞销售吧，明天就来上班。"薛永新爽快地说。

如果让云付恩来恩威工作可以帮助他，这点忙自己完全能办得到。薛永新毫不犹豫地答应了他。

"不行！你不能答应这个人来恩威上班。"薛永新挂了电话，一旁的妻子刘朝玉激烈地反对。她为丈夫端茶进来，刚好听到他们在电话里的谈话。

"这个人不守信用。几年前跟你借了钱后，就消失得无影无踪。现在又来求你帮他，也太厚脸皮了！"刘朝玉不满地说。

"人家有难不能不帮。法院把他的家产都封了，他还要养家糊口，还得生活啊。"薛永新对妻子解释说。

"谁知道是真是假呀。"

"我看这回他没有说谎。如果生意做得好好的，他又何必来我这里上班?"薛永新回想起云付恩在电话里一边哭泣，一边恳求，觉得他不像是在编谎话。

"我倒不是反对你帮助别人，可云付恩这个人我总有点担心。他欠了人家债主那么多钱，如果到恩威来上班，债主追到恩威怎么办? 他会给恩威带来麻烦的。"刘朝玉担心道。

"不要担心。既然人家求到我了，总不能见死不救。自己还有能力的时候，能帮别人就帮一帮吧。"

"你呀，就是心肠软。"刘朝玉对丈夫嗔怪道。

刘朝玉了解丈夫，他是一个极富同情心的男人，慷慨、仁慈，乐于助人。正是这点，她更爱着他；也正是这点，她担心他吃亏，被"坏人"利用。

但是，刘朝玉也最了解，丈夫一旦承诺的事，任何人都无法改变。"宁可天下人负我，我决不负天下人。"这是丈夫做人的准则。

"好啦，你都答应人家了，我还能说啥呢。只要你决定的事，我无条件支持你。"刘朝玉笑着对丈夫说，然后走出了书房。

薛永新望着妻子的背影，轻轻呷了一口茶。茶烟袅袅，他的心里思考着公司明天、后天，还有长远的规划。

第二天下午，云付恩从内江赶来恩威，正式上班。

中午时分，蔚蓝的天空突然间暗淡下来，层层乌云在城市上空翻滚，狂风大作。恩威大楼的玻璃窗被吹得噼啪作响，接着一道闪电划破了暗黑的长空……片刻静默……然后响起一声炸雷。刹那间倾盆大雨从天而降，闪电、雷声交加，风一阵比一阵猛烈，大滴大滴的雨点沉重地坠落，天空更黑了。

春天惊雷，暴雨倾盆，在气候温润的成都是罕见而异常的。

云付恩出现在薛永新的办公室。薛永新几乎认不出他来了。他像个流浪汉，浑身上下被雨淋透，满脸的雨水，头发上嘀嗒着水珠，胡子长长的，蓬首垢面，裤管、鞋子沾满了泥泞。

他一脸狼狈地站在薛永新面前。

"薛总……"他激动地喊了一声。那双从额前落下湿漉漉的头发里露出的眼睛，流露出一种让人同情的目光。此刻，他就像溺水的人抓到一根救命的稻草。

"你来了，快坐下。"薛永新起身道。

见云付恩的衣衫被打湿了，他叫人拿一套公司管理人员的工作服给换上。

云付恩换好衣服后，重新回到办公室。整个人仿佛脱胎换骨，衣冠楚楚，没有了先前的狼狈模样。

薛永新对云付恩安慰道："人生在世，谁不会遇到挫折？挫折是暂时的，你就在这里安心地干吧。恩威也才起步，刚刚走上正轨。尽管目前市场拓展比较好，但未来也不知怎么样。你今后若想谋求别的更大发展，想离开随时都可以。"

"不。薛总，我既然跟了您，我会一直跟着您干。只要您不嫌弃我这个落难的人。"云付恩说着，眼神悲伤起来。

"你别这么说，你遇到难处，我肯定会帮你。"

薛永新考虑到云付恩做过生意，有一定的经验，所以把他安排到公司销售部，负责"洁尔阴"洗液的销售。

"薛总，谢谢，您对我太好了！您是一个大好人，我就知道您会帮助我的。我一定好好干，好好报答您。"云付恩感激地说。

"我不是要你报答我、感谢我，能够对你有帮助，我觉得心里很快乐。"薛永新真诚地说。

云付恩就这样顺利地进入了恩威。

刘朝玉先前的担忧应验了。云付恩来厂不到三天，债主便追到恩威讨债。

当时，与债主同来的还有另几个人，他们看上去五大三粗、气势汹汹，野蛮地冲开了门卫的阻挡，找到了云付恩。

云付恩见到他们，吓得魂魄都散了，脸色发白。

其中一个大胡子冲上去对着他就是狠狠的几拳，打得他痛苦地弯下腰，捂住腹部，鼻子嘴角鲜血直流。

几个工人看见，愤怒地上前阻止，要报警。

"哪个敢报警，我就做了他！"大胡子恶狠狠地威胁道。

"不要报警！不要报警！"云付恩对工人们喊，又转过脸对债主哀求道，"我实在没有钱，能不能给我一点时间，等我筹到钱，我一定还，一定还！"

一个胖子走上前，手里把玩着一把雪亮的刀子，皮笑肉不笑地说："那得要看看我的刀子答不答应！"说完，他目露凶光，一把抓住云付恩的手，把他逼到墙角，狠狠地将刀子扎下去。

云付恩吓得闭上了眼睛。刀子从他的指缝间穿过，扎在了墙壁上。

"说！你今天要是不还钱，老子就宰了你！"

"我，我想办法！"云付恩嘴角哆嗦道。

"滚！还不赶快去想办法！"胖子松开了手，把他狠狠地朝外推去。

云付恩踉跄着跑了出去。

"薛总，救救我！"

云付恩跑到薛永新的办公室，"扑通"一声，跪在他的面前。

薛永新吃了一惊，见他嘴角还流着血，忙起身对他说："快起来，好好说，出什么事了？"

云付恩把债主追来，如何威胁他、打他，一五一十地告诉薛永新。

"对不起，薛总，我给您添麻烦了。可只有您能救我呀！"

"报警！光天化日之下，他们竟敢打人、恐吓！"薛永新愤怒地说，随即拿起话筒。

"千万不要！"云付恩抢下话筒，对薛永新说，"如果报警，他们会要了我的命！这帮人是社会上的打手，什么事都干得出来！"

怎么办？恩威哪有钱帮他还债？药品投产、购买生产设备、全国各大城市商场柜台租金、产品宣传，还有新招聘人员和老员工的工资等等，公司已经拿不出钱来了。薛永新沉思起来。

"薛总！"云付恩又"扑通"跪下来，"您救救我，您一定要救我啊！"

"别这样，你起来说。"

"不，如果您不答应我，我就不起来。要不，我就跳楼死了算了，一了百了！反正还不了债，他们也不会放过我。"

"好，我答应帮你。"

"谢谢薛总！谢谢！"云付恩感激涕零地说。

"我向您发誓，我这一辈子都不会忘记您的恩德，忘记恩威的恩德。我一定好好干。如果我云某有一天忘恩负义，天诛地灭，天打五雷轰，断子绝孙，不得好死！"他举起右手，神情庄重地向天发誓。

"男儿膝下有黄金，快起来吧。"薛永新把云付恩扶起来。

他很不习惯有人在自己面前下跪发誓。但是，望着云付恩噙着泪水的眼睛，满含感激，他相信了此人的"肺腑之言"。

一个懂得"感恩"的人，至少会忠诚有恩于他的公司。虽然薛永新并不需要云付恩对自己"感恩"，但他很看重员工对公司的忠诚。没有忠诚，一个人是不会为共同的事业而尽心努力的。

薛永新将恩威唯一的一台价值五万元的汽车给云付恩抵债。那群人拿到车后，才心满意足地走了。

危难之际，薛永新出手相助，使这场追债风波终于平息。云付恩躲过了这场灾难。

"老板心肠太好了，把唯一的车子拿出来了，帮人还债。"

"这样的老板天底下难找啊。"

"是啊，薛总对我们员工也不薄。"

恩威的员工们纷纷议论此事，对他们的上司更加尊敬。但是，也有一些人为薛总感到不值。

"薛总，云付恩欠了别人的钱，应该他自己还，您为什么这么帮他呢？"

薛永新笑了笑，问道："你们知道什么是快乐吗？"

大伙儿诧异老总怎么会提这个问题。难道用自己的汽车帮人还债就是快乐？

薛永新看出他们心里在想什么，微笑着对他们讲了一个禅宗故事。

一天，无德禅师正在院子里锄草，迎面走来三位信徒，向他施礼，说道：

"人们都说佛教能够解除人生的痛苦，但我们信佛多年，却并不觉得快乐，这是怎么回事呢？"

无德禅师放下锄头，安详地看着他们问道："那你们说有了什么才快乐呢？"

甲说："有了名誉，就有一切，就能快乐。"

乙说："有了爱情，就有快乐。"

丙说："有了金钱，就有快乐。"

无德禅师说："那我提个问题：为什么有人有了名誉却很烦恼，有了爱情却很痛苦，有了金钱却很忧虑呢？"

信徒们无言以对。

无德禅师说："名誉要服从于大众，才有快乐；爱情要奉献于他人，才有意义；金钱要布施穷人，帮助有困难的人，才有价值。有理想、责任和信念的生活才能获得快乐。"

薛永新讲完这个故事，对他们说："当我们是从'造福人类、服务社会'这一理想和信念出发，我们就会有责任、有道义去帮助需要帮助的人。比如我们生产的'洁尔阴'，它使上千万的患者解除了痛苦，我们是不是感到快乐呢？同样，我们帮助别人渡过了危机，虽然失去了一台汽车，但可以再挣来。如果见死不救，见难不帮，就违背了我们的理想和信念，会使我们的心处于不安之中，不会获得快乐。你们说呢？"

"我们懂了。"

员工们茅塞顿开，更感到老总的境界很高。敬佩之意，油然而生。

薛永新用生动的、富有人生哲理的禅宗故事给几位员工上了一课，又适时地将恩威企业的理念传输给他们，使他们易于接受，从而化为工作的动力。

自此，云付恩对薛永新"感恩戴德"，毕恭毕敬。初来乍到，虽然他并不懂药业，业务也不熟悉，但表面上还是卖力地工作，跑上跑下，对人也非常谦和，行为举止得体大方。

这以后，恩威就开始重用云付恩。但是，薛永新万万没有想到，《农夫与蛇》的寓言竟然在他的身上应验了。

第八节　小人得势：阴谋与罪恶

努力目标是为大多数人谋福利，是好人；只着眼于自己的权
利名位、物质欲望，而损害旁人的，是坏人。

——金庸

薛永新是好人，是那个一身正气、笑傲江湖的令狐冲。而他创业之路上所遭遇的"小人"云付恩，恰是金庸武侠小说中排名第一的奸邪人物——伪君子岳不群。

伪君子有两种，一种貌似谦谦君子，实则内心阴暗，冷不防突然一剑向你刺来；一种装出可怜的样子，博取他人的同情和帮助，一朝得势，便撕下面具，恩将仇报。这两种人并非界限分明。有时他们表现得像一个君子，有时又像一个弱者。利用好人的善良达到一己私利，是一切小人的共同特征。

云付恩的出场，不像岳不群那样儒雅潇洒地亮相，而是上演了一出"悲情"戏，扮演了一个穷途末路之人的角色。

他的"悲情"戏成功了，但是，"贪欲"却撕下了他所有的伪装——

1990 年 8 月，全国药品交易会在北京召开。薛永新敏锐地感到，这是一个推广和宣传"洁尔阴"的大好时机。

那时候，国家鼓励企业引进外资。1990 年 8 月，成都恩威化工公司（恩威集团前身）与香港世亨洋行合资，成立了恩威世亨制药有限公司。恩威成为了一家中外合资企业，这在成都乃至全国尚是凤毛麟角。

麻雀变凤凰。恩威也由当初八户农民联办的一家乡镇企业，迅速成长壮大，建立了高科技跨国公司——恩威集团。薛永新任恩威集团董事长兼总裁。

考虑到合资初期，头绪很多，无法分身，薛永新决定派负责药品宣传的杨昌荣赴北京参加会议。

云付恩闻讯后，急急地来到薛永新办公室，请求道：

"薛总，能不能派我参加药交会？"

"我已经派杨昌荣去了。"

薛永新考虑到成都这边的销售业务正忙，不能再把人抽出去。

"您就多派一个人去，行吗？我想去北京。"云付恩急切地说。

"为什么？"薛永新见他如此急迫，感到不解。

云付恩犹豫了一下，然后两眼放光，说："我想多认识上面的人。"

"上面的人？"薛永新有些诧异。

云付恩凑拢薛永新跟前，对他说："兄弟，我知道您对我好。实话跟您说，经商不是我的志向。"

"你的志向是什么？"

云付恩离开座椅，起身走到窗前，望着远处的天空，沉思了片刻，然后转过身，眼睛里流露出欲望的光，对薛永新说：

"我是搞政治的，算命先生讲我的政治前途在北京，我要到北京去实现目标！"

他的语气里带有一种狂妄，平日谦恭卑下的神情丝毫不见，一副野心勃勃的样子，仿佛天下已在他的手中。

薛永新愕然地看着他，怀疑自己听错了。

"我是认真的。我要做大事，要做天下第一，做人上人。呼风唤雨，前呼后拥，多风光啊。他妈的，我吃了那么多苦，受那些龟儿子的屈辱，是白白的吗？"云付恩爆粗口道。

他坐回到椅子上，望着薛永新，表情认真地说："这是老天爷降大任于我。我要是上台了，绝对不会忘记兄弟。"

薛永新苦笑着摇摇头："我劝你回到现实吧，不要做梦了。"

"不，我的梦想一定会实现！薛总，您就成全我吧！"

看来云付恩真的想当"皇帝"。一个人的心一旦被"欲念"纠缠，便会迷失了方向。薛永新突然感到，自己太不了解此人了。

"我不同意你去北京。"

"薛总，我只有一个要求，请派我去北京。我只想见一下世面。"

"如果你抱着这种目的，我更不能同意你去。"

"为什么？"

"我想跟你讲一个佛学著名经典《五灯会元》上的故事。你想听吗？"薛永新平静地问他。

云付恩点点头。他知道薛永新又要跟他讲法传道了，虽然心里不耐烦，但也只能硬着头皮听。

"有一天慧可去向达摩大师请法。慧可对达摩大师讲：'我的心里很烦乱，无法安宁，想请达摩大师帮助我安心。'达摩大师听后答道：'将心来，与汝安。'"

"这啥意思啊？"

"意思是说，要为你安心可以，请把心拿来，我为你安心。慧可听了蓦地一怔：我怎么能把心拿出来呀？达摩大师微微一笑，说：我已经帮助你安了心了。"

云付恩心里嘀咕，这故事跟我有什么关系？

薛永新又说："达摩这句话的意思是，心本是空的，心本是明净的，心本是宁静的，就像天空一样。你的执持是错的，所以你的心乱了。你若执持你的天空一样的本心，就不会有烦乱和妄念。这样，也算是我帮你安了心，不再迷失了。"

"我懂您的意思。可是，人各有志。只要一天不实现我的梦想，我一天都不会安宁。薛总，您就让我去北京看看吧。"云付恩仍然执意要去北京。

唉，真是走火入魔了，薛永新叹了一口气，说："那好吧。"

他想，药交会多去一个人也可以。如果不碰碰壁，云付恩是不会回头的。最后薛永新同意云付恩与杨昌荣一起去参加药交会。

全国药交会闭幕后，云付恩从北京回到成都。

这时候的云付恩像镀过金一样，整个人容光焕发，谈起北京总是眉飞色舞。成都这边的销售，他也没有出色的业绩，好像他的心已经丢在北京了。

薛永新对云付恩的能力并没有寄予厚望。当初让他到恩威来，完全出于道义，所以对他也没有更高的要求。

云付恩在恩威站稳脚跟后，开始做他的从政梦。他知道，要从政，首先要有经济基础，于是，他想方设法，通过各种途径，谋取在恩威的权力。但他十分清楚，只要在恩威总部，他永远不可能谋到一把手的权力和强大的经济基础。于是他又想到了去北京。

有一天，云付恩又来到薛永新的办公室，要求去北京搞销售，长驻北京。

"北京是药品销售的大窗口，南来北往的重要渠道。您让我到那边去干吧。您相信我，我会把我们恩威的品牌打出去。"

"你就这么想去北京？"

"对啊，我觉得，我的发展方向在北京。也不知道为什么，我到了北京，就想留在那里干一番事业。我现在想的是，首先把北京的药品销售好好抓起来，为恩威做点业绩。不然，我可对不起您这个大恩人了。"

"让我考虑一下。"薛永新说。

经过认真思索，薛永新考虑目前市场竞争激烈，变化发展很快，而北方市场又无人管，恩威的战略一向主张向外拓展，最后同意云付恩去北京搞销售。

从 1990 年起，云付恩便每年长驻北京。

薛永新的期待，不完全在"洁尔阴"产品的销量上，而是期望通过不同形式的努力，建立妇女自我保健意识。

1990年4月起，薛永新在四川省内举办"恩威杯"妇女卫生知识大奖赛活动。恩威不宣传"洁尔阴"，却宣传妇女卫生知识，这一招似乎"不按牌理出牌"，却出乎意料地收到良好的效果，引起社会强烈反响。

活动的成功，使薛永新又做出了一个决定，趁热打铁，在北京开展全国妇女卫生知识大奖赛，将活动再推向高潮。

10月，薛永新给驻北京的云付恩打了一个长途电话，将活动的想法告诉他，叫他在北京联系，争取全国妇联和有关部门的支持。

"薛总，您放心，交给我办，没问题，北京我有关系。"云付恩保证道。

然而，云付恩在北京的联系并不顺利，花去不少资金，却没收到多少成效。原因在于他找的都是些社会上的闲散人员。京城之地，如果没有很深的人脉，要"通天"是很难的，除非自身具有卓越的能力。

1991年春节刚过，薛永新亲自上北京。

一次、两次、三次，他不遗余力地向妇联领导阐明举办活动的社会意义。他执着的精神、渊博的知识、雄辩的口才、浑身散发的个人魅力，终于打动了妇联领导，得到了全国妇联的大力支持。

在全国妇联领导的关怀下，卫生部、国家医药局等八个部门牵头，成立了组委会，共同举办"恩威杯"全国妇女卫生知识大赛。

云付恩瞅准，这是自己跻身"高层社会"的大好机会。"只要能认识京城的大人物，进入上流社交圈，我的'皇帝梦'迟早会实现。"他又一次地想入非非。

他觉得，要想达到目的，唯一的机会就是进入组委会。然而，薛永新并没有安排他参与组委会的工作。

他对薛永新的怨恨在心里悄然滋生，但他表面上并没有流露这种情绪，依然是毕恭毕敬的样子。只是他在寻找时机。因为他绝不会放过这次"登天"的机会。

于是，他再三要求薛永新推荐他为组委会成员。

"薛总，您北京、成都两地来回跑，非常辛苦，组委会的工作就让我来做吧。"

薛永新跟他解释，组委会成员大多是中央部级领导，名单早已确定。

"可总得有人具体做事吧，比如跟那些领导、媒体衔接、联络什么的。您就推荐我去吧。我一定尽心尽力，保证大赛不出乱子，不出纰漏，万无一失。"

"我已经安排集团其他人筹备会议，你还是管销售吧。"

"我真的想做点事，为您分忧，您就让我进组委会吧。"云付恩再三恳求。

"我已经决定了。"薛永新说。

见薛永新心意已决，自己就要错失良机，云付恩急了。

他突然"扑通"一声跪在地上。

"你干什么？"薛永新吃了一惊。

云付恩面向薛永新发誓："兄弟，只要我进入组委会，我会感激您一辈子。如果我忘恩负义，天诛地灭，天打五雷轰，断子绝孙！"

这是薛永新见到云付恩第二次跪地发誓。

"你不要这样！"

"薛总，我说的都是真心话。我发誓……"

"好啦！"薛永新打断他，"你去组委会吧。"

"谢谢薛总！谢谢兄弟！"云付恩站起身，喜出望外。

薛永新不忍心拒绝云付恩，最后同意了他的要求，让他进入了大赛组委会。

1991 年 3 月 8 日，大赛在北京拉开了序幕，总数约一亿份的试卷，随报纸进入了千家万户，全国有六千多万人参与了"恩威杯"全国妇女卫生知识大赛。直至 9 月，大赛颁奖及活动结束，取得圆满成功。

云付恩借这次活动，在北京结识了一些新闻界的朋友，特别是一批知名人士和上层人物，他把自己手中握着的这笔"政治资源"视若秘密武器。

通过这次活动，"洁尔阴"在全国声名鹊起，也给恩威带来巨大的社会效益和巨大的利润。薛永新的脸上露出了笑容。

正当恩威人沉浸在成功的喜悦之中，厄运偏偏在这时候降临了。

1991 年 10 月，江苏无锡消费者协会收到投诉，有消费者使用"洁尔阴"后产生严重副作用。消息很快在无锡市传开，接着在全国各地迅速蔓延，包括四川本地。一时间，"洁尔阴"风波骤然而起。

显然，这是人为制造的"假药"事件。薛永新意识到，这件事严重威胁着恩威的生存和发展。

眼见"洁尔阴"刚刚在消费者心中建立的信任就要被这起"假药"案所瓦解，薛永新虽然心急如焚，但没有惊慌。他迅疾派人到无锡查明真相，同时，通知云付恩回恩威总部研讨处理方案。

几天后，云付恩从北京回到了成都。

这时，从无锡传来令人振奋的消息，初步查明，有不法奸商见"洁尔阴"通过大赛活动，销量激增，有利可图，于是制造了一批假冒伪劣产品。

薛永新对云付恩讲："现在，省、市、县的各级领导都很重视，组织了打假专案组，真相即将大白，但北京有的部门还得去解释。你提供几个关系给我，我要在北京召开新闻发布会，向社会说明和澄清'假药'事件。"

"这个……"云付恩突然支吾起来。

"有什么困难吗？"薛永新问。

"啊，不是，我……我不知道该不该说。"云付恩欲言又止。

"有什么你就说吧。"

云付恩低头想了两秒钟，抬起头，目光里露出一种贪婪的欲望。不知为什么，他的眼神，让薛永新想起了狼。

"我提供北京的关系，可以。但我有一个要求。"

"你说。"

"我要在公司占三分之一的股份。"

他还是开口了。薛永新在内心凄凉地笑了笑。尽管自己知道云付恩心里在想什么，但当云付恩赤裸裸地提出来时，他的心头别是一番滋味。

对于云付恩的"狮子大张口",他并不感到突兀。在北京大赛期间,云付恩曾经提过几次,但都被他拒绝了。只是他没有想到,这个人居然以"提供关系"作为一种要价的筹码,甚至还带有威胁的意味。

一身正气的薛永新,平生最痛恨的就是贪婪和奸邪。而这个伪君子,就是两年前向他求救的那个人,那个信誓旦旦将"报恩"常挂嘴边的人。

"你拿三分之一股份干什么?"薛永新强抑制住内心的愤怒,问道。

"我们是兄弟,是朋友,我……"

薛永新厌恶地打断他:"你不要叫我兄弟!"

"您不要生气,我没有别的意思。我跟您说实话,我要搞政治,我要当'皇帝',我需要资金,需要钱,需要您支持啊!"云付恩恳求道,"我干脆说吧,我要用恩威做跳板!"

"你疯了!"薛永新生气地说。

"我没有疯,我是要干一番大事的! 请您相信我!"

薛永新明确而坚决地回答:"我们恩威的事业,是为大众健康服务的事业。我们获得的利润,一是用于生产发展,二是回报社会。我决不会让你把钱拿去满足私欲干危害社会的事!"

云付恩的脸红一阵白一阵,悻悻地走出了薛永新的办公室。

第二天,薛永新亲自去北京"灭火"。

"假药"风波必须迅速地平息,刻不容缓。顶住任何压力,都要召开新闻发布会,澄清真相。薛永新铁了心。

云付恩听说老总上午去了北京,下午他就买了一张机票,赶到了北京。他要赶在薛永新之前找到全国妇联的有关领导。

他抢先了一步。见到妇联领导,他公然讲:

"薛永新不同意给我股份,我要跟他对着干。我要把事情搞大,看他怎么在新闻发布会上收场。"

虽然妇联的领导劝他冷静,不要做不利于团结的事,但云付恩根本听不进去。

当日晚上,有两位妇联领导分别打电话到薛永新下榻的宾馆。他们希望薛永新冷静处理好云付恩的事。

一位妇联领导说："如果我们内部闹起来，将影响几个搞活动单位的名声。目前，'假药'事件已给各方面造成了很大压力，希望您以大局为重。"

薛永新当即在电话里表示："请领导放心，我会以大局为重，处理好此事。"

通完电话，薛永新感到自己的心在流淌着鲜血。他的心窝被人狠狠地捅了一刀。对他下手的人，恰恰是自己信赖的、口口声声忠诚于自己的人！

云付恩终于撕下面具，摊牌了。

当晚10点，云付恩带着两个人来到宾馆，与薛永新谈判。条件同样是要股份。

"不可能！"薛永新斩钉截铁地回答。

云付恩见薛永新态度坚决，便提出另一个条件：要恩威投资三百万元，在北京与妇联合办一个分公司，生产"洁尔阴"卫生巾。

"不行！"薛永新没有松口。云付恩目的不纯正，怎么能投钱给他？

"扑通"一声，云付恩突然给薛永新跪了下来，在场的那两个人都感到愕然。

薛永新已经熟悉了他的惯用伎俩，淡淡地说："你没有必要这样，起来吧。"

"薛总，您不答应我，我就不起来！"

"你随便吧。"薛永新准备走出门去。

"薛总！"云付恩哀求地叫住薛永新，"看在我们多年相交的分上，看在您曾经救我脱离苦海的情义上，您就成全我吧！就最后一次，我保证。您的大恩大德，我一直记在心上，随时都不敢忘。"

他声泪俱下地说："我不是有意跟您作对，我实在太需要一笔资金了。我也有梦想，我也要发展。如果我有得罪您的地方，请您海涵。薛总，您心胸宽广，有慈悲心，我知道您不会跟我计较。是我冒犯了您，我错了，我先向您赔罪了。"

薛永新的心有些软化。他最看不得别人流眼泪。

"你起来说话，不然，我们没法谈下去。"

见薛永新有所缓和，云付恩窃喜，赶紧起身，擦掉眼角的几滴眼泪。

"我不可能给你三百万。"薛永新的语气依然坚决。

"两百万？行吗？"

担心僵持，云付恩把条件"降低"，提出恩威投资两百万，交由他管理。他发誓，他一定把这笔资金用在恩威产品的生产上，为恩威创造业绩，决不滥用、挪用。

"董事长，我向您保证，一生不背叛恩威，不做不利于恩威发展的事，不做忘恩负义的事，不干扰乱社会的事。我会永远牢记，没有薛总您对我的相助之恩，就没有我云付恩的今天。"

薛永新沉默着，没有说一句话。

云付恩担心薛永新怀疑自己的诚意，又叫同来的人写了一份誓言。然后，他咬破手指，在上面滴血为誓。

他的"四不一没有"，似乎字字句句发自肺腑。谁看了，都容易迷惑。

薛永新想到妇联领导在电话里的嘱咐，自己当以大局为重，退一步海阔天空。

无论云付恩说的话是真是假，他姑且再相信一次。

就在这个晚上，北京寒意初袭的深秋，薛永新与云付恩达成了协议，建立京华恩威公司，由云付恩担任总经理（二级法人）。

薛永新没有想到，因重用此人，一场潜伏的巨大灾难，由此而爆发。

1992年，已组建集团的恩威按达成的协议，如数投资了200万元，交由云付恩建京华恩威公司，并进行管理。直至1996年，恩威总投资近400万元，加上宣传费高达3600万元。

云付恩一再表明，每年按总投资20%的利润上缴恩威。然而，他一再失信，京华恩威公司非但未交纳利润，还违背恩威有关团章程，擅自将资金投入其他行业，造成亏损达500余万元。

1996年的春夏之交，成都，恩威集团总部。会议室，气氛严肃。

"云付恩的违规行为已严重损害了恩威的利益,使恩威蒙受了巨大经济损失。我们必须对他做出严肃处理!"

薛永新召集董事开会讨论京华恩威公司严重违规问题。会上,董事会一致决定,责令云付恩立刻整顿,纠正错误。集团为此下发了1996年30号文。

云付恩接文后,置之不理。他不但不对京华恩威公司的生产、营销管理加以整顿,反而大肆要挟恩威收回文件,并且以怨报德,将仇恨的利剑刺向了恩人。

与此同时,云付恩勾结恩威集团内部的另两个人,里应外合,提供假材料,策划诬告内容,向有关部门寄诬告信,谩骂、攻击薛永新。

"恩威偷税一个亿,薛永新是幕后罪魁祸首。"所谓"恩威税案",就这样被云付恩一手"炮制"出来,震惊海内外。

"薛永新生活腐化堕落。"

"恩威号称向社会捐赠8500多万元,并没有兑现。"

"薛永新将1000多万美元的外汇转移出国。"

"他与李登辉关系密切,支持台独!"

"薛永新仇视共产党,谩骂毛主席、中央领导。"

"薛永新中饱私囊,挥霍职工的血汗。"

云付恩将一支支冷箭射向了薛永新,同时挑起职工集体罢工,制造混乱。

农夫怀中的蛇苏醒了,狠狠地向它的恩人咬了一口。

风云突变,谣言四起,薛永新的名誉受到严重损毁,有关部门开始着手调查。

面对风雨来袭,薛永新十分镇定,不为所怒,不为所动。

"董事长,云付恩这小人太坏了。忘恩负义!我们要告他诽谤罪!不能让他损害您的名誉。"部下气愤地对薛永新说。

薛永新淡淡地笑了笑,说:"想听我讲一个故事吗?"

"讲故事?"部下吃惊老总这个时候还有心情讲故事。

薛永新开始娓娓讲述——

苏东坡在瓜洲任职时，与佛印禅师所在的金山寺一江之隔。一天，苏东坡自认坐禅开悟，写下一偈："稽首天中天，毫光照大千。八风吹不动，端坐紫金莲。"这"八风"是佛家所指：称、讥、毁、誉、利、衰、苦、乐。

苏东坡叫侍者把偈子送给佛印禅师。禅师看后，在纸上写了两个大字：放屁！并令侍者带回。

东坡看了"放屁"两个字，火冒三丈，立即乘船过江。佛印禅师料到东坡会来，早已在江边恭候。

东坡指责道："你为什么侮辱我的诗？"

佛印若无其事地答道："没有啊，我骂你什么了？"

东坡气呼呼地说："放屁！"

佛印哈哈大笑："噢，你不是八风吹不动吗？怎么被一个屁打过江来了？"

部下被薛永新讲的故事逗乐了。

"东坡恍然大悟，原来自己还没有真正修炼到'八风吹不动'的境界。"薛永新总结道。

部下佩服地说："董事长，我们要向您学习。"

佛家认为，"心动便是苦海"，"心静即是福田"。一如老子所言："致虚静，守静笃。"薛永新向来秉持这一人生至高境界，即使后来遭遇惊涛骇浪，他都从容镇定，"八风吹不动"。

这时，薛永新话锋一转，表情严肃："我个人名誉损毁、屈辱，算不了什么。但是，我决不能容忍任何人胡为，损害恩威的形象，损害全体职工的利益。给他一个警告，让他赶快收手，悬崖勒马。"

云付恩向昔日的恩人狠狠咬了一口，深受其害的薛永新依然抱着"农夫"善良的愿望，给云付恩最后的机会。他不愿看到自己曾经救助的人往歧路上越走越远。

然而，云付恩没有接受警告，反而变本加厉，侵吞公款上百万元之多，单就其在宾馆长期包房、吃喝，每月报销达15万元之巨。据公司的一些员工揭露，云付恩将大量资金用于公关、行贿，为实现其个人野心编织"关系网"，以及过着花天酒地的生活。

据恩威后来查实，云付恩不仅于1994年2月以个人名义，擅自将京华恩威公司54.1万元资金，挪用到其家乡办企业，而且从1997年底至1999年，又将京华恩威公司1600万元的资金转至自己名下的公司，又用其公司的名义购买了山东某制药厂。1998年8月，云付恩又用250万元承包了北京某生化制药厂。京华恩威公司的大量资金不断被云付恩挪为他个人使用。据不完全统计，仅几年工夫，云付恩私吞、侵占、私分企业财产就达2600多万元。按照国家《刑法》，他已构成挪用资金罪。

怕事情败露，也为了逃避国家执法机关和恩威对他的审查，云付恩肆意造谣诽谤恩威，继续对恩威集团的法人代表薛永新进行人身攻击。云付恩的行为构成了破坏企业生产罪和诽谤罪，1997年6月23日，成都市中级人民法院已受理此案，在审理中，此案因种种复杂原因，没有结果。

1996年8月2日，鉴于云付恩的所作所为，经董事会决议，撤销云付恩在京华恩威公司的一切职务。

云付恩拒不交权，蛮横阻挠，霸占京华恩威公司。恩威集团几年来的多次举报均被他的保护网阻挡。

野心和贪心，使人性扭曲。为了权力，为了私利，为了个人目的，人变得虚伪，变得丧心病狂，变得不择手段，甚至不惜背负忘恩负义的骂名。

可是，最后云付恩又得到了什么呢？薛永新和他的制药王国并没有倒下。

这是狮子与狼的生死较量与搏杀。

然而，这只是一个序幕的开场。在狼烟四起的商道上，正与邪、善与恶的交锋还在后面。

第九节　狼群聚集：羚羊掉进了陷阱

请赐我七苦八难。

——日本战国时期名将山中鹿之助

真正的杰出者都是从苦难中走来，所有的成功者都是踏着失败的斑斑血迹，一路披荆斩棘，从绝境中迈向辉煌。松下电器之父、日本著名的"经营之神"松下幸之助说："自古以来的伟人，大多是抱着不屈不挠的精神，从逆境的挣扎中走来。"

没有人能轻易获得成功，失误和挫折难以避免，有可能来自生意场上的失意，有可能因为你轻信了一个人而输了全部。

没有人天生具有正确的判断力。每一位企业家无时无刻不在规避可能发生的错误，但他们还是在犯错误，甚至可能是致命的错误，从而陷入绝境。

重用云付恩，是薛永新人生的第一大失败；而选择合作伙伴——外商吴仁义（化名），则是他的第二大失败。

20 世纪 90 年代初，经历了改革开放后的第一个十年的发展，薛永新与他的恩威完成了第一轮的原始积累。但是，民营企业尤其乡镇企业的生存依然痛苦而艰难。政策环境不明朗，国企一统天下，又有公有制的"优良血统"，让那些带有"资本"色彩的民营企业，只有一息空间。

1988 年，国家整顿各类公司。双流县工商局没有对恩威化工公司（恩威集团前身）的营业执照进行例行年审，直到 1989 年也未年审。原因在于，恩威化工公司处于全国乡镇企业合法与非法的争论之中。

薛永新深感企业生存状况极不稳定。为了寻找一条长久稳定的出路，他查了国家当时的法规，了解到合资企业受法律保护。这项法规，让他看到了希望。

于是，他调整了恩威的战略，做出了一个大胆的决定：寻找合作伙伴，建立合资企业。

那时候外资刚开始进入中国市场。许多中国企业家虽然摩拳擦掌，跃跃欲试，但仍不敢迈出第一步。如何进行中外合资，经济风险有多大，谁的心里都没有数。然而，中国企业在全球视野方面呈弱势，引入外资已成必然趋势。

薛永新看准了这点。只要国家的政策允许，他不怕冒险。向外扩张，让"洁尔阴"药品走向世界，是他一直规划的长远战略。

非凡的胆识和气魄，使薛永新迈出了勇敢的一步。

在熟人的引荐下，薛永新与外方一洲洋参丸驻成都办事处的主任认识了。他开门见山地表达了寻找合作伙伴的愿望。

该主任向一洲洋参丸庄老板做了汇报，庄老板表示有意愿合作。

然而，半路杀出个程咬金。有一个人突然插了进来。他就是封正华（化名），当时在公司监察部上班的李某向薛永新引荐了此人。

封正华对薛永新说："香港世亨洋行吴仁义先生，听说薛总正在找合资伙伴，愿意与恩威合作。"

"请转达吴先生并向他表示感谢，恩威已经找到了合作方。"薛永新委婉地拒绝了。

"薛总，吴先生是很有诚意的，我对他很了解。他是灌县（今都江堰）人，1987年以前在华西医大任体育教师，后来到了深圳，又辗转到了香港，做生意发了财，可以说一夜暴富，如今有上亿资产。他想在成都投资，愿为家乡做贡献。"

薛永新考虑到与一洲洋参丸的庄老板已初步达成合作意向，尽管没有签字，有些细节还在谈判之中，但不能因此失信于人。所以，他没有同意与吴先生合作。

但是，封、李二人却表现出锲而不舍的"热衷"，每天都向薛永新吹风，介绍吴仁义的人品如何高尚，像他的名字一样心怀仁义道德。说他在香港有多少不动产，本人一心想报效家乡等等。

在封、李二人的游说下，薛永新答应与吴仁义见面。

4月，夜色中的香江两岸，灯火闪烁，繁星与明月倒影水中。晚风轻轻吹拂，歌声从维多利亚湾飘来：

"月儿弯弯入海港，夜色深深灯火闪亮，东方之珠整夜未眠……让海风吹拂了五千年，每一滴泪珠仿佛都说出你的尊严。让海潮伴我来保佑你，请别忘记我永远不变黄色的脸。"

香江岸边的酒店里，薛永新与港商吴仁义相见。或许是香江夜色的美丽，令人感到美好，或许是歌声牵动别样的情怀，让人产生共鸣，虽然初次会面，但两人谈得很愉快。

"离开成都几年了，很想念家乡。以前不知道乡愁是什么，出去以后，才知道乡愁隔着一江水哪。"

吴仁义不愧是教师出身，说出话来像念一首深情的诗，令人动容。

"是啊，我们都是中国人。虽然江水相隔，但血肉情是隔不断的。好在几年之后，香港就要回归了。"薛永新感慨道。

"闻听薛先生很爱国，致力于民族企业，弘扬中医药和中华传统文化，吴某非常钦佩。"

"哪里。为国家尽绵薄之力。"薛永新谦虚地说。

"我跟薛先生说句实话。以前没有钱，才出去。现在有了钱，就想回来报效祖国，报效家乡。所以，我渴望与薛先生合作，把'洁尔阴'洗液销到世界各地。请相信我的经济实力和外销实力。希望薛先生成全我的心愿。"吴仁义言辞恳切。

薛永新被他这番"发自肺腑"的表白所感动。这天晚上，他们在酒店谈了很久，双方就共同投资办企业达成了意向。

最终，薛永新放弃了与一洲洋参丸的合作，选择了吴仁义。但他当时并不知道，自己犯下了一个致命的错误，轻信了此人。

1990年6月30日，双方签订了合资协议。总投资400万元人民币，其中，中方资金300万元，外方资金100万元。

1990 年 8 月，由成都恩威化工公司控股的中外合资企业恩威世亨制药有限公司在中国成都成立。

麻雀变凤凰。随后，创建于 1986 年的成都恩威化工公司，也由当初八户农民联办的一家乡镇企业变身为合资企业——恩威集团，并拥有全球多家代理机构。薛永新任恩威集团董事长兼总裁。

然而，合资企业成立之初，却并不顺利。当时，外方的注册资金迟迟未到。在中方的催促下，吴仁义才将拖延了 26 天的 150 万元港币汇来。

大家担心的事总算过去了。可是，外方资金刚到三天，还没有放热，香港世亨洋行突然发来电报，要求将 140 万元港币汇到深圳吴仁义的公司。

合资公司刚刚成立，港方的投资款才到三天，吴仁义就想把资金汇走，显然有悖常理。恩威当时提出了异议，不同意汇走。

港方代表却振振有词地说：“吴董事长讲，这笔资金是用于购买设备的，买设备是合资企业的事，合同上有规定。”

薛永新考虑到，因合资之初，为此事不和，对企业不利。他同意汇出这笔资金，但提出双方必须签订购买设备的协议。为此香港世亨洋行与恩威签订了协议。

七天后，资金汇走，吴仁义却没有履行协议购买设备，且以种种理由搪塞。转眼到了 1991 年，140 万元的巨额资金如泥牛入海。

难道这是一个骗局？外方以购买设备为名，实则抽走资金。实际上，香港世亨洋行只剩下 10 万元港币在合资公司账目上，还“名正言顺”地以合资为理由，吃掉巨额的利润。这是一个早就设下的陷阱！这个念头令薛永新惊出一身冷汗。

善良的羚羊，又一次掉进了猎人设下的陷阱里。

但是，“猎人”错误地估计了对手。薛永新不是软弱的羚羊，他绝不会任凭贪婪的猎人宰割，坐以待毙。

1991 年 6 月，薛永新致电吴仁义，请他速将 140 万港币汇回。但是，香港世亨洋行却回电以此项款已转移用途并已用完为理由，拒不汇回。

恩威方面义正词严地向港方指出，这是一种蓄意抽逃资金的欺骗行为。

10月6日，吴仁义向薛永新写了一封亲笔函，信中承认："我方尚差投资款，在1990年利润中冲转。"

吴仁义要求将利润充当投资的行为，明显违反国家法律。

1992年10月13日，双流县财政局下发了134号文件，确定"合营外方抽走资金是违法行为"，建议由地方人民政府按国务院、财政部等有关规定依法处理，包括"对合营外方已分走的利润（红利）"等问题。

恩威世亨公司从1990年8月成立之日起，至1992年3月的18个月中，外方香港世亨洋行从中分得了高达1100万元之巨的利润，却从未外销过一瓶"洁尔阴"，还拒不归还已违法抽走的140万注册资金，反倒起诉恩威"违约"。

这场合资纠纷案终于爆发了。

吴仁义四处"鸣冤"，给新闻媒体写信，企图取得舆论的支持。他信中称："几年来，合资企业由起初的几百万元发展到1.3亿多万元，年利润从几十万元上升到5000多万元。这是合资双方苦心经营，合作开拓的结果。但是，我作为港方投资者，应得的利益被侵占……我的忍让与克制，也许被薛永新先生误会为对他违法合同、违反公司章程和中国法律的背信弃义的行为无可奈何。其实，我有多次机会向国际社会求助的，但是，我身上流着华夏子孙血液，胸中跳动着一颗中国心，不允许我向世人公告，以免玷污祖国改革开放的形象和故乡成都市的名誉。"

吴仁义把自己背信弃义的违法行为，反诬在薛永新身上，却冠冕堂皇地把自己塑造成一个多么爱国、又受到多么不公正的待遇的海外人士。

表演与伪装，这是所有小人的卑劣伎俩。

狡猾的猎人企图吞噬到手的猎物，却又害怕受到正义的指责，于是，他找到"正当"的理由，称自己是为了"自卫"，而演了一场"恶人告状"的拙劣之戏。

善良的农夫又被毒蛇反咬了一口。

在此期间，外方派来的会计做恩威世亨公司财务部总经理，是时任港方代表副总经理的封正华的兄弟封正府（化名）。封正府并不懂财务，从开始建账到 1991 年 7 月，不到一年时间就把账务做得一团糟。

为了规范财务，董事会决定向社会招聘财务经理。也在这时，有一个人走进了恩威。

他就是柳震肃（化名）。

恩威人事部。一间大会议室挤满了应聘者。

因为前车之鉴，人事部对应聘财务经理的要求很高。应聘者必须具备注册会计师的资质，并要求有丰富的工作经验。

柳震肃来了。

他向公司人事部出示了所持国家财政部颁发的《注册会计师证》，以及自己在南充市审计所的工作简历。

"我管理和审计过许多大单位的财务，从来一清二楚。凡我经手审核的账目，从来没有发生混乱。你们可以去访一访。"

柳震肃向公司人事部负责人滔滔不绝地介绍自己工作经验是如何丰富，有多少业绩成果。

"我自信，我的专业水准和工作能力完全能胜任恩威的财务管理。如果我能有幸到恩威工作，我一定勤勤恳恳，任劳任怨，坚守一个注册会计师的原则，恪守诚信，忠贤恩威，个人利益服从集体利益，不计个人得失。"

当时，恩威求佳若渴，未加认真考察，轻信了柳震肃的"自荐与自我吹嘘"及他注册会计师的资质证明，公司人事部最终从众多应聘者中选中了他。于是，柳震肃作为财务部经理最佳人选进入了恩威世亨公司。

1993 年 10 月，由于外方香港世亨洋行抽逃资金，导致恩威集团的第一个合资企业——恩威世亨制药有限公司蒙受巨大经济损失，特别是给恩威开拓国际市场带来严重阻碍。接着，恩威集团与柬埔寨籍香港居民许强先生达成友好合作协议，成立由恩威集团控股的第二个合资企业——恩威制药有限公司。

公司董事会决定，将许强先生的投资款 50 万美元用在泰国、中国香港、柬埔寨开拓国际市场。之后，许先生按约将广告、购地协议与单据寄回公司。薛永新曾多次催促柳震肃办理验资手续，因为事务繁忙，后来便未再过问此事。

有一天，四川省财政厅法规处黄处长通知薛永新，柳震肃有诈骗行为，他所执的文件均系伪造，并转来一套材料，要求薛永新对之严肃处理。

柳震肃得知后，向薛永新求情，让他继续留在公司，并保证自己今后认真工作。于是，薛永新替柳震肃向黄处长求情，希望不要对他采取行动，公司将酌情予以教育处置。黄处长同意了公司的意见，正面警告柳震肃，希望他今后诚实做人。

然而，柳震肃不肯改悔，一再违背财务规定搞乱账目。税务、财务部门多次指出来，他表面服从，暗中抵制。为此，薛永新对柳震肃提出了严厉的批评。

柳震肃对薛永新怀恨在心。

1995年元月，双流县地税局一名女干事给薛永新打来电话说："柳震肃到地税局反映恩威与许强先生搞假合资，这是怎么回事？"

薛永新当即答复说："许先生的资金在1993年12月底全部到位，他的资金已用于公司，拓展国际市场、做广告与购地建厂方面了，并且通过了验资。"

女干事说："这事非同小可，你们要核实。"

薛永新亲自到双流县会计师事务所核实验资情况。他万万没有想到，柳震肃搞了一份假验资证明。证明是用农行的便条写的，柳震肃的笔迹，盖的营业部公章，上面写着许强先生汇来57万美元投资款。

薛永新感到震惊和愤怒。许强先生的投资款是经董事会决议，用于购买土地与做国外广告，且有依据，从未汇过上述资金。

这个伪造的证明，把恩威卷进了"假合资"的风暴之中。按照法规，恩威必须说服许强先生尽快汇50万美元到账，才能消除"假合资"所带来的负面影响。

所幸，外方许强先生是一位品格高尚的人，基于对薛永新的信任，他毫不犹豫地将巨额资金汇入了公司，帮助恩威渡过了一场风暴。

1995年底，恩威将柳震肃调离财务部，去另一部门任经理。此时，薛永新仍然给了他改正错误的机会，多次对他进行教育与规劝。

柳震肃却恼羞成怒，一意孤行。

与此同时，云付恩"落井下石"，再次向薛永新发难。他纠集柳震肃、吴仁义一伙，大肆诬告恩威"搞假合资"，在海内外掀起了轩然大波。

薛永新身边狼群聚集，朝他张牙舞爪，一步一步地企图把他逼入绝境。

在动物世界，有羊在，就会有狼。狼离不开羊，是为了贪婪的欲望；狼"爱"上羊，是为了掩饰自己狰狞的面目。但是，善良的、智慧的、勇敢的羚羊，在绝境中也会变成无畏的狮子，决不甘愿被狼吃掉。在人的世界，也是如此。

为了捍卫恩威和全体职工的利益，薛永新决定反击，不再保持沉默。他向北京中国国际经济贸易仲裁委员会提出了反诉……

一位名人说："人最怕的是黑暗，因为在黑暗中你不知道迈出下一步。"但是，薛永新并不惧怕黑暗。即使一个人孤独地走在曲折黑暗的隧道，看不到前方的光亮，他坚信只要自己走过去，光亮就在不远处。

第七章

步入辉煌：恩威的企业之道

善用人者为之下。是谓不争之德，是谓用人之力，是谓配天，古之极也。

——《老子·第六十八章》

老子说，善于用人的人对别人很谦虚。这叫作不与人争的品德，这叫作运用别人的能力，这叫作符合自然的道理，这是自古以来的最高准则。

古往今来，凡成大事者，都善于用人。尽自己之所能者，只能是小智者，借他人之力者，才是大智者。

薛永新深谙用人之道，企业有了人才，才能发展壮大，才能步入辉煌。

第一节　人才战略：企业制胜法宝

吾任天下之智力，以道御之，无所不可。

——曹操

在《三国演义》中，初露头角的曹操把引进人才作为剿灭群雄的战略。曹操攻克冀州后，遍访冀州贤士，唯才是举。他饮酒江边，一首真挚动人的《短歌行》，抒发了他招纳贤才、建功立业的宏图大愿："月明星稀，乌鹊南飞。绕树三匝，何枝可依？山不厌高，海不厌深。周公吐哺，天下归心。"

曹操爱才惜才，将徐庶、关羽收编麾下。到晚年时，他还重用了与自己意见相左的司马懿而"克定天下"。"猛将如云，谋士如雨"，为他一统中原打下了坚实的基础。

曹操的用人之道，对今天都具有现实指导意义。国家有了人才，就会强大；企业有了人才，就有了一切。

熟读《三国演义》的薛永新，敬佩曹操的人才战略。他深谙企业人才的重要性，人才关系着企业的生存与发展。这也是老子所说的配合天道。

薛永新是一个有远谋的勇者，一个非常冷静而智慧的人。

面对接踵而至的厄运、内忧外患的夹击，他没有停止前进，一方面沉着地应对，一方面继续开拓事业。

他把目光投向了人才。

1993 年 3 月 18 日，《光明日报》上刊登了一封"倡议书"。中国科学院近百名学部委员和全国一批知名人士联名发出倡议，把每年的 3 月 18 日定为"全国科技人才活动日"。他们呼唤中华民族的科技意识，呼唤全体人民

"尊重知识，尊重人才"的风尚。

发出倡议的学部委员中，有著名的科学家严济慈、贝时璋、唐敖庆、张光斗等人。在三十多位社会知名人士中，薛永新名列其间。

老子说："道大、天大、地大、人亦大。"而孔子也强调天地人三才共荣共生。

薛永新深感，越来越大的"摊子"，如果没有人才去支撑，恩威的前程必然岌岌可危。1990年，恩威员工不到两百人，小学文化程度的占了80%。随着恩威"转身"成为合资企业，资本的扩张、生产的发展，使人才问题愈加突出。没有人才，就无法实现科技创新，无法走向世界。

"唯才是举，吾得而用之。"薛永新从曹操在建安十五年春天颁布的三道《求贤令》中得到启发，想到了一个办法：向社会公开招聘，广纳人才。

于是，恩威在当时成都最有影响的主流媒体《成都晚报》上刊登了半个版面的招聘广告，一个现代版的《求贤令》：

> 天恩地威，而人居其一焉。恩威秉承中华传统文化精神，坚持"愿众生吉祥，社会幸福"的企业理念，致力"造福于人类，服务于社会"的制药事业，热诚欢迎有志之士为恩威注入新的活力。让我们一起携手共创辉煌的未来，获得一个欢乐、奋进、成功的人生。

醒目的广告，热情洋溢的"求贤"文字，加上良好的工作环境、优厚的待遇，使一大批有志者怦然心动。报纸发行后的第二天，报名者逾千人，挤满了报名处——珠峰宾馆。

众多报名者在宾馆门口排起了长队。有的从头晚便开始排队，还有的报名者因为上班，便请亲戚朋友替他排队。漫漫长夜，人们耐心地等待着。这样的场景既出乎薛永新的意外，又让他感动。

"周公吐哺，天下归心。"一批科技人员、社会精英、高校学子拥入了恩威。人才的引进，给恩威增添了活力。犹如繁花盛开的春天，给大地带来了一片生机。

人才进来了。但是，"人才不好用"，这是古今中外管理者普遍的喟叹。越是有才华的人，越是难以"驾驭"，像目空一切的悍马，有本事，却"不听话"。

但是，他们都是充满了理想主义、富有创造激情的"良才"，只要使用得当，他们就能发挥巨大能量。

薛永新的法宝是：尊重与激励。尊重是一种态度。有人说："态度决定成败。"这话不无道理。员工不在乎老板有多大才能，只在乎对他们的态度。用尊重的态度对待每一名员工，对待每一个人才，重视他们，他们就会受到激励，就会努力地工作，表现出自己最好的一面。

薛永新给予了所有员工与每一位人才最大的尊重，扬长避短，人尽其才。在平日，他总是带着招牌式的微笑，礼貌地听员工说话，并且和蔼地回答，给予关注、支持或鼓励。

不管是来自贫困农村的员工还是大城市"养尊处优"的人才，或是"牛人""怪才"，他都一视同仁：首先是用尊重……

身为企业的领导者，薛永新深知，自己的态度，也决定着员工对待客户和工作的态度。

在生活上很俭朴的薛永新，在用人上却慷慨大方，想尽一切办法，不惜重金，为"精英""能人"创造优越的工作条件，提供更大的舞台。如配备先进的科技设备，配备专用的轿车，年纪大些的、离家较远的员工上下班，公司派车接送。只要是人才，都给予高薪重酬。

因为他知道人才是企业的财富，是企业最宝贵的人力资源。

一个杰出的领导者应是点燃员工希望之火、人生奋进之火的普罗米修斯，甚至可能成为影响他们前途的关键人物。

因此，正确的导向和激励，尤为重要。

当第一批人才进入恩威后，薛永新给他们上了第一课。

大家坐在会议室，好奇地等待他们的上司。没有人见过薛永新，心里都猜测着：一般老板在员工们面前都很威严，他可能也是这种类型吧？

一个中年男人进来了。他穿着整洁的白衬衫，外套一件黑色的休闲夹克，似乎很随意。矮小的个子，看上去却很精神。他的相貌清俊，宽阔、丰润的前额，显现出超人的智慧，好像其中有开发不完的宝藏。他的面容庄严、饱满。一双眼睛神光内敛，透着韬光养晦的内省。

偶尔，他用目光扫视会议室中的青年才俊，他冷静的眼神又会外射，像一个修行已达至深境界的高人，直达他人的灵魂深处。

他的到来，让整个会议室突然无声无息，好像产生了磁场。

他就是我们的老板吗？他奇异的外貌、冷静的气质，吸引了大家惊奇的目光。

薛永新缓慢地走到座位上，静静地注视在场的新员工——他们将是恩威的精英良才。他的脸上慢慢浮现了微笑。一个令人放松的微笑。

他说："今天我想和大家探讨一个题目：人生经营。"

人生经营？这个题目出乎大家的意料，面面相觑，却又禁不住流露出浓厚的兴趣。

他不谈企业的目标，不谈企业的前景，不谈如何为企业努力工作等大道理。这似乎与企业无关的人生话题，一下抓住了年轻人的注意力。

"人生为什么要经营？国家需要经营，家庭需要经营，这样才能国家昌盛，家庭和睦。同样，人生也需要经营，需要进行管理，设计人生道路，从而提升人生价值，实现所确定的人生目标。"

接着，他讲了释迦牟尼成佛悟道的故事——

两千五百多年前的一个凌晨，明星现于天上。在一棵菩提树下，有人忽然发出一声赞叹："奇哉！奇哉！大地众生皆有如来智慧德相！"

这个人是谁？他就是佛教的创始人释迦牟尼。

释迦牟尼出生的年代，大约与我国的老子同时代。他是古印度迦毗罗卫国的悉达多王子，过着无忧无虑、充满欢乐的生活。

有一天，青年时期的悉达多王子从王宫的东门出游。路上，他看见一位老人腰弯背驼，牙齿脱落，头发稀疏，满脸皱纹，手挂着一根竹杖，颤颤巍巍地走路。

他问驾车的侍者："那个人是怎么回事？"

侍者回答："王子，这是人老的状态。每个人都会走到这一步，每个人都会有这样一天。"

接下来的三天，释迦牟尼分别从南门、西门、北门出游，遇见一个生病的人，一支送葬的队伍，还遇见了烈日下耕地的农夫。

四天的出游，释迦牟尼感受到了人生的四苦：生苦、老苦、病苦、死苦。于是，他毅然离家出走，经过六年的苦行，最后，在尼连禅河西岸的一棵菩提树下大悟成佛，证悟宇宙人生真谛，从此开始说法传教，普度众生脱离苦海……

讲完这个故事，薛永新说："'生老病死'是生命的本相。不管你地位多高，有多大的物质财富，或者一无所有，都逃不了自然规律。我们必须接受这一铁定的事实。人生是苦，但人在苦的面前不应是消极无为的。"

"我们认识了众生的生老病死的特定规律。因此，我们要择立善业，做善事，随时想着为众生做点有益的事来，积累精神财富，到最后，离开人世的时刻，才能安然而去。你的精神财富留给了社会，人们会记住你，你就会永远活在人们的心中。有的人地位高、财富多，但没有做善事，更有甚者，巧取豪夺，争名夺利，欺上压下，到离开人世时，他才真正是一个穷光蛋。因为他留下的是骂名。"

接着，他说："我们要积极地经营好人生。那么，怎样在短暂的人生中，使我们的人生获得意义，实现人生的价值？释迦牟尼为我们的人生经营指出了道路：觉悟。"

"怎样才能觉悟呢？"有人提问。

"问得好。佛教认为，人生是一个修行的过程，只有不断地改造自己，人才能解除精神压抑与迷惘，不为外物所动，进入内心快乐、平静和安宁的涅槃境界。"

"我们是凡人，怎么才能做到？"又有人问。

薛永新回答说："对于我们芸芸众生来说，营造一颗善良、正直、无私、明白、坦荡的美好心灵，就是觉悟。人类生活的主要内容，在于人的心灵生活；人生的主要领域，是心灵领域。当我们具备了美好的心灵与行为，就会找到人生崇高的目标：为众生幸福。"

讲到这里，他转入了正题："恩威的企业理念是，愿众生幸福，社会吉祥。宗旨是，服务社会，造福人类。我们选择以中医药为企业的主业，制药就是解除人们生理上的痛苦与烦恼。我们更崇尚传统文化。弘扬传统文化，就是净化灵魂，解除人们心灵上的痛苦与烦恼。"

员工们专注地听着，鸦雀无声。

讲到这里，他特别强调："我是为大家服务的，不是老板。希望各位都要有服务意识。服务意识，也就是奉献意识。只有将事业的立足点，放在为众生造福的基础上，我们的企业才会做大、做强。天地不自生因而地久天长，企业不自私方可发达兴旺。"

他稍作停顿，睿智的目光静静地注视员工们，意味深长地说道："人生是不容易的。怎样才能有一个欢乐、奋进、成功的人生呢？伟大的老子告诉我们，要效法天地自然之本，要养成清静无私之性，这样才可以了解自然的真理——道，真正超越自身的局限，成就有益的事业，获得人生的永恒。"

他的话音刚落，听讲的人不约而同地鼓掌，掌声持续了两分钟。大家听得热血沸腾，被薛永新"励志"之言所感染和激励。

薛永新的"励志"，既是讲解人生的经营，也是在传输恩威的文化精神。他深知，企业的独特价值和文化，是企业长远发展的根本保证。

以后，薛永新总在不同的场合，或讲演，或开会，或聊天，跟员工们讲老子与人生哲学，讲孔子与仁义礼智信的儒家核心价值观，讲佛典与禅宗故事，传达和平、宽容与博爱的宗教精神，传达中华民族的文化精神，对员工进行人生教化与心灵启发，激发他们的潜能与奋进的力量。

他仿佛不是一个企业家，而更像是一位孜孜不倦的传教士，一位指引道路的灵魂导师。

他娓娓的讲述、精辟的见解、渊博的知识、沉静而富于激情的语言风格，深深吸引了一批批进入恩威的精英。没有刻板的教条、空洞的大道理，国家的责任感、企业的使命感、荣誉感等微言大义只在谈笑之间，随手拈来。他赢得了英才们的景仰与尊敬。

此外，他还常到医院开讲座，宣传道家医学与中医药的理论以及道学、医学救世思想，宣传救死扶伤的传统医德。

恩威被大家公认为企业的"黄埔军校"。后来，从恩威走出去的一批员工、骨干，许多都成为了著名的企业家，在商海中闯出一片天地，践行着恩威"造福人类，服务社会"的精神。他们对薛永新充满敬意和感激。

全国医药行业有那样多的科技人才，如何真正做到广纳贤士，网罗天下英才？薛永新的头脑常会冒出一个个"点子"。

他通过恩威在全国各地设立的事务所，与各地医院、高校、研究所等单位的专家、教授建立了广泛而深入的联系，邀请他们成为恩威的专家顾问。

拥有了专家与人才，让薛永新一颗"悠悠之心"总算放了下来。

他决定实现在脑海中酝酿很久的计划：成立中医药研究所。早在"洁尔阴"试制成功之后，他就把目光投向了第二代乃至第三代产品。他设想以"洁尔阴"为母体，研究开发治疗恶性肿瘤，防治心血管疾病、高血压和冠心病的一系列新药。

我国的中医药是一座开发不完的宝藏，而道家的养生秘方是这宝藏中的神奇瑰宝。作为一名企业家，一名医药工作者，薛永新感到，开发中医药，为祖国医学做出贡献，是自己义不容辞的责任。

随着合资企业的成立和人才的引进，薛永新认为，恩威开发中医药的时机成熟。

1991年，恩威集团建立了四川恩威中医药研究开发有限公司，专门从事中国传统医药的研究与开发。作为中医药科研的主力军，集团先后投资5000万元人民币，在欧美发达国家购进一批先进的仪器和设备，建成了国内一流的试验室。

他亲自立命题，与科研人员一道，把道家的养生秘方与中医药结合起来，针对癌症、乙肝、艾滋病以及传染病特点，研制出了新药"乾坤宁"。此药从研发到投入临床应用，前后耗资近7000万元。

令人可喜的是，"乾坤宁"在2003年"非典"期间，发挥了重要作用。这又是一个故事，留待下文讲述。

一个个堡垒被攻克，一个个难题被化解。科研人员在薛永新的带领下，每年成功地研制一系列新药，如"化瘀舒筋胶囊""丹贞颗粒""清经胶囊""丹萸颗粒""芪苓益气颗粒""姜脑止痛搽剂""金栀洁龈含漱液"等。目前已有十二种新药获得了国家专利证书。

从1989年以来，一直到今天，在全国医药领域，恩威始终保持着科技制药的先进水平。

恩威不断地创造着奇迹。

恩威中医药研究所每年都要完成五到十种新药的阶段性研究成果，试制两种新药。这在省内、国内都是前所未有的高速度。按照常规，一个新药的试制，一般大医院或科研单位从设计配方到临床试验，最后批准生产则需要五年至七年的时间。

什么是"恩威速度"？四川省社科院的著名专家、资深学者吴野先生在他的《道与人生》一书中说："打破常规、高速发展，就是'恩威速度'。"

恩威速度，是薛永新与恩威科研人员一起创造的。

对于人才的渴求，薛永新永远都无止境。

他除了经常在社会招聘人才外，还利用开会、谈话等各种机会捕捉人才信息，千方百计地引进人才。只要愿意到恩威工作，无论专职与兼职都是恩威的一员，都是在助恩威一臂之力。

为了让企业长久发展，后继有人，1995年，薛永新将兄弟薛永江、大儿子薛刚、小儿子薛洪送去美国读书。

几年后，他们学成后陆续回国，将西方先进的管理理念运用到企业中，在各自负责的领域里出类拔萃，带领恩威人继续开拓事业，成为恩威优秀而出色的后继者和管理者。

如果要解读薛永新与恩威的成功之道，人才战略是制胜法宝之一。如果用武侠做比喻，薛永新无疑是一个胸中气象万千、容纳百川千海的"东方不败"。

第二节 求贤若渴：得人者得天下

青青子衿，悠悠我心。但为君故，沉吟至今。

—— 曹操《短歌行》

曹操令人动情的诗句，仿佛是薛永新内心的写照。多年以来，有一个人，他总是念念不忘，在心里一直牵挂着。

他就是彭崇斌。

当年，薛永新还在办木材加工厂时，有人诬陷他"投机倒把"，蒙冤被抓进收审所。在那之前，他做木材赚了很多钱，为了感谢工人们付出的辛劳，改善他们的生活，他每天像办宴席似的，十桌、二十桌……招待手下的人，善待他们。可是，自从他被抓后，个个都对他避而远之，只有彭崇斌常常来收审所看望他。

在那段炼狱般的铁窗生涯里，那份患难中深厚的情谊，给了薛永新温暖。那时候他就在心里想：有朝一日，我出人头地，一定要报答彭崇斌。

后来，他出了收审所，彭崇斌却杳无音讯了。但是，他并没有忘记自己在铁窗下的发愿。

现在，恩威日益发展壮大，他觉得自己应该还愿了。

他千方百计地打听彭崇斌的消息，打了很多电话，问了很多人。可是，仍然没有找到彭崇斌，不知道在哪里。

一个偶然的机会，他终于打听到了彭崇斌的消息。彭崇斌在四川省社科院里的小车班里开车。这个消息，让薛永新为之惊喜。

第二天，他来到了省社科院。

"彭师傅，有人找你。"一位驾驶员模样的人冲着小车班喊。

那天，正巧彭崇斌没有出车。

"谁啊？"

彭崇斌从里屋走出来，见到薛永新，突然愣住了，难以置信。怎么可能？现在已经鼎鼎有名的薛老板，怎么会出现在这里？会来找我？

薛永新的脸上浮现了微笑，眼睛里似有泪光闪烁。

彭崇斌的眼睛也湿润了。

"薛总，您，您怎么找到这里来了？您，您是来找我？"彭崇斌激动得结结巴巴、语无伦次。

"当然。你这个家伙，到哪里去了都不给我说一声，害我到处找你。你也不来找我。"薛永新半带责怪地说，语气中流露出一种朋友般的亲热。

"嘿嘿。"彭崇斌憨厚地傻笑，说，"您现在是大老总了，我这个小人物哪能打扰您呢。"

"不要这么说。这些年我可没忘记你。"薛永新真诚地说。

彭崇斌感动地望着他。

"你愿意到我的公司上班吗？"薛永新了解到，彭崇斌现在生活很困难，他十分想帮助这位朋友。

"我？可以吗？"彭崇斌不敢相信。

薛永新点了点头。

彭崇斌突然哭了。他没有想到，身为一个合资企业的老总，竟亲自来找他，帮助他。这是不可想象的，然而，这的确是真事儿。

一个大男人哭了，让薛永新慌了，不知道该怎么办。

"我去找社科院的领导，跟他们说一说。"

于是，1991年下半年，薛永新来到四川省社科院副院长办公室。

一位戴眼镜的中年男人坐在桌边，正专注地写着什么，以至于薛永新走进来，他都没有察觉。

"万院长！"

叫"万院长"的中年男人抬起头，惊喜地站起身，说："薛总，是您？"

他热情地跟薛永新握手："大驾光临，快请坐！"

这个具有儒雅气质的男人叫万本根，时任省社科院副院长。他与薛永新在 1986 年相识。那时，万本根在省社科院担任副秘书长兼行政处长，薛永新搞干洗剂开发的时候，他曾经多次把社科院的北京吉普、卡车租给他运货。

几年不见，万本根已经是社科院的副院长，卓有建树的专家、学者。1997 年以后，他在社会科学研究工作中，不仅取得创造性成果，具有重大学术价值，而且在国家、四川省和成都市经济社会发展的某些决策和实施中发挥了重要作用。

"我向您借人来了。"薛永新坐下后微笑道。他喜欢直截了当，不愿拐弯抹角。

这点也非常符合万本根直率的性格。

"以前是借车，现在是借人。薛总，您可真会'借'啊。"万本根打趣道。

薛永新无声地笑了。

"请说，你要借谁？只要我能办到。"万本根认真地说。

万本根虽然当了副院长，可一点没变，还是像以前那样热情爽朗，乐于助人。薛永新心里很感动。

对于万本根来说，尽管他与薛永新接触不多，但他很关注恩威的发展，尤其从心底敬佩这位农民企业家过人的胆识和魄力。所以，当薛永新开口请他帮忙，他毫不犹豫地表示愿意尽力。

"能不能把彭崇斌借用到恩威？"薛永新说。

万本根颇感意外。他以为薛永新会向他"借"某位社科院的专家，却没有想到，他要"借"的人，竟是小车班的普通驾驶员。

薛永新把自己过去蒙冤被抓进收审所的那段经历告诉万本根。他说："虽然彭崇斌是一名普通员工，但他在我最艰难的时候，给予我的那份情谊，我不能忘。"

原来薛永新"借"人，是为了感恩。万本根明白了。

感恩是中华民族几千年的传统美德，而今天，一个企业家依然秉持着这份美德，真是难能可贵啊。他很感慨。

"好，我同意！"万本根爽快地答应了。

万本根的"成人之美"，让薛永新心生感激。两人在办公室里交谈投契，相互视为知音。

他们谈得最多的是中国文化。从儒学对中华民族刚健有为进取精神的影响，谈到个人对家庭、对国家和民族的责任；从道学文化的核心"道"，谈到"无为"的伟大智慧对人生境界的提升；从佛教的慈悲喜舍谈到群体道德的要求，以及中国人的精神生活和心灵需求。然后，又从文化的层面上，谈到企业的管理与发展。

万本根惊讶薛永新的脑子里装满了思想，一个只有小学文化程度的人，其知识与理论水平、文化见解，不亚于满腹经纶的学者。而他的人生境界更是非一般人所能达到。他从心底对薛永新产生了敬意。

后来万院长对他人说了一句话："我从不盲目崇拜什么人，这辈子就崇拜薛永新。"

薛永新则对万本根的学识、修养，还有对恩威发展的建设性意见，由衷地敬佩和叹服。

英雄相惜。那天，他们谈了很久，省社科院各部门的人都下班走了，两人还在谈个不休，甚是投缘。直到夜幕降临，华灯初上，他们才各自打道回府，相互仍感意犹未尽。

万本根说到做到，果然把彭崇斌"借"给了薛永新。

自此，彭崇斌正式成为恩威的一名员工。他尽心尽力地工作，非常出色，任恩威集团汽车队长，一直干到 2006 年退休。

据万院长介绍，薛永新为彭崇斌解决了住房、医药补贴等福利，待他退休时，还给了他一笔可观的退休金。

薛永新完成了自己"感恩"的心愿。

感恩，是人类对生命恩赐的感激，是对馈赠生命意义的人的感谢。感恩还是一种责任，一种精神上的宝藏。它在中华传统文化中是一个重要的意识层面，蕴含着深厚的人文关怀。

"契阔谈宴，心念旧恩。"薛永新的"感恩"，折射出他最温情的一面。

从那次交谈以后，薛永新与万本根时常一起闲聊，谈天说地。不过他们谈得最起劲的还是中华民族的主流文化——儒释道。

他们两人"煮酒论英雄"，慷慨而言，滔滔不绝，不时地擦出思想的火花，都感到受益匪浅。

薛永新与万本根的友谊又更进了一步。

转眼到了 1992 年。某天，薛永新突然对万本根提出，他要"借人"。

"又要借谁?"万本根瞪起眼睛看他。

"借你。"薛永新微笑道。

我? 万本根吃惊地注视他，心里嘀咕：开玩笑吧。

"我有一个不情之请，请你兼任恩威第一副总裁。"薛永新认真地说。

望着薛永新郑重的表情，万本根相信他不是在开玩笑。

"我知道，你身为社科院的副院长，我的要求有点强人所难。但是，作为企业，恩威需要你，需要省社科院的支持；作为朋友，我真的需要你。"薛永新诚恳地说。

万本根沉默了。

"恩威作为一个合资企业，要发展，要真正成为跨国型高科技现代化民营企业，必须要有专家型管理者，才能更上一层楼。"

薛永新的话实情实理，万本根从内心很愿意为朋友、为恩威出力献策，但是，自己作为社科院的负责人之一，要到民营企业兼职，显然不是他所能决定的。

万本根委婉地拒绝了薛永新的盛邀。

但是，薛永新并没有放弃。不久，他又再次来到省社科院，诚恳地邀请万本根"出马"。

此时，薛永新已经开始陷入所谓恩威"合资纠纷案"与"舒尔阴侵权案"的风浪中，遭受内外夹击的他一方面要应对诉讼，一方面要发展企业，已深感分身乏术。这时候，他太需要一位像万本根那样的专家来帮助恩威了。

虽然万本根还是婉拒了薛永新的邀请，但是，他将这件事报告了上级领导，省社科院为此还专门开会讨论。

会上，有的表示支持，有的则激烈反对。反对的人认为，恩威目前牵涉官司，在全国的影响很大，现在调万院长兼任恩威副总裁，省社科院可能会卷进去。

万本根说："我相信薛永新。恩威做的是'造福人类，服务社会'的好事。一个民营企业走到今天，非常不容易，作为社科院，我们有责任扶持它，让它发展得更好，更强大。"

这次，讨论没有结果。大家的担心也不无道理。

当薛永新第三次来到省社科院时，万本根刚刚外出，踏上了去潼南的路途。

原来，省上的领导做出了指示，省社科院派专家从社会科学的角度扶持民营企业是可行的。

为了进一步与薛永新交往，也为了消除大家的顾虑，万本根带着"尚方宝剑"，专程到薛永新的老家潼南了解相关情况。

薛永新的老家在崇龛镇边的乡下，老屋背靠陈抟老祖修道的明月山，面对山峦起伏的笔架山，金灿灿的油菜花开遍了田野。宁静的乡村，鸡犬相闻，宛如到了桃花源。

万本根走在古老的小镇上，踩着青石板路，仿佛走进了悠远的时光中。他过了一座会仙亭，传说中神仙走过的桥，然后经过一个八角井，他发现井水清澈幽深。当地的农民对他讲，这口井任何时候都有水，清洌甘美，即使遇上旱灾，它都从不干涸。

薛永新的老家就在这神奇的八角井旁。

这里有十一间青瓦房，干净、宽敞。薛永新的大伯大婶热情地把万本根迎进屋，还带他去看了薛永新出生时的那间房子。一些乡邻闻听省上来了人，都好奇地跑到薛家来。

大家你一言我一语地称赞薛永新为家乡做了很多好事。有人说，薛老板捐了几十万元，把崇龛镇的泥泞路修成了石板路。以前到镇上赶场，遇上下雨天，踩得满腿都是泥。

原来刚才自己走过的石板路就是薛永新捐建的。万本根想。

"薛老板还给我们崇龛捐了一百八十万元，建了一所职业中学呢，我们乡的好多娃娃都在那里上学。他是一个大好人啊。"一位乡邻说。

"现在市面上出现了一种仿冒恩威'洁尔阴'的洗液，那些不法分子真是太坏了，该打击!"又一位乡邻愤愤不平地说。

"'洁尔阴'疗效可好了! 我们村的妇女都用过，是'神药'呢!"

"听说，香港老板抽逃资金，还要跟薛老板打官司，恩威会打赢吗?"

恩威"舒尔阴侵权案"和"合资纠纷案偷税案"都传到这个"不知秦汉，无论魏晋"的桃花源，可见影响的确不小，薛永新的压力不知有多大。万本根想。

薛永新的大伯接过话题说："永新对家乡特别感恩，因为他是从这里走出来的。他对父母很有孝心，把两位老人都接到成都照顾。每年春节他都要回老家看看亲戚，看老乡。"

这一次走访，万本根还从县委、县政府处了解到，薛永新的家庭曾经被戴上"富农"的帽子，家道中落，而他本人没有任何劣迹，对家乡贡献很大。

他对薛永新更加了解，也更加钦佩。他觉得，像薛永新这样品德高尚的民营企业家，我们为什么不能在他最艰难的时候伸出援助之手呢?

当万本根从潼南回到成都，听说薛永新又去找过他，他心里十分感动，主动来到在双流县城的恩威集团总部。

见到薛永新，他第一句话说："我送上门来了。"

薛永新喜出望外，紧紧握住他的手。

两双男人的大手握在一起，彼此目光交汇，不需要任何语言，所有的信任、所有的情谊都在其中了。

当时的恩威内忧外患，如果万院长到恩威会面临很大的压力，是什么原因促使他决定跟薛永新合作?

面对周围人的疑问，万本根回答说："薛永新感动了我。我认为，不管是什么大人物，一定要知道感恩。懂感恩，才能报效祖国，回报社会。所以，我相信他。我只是希望尽绵薄之力，帮助恩威发展。"

薛永新的诚意，还有他个人的魅力和高尚的人格，终于打动了万本根。

三天之后，万本根走马上任，担当起恩威集团第一副总裁的重任。

从 1993 年到 1995 年，万本根在担任恩威常务副总裁的三年期间，在恩威高层核心成员中，成为重量级人物之一。

他帮助恩威完成了 GMP 国际标准认证，为恩威产品成功打入国际市场做出了贡献；他还从管理学上，对恩威的管理制度提出了规范化、科学化的改进建议。1996 年，当"恩威税案"正式爆发时，万本根已回到省社科院，但他与恩威人同心协力，不遗余力地为"恩威税案"翻案上下奔走，为恩威迎来了黎明前的曙光。

"我有嘉宾，鼓瑟吹笙。"虽然企业中难免有"害群之马"，但薛永新手下的人大多是"英雄豪杰"，每一个人都在恩威的各个领域独当一面，创造出骄人的业绩。恩威拥有杰出的管理者，拥有一大批出色的人才，让薛永新感到欣慰与骄傲。

《诗经》上说："得人者兴，失人者崩。"从《史记·项羽本纪》中，我们不难看出这放之四海而皆准的真理。刘邦手下谋士如云，仅一流谋士便有张良、陈平、萧何；而项羽只有一个"年七十，好奇计"的范增，手下基本无人。刘邦夺得天下，而项羽则落得乌江自刎。韩信曾评价项羽为什么失败，主要在于项王逞"匹夫之勇"，"不能任贤属将"。

人的因素决定着国家的兴亡、战争的胜负、英雄的成败，同样也决定着企业的兴衰与存亡。

当薛永新"遍访贤士"之时，却承受着常人难以想象的巨大压力。一个接着一个的惊世"冤案"，像一场又一场狂风暴雨，足以摧毁一切。但是，薛永新依然"闲庭信步"，坚定地继续前行。

即使在逆境中也能保持一颗"求贤若渴"的心，冷静地规划未来，为摆脱困境铺好前行的道路。

第三节　神药奇迹：顺其自然的经商之道

> 道，可道，非常道；名，可名，非常名；无，名天地之始；有，名万物之母。
>
> ——《老子·第一章》

在老子的世界里，道是不能讨论的。一切皆有道，道无所不在。你要用眼看，用手做，用心悟，才能有所得。

释迦牟尼在菩提树下得了道，六祖慧能拿着扫帚在佛台前参得佛的真谛，全在于一个"悟"字。做人如此，经商也是如此。

一位学者说："《道德经》的智慧用于做人，就是人道；用于政治，就是政道；用于经商，就是商道。"

薛永新从老子的"道"，悟出了企业的经商之道。

广告词效应

清代红顶商人、药界名人胡雪岩，是一个将经商智慧发挥得淋漓尽致的人。他说："做生意第一步先要做名气，名气一响，财宝就会滚滚而来。"

无论古今，成功的商人都有相通之处。"洁尔阴"洗液试制成功后，薛永新为它的广告词也颇费了一番脑筋。

众人拾柴火焰高。薛永新多方面请教"高人"，又召集大家开会讨论。他提出了四个要求：第一要朗朗上口，容易记住；第二要言简意赅，又意味深长；第三要突出产品的特点；第四要用词优雅、含蓄。

大家根据要求，你一言我一语地碰撞，想了很多话语。有的符合产品的特点，可太直白；有的看似含蓄，实则晦涩，不易记住。

薛永新一边听，一边推敲。每个人的建议像散落的珍珠，虽然好，却并不完整。他像一个悉心的匠人，将它们一颗颗地拾起来，串起来。

他思索着，怎样才能把大家的智慧凝结起来，有一个令人叫绝的广告词。

他想到，妇女生理疾病，是几千年来难以启齿的痛楚，"洁尔阴"正是为洗涤妇女的难言之隐，解除人类的烦恼应运而生。顺于自然，合乎大道。

这时，他突然道："就是它！"

大家把目光齐刷刷投向了他。

"难言之隐，一洗了之！"他缓缓地说。

会议室突然变得异常安静，大家回味着、咀嚼着。过了片刻，静默的会议室突然爆发出激动的欢呼声。

"洁尔阴"的广告词诞生了！

"难言之隐，一洗了之"——集体智慧的结晶。

它的诞生是必然的，就像花到了春天自然而然地开放一样。

从此，这个脍炙人口、心领神会，又具有东方式幽默、含蓄的广告词——"难言之隐，一洗了之"，走进了千家万户，迅速成为流行词。

电视荧屏上反复插播着"洁尔阴"广告："阴阳平衡天地，痛痒困惑人类。难言之隐，一洗了之。"

人们在各种场合，常会情不自禁地引用这句"洁尔阴"著名的广告词："难言之隐，一洗了之。"然后，会心一笑。

"洁尔阴"，因它的广告词而家喻户晓。

"洁尔阴"，因它的广告词而名声大噪。

1989年，恩威的第一批"洁尔阴"生产出来后，立刻赢得了消费者的青睐。恩威当年就实现税利800万元；

1991年，"洁尔阴"广告词的一炮打响，如虎添翼。"洁尔阴"旋风席卷中国，卷向英伦三岛，卷向美国、泰国、马来西亚、柬埔寨以及沙特阿拉伯……

《欧洲时报》称，据从事艾滋病研究的权威人士证实："'洁尔阴'不仅对艾滋病毒具有较好的细胞内部抑制作用，而且这种洗液在体外稀释一千倍仍对艾滋病毒具有很强的杀灭作用。"

随着薛永新东渡日本，南赴泰、马，北走俄罗斯，西去欧美，恩威的产品和薛永新的名字在全球范围产生越来越大的影响。

从亚洲、欧洲到非洲，在地球的每一个角落，人们惊奇地把"洁尔阴"称为"东方神药"，人们欢呼着它给人类健康带来的福音，人们惊叹着一个中国农民创造的奇迹。

20 世纪 80 年代末的一个寒冷的冬天，当薛永新拎着一桶"洁尔阴"洗液四处奔走的时候，他一定没有想到，那手上拎着的不是一桶黑咕隆咚的中药洗液，而是一个缔造中华医药王国的梦想，它将见证一个中国农民企业家走向世界的东方传奇。

制药现代化

看到"东方神药"产生的巨大效应，看到中国恩威灿烂辉煌的前景，一位美国药界大亨私下找到薛永新，希望他能迁往美国发展。

薛永新诙谐地说："我的那些东西都是地道的'中国特产'，如果离开中国的土壤就不灵了。"

这位洋大亨耸耸肩膀，两手一摊，做了一个苦笑而无奈的表情。

薛永新并没有被眼前的"声名鹊起"冲昏头脑。越是在欢呼和掌声之中，他越是清醒与冷静。

多次出国考察，看到国外药业的先进和现代化，他要让恩威实现制药现代化的愿望更加迫切和强烈。

1991 年，薛永新开始在发达国家选择先进的生产设备。从日本引进的喷雾干燥塔，当时在中国是第一台。此设备能将中药水喷雾干燥成中药粉末，每小时可喷 150 公斤粉末。然后，又从德国引进压片机，彻底地颠覆了中药大碗药汤的传统服用习惯。在那一年，恩威的产品达到了 1.6 亿元的惊人销售额。

1992 年，他又花费 600 多万美元，从意大利引进胶囊填充机和塑料包装药瓶生产线，改变了"洁尔阴"系列药品的"土"包装。

随后，他在成都高新区购买了75亩土地，投资2.5亿元，于1995年建成当时亚洲最大的中草药提取和中药材种植基地。

美国南加州大学老年病学院长艾德教授和西特尔赛医院的怀斯教授是世界上享有盛名的医学专家。他们慕名来到中国成都访问恩威的中药材生产基地，以期寻找合作伙伴。

他们参观后，眼前所见真让他们大吃一惊：豪华的大楼内装备着具有远程透明访问功能的大型标准数据库，严格的国际化标准，从科研、生产到销售的自动化全程管理，引进的国外一流设备，全线完成从药材切片、炮制、提取、浓缩、喷雾、干燥等各个生产流程，将传统的中药制成先进的剂型，生产过程中不添加任何辅料，以保证药品的天然纯正和品质。

如果不是大楼上那四个醒目的大字"恩威集团"提醒他们是在中国，他们真以为是在美国的某个大公司参观呢！

"OK！中国恩威！"他们竖起了大拇指，啧啧称赞。

艾德和怀斯两位教授真诚地向薛永新提出期望与恩威合作，把神奇的中医药推广到全世界。

让世界认识中华医药的构想，在薛永新的脑海由来已久。当两位教授道出愿望时，他欣然同意。

于是，"东西方医学研究中心"在美国洛杉矶成立了。

在美国，恩威还与一些大学和科研部门展开多项中药研究。除此之外，薛永新还每年出资50万美元，在南加州大学开设中医课，从教育上推动西方对中医药的认识。

在弘扬中华传统中医药方面，薛永新一直倾尽着自己全部的心力。

现代化管理

恩威崛起于医药商品激烈竞争的时代。薛永新深知科学管理是事业发展之本。可是，如何才能管理好一个企业？

如今的恩威不再是当年只有二十多名员工的小企业，已经发展成三千多人的跨国型现代化集团。它下属十多个分公司，在全国各地有三十多个办事处。

现代化管理，是摆在薛永新面前的又一个难题。

入夜，月光穿过落地窗，如水一般泻进屋子。薛永新熄了灯，点燃一支香，像往日那样盘腿打坐。这是他跟随李真果大师学道以来养成的习惯。

袅袅的香烟中，他闭目端坐，陷入了宁静之中。他远离了喧哗，远离了纷争，整个世界一片静谧。不管遇到多大的困难，承受多大的压力，只要他静静地坐在那里，所有的烦恼都消失了，眼前唯有"万里无云万里天"。

此刻，他进入了冥想。一个悠远的声音，穿越两千多年的时空，破空而来："治大国若烹小鲜。"

是老子！薛永新睁开了眼睛，周遭又陷入沉寂。虽然似乎是一种幻觉，但老子的话犹在耳畔回响。

老子在告诉自己，治理一个国家，就像煮小鱼一样，调味、火候都要适中，文火慢慢烹煮，不急不躁，不要常常去搅动它，小鱼才色鲜味美。政治家治理国家，企业家管理企业，道理跟烹小鱼一样。这就是"无为而治"。

薛永新从老子的思想中受到启发：中国传统文化是企业管理之根本。只有以中华民族五千年文化背景为支撑，方能在骇浪滔天的商海中扬帆前行。

于是，他创造了一套独特管理模式：即把"清静无为""守中抱一"的道家思想运用于企业管理，使它和严密、复杂的现代化企业运作巧妙结合。这一模式后来被誉为"恩威管理模式"。

首先，薛永新运用"无为而治"与"治大国若烹小鲜"的思想方法和道理管理企业。他认为，制度是企业运行的轨道。如果制度朝令夕改，经常去"搅动它"，员工就无所适从，不知该做什么好，人心即大乱；如果制度稳定，员工就会心情稳定，专心于工作。

企业只要抓好了管理，制定了大的、基本的规章制度，有了正确的运行轨道，顺其自然，"以不变应万变"，也就是说，"服务社会，造福人类"的恩威宗旨不变；"解除众生疾苦"的立业选择不变；"愿众生幸福、社会吉祥"的精神理念不变；视质量为生命的大原则不变；人尽其才的用人原则不变……就会达到"无为而治"的效果。

薛永新在树立企业精神理念的同时，狠抓质量管理。质量是管理的重中之重。

ISO9000系列是通向国际市场的证书，是国际上对产品质量的认证标准，它不仅要求产品质量符合国际标准，而且对生产环境、公益、企业管理、售后服务都有严格的要求。

薛永新深感，恩威获得ISO9000是通向世界的第一步。

他在全体职工中开展质量是企业生命的意识教育。药品质量关乎人们的生命健康，也是恩威生存发展的重要保证。他要求全体"恩威人"视质量为生命，视消费者为上帝。

"质量是恩威生命"的宣言深入了每位职工的心中。

1991年，恩威率先通过了ISO9000国际质量认证。自此，恩威产品走向了世界，恩威人走向了世界的大舞台。

从1991年1月"洁尔阴"进入中国香港和英联邦市场起，恩威在国际上的版图迅速扩大：俄罗斯、法国、日本、韩国及马来西亚、泰国……都设立了分公司或办事处。2002年进入美国药品市场。

"东方神药"之花开遍了五洲四海，散发出芬芳的异香。

"洁尔阴"成功打入国际市场，这只是薛永新在管理方面的成效之一。他的企业管理最大特色是，始终以中国传统文化为根基，顺应自然之道。

市场的竞争是残酷的，人才的竞争也是激烈的。在商品社会中，人们面临的诱惑加大，人心变得浮躁而功利。人才的流动是每一个企业无法避免的现实。

"问渠哪得清如许，为有源头活水来。"如何让企业保持一股源源不断的活水，这是薛永新思考的又一个问题。

薛永新采用疏导管理：学习水的本色，善利万物而不争。即像疏导水那样疏导员工，按照人的自然规律，去协调人的感情，导引人的思想，和谐人与人之间的关系，加强传统文化教育，最大程度地发挥人的主动性与创造精神。

因而，办讲座、讲国学等，成为他疏导管理的一大特色。

刚开始，有的员工难以理解，老子、孔子那些先哲圣人与我们这些凡人有什么关系？我们为什么跟他们学？

员工们从他生动的、富有人生哲理的导引中，吸收到了优秀的民族传统文化，找到人生的价值与坐标。员工们深深地爱上了恩威，爱上了恩威的企业精神。

薛永新还采用了情感管理，将各种规章制度与富于人情的管理机制有机糅合在一起，关心每位员工的生活，改善他们的福利，使他们无后顾之忧。

在薛永新的情感管理中，还有许多细节令人感动。比如，员工过生日，恩威每年都为他们送上一份生日礼物。礼物虽然普通，但温暖了员工的心。

又比如，员工之间因工作问题发生摩擦、矛盾，薛永新就利用开会时间最后一项议程，让"矛盾"的双方相互握手、拥抱。在这简单的拥抱之间，一谈一笑化解了以往的不愉快，而增进了同事之间的友谊。上下同心，和谐相处……

有一个生动的细节，恩威员工都知道。总部办公楼有七根巨大的不锈钢柱子，在柱子下面，人显得极其"渺小"。柱子之间有十级台阶。台阶前是宽广的停车场。凡是到恩威的人，不论职位高低，出身贵贱，都得从这里下车迈向台阶，经过一个广场，才能进入公司。这出自薛永新的特意设计，体现了从这里走进公司的人，都是平等的，没有贵贱之分，没有人格上的高低，大家只是岗位不同。

尊重，是薛永新给恩威每一位员工的态度。

为了让员工能够在恩威找到自己合适的岗位，发挥自己的优势，薛永新在全公司范围内实行"竞选岗位工程"。

他不拘一格选拔人才的做法，深受广大员工的欢迎。大家踊跃竞争上岗，施展自己的才能，为恩威带来了阳光般的朝气和"水"的活力。

"我无为而民自化"。薛永新还主张让职工在企业的内部运行中"自化"，企业领导层无须过多地干涉他们。如果过多地干涉，就像烹小鱼一样，过多地翻动反而使鱼肉烂掉。

薛永新说："在企业管理上，我们首先制定了严格的规章制度，有章可循。在用人问题上，我们采取自我选择，让每一个员工都能发挥其才干，施展才能。管理者把情感运用于管理之中，关心员工生活。这样，既保证了生产的正常进行，又顺应了人心情感，何愁企业不发展？"

薛永新的管理之道，就像聚起来的流水，看似柔弱，"而攻坚强者莫之能胜"，真正形成了"铁打的营盘，流水的兵"，任何一个岗位走人，包括法人，恩威也照常运转。

这就是为什么无论怎样的环境，恩威始终保持着旺盛活力的秘诀。这是薛永新"大道无为"思想在企业管理中的成功实践与运用。

薛永新认为，作为企业管理者最重要的是引导企业朝着顺应规律的方向发展，这决定企业的命运。因而，他始终坚持用"无为"来指导企业行为，从企业的宗旨到药品研制，从广告宣传到市场拓展，从员工的思想教育到生产管理，都贯穿着"无为"精神。

在"无为"思想的指导下，薛永新带领恩威人，于1986年建立了成都恩威化工公司，并在20世纪90年代初成立了中外合资企业，随后，组建了成都恩威集团公司，并在国内建立了十多家分公司，以及设于美国、英国、俄罗斯、泰国和中国香港地区的海外和外地机构。在紧接着的十年内，恩威从一个只有几十名员工，年产值几十万元的小型乡镇企业，发展成为年产值两亿多元、以中医药开发为龙头，以科研、生产、贸易为一体、兼营房地产、文化旅游等的大型高科技跨国集团。

1989年，恩威的年产值不到两百万元，1993年产值已达数亿元。恩威产品的年外销量超过千万元人民币。从1991年以来，恩威每个员工为国家上缴税金平均超过了三十万元。恩威创业至今，累计上缴税金四亿多元。

1995年，恩威被列入中国乡镇企业之最，被农业部乡镇企业局、中国乡镇企业协会评为中国最高利税总额乡镇企业。

"东方神药""洁尔阴"更频获殊荣。1988年，"洁尔阴"洗液获卫生部科技司、中国保健科学技术委员会、健康报社颁发的优秀产品奖；1991年，"洁尔阴"洗液荣获第二届北京国际博览会银奖；列入"七五"全国星火计划；1995年，"洁尔阴"洗液荣获中华人民共和国农业部中国乡镇企业名牌产品；被国家科委、国家统计局评为"1995年中国民营科技企业技工贸总收入一百强"……

1995年9月，全国首次商标价值评估，"恩威""洁尔阴"两商标的评估价值分别达4.8亿元和3.59亿元，成为当时国内的高价值商标。

道无所不包，无所不在。正如尼采所言："老子思想是一眼永不枯竭的井水。"薛永新喝上了几口，尝到了甜头，从中汲取到无穷的智慧，深受裨益。

第四节　经营哲学："三三四"营销网络建立

上善若水，水善利万物而不争，处众人之所恶，故几于道。

——《老子·第八章》

老子说，最高的德行像水那样，水什么也不要，什么也不索取，什么都一无所求，滋润万物而不与万物相争，却最接近于道。无物相争，所以能立于不败之地。

"水德"所蕴含的"道"，给薛永新带来了深刻的启示，摸索出自己的一套独特的经营哲学：主张竞赛，不主张竞争。主张像水一样"处下"，利万众而与世无争。

这似乎是一种浪漫主义的理想。在硝烟四起、明争暗斗的商战中，没有竞争，就会被淘汰出局。

但是，薛永新不这样看。

"不争"的经营哲学

在一次"关于竞争"的讨论中，薛永新同员工展开了一场对话。

他对员工讲："你们看，水'争'什么了？没有。可是，我们能离开水吗？不能。生命、地球、万物都需要水的滋润，有什么东西能比我们对水的需要更渴望呢？"

"我们还是不能理解，商品社会怎么能离开竞争？"有人提出疑问。

"竞争是什么？"他反问道。

他睿智的目光投向在座的每一位员工。大家静默着，等待他说下去。

"竞争必须要有对手，否则，无以相争。现代商业竞争中，是多方竞争、多头竞争，是比'两个'还要多得多的竞争局面。甚至，你也许直接看不到竞争对手，不能确定到底谁是你的竞争对手。这是竞争的本质特征之一。竞争的另一个本质特征则是：争斗必须在同一领域，竞争各方所争的应是同一样东西。"

他举了一个例子："如果一座城市当中已经有三家啤酒厂，其产量满足本城市的消费者需要早已绰绰有余，就是关掉其中两家，供货也不会出现短缺。于是三家企业必然相互竞争，争夺同一个啤酒消费群。反过来看，消费者的利益需要早已得到了满足，如果我们将立业点选在这里，我们的企业对消费者而言不是必要的，他们不需要我们。这样的结果会怎样呢？"

他稍稍停顿了一下，继续讲道："我们立业的立足点落不到万众的利益需要上，无法生根，结果只能是惨败出局。"

一位大学刚毕业的青年员工大胆地提出一个相反的问题："我理解的竞争，是优胜劣汰。电热灭蚊器代替蚊帐，不就是竞争带来的好结果吗？"

薛永新微笑道："你提了一个很好的问题。但需要解释一点的是，电热灭蚊器取代蚊帐，将蚊帐淘汰出局的现象，我理解这并不是一种竞争现象。为什么这么说呢？"

他把问题抛出去，又把它"接"回来：

"因为二者所满足的需要只是表面上一样，而实际上不一样。电热灭蚊器针对的是室内，蚊帐针对的是床上，只能说前者满足需要的范围更宽，不争之中涵盖了后者原有的功能。或者说，从商品生产角度讲，两者满足的是不同的需要。也就是说，是新的需要觉醒取代了原来的需要。"

"你说，为什么呢？"他把问题抛给提问的年轻人。

青年员工恍然所悟，回答说："我明白了。因为在原来对蚊帐的需要中，早已包含了'抛弃蚊帐'的需要。"

薛永新微笑地点点头，继续说："经历过蚊帐年代的人，对蚊帐都有过头疼的经历，都有过这样那样的烦恼。在他们那里，早就潜伏着抛弃蚊帐的需要。电热灭蚊器尤其满足这种需要。所以，我理解这不是竞争现象。如果第二个电热灭蚊器厂家诞生了，这才是竞争开始了。"

薛永新一番独到的见解，使大家对"竞争"有了新的认识。接着，他结合恩威实际，又举了一个例子：

"我们开发的'洁尔阴'产品，正是满足了大众的需要。市场中没有相同的药物，没有相同的剂型，我们选在'无竞争点'上。另一个重要原因是，自古到今，各种生殖器官疾病一直是人们的'难言之隐'，羞于寻医，而造成终身痛苦。所以，人们一直渴望这种既能治疗又能预防的药物，并且可以不通过医生，自己选购，自己治疗。'洁尔阴'的出现，恰恰满足了大众的需要。而且，没有任何一家企业有这样的产品。它是独一无二的。"

讲到这里，他用一种坚定有力的语调说："'洁尔阴'上市后，先是在国内，很快又在海外受万众欢迎，让世界上千千万万人从痛苦中走出来。这说明了什么？说明恩威选择'无竞争点'是正确的选择，是正确的经营战略。也同样印证了老子所说的……"

"以其不争，故天下莫能与之争。"大家异口同声地接下去。

会议室里爆发出一阵笑声。那是心灵相通的笑声。薛永新也不禁微笑起来。

员工们在薛永新的熏陶下，大多会背诵几句老子的《道德经》。所以，当他讲到老子，都能心领神会。

待大家安静后，他做了一个总结："俗话说：人往高处走，水向低处流。水的这种自甘谦下的品质，是给我们企业最好的启示：要甘于在人们不愿着手处立业，要甘于在人们挂不上眼的卑微处立业，要甘于从低处着眼。这样才容易找到利益万众的途径，才不至于在激烈的竞争面前而心烦意乱，'高处'迷路。所以，只有'不争'，我们的企业才可以安然地履行'企业的天职'，利于万众。"

员工们被薛永新生动的比喻、富有哲思的分析深深吸引了，他们仿佛不是在听他讲企业之道，而是听他讲人生哲学。

薛永新成功的决定性因素，就在于他不仅仅是经营企业，而更是经营一种文化，一种人生哲学，一种执着于大道的企业精神。

恩威找到了"无人竞争"的市场空间，没有竞争对手，也不去争夺什么，从而甩脱了竞争，甩脱了"狭路相逢"的你生我死，寻找到了市场的"空隙"。

"水利万物而不争，企业利万众而有成"。薛永新根据自身对社会、对人生的感悟，创立了一套"与自然法则相结合"、具有恩威特色的经营哲学。

创新的营销方式

市场营销是每一个企业家面对的重要课题。什么是市场营销？西方市场营销学者麦卡锡是这样定义的："市场营销是一种社会经济活动的过程，其目的在于满足社会或人类的需要，实现社会目标。"

这与薛永新"利万众"的经营哲学不谋而合。

然而，20世纪90年代，国内企业家的指导思想大多追求产品与利润。当时，生产者的格言是："我们能生产什么，顾客就买什么。"销售者则说：

"有货源就有了一切。"经济学家的观点是："企业以生产为主导。"

这种以生产为主导的营销观念不是从满足社会或人类需要出发，自然注定一些"唯利是图"的商家或企业最终被市场淘汰。

恩威的市场营销是"一种具有划时代意义的新方式、新观念"。这就是以市场需求为主导，以消费者为中心的市场营销观念。

薛永新主张"市场需要什么，生产什么"，而不是像其他企业那样"生产什么，推销什么"。一切以消费者的需求为导向。

他多次对员工强调："我们是研究、生产、宣传者，不是销售者，销售属医药公司的事。"

新的经营观念必然带来创新的营销方式。

1991年，他创新地建立起"三三四"营销网络，把医院、OTC终端销售与建立社区医疗体系服务结合起来，使之成为一个遍布全国、深入各地的营销网络。

这"三三四"营销网络是指：三大网络、三定原则、四大信息。三大网络，即业务员网络、商业网络、消费者网络。从业务员到经销商，再到医院诊所与药店、企业，覆盖各地、市、州。三定原则，即定区域、定计划、定人员的定置管理。四大信息，即消费者信息、医疗信息、商业信息、政策与政府的信息。

根据"三三四"营销网络，恩威在全国各省、市、区开设了30多个营销机构和办事处，恩威众多业务人员活跃在市场第一线，从事药品销售和宣传工作，及时将各地消费信息、商业信息、医疗信息、政策和政府的信息反馈给总公司。

"三三四"营销网络的建立，就像四通八达的信息高速公路，全国市场需求的变化、消费者的诉求，恩威都能得到及时的掌握，以便及时地调整生产。

然而，仅有"三三四"营销网络还不够，必须建立社区医疗体系。薛永新深深体会到，在市场经济的大环境下，只要医疗体制还是旧有的计划经济性质，再加上新的医保体制还不健全，就会导致整个医疗体制不正常现象的发生。如用不正当的手段，花很多"公关费"使医药产品进入医保目录甚至花去企业大量的人力财力，能不能入选医保目录成为"处方用药"，还不可知。

薛永新坚持不搞歪门邪道，恩威的药品也就很难进入医保目录（有的省还是比较公正地将"洁尔阴"洗液纳入了医保目录）。恩威的系列药品均对一些常见病、多发病、疑难病等有特殊的治疗作用，而且价格低廉，却因为没有"公关"而进不了医院，患者自然用不上这些药品，平添痛苦与烦恼。

对此，薛永新感到很无奈。

国家开放医药经营以后，各地个体经营与承包的药店、大的医药公司与制药集团开办的连锁药店等纷纷拔地而起，形成了全民办药店局面，药品大降价。这无疑是一件好事。但另一方面由于医疗体制的不健全，造成了残酷的恶性竞争，也导致了很多药店关门。

薛永新发现，这种恶性竞争，主要是未改变守株待兔式的柜台销售观念，而且很多药店将大量普通药、特效药降价卖，以吸引患者，却没有采购针对常见病、多发病、疑难病有疗效的新药，新药也未能形成药店的品牌优势，而恩威的系列药品正好可以填充这个空间。

面对医疗与医药两大市场的社会现状，该怎么办？

在1989年，薛永新就清楚地认识到，医药市场的根本出路在深入每个家庭，把病床设到家庭，把亿万患者培训为家庭医师。从那时起，恩威就针对社会上的常见病、多发病、疑难病、顽固性疾病，研究出了系列药品，对皮肤、生殖系疾病、妇科疾病、内科疾病、心脑血管病、肾脏病、风湿疾病、胃痛、乙肝、艾滋病等均有特殊疗效，深受患者和民众的好评。有了这些价廉疗效好的药品作为骨干产品，再配之以常用药品，就完全能在社区内建立社区医疗体系。

接下来，怎样选择终端合作者，薛永新早已胸有成竹。

他的脑海里已有了一个富有创见的可行性规划。即在城市里以街道居委会为小区，农村以乡镇为小区，选定一家个体经营个体承包的药店作为恩威在该区的合作者。如属于承包的街道与乡镇卫生院，则首选卫生院为合作者。在城市里，有的小区是二级以上医院的所在地，恩威就应在医院的门口选定一家个体经营的药店，作为其在该医院小区的合作者。

选定终端合作者后，怎样开展工作？对此，薛永新自有一套办法。

首先与街道居委会合作，长期开展各种社区活动，建立居民家庭档案，向他们讲解卫生知识与家庭文化知识，真正做到送医、送药、送知识到千家万户。

做好服务。医师主动服务患者，一是电话访视，二是上门访视，利用八小时之外的时间去服务。

第八章

惊涛拍岸：恩威遭遇狂风恶浪

大江东去，浪淘尽、千古风流人物。故垒西边，人道是，三国周郎赤壁。乱石崩云，惊涛拍岸，卷起千堆雪。江山如画，一时多少豪杰！……

——苏轼《念奴娇·大江东去》

凡成大事者都无一例外地经历了人生中的狂风暴雨、常人难以想象的磨难。

一切苦难都有着神圣的意义。唐僧西天取经，历经九九八十一难，才得到了"真经"。在《圣经》中，约伯正是历经了各种苦难和危险，才练就了超乎常人的忍耐力；保罗正是因为有了坐牢的经历，才使得心中希望之火燃烧得更加炽热。

逆境和苦难成就了一切杰出的人。没有哪一个成功的人能够轻易地抵达目的地。他们都经历了生活中的崎岖不平，才站到最高的地方。

海明威说："勇气是压力下的一种风度。"面对商海中突然掀起的千尺巨浪，薛永新始终保持着四川人特有的坚韧、从容、乐观的品质，以澄明的心境，带领他的恩威团队，乘风破浪，迎接各种挑战、角逐与考验。

缘起大赛：假"洁尔阴"风波

> 天下皆知美之为美，斯恶已。皆知善之为善，斯不善已。
>
> ——《老子·第二章》

老子朴素的辩证法告诉我们，世间上有美就有丑，有善就有恶。

薛永新一定没有想到，一场妇女保健卫生知识大赛，却给他带来了始料不及的假"洁尔阴"风波。

身怀大道的人总是把善奉献给众生，让自己承受苦难。于是，善与恶，美与丑，开始了一场激烈的角逐与较量。

一个产品问世后，企业通常会采取"轰炸式"的广告战略，以推销产品，扩大市场知名度。

但是，薛永新却没有急于投放广告。

他似乎总是不按常理"出牌"。1991年3月，他决定拨出四百万元专款，在全国举办"恩威杯"妇女卫生保健知识大赛。

当时很多人难以理解。投这么多钱，搞一个大赛，还不如把它用在广告宣传的"刀刃"上。

薛永新之所以"剑走偏锋"，必然有他的道理。

这位来自贫困农村的农民企业家，深深了解中国劳动妇女的痛苦。生活在偏远山区的妇女就医难，常为各种妇科疾病所苦。更令人揪心的现状是，大多数农村妇女缺乏卫生知识，没有养成良好的卫生习惯。而生活在大城市中的妇女，在快节奏的工作和各种压力累积的情况下，也对自身生理健康缺乏足够认识。

这就不是简单地打广告或赠送一两种药物所能解决的问题。

薛永新感到，唤醒妇女自我保健意识，开展妇女卫生知识的普及活动，才是治疗的"根本"。

更何况，1990年，他投入四十万元，在四川省举办首届"恩威杯"妇女卫生保健知识大赛，已初见成效。

有人说，这本是政府的事，是卫生部门的职责。但是，他认为自己作为从事医药生产的企业家，有责任、有义务为人们的健康做一些实事、善事。

无疑，这对"洁尔阴"的销售是一种推动。如果说，薛永新采取的是"先赔后赚"的营销策略，也未尝不可。但是，薛永新的期待，却不完全在产品的销量上，而是妇女自我保健意识的建立。

也可以说，举办"恩威杯"卫生保健知识大赛，薛永新释放的是"善意"。

1991年3月8日，大赛在北京拉开了序幕。

首都各行各业的三百多名妇女拥向了北京妇产科医院。她们应全国妇联、卫生部、首都精神文明办公室和恩威的邀请，来医院进行妇科健康检查。

从4月初开始，北京市妇女健康检查在全市普遍进行。

4月8日，《中国妇女报》率先进行了"恩威杯"大赛的第一场重头戏——"恩威杯"妇女卫生知识讲座连载，邀请全国最有经验的妇产科专家撰文，普及妇女卫生知识及疾病预防知识。

紧接着，全国各大媒体相继加入了这一宣传活动。

5月8日，中央媒体、各省主流媒体、各大城市的日报、晚报，均使用大版篇幅同时刊登了"恩威杯"妇女卫生知识大赛试题。它被称为"中国几千年医药史上、新中国卫生事业中从来没有过的壮举"。

两亿多份试卷，随着一张张报纸，铺天盖地"飞入寻常百姓家"。

大赛一开始，人们纷纷打进"热线"咨询，各地妇联的电话几乎被打爆了。

在城市，刊载试卷的当日报纸被争抢一空；

在家庭，一份试卷，夫妻同做、姐妹同做、母女同做的场面比比皆是；

在工厂，工会组织女工学习妇女卫生知识，参加答题竞赛；

在部队，一个排一个班的女战士看报、答题、热烈讨论的场景随处可见；

在农村，尤其边远山区乃至茫茫戈壁，当地妇联的干部背着包，翻山越岭、穿过沙漠，把一份份试卷送到每家农户手中；

在四川成都，从机关、工厂到家庭，人们街谈巷议的都是大赛话题。

天时、地利、人和。薛永新看准时机，开始"重磅"投放广告。

一时间，全国电视、报刊铺满了"洁尔阴"的广告。"难言之隐，一洗了之"的广告词突然蹿红，红遍了大江南北。

"难言之隐"的内涵被人们善意地不断演绎、延伸，广为流传。甚至在饭局、酒会上，都会听到人们用这一广告词相互打趣，东方式地幽了一默。

大赛的成功，广告词的蹿红，几乎一夜之间，"恩威""洁尔阴"走进了千家万户。

据大赛组委会统计，截至1991年6月底，全国有六千万人参加这项大赛活动，收到答卷三千万份。"这是中国历史上规模最大的竞赛，数量最多的答卷。"

恩威又创造了一个奇迹。

"恩威杯"妇女卫生知识大赛颁奖大会在人民大会堂隆重举行，全国人大常委会副委员长陈慕华亲自出席颁奖大会。会上，卫生部老部长、全国计划生育协会主席钱信忠欣然为恩威挥毫题词："妇女福音洁尔阴。"

"恩威杯"妇女卫生知识大赛产生的"轰动效应"，其所获得的前所未有的殊荣，超过了薛永新的想象。

"衣带渐宽终不悔，为伊消得人憔悴"，紧张忙碌了几个月的他，瘦了，但脸上开始展露笑容。

七月蓉城，万里晴空。可是，忽然之间，太阳藏起了笑脸，天空变得黑暗可怕。闪电霹雳，划过城市上空，暴雨倾盆而下。

天气的骤然变化，就像人生的风云一样，没有人能够预料一场灾难的降临，没有人能够预先知道埋藏在身边的危机。

商海中变幻莫测的风云，又一次地把薛永新卷进了狂澜之中。

这一天，窗外哗哗地下起了暴雨。电闪雷鸣。一封信放在董事长办公桌上。薛永新坐在桌边，神色严峻。

这是一封来自无锡市妇幼保健站的信函。信中说，无锡市有人因使用"洁尔阴"产生了副作用，希望查明药品的真伪。同时还寄来了"洁尔阴"样品。

薛永新看完信，感到此事非同小可。他刚要拿起话筒，办公室主任神色慌张地匆匆走进来。

"董事长，不好了!"

"你慢慢说。"薛永新镇定地说，心里已猜到是什么事。

主任告诉他，刚刚接到无锡市卫生局的电话，反映他们收到消费者的投诉，有人用"洁尔阴"后，产生严重过敏反应。目前，无锡市卫生局已通知医药公司暂停销售，同时对"问题洁尔阴"进行化验。

"化验结果如何?"薛永新问。

尽管他预感结果不会好，但他还是不愿相信"洁尔阴"会有问题。

"无锡方面化验的结果是：这批'洁尔阴'不仅毫无任何消炎杀菌的作用，而且大肠杆菌、绿脓杆菌严重超标。"

薛永新心里一沉。是质量出了问题，还是有人造假? 他的头脑中很快闪出两个大大的问号。

主任说，这一段时间，无锡市的电视、报纸都在打恩威的广告，无锡市妇联、工会、卫生部门和医院积极组织市民参加"恩威杯"大赛。现在，"洁尔阴"出了事，消费者都不敢用"洁尔阴"了。

坏消息往往比好消息传播得更快。

"'洁尔阴'是用中草药熬制的，肯定消毒不严。"

"'洁尔阴'是草药加水兑出来的。疗效都是吹的。"

"会不会含有化学药物呀?"

在无锡，人们众说纷纭，发挥了各自的想象力。先前对"洁尔阴"的热情，突然之间降温。

一道闪电从窗前划过，炸雷响起。

薛永新意识到事关重大，必须查明情况，迅速处理。他立即挂通了恩威驻上海办事处主任张弘的电话，要他迅速到无锡处理此事。

张弘接到电话，立即带着两个年轻人赶到无锡市医药采购供应站。

该站的张经理陪同他们来到库房。他们发现，因当地对"洁尔阴"需求很大，该批药品大部分售出，只剩下几十箱了。

征得张经理的同意，他们打开了剩下的几十箱药品。顿时，一股桉树叶混合香精的刺鼻气味直钻鼻孔。

"这是假冒的！是假药！"张弘断定。

"您怎么判断是假药？"张经理不解地问。

"正品'洁尔阴'有一股浓烈的药香味，气味芬芳。这些药的味儿不对。"张弘说着，又将一瓶假"洁尔阴"倒出来。

"您看，颜色也不对。正品是棕色至深棕色液体，有泡沫。而这批假药呈黑黄色，浑浊，无泡沫。"

张经理倒抽了一口冷气。

"可这批药是从恩威进的货，我们还有你们公司的发票。"

张经理让会计拿来进货发票，发票上确是印有"四川恩威世亨制药公司财务专用章"。

"我敢肯定这批药是假冒的，不是我们公司生产的。而且，财务章也是伪造的。"张弘语气肯定地说。

第二天，张弘带上假"洁尔阴"商标和发票赶回了成都，将情况向薛永新做了汇报。

这显然是不法分子制造的一批假药。薛永新愤怒了。

他立即召集董事会成员开会，并将情况向各位董事通报。正当恩威事业如日中天，突然爆出了一个"假药事件"。董事们为之震惊和愤怒。

在听取了大家的意见后，薛永新果断做出决定：

"为确保消费者用药安全，维护恩威名誉，第一，向成都市政府、工商局、公安局汇报'假药'情况；第二，加快研制新的激光防伪商标；第三，成立督查室，与公安、卫生等部门配合，侦破制造和贩卖假'洁尔阴'案。第四，通知各地事务所，提高警惕，一旦发现假'洁尔阴'，立即向总部汇报。"

会后，恩威迅速将"假药事件"向上级有关部门做了汇报。成都市公安局当即立案侦查，派员到无锡市调查案情。

然而，假"洁尔阴"如来势汹汹的洪水一样，肆意泛滥。

假"洁尔阴"案爆发后，恩威集团设立的督查室电话铃声不断，各地事务所纷纷告急。

云南发现假"洁尔阴"！

江苏无锡、镇江、扬州等地又发现假药！

湖南、四川也发现假药！

消费者有的投诉，有的要求退货！

一个个电话，如一道道"催命符"，恩威上上下下忧心如焚。薛永新站在落地窗前，望着连绵不绝的风雨，眉头紧锁。

凡发现假药的地方，当地均已停止销售。一些地方医药供应站不愿再经营"洁尔阴"，很多经销商提出退货。入夏以来，短短三个月，恩威"洁尔阴"销量急剧下降，跌到了前所未有的低谷。

此刻，"假药案"还在侦破之中。真相一时无法向社会说明。

这时候，北京一家报纸在未与恩威联系的情况下，报道了江苏无锡市封存部分"洁尔阴"的消息。

消息出去以后，全国十多家报刊、电视争相报道此事，负面影响继续扩大。"'洁尔阴'不洁"，人们对"洁尔阴"产生了质疑。

恩威的名誉与形象受到了重创，这几乎抵销了"恩威杯"大赛所带来的社会正面效应。

经济损失更是惨重。到年底，退货量达到上百万箱。

无疑，媒体这个"推手"，使恩威雪上加霜。

北京一位副部长打电话给全国妇联书记处负责人，了解"洁尔阴"质量情况。

全国妇联书记处负责人了解"洁尔阴"。半年前，全国妇联、国家计生委、国家卫生部曾与恩威共同举办妇女卫生知识大赛，他对纯中药洗液"洁尔阴"的药效十分清楚。可是，怎么会出现"问题洁尔阴"呢？

出于对恩威的关心，这位负责人先后派人或来函到恩威了解情况。

薛永新请北京来人转告妇联领导同志，表示恩威一定将假"洁尔阴"问题查清，给广大消费者一个交代。

面对突然掀起的波澜，薛永新没有一丝惊慌。他清楚，目前首先需要弄清情况，才能解决问题。一方面，他早已派人到江苏无锡、镇江、扬州以及各地，配合当地卫生和医药部门对库存的"洁尔阴"进行一次全面的检查。另一方面，成都市公安局会同工商、卫生部门联合成立了专案组，正加紧侦破"假药案"。同时，他将在京华恩威公司的云付恩叫回集团，了解北京"洁尔阴"市场情况。

实际上，薛永新已获悉，向北京某家媒体捅消息的人，正是云付恩。此人，又在他的心窝上捅上了一刀。

为了顾全大局，以免风波再起，薛永新没有责问云付恩。

然而，云付恩故伎重演。他站在薛永新办公室，宣称只要恩威肯把30％的股份给他，他就会把假"洁尔阴"事件摆平，一切都会风平浪静。

薛永新再一次严正地拒绝了他的要求。

这时，一个令人振奋的消息传来，成都市公安局会同各有关部门成立的专案组，经过周密调查，终于侦破了"假药案"。

根据江苏无锡、扬州等地医药公司提供的重要线索，专案组迅速查找到了假"洁尔阴"发货点成都某厂仓库，在仓库中发现了尚未运出的四十余件假"洁尔阴"。随即顺藤摸瓜，依法收审了重大嫌疑人黎某。案犯对犯罪事实供认不讳。

自"恩威杯"大赛举办以来，黎某发现"洁尔阴"在市场上卖得特好，利润空间巨大，便萌生了造假"洁尔阴"的念头。他找到贾某和晏某密谋，三个人利欲熏心，一拍即合。

他们在双流县文星镇农村租了一间房子，架起一口生锈铁锅，找来黄连杆、桉树叶（农村到处都有），加上香精，然后经过煎熬，兑制成假药。

为了掩人耳目，他们又在其他地方建了两个制假窝点。他们企图蒙混过关，伪造了恩威印章、假发票，还印制了 1 万套假商标、1000 余只包装箱，在成都某塑料厂定做了 3 万个"洁尔阴"洗液仿冒塑料瓶。

从 1991 年 3 月到 7 月，这伙不法分子共制造假"洁尔阴"洗液 1000 多件，通过成都某仓库和某公司发往无锡药材采购站，以及镇江、扬州、云南开远和省内一些地方，总销售额达 25 万元。

专案组根据黎某的交代，查封了造假"洁尔阴"窝点 3 个，仓库 1 个，假药 400 余件，追缴销售赃款 11 万元。所有涉案人员均被公安机关收审。

案件侦破后，薛永新即刻飞往北京。

在北京，他向卫生部和全国妇联有关领导就假药案说明了情况，并立即函告各经销商，将没有防伪商标的"洁尔阴"，不管真与假，全部收回。仅这一项，恩威损失 4500 多万元，却为消费者带来了安全。

卫生部和全国妇联有关领导表示，"洁尔阴"是中药制剂，要大力扶持。

卫生部发文，通报假"洁尔阴"情况，消除了各地对"洁尔阴"的销售疑虑。

薛永新又通过媒体，告知广大消费者，假"洁尔阴"案业已告破。

消费者放心了。他们对恩威重新建立了信心。

随着案件的侦破，"洁尔阴"洗液销售量开始回升……

风止了，雨停了，彩虹又现。

虽然恩威为此蒙受了巨大损失，但是，薛永新坚信，善良的事业必将不断发展，蓬勃成长，丑恶的现象必然遭到扑灭和遏制。

但是，当这场风波刚刚平息，一个坏消息又来了。

第九章

呼唤道德:"舒尔阴"侵权纠纷

道生之,而德蓄之;物形之,而器成之。是以万物尊道而贵德。

——《老子·第五十一章》

"道"和"德"是《老子》哲学的两个最关键词。道缔造了万物,德养育了了万物。周围的环境使它成为一定的形态,各种力量制约它的成长。因此,万物都尊崇"道"而贵重"德"。

道德是老子哲学思想的精髓。它成为中国五千年来人们秉持的传统文化精神。在物欲横流的现代社会,名利的追逐、私欲的驱使,使不少人迷失了本性与良知,远离了道德精神,而误入歧途。

道德如试金石,检验着每一个人的品质。道德更是我们这个时代需要呼唤的人性回归,需要重建的精神灯塔。

惨痛的教训、社会的乱象,使薛永新自觉地担负起道德重建与捍卫的神圣使命。

第一节　精神重建：举办中华伦理道德文化知识大赛

> 五色令人目盲；五音令人耳聋；五味令人口爽；驰骋田猎令人心发狂；难得之货，令人行妨。是以圣人为腹不为目，故去彼取此。
>
> ——《老子·第十二章》

每当夜深人静，薛永新常常忧从中来。幽暗的庭院中，疏影横斜的树荫下，总是可以看到他独坐沉思的身影。

他在思索着一个社会现象：改革开放，一方面搞活了经济，另一方面西方的文化思潮也涌入我国，在人们脑海里引起激荡。这个阶段，是人心容易被搞乱的阶段。面对社会上的声色诱惑，人心乱了，道德沉沦。一些人离"道"的精神越来越远，处于"失道"的状态中。如果我们的社会没有一堵建设得很好、很坚固的精神堤坝，能承受住各种乱象一涌而来的冲击吗？它对社会的危害与个人行为的影响，乃至对整个国家形象的影响，无法估量。

想到这些，薛永新心情格外沉重。

一个没有忧患意识的民族，是没有希望的。而身为中国人，我们应该为民族、为国家做些什么？

他觉得，作为社会中的一份子，作为一个有责任感的企业家，应当责无旁贷地担当起道德重建的使命。

这是一个有月亮的晚上，他静默地坐在庭院中，月光洒下一片清辉，落在了他的肩头。记忆的片段慢慢地浮现在他的脑海——

北大，美丽的未名湖畔。薛永新正在演讲"大道与人生"。台下的学子们安静而认真地听着。

"人生、事业获得了成功。如何保持这种成功呢？老子说，天长地久，是因为它孕育万物，从不为自己的生存做点什么。'是以圣人后其身而身先，外其身而身存'。'以其不自私'，'故能成其私'。即有'道'的人把大家的利益放在自己利益之前，却得到大家的尊敬；把自己的安危置之度外，却得到生命的保全。因为他不自私，所以能成就自己的事业。'为而不恃、常而不宰'，'功成而不有'，不骄傲、不专横、不居功、不乱为。这是每一个人的道德行为准则。如此，人生成功的大道就在其中了。"

　　学子们都是充满理想和抱负的青年。他们被薛永新的激情演讲所吸引，被带到了崇高的人生境界，个个听得热血沸腾。

　　在谈到人生品德时，薛永新讲了一个小故事——

　　"美国前总统尼克松在访问苏联时，曾经问一个小男孩：孩子，你最大的愿望是什么？小男孩大声地回答：活着！"

　　他把目光投向台下一张张年轻的面孔，问："如果我们发一份相同的问卷，你们会怎么回答？"

　　"活着！"大学生们异口同声道。

　　薛永新微笑地点点头，说："我想，全人类 100% 的人都会回答他们最大的愿望是：活着。即使是那些走上人生歧途，白白断送自己生命的人，他们最大的愿望其实也和大家一样，都渴望能够活着。但是，那样的人却不明白怎样才能好好地活着。他们的人生失去了道德的规范和约束，而踏上了不归路。为什么呢？"

　　他稍顿片刻，继续说："他们不懂得，高尚的品德，像生命一样贵重。因为没有高尚的品德，宝贵的生命就很容易在人生海洋中迷失、淹没、断送。它是人生的一个重要组成部分。从这个意义上讲，高尚的品德，就是人生的第一财富。"

　　安静的未名湖畔，突然爆发出热烈的掌声。这是学子们对薛永新的敬意。

　　这时，一位同学站起身，提出了一个问题："我们的今天处在一个变革时代。那些所谓几千年的传统道德都过时了，有必要弘扬它吗？难道不是一种倒退？"

薛永新回答道："弘扬传统道德，在当今不是过时，而是很及时。我国有着悠久的历史文化，有相当多的传统道德值得传承。我们也看到，传统道德是经受得住时间考验的，即使到了下个世纪、下下个世纪，这些道德仍然不会失效。我可以断定，越到往后，越到未来，越需要发扬传统道德。这是为什么呢？"

他习惯地把"包袱"扔出去，然后又把它"接"回来："因为传统道德是指导人生的意识与行为，使之符合人生规律、符合社会规律的最为重要的'人生指南'。人类的进步、社会的前进，必须要传承优秀的传统文化。"

另一个同学突然提问："请问薛总，当今世界上哪一个国家是无为而治的？"

这个问题尖锐而敏感，全场异常安静，北大学子们把目光投向了薛永新。

薛永新略略沉思，回答说："没有哪一个国家是无为而治的。我们首先来看看，最发达的西方国家美国，它也没有做到无为而治。要做到无为而治，首先要忘我、无欲。带有私欲的党派，绝不可能无为而治。比如，美国的共和党、民主党都代表着各自的利益。海湾战争、科索沃战争、阿富汗战争等，都是为利益而战。如果把用于战争的钱，拿去帮助世界上的贫困国家和人民，帮助他们发展，它就是当今的救世主。让我们感到欣慰的是，我们的老子留给了世界最伟大的精神财富——无为而治。它是中国和世界努力的目标。"

一个从未接受过高等教育、仅仅小学毕业的农民企业家，却以他渊博的知识、深刻的见解、充满人生智慧的演讲征服了北大学子。

这一个晚上，薛永新思绪起伏，想了很多很多。自从拜师李真果大师，重视传统伦理道德，重视行为规范，这种思想早已深深植根在薛永新的心里。

在李真果的启迪下，薛永新曾经如饥似渴地阅读有关中华民族传统文化的经典著作，无论道家学说、儒家学说、佛家学说，还是历史、古典文学作品，包括外国的《圣经》、西方的哲学，他都能博学强记，融会贯通，融入自身的理解和领悟。而老子的《道德经》，则更是他常常温习、思索的哲学典籍。

虽然他只是小学毕业，从未走进高等学府，但是，他凭着刻苦的自学、凭着天赋的异秉与聪颖博览群书，他的知识积累、学识修养，早已达到甚至超过一个大学教授的水准。如今，他还被聘为四川大学的客座教授。

在20世纪90年代中期，他先后出版了数本个人著作，如《大道·无为》等。他还支持省老领导杨超、杨析综成立了四川省社科院中华儒学、佛学道学研究中心，支持出版《中华文化论坛》公开刊物，出版《中华文化研究通讯》《巴蜀文化研究通讯》两个内刊。

在他的个人著作里，大多是他将中华传统文化运用于企业管理的探索与成功经验以及人生感悟。无论是对企业，还是企业家，抑或是个人，都是一个很好的文化范本和智慧宝库。

"洁尔阴"假药案的爆发使他痛切地感到，如果不进行道德建设、心灵建设，我们的社会将会受到更大的危害，许多人将会迷失方向，民营企业的生存环境也将更加艰难。

可是，怎样才能让中华传统美德在大众中弘扬呢？

"举办全国伦理道德文化知识大赛！"他萌生了这个想法。

此念在脑海中一闪，他仿佛在黑暗里看到了光明。

第二天，他召集董事会成员开会，把自己思索了一夜的想法告诉了大家。

"我想在全国举办'恩威杯'中华民族伦理道德文化知识大奖赛，投资五百万。大家认为如何？"

此言一出，大家议论开了。有的觉得搞这样的大赛与企业无关，有的觉得是在"砸钱"。

"董事长，五百万，砸这么多钱哪，值得吗？"一个董事提出异议。

"怎么不值得？作为企业家，赚取利润，这无可厚非。但是，赚取利润并不是唯一的目的，我们还必须要肩起社会的责任。我们的利润来自于社会，难道我们不能够为社会做些什么吗？"

"董事长说得有道理。可是，我们刚刚投入了四百万元搞妇女卫生知识大赛，虽然见了效，但是，却被假'洁尔阴'案给抵消了，再投入五百万元搞伦理道德知识大赛，会不会有去无回啊？"

"我们举办这样一个大赛，目的之一就是让那些制造假冒伪劣产品的不法之徒，在道德力量的感召下，幡然醒悟，放弃恶行，不再危害人们的健康，同时，使更多的企业免遭更大的损失。在'一切向钱看'的商品社会里，道德的重拾、民族文化精神的重建，是我们的目的之二。良好的目的，会带来良好的回报。"

他的一番话说服了大家，董事们一致赞成这一决定。

然而，举办这项活动，比举办妇女卫生知识大赛的难度要大得多。

薛永新又一次地飞到北京。他找了中宣部、共青团中央、全国总工会、全国妇联，向有关领导说明举办大赛的意义，希望取得他们的支持。

当时的中国，重视中华传统文化建设的意识还没有真正复苏，或者说正走在复苏的路上，人们思想的解放有一个漫长的过程，对主流文化的重新认识和接受是慢热的。

因此，当提到"伦理道德"这个"文化大革命"中令人神经紧张的词汇，不能不让人担忧与"封建迷信"联系一起。

举办全国性的伦理道德文化知道大赛，会不会造成负面影响？有的领导犹豫了。为了慎重起见，他们表示暂时不举办。

薛永新没有放弃。他一次又一次地进京，向有关领导宣讲这项大赛的意义。

"良好的道德修养、良好的行为规范、高尚的人生品德，是我们中华民族优秀的文化精神，也是人类社会追求的目标。改革开放的今天，随着物质生活水平的提高，精神文明建设更应该得到加强。这也是我们企业应当自觉肩负的社会责任。"

他从悠久的中华传统文化谈起，联系当今的社会现象，表达了他的忧虑和思索。他深切的忧患意识、强烈的社会责任感，打动了所有的领导同志，他们终于表示全力支持这项有益的社会活动。

1992 年 4 月，薛永新投资 500 万元，一场更大规模的大赛拉开了大幕。

全国各大电视台、报纸纷纷报道"恩威杯"中华民族伦理道德文化知识大奖赛的消息，各地报纸以大幅的版面刊登赛题。

薛永新闭门三天，列出了 70 道题，仅有第 69、70 最后两题宣传介绍了"洁尔阴"的性质与疗效，其余 68 题广泛地涉及了国学、伦理学、爱国主义、尊老爱幼、夫妻和睦、男女平等、勤俭持家、邻里团结和朋友关系等，其中几项，与我们今天提倡文明家庭的美德标准完全一致。

1992 年 5 月，活动在全国展开，各省、自治区，三个直辖市，全由其精神文明办总负责。从城市到农村，都开展了"伦理道德·家庭文化知识"的普及与提高，举办了各种电视文艺晚会，并在全国报刊开展有奖论文的征集。

薛永新的文章《道与人生》发表后，在海内外学术界、宗教界引起了震撼。他在文章中阐明了什么是道，什么是无为思想，无为思想与现代社会的关系。

而后，四川省社会科学院著名学者吴野先生以《道与人生》为书名，对恩威用道教思想与无为而治管理企业取得的成就撰写了一部论著。1995 年《光明日报》在第 4 版对其整版连载了 24 天，产生了很大的社会影响。

这项活动，在全国形成了弘扬传统文化的热潮，它产生的轰动效应并不亚于"全国妇女卫生知识大赛"。

一位记者采访薛永新，问他为什么要举办伦理道德文化知识大赛。作为企业家，如果不做这样的公益事业，也无可厚非。

薛永新回答说："我们今天的企业家，受益于改革开放，除了创造利润，还要承担社会责任。为了这种责任，有时我们不惜'舍'，不惜付出。企业家应有'道'，这个'道'，就是老子所言的永恒大道。"

薛永新是这样说的，也是这样做的。

短短几年，恩威除了举办各种大赛，还无偿地为各种文化公益事业投资达 7600 多万元。

从 1993 年起，薛永新赞助四川省社会科学院创办的"中华传统文化研究中心"，从每年 12 万元到 18 万元、20 万元递增，最后上升到 40 多万元，一直持续到 2005 年。

在他的支持下，省社科院组织专家、学者撰写了三套中华儒释道文化系列丛书，共 27 本，由四川人民出版社出版。据悉，这是改革开放以来，中国第一批全面研究、介绍中华优秀传统文化的经典之作。它的问世，引起社会广泛关注。

1995 年，世界诗人文化大会授予薛永新"东方伦理道德学士"的称号。该团体由 56 个国家的知名人士、科学家组成。这年，卫生部聘请薛永新为第七届药典委员会委员；国家科委授予他"全国科技明星企业家"称号。

薛永新还被专家称为"改革开放后，最早弘扬中华民族优秀传统文化并卓有成效的'中国第一人'"。

我们有理由深信，一个具有文化使命与社会责任的企业家，他的事业必会越做越大。

然而，正当恩威事业如列车呼啸前行之时，一个在他身边的"隐形炸弹"爆炸了。

第二节　对簿公堂：捍卫知识产权

上德不德，是以有德。下德不失德，是以无德。

——《老子·第三十八章》

老子说，品德高尚的人，从来不追求形式上的名利，也不自恃有德，这才是真正具备了"德"；品德低下的人，处处表现自己有德，却从不放弃追逐名利，人为地强加施为，反而失去了品德与名声。

一场"舒尔阴"侵权纠纷的背后，是道德的博弈。

"隐形炸弹"：官司背后的原因

新年伊始，报纸上赫然出现了一个大标题："94 最大爆炸性新闻"，诉讼标的额高达 1000 万元的"洁尔阴"状告"舒尔阴"侵权官司，成为国内索赔金额最高的一宗"三权遭侵并诉案"。

因研制、生产"洁尔阴"闻名全国的成都恩威集团公司及总裁薛永新，因其技术成果使用权、注册商标使用权和名誉权受到不法侵害，状告成都泉源堂制药有限公司（以下简称"泉源堂"）及其副总经理黎、颂二人。由四川省高级人民法院受理此案。

这桩中国首例"三权遭侵并诉案"立刻引起社会广泛关注，海内外报刊纷纷报道，被"炒"得沸沸扬扬。

而促使薛永新将一纸诉状递上法院的背后原因，正是那个"隐形炸弹"——

"恩威杯"中华民族伦理道德文化知识大赛之后，恩威如蛟龙呼啸上天，事业迈向了辉煌。然而，谁也没有料想，又一个灾难正悄悄逼近……

一种名为"舒尔阴"实则"克隆""洁尔阴"的纯中药洗液在市场上悄然出现。随后，这种洗液大量地销往全国三十多个省市区，给国内公认的著名品牌"洁尔阴"带来了严重冲击。

而引发讼战的导火索，便是泉源堂向公众散发刊载着产品介绍的所谓宣传广告：

> 长期从事药物研究的颂、黎两位教授，从 1987 年就着手"妇女卫生洗涤"研究，先后研制出了恩威牌"洁尔阴"和"国光洁霖"。近三年来，他们又在前两种药物的基础上研制出了新一代纯中药复方洗液"舒尔阴"……（《西南经济日报》1993 年 8 月 19 日）

紧接着，泉源堂又在多家报纸继续刊登此类广告，导致消费者对"洁尔阴"产生疑惑。

到底谁是"洁尔阴"的研制者、发明人？人们一头雾水，真假莫辨。

在"舒、洁之战"爆发之前，让我们简单回顾事件的经过——

1988年1月，薛永新与第三军医大学药理教研室订立委托实验合同，约定由后者对"妇女卫生洗涤剂"（后更名为"洁尔阴"）进行检测与鉴定。

在药品更名过程中，颂、黎向薛永新提出要求，在技术成果报告上署上他们的名字。

为了早日通过申报，薛永新违心地答应了颂、黎二人的请求。让他始料不及的是，自1989年以来，颂、黎二人未经薛永新许可，先后擅自把恩威的技术成果转让给重庆巴县保健厂、重庆一家乡镇企业的汽修厂，生产出"洁尔阴"的类似药"洁阴露"、"国光洁霖"。接着，他们以恩威的技术成果入股，与成都维特日用化工厂、香港多名利洋行合资成立成都泉源堂制药有限公司，生产出"洁尔阴"类似产品"舒尔阴"，进一步侵犯"洁尔阴"知识产权和商标。

"舒尔阴"如此出炉了。

此前，恩威曾多方交涉，但颂、黎二人置若罔闻。

1992年，恩威又多次上书省、市医药、卫生管理部门，要求制止泉源堂的非法行为。有关部门也对泉源堂公司及颂、黎二人的行为进行了批评。

然而，泉源堂却不顾商业道德，在其产品推销会、广告宣传中，声称："'舒尔阴'洗液对淋球菌有较强抑制和杀灭作用，并明显优于'洁尔阴'。"

泉源堂恶意贬低"洁尔阴"的疗效，严重损害了"洁尔阴"在消费者心中建立的信誉，其造成的经济损失更难以估量。

恩威人愤怒了。他们纷纷向总裁薛永新建议，起诉泉源堂和颂、黎二人。

"忍!"薛永新说。

"为什么?"大家不能理解。

"不要把别人往绝路上逼,再给他们一个机会吧。只要他们停止生产,悬崖勒马,以往的事都可以一笔勾销。"薛永新说。

"董事长,您不要对他们太仁慈了!他们哪会讲什么道德、诚信?"

"我们不能再忍了!把他们告上法庭!"

大家情绪激动,个个胸中都憋着一团怒火。

"我还是一个字:忍。"薛永新淡定地说。

"如果让他们无法无天下去,我们恩威就完了!"

"忍,再忍。"薛永新惜字如金。

"要忍到什么时候啊?"大家都感到忍无可忍了。

"忍到最后一刻。"薛永新的神情依然那么淡定。

"可他们根本不听劝告!"有人愤懑地说。

薛永新说:"大家要明白,忍,不是懦弱,不是认输。颂、黎二人是军医大教授,我们的忍,是维护他们的军人形象与尊严。如果他们继续一意孤行,我们只有拿起法律的武器,捍卫自己。"

忍,是中国几千年来的一种精神,一种境界,一种传统美德。大家从薛永新的一番话中,受到深刻的教育,体悟到心怀道德待人处事的人生之道。

按照薛永新的要求,恩威致函市、省、国家工商行政管理机构,要求对泉源堂和颂、黎二人的侵权行为加以制止。

国家及四川省工商管理局非常重视,责成成都市工商局处理。市工商局通过调查后,确认泉源堂使用药品名"舒尔阴"侵犯了"洁尔阴"的注册商标使用权,责令其停止生产。

然而,就是在有关主管部门都出面加以制止的情况下,泉源堂仍然一意孤行,在报纸上歪曲宣传,诋毁恩威"洁尔阴"。

阳光灿烂的天空,又一次阴霾密布。恩威走向发展壮大的路,又遇到了严重的阻碍。

消费者被误导,无法辨清真假。恩威"洁尔阴"销量急剧下滑,损失惨重。泉源堂及颂、黎二人的侵权行为和不正当竞争，严重侵犯了恩威的利益。

"小不忍则乱大谋","知其荣，守其辱。为天下谷"。中国的儒家和道家都强调忍耐的重要，只有忍到最后一刻才会发生戏剧性的变化，才能发生希望的转机。忍，有时是一种智慧，一种争取胜利的高超手段。

对于恩威来说，一个刚刚在国际市场崭露头角的企业，并不愿意陷入无休无止的官司之中。从薛永新善良的愿望出发，他也不愿与泉源堂及颂、黎两位军医教授对簿公堂，你争我斗。

可是，对手的一次次发难，薛永新和他的恩威已经被逼到了万般无奈、再难忍让的地步。这是一种艰难的但不得不做出的选择。

无路可退，唯有奋起战斗。为了捍卫知识产权，捍卫恩威的正当权益，薛永新在最后一刻"亮剑"了。

1994 年 6 月 20 日，四川省高级人民法院正式开庭，审理成都恩威集团公司状告泉源堂及颂、黎二人侵害知识产权和名誉权一案。

这一年，"知识产权"这个词海浪般地冲击着中国人的耳目，冲击着中国人的观念。《商标法》《专利法》《著作权法》等法律的出台，中美知识产权谈判、知识产权国际公约、《中国知识产权保护状况（白皮书）》强化着中国人的自我保护意识。

这一年，恩威公司起诉泉源堂及颂、黎二人侵犯"洁尔阴"洗液技术成果权、注册商标权和名誉权，要求对方赔偿经济损失 1000 万元。此案影响之大、索赔金额之巨，且"三权并诉"，位居此类案件"全国之最"。

薛永新和他的恩威再一次成为了国内新闻的焦点。

第一次开庭："难言之隐"开口申诉

1994 年 6 月 20 日上午 10 点，四川省高级人民法院的法庭上，一场备受关注的讼战烽火点燃。

旁听席上，坐满了中央有关传媒和省内外数十家传媒的记者。此前三天，恰逢国务院新闻办公室发表了《中国知识产权保护状况（白皮书）》，因而此案尤其令人瞩目。

担任此案的审判长是四川省高级人民法院经济庭副庭长钟尔璞。他威严地坐在法官席上，旁边是几位审判员。

被告席上，颂、黎二人出庭。

此前，"老记"们获悉，原告恩威总裁薛永新将委托代理人出庭。但就在开庭前五分钟，薛永新意外地出现在原告席上。

他坦然地回答"老记"提问："我再忙也要出庭。除了维护企业的合法权益，更重要的还是为了保护消费者的合法权益和身体健康不受伤害。"

上午 10 点正，审判长钟尔璞宣布开庭。

原告方恩威首先以《民法通则》《技术合同法》《商标法实施细则》《反不正当竞争法》为法律武器旁征博引，向法庭出示了大量原始材料和直接证据，证明被告侵权事实。

原告方理直气壮，剑指对手，招招逼向对方死穴。被告泉源堂则以三军医大一负责人出庭"作证"，否认侵权。

双方交战一开始，唇枪舌剑，弥漫着一股浓烈的硝烟味。原告"兵临城下"之势，被告以退为攻的反扑之术，使这场讼战达到了白热化。

究竟谁是"洁尔阴"的真正主研人？被告是否侵犯了原告的知识产权？人们亟待答案。

原告代理人、中国法律事务中心律师刘激扬说："1989 年原告在申报省级科技应用技术成果鉴定时，明确载明了主要研究对象是成都恩威集团，主要研究人员是原告薛永新先生，而被告则是这项科技成果的鉴定代表。"

原告代理人、四川大众律师事务所高级律师阎小川强调："这两份证据都从法律和事实上表明，洁尔阴的主研人是原告薛永新先生；洁尔阴的处方成分、配制方法和工艺流程属权利人恩威集团的商业秘密。被告知悉这一秘密是因受其委托进行相关试验，于法于理，于商业道德，都应替委托人保守秘密。"

法庭上一片安静，旁听席上，人们仔细地听着。

被告颂、黎二人在法庭调查和法庭辩论时，却屡屡答非所问，反而大谈特谈所谓"科学是需要发展的"这一理论常识。他们苍白无力的答辩令旁听者摇头不止。

审判长钟尔璞明示被告："回答本庭提问。"

当被告慌张应对时，原告代理人阎小川突然又发新招，令旁听者精神大振。经在重庆卫生局取证，由颂、黎二人撰写，受重庆巴县保健品厂委托为该厂名为"洁阴露"的产品所做的实验报告，是被告对"妇女卫生洗涤剂"的名称加以"改进"复印而成，也就是将报告中的"妇女卫生洗涤剂"字样抹掉，然后粘上"洁尔阴"洗液的字样，然后又将"洁尔阴"覆盖，粘上"洁阴露"名称。

阎小川出示了证据，请法庭做技术鉴定。

法庭变得鸦雀无声。

颂、黎二人猝不及防，愣了片刻，辩称：我们没有复印实验报告。这是规范化、统一化定性实验，所以内容和结果有很多一致的地方。

原告言之凿凿，占据优势。被告则处于下风，显然难以推脱。

第二回合的交锋开始了。

法庭围绕原告起诉被告非法转让、盗卖"洁尔阴"技术成果，展开了新一轮的答辩。

薛永新在法庭上陈述："被告将我方的技术成果非法转让、盗卖给某家企业，生产出'洁尔阴'类似药'洁阴露'和'国光洁霖'，侵犯了我方技术成果转让权、使用权。"

被告辩称："洁阴露"、"国光洁霖"是我们研制出来的，处方与"洁尔阴"完全不同。原告因为该药与"洁尔阴"药物成分类似就加以臆断，简直荒唐到了极点。我们从未以个人名义转让原告所称的"技术成果"。

"真的没有吗？"阎小川走到被告席前问。

两位被告沉思片刻，然后一致地回答："没有。"

阎小川回到原告席，出示了新证据：重庆两家企业的证明材料。

法庭上一片哗然，沉闷的空气顿时活跃。

薛永新继续陈述道："被告以我方的技术成果入股，与成都泉源堂制药有限公司实施我方技术成果，生产出与"洁尔阴"类似的产品'舒尔阴'。被告泉源堂也构成侵害我方技术成果的使用权。"

泉源堂公司负责人答辩称：恩威指控我泉源堂侵权，纯属主观猜测的武断。这应由三军医大科技开发部答辩。请审判长允准。

"反对。"原告代理人抗议。

原告律师阎小川指出：被告掌握了原告技术成果秘密，但又违反保密约定和要求，将受法律保护的技术成果秘密直接披露给三军医大、泉源堂等。被告泉源堂是在知道或应当知道颂××、黎××剽窃披露行为属违法行为的情况下，仍坚持使用原告的技术成果，生产"舒尔阴"，侵犯了原告的商业秘密、技术成果使用权、转让权。

接着，原告代理人刘激扬律师步步紧逼，诉称："洁尔阴"商标是国内高信誉、高知名度的商标。被告泉源堂使用的"舒尔阴"同原告注册商标的文字"洁尔阴"，仅一字之差，目的显然在于借原告"洁尔阴"商标的高信誉推销其药品，侵权目的明确，意图清楚，足以造成消费者的误认，属于侵犯注册商标权的行为。

被告代理人则辩称："舒尔阴"与"洁尔阴"并不相似。商标相似，是法律性质的，它完全不同于日常生活中所说的"很相像""差不多"这样的概念。从恩威诉称的"一字之差"来看，一字之差，就是有差，差别臻于明显就不足以造成误认。就注册商标来说，仅一字之差的也为数不少，如"同仁堂"与"同沿堂"、"施尔康"与"吉尔康"……所以，"舒尔阴"商标并未构成侵权。

双方展开了又一轮激辩，互不相让，针锋相对。

原告代理人向法庭出示了泉源堂此前在多家报纸刊登的广告、专版、"舒尔阴"的资料报告以及"新闻发布会"的录音等证据，指控被告采用法律明文禁止的手段，恶意贬低、诋毁"洁尔阴"疗效，并在研制人上捏造和散布虚假事实，损害了原告的名誉权。

被告辩称："舒尔阴"的疗效比"洁尔阴"强，并没有诋毁"洁尔阴"，构成原告诉称的侵犯名誉权。

"好，就让事实说话。"一直沉静而坦然地坐在原告席上的薛永新开口道，"请法庭当场试验'洁尔阴'与'舒尔阴'的止痒和灭菌的疗效。"

"同一被蚊虫叮咬者或脸上长青春痘者，分别涂上'洁尔阴'和'舒尔阴'，让患者体验，我肯定地讲：'洁尔阴'涂上后五秒钟止痒。"他对"洁尔阴"的疗效非常自信：

审判长允准当庭试验，征询旁听者谁来做体验。

一位手臂皮肤发痒的旁听者踊跃出庭体验。只见薛永新将"洁尔阴"和被告提供的"舒尔阴"洗液分别涂在患者两只发痒的手臂上。

庭上所有人的目光都集中在患者的手臂上。

五秒钟过去，患者惊喜地举起右臂，说："我向法庭作证，这只手臂的皮肤已经止痒了。"他又举起另一只手臂，摇摇头说："它没效果。"

患者的右臂涂擦的恰恰正是"洁尔阴"。

庭上响起了掌声。大家惊叹"洁尔阴"神奇的疗效。

等法庭安静下来，薛永新严正指出"事实的真相"："'洁尔阴'按照国家三类新药研究程序，由卫生部西药评审办指定广州中医院临床基地为负责单位，组织广东、四川三十多家医院进行临床验证，皮肤病、妇科病治疗有效率达 90% 以上，质量标准按照国际公认的检测标准，属国家级药品，是国际国内公认的名牌商标，国家工商局承认的合法商标。"

他话锋一转："被告的虚假宣传，愚弄和危害了千万消费者，是法律和道德所不能容忍的。若整个社会对剽窃科技成果不谴责，谁来制造名牌产品？谁来保护科学发明？谁来保护民族工业？"

被告泉源堂则坚持辩称：恩威公司的指控，缺乏事实和正当理由。

经过六小时的法庭调查，下午 3 点 47 分，审判长钟尔璞宣布：

"由于涉及有关事实较多，争议较大，有的证据还需要进一步调查核实。休庭！"

一审过后，泉源堂又反诉恩威集团即薛永新侵犯其名誉权，索额赔偿1200 万元，使本案一波三折，烽火又起。

1994 年 10 月 28 日第二次开庭。双方一开始就进入激烈的交锋。本案的三个焦点，依旧是"三权之争"。

庭上，双方你攻我守，你退我进，唇枪舌剑，"硝烟弥漫"，看不见的刀光剑影，把人引入了惊心动魄的"战场"之中。

此案二审从上午 9 点到下午 5 点，其审理时间之长国内少有。由于双方辩论激烈，又增加了一个反诉，变得更加复杂化。法庭最后宣布择日再审。

难言之隐，难以了之。由于"某些"复杂的因素，这一牵动媒体和大众神经的讼战一时还难以了结。一如那句佛家的偈语：天下事了犹未了，然后以不了了之。这是一个无言的结局，但究竟谁是谁非、谁真谁假，在许许多多有正义良知的旁观者心中自有公断，胜负已见分晓。

在进入知识经济的时代，我们欣慰地看到知识产权的保护日益为人们所关注，企业家开始重视和捍卫自身权益，这是社会的进步。但从另一方面来看，围绕中国名牌知识产权纠纷，令人忧虑，民营企业的自主创新在重重压力和包围中，生存之路何其艰难！恩威每一次的发展和飞跃，都付出了代价！

有人说，创一个名牌不易，毁掉一个名牌却不难。更令人痛心的是，外国人毁不了我们的名牌，而毁掉名牌的往往是我们自己。

老子说："是以大丈夫处其厚，不居其薄；处其实，不居其华。"忠厚之道，包含了诚信、善良、朴实、爱护、无私等品质，是中华民族的传统美德。可是，在充满算计和争斗的现实生活中，总有一些人道德缺失，不择手段争夺利益，而受伤害的正是那些勇敢承担起"厚道"良知和社会责任的企业家。

结果并不是最重要的。这起诉讼案更大的意义，在于它给人们的启示，这不仅是知识产权纠纷，还是一场上升到了道德层面的博弈。在我们呼吁知识产权保护的同时，难道不更要提倡一种"厚道"的社会风气和商业道德？

这一话题是永久性的。这场知识产权争议与官司仅仅拉开了一个序幕，但它已经给人们留下了诸多复杂和凝重的思考……

第三节　讼事连环："洁尔阴"被迫停产

> 天网恢恢，疏而不失。
>
> ——《老子·第七十三章》

天之网罗广大无边，它虽然稀疏但什么也漏不掉。当英雄落难，正义无法伸张，伟大的老子总是给人以希望，天地有道，作恶的坏人，终究逃不脱法网。正义必将战胜邪恶。

但是，残酷的现实，往往将英雄逼向末路。"今天很残酷，明天更残酷，后天很美好，但大多数会死在明天。"这句话会不会一语成谶？

1994年11月12日，我国医药工业发展史上一个极不寻常的日子。薛永新突然做出决定——停产。

中国"四大药王"之一的著名企业恩威集团，沉默了。往日车水马龙的恩威集团顿时门可罗雀，厂区陷入沉寂。凛冽的寒风，让人更感一片萧索……

以生产"难言之隐，一洗了之"洗液"洁尔阴"闻名遐迩的恩威集团"意外"宣布停产，如发生强震，惊动了省、市、县三级党委和政府。海内外传媒闻风而动，再一次聚焦"多事之秋"的恩威。

有记者报道，当天恰恰是全国名牌会议在成都金牛宾馆落幕之日，会上通过了保护国产名牌产品的"成都宣言"。金牛坝离双流不远。"名牌"们在金牛坝各领风骚，留下"洁尔阴"落难双流县。

人们扼腕叹息之余，不禁追问：一个名牌产品怎么会突然停产？难道薛永新扛不住了吗？

薛永新不是扛不住，而是心灰意冷了。

"哀莫大于心死"。能够让一向处变不惊、泰然自若的他，做出这样一个艰难的决定，除非是在完全绝望、被迫无奈的情况下。

"舒尔阴"侵权官司，本来已经使恩威蒙受了巨大的经济损失，让薛永新始料不及的是，讼战还未结束，一帮不法分子有预谋的诽谤、陷害接踵而至，投寄匿名诬告信搅乱生产秩序，加上四川某报的不实报道，推波助澜，致使畅销的"洁尔阴"库存积压，应收货款被拖欠 1.5 亿元，直接经济损失达 4000 万元。

恩威连遭重创，生产难以为继，陷入了崩溃的边缘。

连续几个夜晚，薛永新都未入眠。寒夜中，他独自在庭院里徘徊，刺骨的风切削着、撕扯着黑暗的肌肤，仿佛有一把锋利的刀从他的心上狠狠划过，伤口又深又宽，直淌着鲜血。心里的痛他从来不显露出来，在大家面前，他永远是目光和善、神情安然的人。

唯有此刻，在寂静的深夜，深切的悲伤掠过他的脸，那双坚定而明亮的眼眸流露出一抹深深的绝望。

他抬起头站在苍茫的夜空下，雨落了下来，冰冷的雨点打在他的脸上，他感到从未有过的冰冷，好像心已经死了。黑暗从四周奔涌过来，包围着他，他似乎坠入了万丈深渊。

他是一个勇往直前的人。如果厄运仅仅是降临在自己的头上，他什么都可以承受。可是，他一手创立的恩威，他数年苦心研发的"洁尔阴"产品，却遭受敌手的一支支冷箭，而陷入绝地。这是他的生命不能承受之重！

每一步他都在挣扎中咬着牙走过来，但是，这一次，他感到自己无法挺住了。消费者对恩威、对"洁尔阴"失去了信心，这才是最毁灭性的打击。那些用心险恶的人目的达到了，恩威陷入了前所未有的极端困境之中。

他悲愤苦闷，自己一心创业，做着造福人类的有益事业，为什么却屡屡遭人蓄谋破坏、恶意阻挡？

为什么民营企业的路总是走得这样艰难？他问天无语。

在市场经济的浪潮中，有许多人曾经满怀抱负，一腔热血，打拼出一片天地，最后却被残酷的现实所击倒；有许多优秀的企业诞生，成为了时代的弄潮儿，最后却被狂风恶浪所淹没。他们走过的路，哪一条不是斑斑血迹荆棘丛生？

谁来保护民营企业？谁为民营企业铺平道路？"似是星辰非昨夜，为谁风露立中宵？"谁能了解他此时心中的痛？

他流泪了。一个坚强的男人第一次哭得很伤心。

这一个晚上，他做出了一个一生中最痛苦的决定：停产。

他深知，这意味着自己十多年来的艰辛创业都白白付出，这意味着自己振兴民族工业、制药济世的理想彻底破灭。这意味着，这条路他无法坚持住，无法走下去了。

佛说："一切有为法，如梦幻泡影，如露亦如电。"难道世事真的变灭无常、一切皆空？

他不愿认输，却不得不被迫停产。这是唯一的、最后的抗争。

为什么有人要诋毁一个名牌产品？企图何在？为什么几封诬告信就有那么大的破坏力？是什么东西在推波助澜？

导致恩威停产，仍然是"舒尔阴"侵权官司引发的"余震"，破坏烈度不亚于第一次"强震"。

"舒尔阴"侵权官司讼战爆发之后，国家工商行政管理局、中国消费者协会以及全国各省、市的卫生医药部门、医药公司，先后收到多封匿名信"举报""投诉"恩威及其产品"洁尔阴"洗液。信件还有所谓"四川省药检所十六个批号洁尔阴不符合标准质量"的报告，以及一张拼贴、伪造的《四川经济日报》，诽谤国际认可的名牌"洁尔阴"是"伪药""劣药"。

一些经销商以此为理由，纷纷退货或拒付货款，消费者不明真相，对"洁尔阴"失去信心，恩威损失惨重，造成了严重的后果。

薛永新向有关部门发出强烈呼吁：应制止蓄意诽谤他人名誉、破坏生产的违法行为，严惩违法犯罪人员，以保护企业应有的合法权益。

制造、投寄匿名"举报"材料者是谁？成都市委、市政府对此案十分重视。不久，参与炮制匿名信、伪造国家行政机关公文的涉案人员张某被警方抓获。

张某何许人也？经警方侦查查明：张某原是恩威集团的职工，因违反企业纪律被除名，后被泉源堂聘为浙江片区销售部负责人。警方从他的办公室里还搜出四百多份尚未投寄的伪造、拼贴的《四川经济日报》复印件等罪证。

1995年1月26日，双流县法院开庭审理了这起案件。检察机关当庭指控张某犯有破坏集体生产罪，要求法院依法惩处。

张某向法庭供称，他这么做是得到了公司领导的同意。

"目的是什么？"公诉人问。

张某回答："舒尔阴"的最大敌手是"洁尔阴"，必须把他们搞倒，才能增加"舒尔阴"的产品销售。

他还说，他承认这些事实，他的行为是企业行为，不是个人行为。因为他不是一个人在搞这些事的。

幕后的真正主使昭然若揭。《人民日报》驻川记者罗茂城一针见血指出："'官司'激怒了泉源堂，他们用不正当的手段来败坏'洁尔阴'的信誉。"

负责此案的警方官员介绍，根据张某的交代和掌握的证据表明，这是一起有组织、有预谋、有背景的系列犯罪行为，涉及面广，人员复杂。

双流县法院经庭审后认为，被告张某为泄私愤图报复，采取印制、散发诋毁恩威产品信誉传单的方式，给该企业造成了巨大的经济损失，致使其被迫停产，其行为已构成破坏集体生产罪。张某被判有期徒刑两年。

这再一次印证了老子的话："天网恢恢，疏而不失。"

是谁给案犯提供了可乘之机？为什么仅凭几封诬告信就引起"强震"？

这还得从案犯张某的匿名信说起。该匿名信中除了一张拼贴伪造的《四川经济日报》，还附有一份药检所的《药检报告书》。而《四川经济日报》正是据《报告书》对"洁尔阴"加以不实报道，从而给恩威造成了灾难性后果。

那么,《药检报告书》究竟是怎么一回事?

1993 年 8 月经卫生部正式批准,恩威牌"洁尔阴"洗液成为国家三类新药。1994 年 6 月 14 日,恩威将十三批样品送请四川省药检所按卫生部制订的适用标准检验,结果未检出苦参碱,疑为不合格,并写出检验报告书。

《四川经济日报》收到"群众匿名投递"的省药检所作出的检验报告后,即派两名记者前去省药检所采访。

省药检所的负责人告诉二位记者,他们目前出的只是阶段性报告,可能是检验方法的问题,还有待核查。在最终结论尚未做出前,不要见报。

不久,省药检所按新方法复核,又检出了苦参碱,得出最终结论:"洁尔阴"各项卫生指标均符合国家标准,其质量是合格的。然而,该报不听劝阻,执意刊登了"洁尔阴"质量不合格的不实报道。

1994 年 9 月 8 日,一则消息在《四川经济日报》头版刊出,标题十分抢眼:"四川省药品检验所最近检验洁尔阴洗液,十六个批号均不符合卫生部标准"。

又是一个"爆炸"新闻。一些省内外报纸纷纷对这一消息进行报道和转载。

恩威十分愤慨,立即致函《四川经济日报》,指责其报道歪曲事实真相。

9 月 21 日,该报针锋相对又发表一篇评论员文章,题目是"充分发挥舆论监督作用"。

9 月 23 日,《四川日报》以"探索科学检测方法,进一步提高产品质量,洁尔阴洗液成为国家新药"为题,赞扬恩威促使产品上等级、上档次的做法,并报道说:"原没有检出苦参碱的十六批产品,现在全部呈正反应,且苦参碱斑点清晰,各项卫生指标均符合国家标准。"

两报立场相对,孰是孰非,消费者难以辨清。

《四川经济日报》的舆论误导,加上其他媒体相继转载和报道,"洁尔阴"品牌在消费者心目中建立的信誉被彻底摧毁。

突如其来的"无中生有"，让讼事缠身的恩威雪上加霜，再一次蒙尘。

残酷的现实，逼得薛永新做出了最艰难的停产选择。

当恩威被迫停产的消息传出后，《人民日报》《四川日报》等相继发表文章，对"洁尔阴"被诽谤、诬陷及遭到不法侵权的情况做了披露。

《人民日报》驻川站长、资深记者罗茂城在 1994 年 11 月 23 日的《人民日报》上撰写了《恩威被迫停产》的报道，随后又于 12 月 3 日在该报撰文，披露"洁尔阴"停产的重要原因。

罗茂城在文中尖锐地指出："诬告'洁尔阴'者所以能售其奸，其中一个重要原因，就是四川某报的舆论误导。"

两篇文章在《人民日报》的连续刊发，无疑是对《四川经济日报》不实报道的谴责和鞭挞。

人们逐渐看清了事实的真相。新闻界密切地关注。

时隔不久，《四川经济日报》状告《人民日报》记者罗茂城侵犯名誉权，要求他通过新闻媒体在全国范围内为原告恢复名誉，消除影响并赔礼道歉；同时，要求记者本人赔偿原告名誉遭受侵害的损失 50 万元。

这世间还有否公平正义？某些报纸的新闻道德何在？薛永新再也不能保持沉默了。

1995 年 1 月 11 日，恩威向成都市中级人民法院递上诉状，控告《四川经济日报》的不实报道，故意损害原告及其产品的信誉和声誉，并造成了巨大经济损失。要求该报在其第一版重要位置公开为恩威恢复名誉，并赔偿经济损失 500 万元。

《四川经济日报》没有想到，刚把新闻界同行送上被告席，自己也旋即坐上了被告席。

中国这起罕见的连环官司开庭审理，媒体空前关注。

1995 年 10 月，引起人们广泛关注的由"舒尔阴"侵权官司引发的连环新闻诉讼，以《四川经济日报》败诉终结。《四川经济日报》败诉后也主动撤除了对人民日报驻川记者罗茂城的起诉。

恩威在这起新闻讼事中大获全胜，"洁尔阴"所经历的大小风波的真相已为越来越多的人们所了解，这让身陷官司泥淖中的薛永新和恩威人感到欣慰。

在省、市、县委等各级领导的关怀下，恩威在停产半月后，恢复生产。

这起在全国闹得沸沸扬扬的连环讼事，不能不引人深思。恩威和"洁尔阴"一层层提高了新闻价值，一步步走向了乡镇企业蓬勃发展之路，为此却付出了昂贵的代价，甚至几近"死在明天"。

它提出了一个值得思考的问题：中国名牌如何得到保护？

名牌是无形的财富，它的实质是知识产权。名牌又是民族工业的骄傲，国家强弱的一个重要标志。创造一个名牌来之不易。走向现代化的中国需要更多的自己的名牌，走向自主创新的中国民营企业更需要得到各方面的保护。因此，健全的法律是保护名牌的重要武器，而宣传和爱护名牌，是新闻媒体的责任。

有时候，始料不及的巨大损失，可能会换来社会的进步。如此，所有付出的代价，所有生命中经历的崎岖不平，都可以放下了。薛永新想。

第十章

风云突变：司法罕见的合资纠纷

强行者有志。

——《老子·第三十三章》

强者，就是在最困难的时候能够坚持前行的人。老子虽然强调"弱"，但并不回避"强"。老子认为，逆境之中，人需要坚持精神。坚持精神是一种即使面临失败、挫折仍然继续努力的能力，从而使你战胜一切危机。

泰戈尔说："顺境也好，逆境也好，人生就是一场面对种种困难无尽无休的斗争，一场我寡敌多的战斗。只有笑到最后的，才是真正的胜利者。"

人要摆脱生命里程中一个又一个障碍，唯一的秘诀是：坚持到底。

恩威好不容易从重围中拼杀出来，扫清障碍，健步奔走在洒满阳光和汗水的坦途，一路扩张，凯歌高唱，收获丰厚的成果。然而，谁也没有料想，风云突变，暴雨来袭，突如其来的山洪阻断了稳健前行的道路，又一场大的危机摆在了薛永新和恩威人的面前。

是退让，还是回避；是停下来，还是坚持往前走。面对新的危机，薛永新该怎么应对和化解？

史上最"牛"的"一案数裁"

能因敌变化而取胜者，谓之神。

——《孙子兵法·虚实篇》

孙子认为，能根据敌情变化而取胜者，就能做到用兵如神。

也就是说，当危机袭来，唯一的办法就是临危不乱，沉着应对。

危机就像一个潜伏的杀手，时刻威胁着企业的生存。而最可怕的是，它来自于人为的因素。如果应对不当，就会带来灭顶之灾。

危机降临，再一次考验薛永新。

2001 年 12 月，恩威收到中国国际经济贸易仲裁委员会秘书局的通知：1994 年和 1998 年曾经两次仲裁过的恩威世亨制药公司（以下简称恩威世亨）合资争议仲裁案，现在又要重新仲裁。

一案数裁，历时近十年，这在中外合资仲裁史上实属罕见。

我国《仲裁法》第九条规定："仲裁实行一裁终局制度。裁决做出后，当事人就同一纠纷再申请或再向人民法院起诉，仲裁委员会或者人民法院不予受理。"

可是，恩威世亨合资争议案为什么要反复仲裁呢？如此反复仲裁，那《仲裁法》的"一裁终局制度"的严肃性又如何体现呢？

香港：2002 年 5 月 9 日，星期三。

以历史最悠久、影响最大著称的香港《大公报》用整版的篇幅，发表了恩威世亨合资争议仲裁纪实报道，对"一裁终局制度"提出了质疑。

这篇署名"罗茂城"的文章刊发后，迅即在新闻界引起了极大的反应。官司没有间断的恩威，又一次成为国内新闻界聚焦点。

“一案数裁”到底是怎么回事？这得先对恩威世亨做一个简单的追溯——

　　1990年6月30日，薛永新与香港世亨洋行法人代表吴仁义签订了合资协议。10月，成都恩威化工公司与香港世亨洋行合资成立了恩威世亨。按当时的合资协议，港方应出资165万港币，而港方却延迟近一月才将资金汇到合资公司账上，且只有150万元港币。七天后，港方竟以购买设备为由，抽走140万元港币，逃汇至香港。自此，合资纠纷爆发。

　　这期间，恩威迅速向外扩张，跨越地域，走向了世界。港方见有利可图，硬从成都合资公司拿走高达1200万元人民币的巨额利润。

　　此后，港方变本加厉要求恩威付给其“应分利润”。因港方先前抽资140万元港币，成都市政府有关方面按规定不同意支付港方利润。

　　最荒谬的是，应了那句“恶人先告状”的古训，同年12月12日，吴仁义反倒起诉恩威“违约”，向中国国际经济贸易仲裁委员会（以下简称仲裁委）提起了诉讼，并且四处“鸣冤”。

　　1994年8月1日，对于恩威人来说，这是一个值得欢欣鼓舞的日子。

　　仲裁委经过两年的审理，对于恩威世亨合资纠纷案做出了终局裁定，确认香港世亨洋行抽走出资资金，属于违法行为。抽走的资金不再算作投资，终止合资合同，依法进行清算。

　　这一生效的裁决意味着，港商在合资企业的一切权利自动取消，在合资企业中没有任何资格了。因此该合资企业至此也就不再存在。

　　裁决书下来后，恩威上下一片欢呼。

　　这一年，对于恩威和薛永新来说，是多灾多难的一年。从新年伊始的“侵权官司”还未了，接着又是一波“新闻讼事”，几乎将恩威逼到了“死路”。幸而合资纠纷的公正裁决，大大地鼓舞了恩威员工的士气，看到黑暗中的一线曙光。

　　疲惫的薛永新，露出了久违的笑容。

　　但是，那一边，港商吴仁义却暴跳如雷了。

　　从吴仁义的角度看，这一裁决完全违背了香港世亨洋行当初申请仲裁的目的，而且自己还必须将已拿走的一千多万元利润退回，他岂能甘心？

当 1994 年 8 月 1 日仲裁委做出"一裁"终局裁定后，港商吴仁义对此不服。他一方面千方百计阻挠清算的进行，同时又于同年 10 月 7 日向同一仲裁委的另一仲裁庭申请第二次仲裁，状告恩威抽走港方资金。

"一裁终局制度"，这本是法律规定。荒唐的是，提请"一裁"的始作俑者吴仁义，竟然又提请重新仲裁。更让人匪夷所思的是，"二裁"仲裁庭违反《仲裁法》关于"一裁终局制度"和仲裁程序，竟接受香港世亨洋行的请求，并不顾恩威的坚决反对强行管辖。

不知道仲裁庭如何裁决的薛永新，此时犹如一只笼中的困兽。但是，他没有惊慌。

1998 年 1 月 8 日，新组成的仲裁庭做出了第二次裁决，彻底推翻了第一次裁决。该仲裁庭裁定：恩威"抽资"140 万元港币。应赔偿港方损失人民币 1 亿元。

该仲裁庭还认为，恩威侵犯了合资企业注册的"洁尔阴"商标权。

裁决书下达后，犹如晴天霹雳，一个比一个响。

乌云又笼罩在恩威人的心头，那道已露出曙光的金边，转瞬之间，消失了。这是一个异常寒冷的成都冬天，寒风那样凛冽，那样刺骨。可是，肉体的肌肤的寒冷，怎能比得上内心的寒意更凄凉？

为什么会发生如此荒谬的事？为什么受损害的是我？为什么是恩威？法律的威严何在，公平何在？薛永新痛苦地一遍遍无语问苍天。

自 1991 年假"洁尔阴"风波到 1992 年"舒尔阴"侵权官司开始，薛永新和恩威的灾难就没有间断过。现在似乎还远没有结束。

"二裁"本身就是一个不该出现的意外，可谁都没有想到，它竟推翻了"一裁终局"裁定，这给了薛永新一个措手不及。

如果这荒唐的裁决变成现实，就会导致港商以空手套白狼的手段，在不到一年内已拿走 1200 万元利润的情况下，还要拿走近两亿元！这既是对民营企业的残酷打击，也是对国家财富和税收的掠夺！薛永新拍案而起！

恩威内部群情激愤，又一次震荡。

一位公司主管激动地说："按我国仲裁法规定，1994年仲裁委的裁决为终局裁决，具有法律效力。第二次仲裁明显是违法的一事二裁！"

另一高级主管说："'二裁'竟否定'一裁'，做出了我中方抽走港资的相反裁决，完全违背了事实！"

一位有关负责人提出了自己的质疑："港方的代表是什么人呢？世亨洋行的法人代表吴仁义与该行在四川的代理人封某均系'文化大革命'中四川比较活跃的人物，后移居香港。为何这样一个明明白白的涉港经济纠纷，某些仲裁人员要袒护港方、出尔反尔、前后矛盾、枉法重复裁决呢？实在耐人寻味。"

有理变无理，胜诉变败诉，恩威当然不服。1998年2月9日，恩威起诉香港世亨洋行至北京市第二中级人民法院，申请撤销"二裁"。法院于2月16日正式受理。

一旦踏上诉讼之路，注定将是一场艰苦漫长的跋涉。历经诸多讼事的薛永新何尝不知道个中辛酸，何尝愿意消耗时间和精力去打无休无止的官司？

可是，危机四伏，他不能也不得不沉着应对。犹如一只在丛林中奔跑的麋鹿，随时要警惕追赶而来的凶恶猛兽。束手"守弱"，只能被吃掉。

按法律规定，法院于受理之日起60天内应对诉讼申请做出裁决。然而，已近两年仍无结果。

1999年12月，北京市第二中级人民法院（简称北京中院）和北京市高级人民法院终于逐级向最高人民法院呈送请求撤销1998年仲裁委做出的第二次裁决的报告。

但是，当世纪跨越了新千年，恩威却仍然看不到太阳的升起。

2001年12月8日，恩威盼望已久的北京中院民事裁定书终于下来了。

裁定书中说，仲裁委1998年的第二次裁决，存在重复仲裁的情形，故裁定终止撤销程序。

维持"一裁"裁决，此事不是顺理成章吗？薛永新原以为尘埃落定了，不料仲裁委秘书局通知他们还要重新裁决，这令他摇头长叹。

倘若第二次仲裁庭有关人员暗箱操作，搞不正当仲裁，恩威再也消耗不起了。薛永新感到担忧。

唯恐夜长梦多，横生枝节，恩威向仲裁委申请，要求该案第二次仲裁庭首席仲裁员程某、郭某退出本案仲裁活动。

"二次仲裁"，在新闻界和法学界掀起一阵狂风，舆论哗然。媒体普遍认为，这是一起古今仲裁史上罕见的枉法裁决。

北京许多专家学者十分关注。中国法学会主办的大型法学理论刊物《中国法学》杂志社于1999年1月2日在京举办关于恩威世亨仲裁案件法律问题理论研讨、论证会。在京知名法学专家和权威人士出席会议。

与会专家认为：该案1998年第二次仲裁是典型的一事两裁、越权裁决，严重违反了我国《仲裁法》《民事诉讼法》及《仲裁规定》等法律、法规，应依法撤销，维护恩威的正当合法财产权和企业信誉。

中国国际贸易仲裁委员会副主任王家福严肃地指出："这是中国乃至世界仲裁史上的一大耻辱！'二裁'必须撤销。"

谈到抽逃140万元港币资金问题，王家福强调："第一次裁决，认定是港方抽逃资金，第二次裁决倒过来认定是恩威抽逃港方的资金，否定了第一次裁决。这本身违反了《仲裁法》。"

他还严正指出此案错裁的其他问题：如商标问题，合资合同没有关于商标权的约定。港方无权提起仲裁，新的仲裁庭越权裁决。

资深国际贸易仲裁委仲裁员曹家瑞等专家特别指出：仲裁是协议管辖。对本案而言，仲裁庭只能审理和裁决双方在履行合资合同中的争议，不能去审理双方的任何一方同其他第三人的争议，也不能去审理双方在合资合同以外的事务与争议，否则就是越权审理和越权裁决的问题。

尽管世界上还有邪恶存在，但是真理永远站在正义这一边。新闻舆论和法学界的支持，让薛永新深感安慰。

然而，强大的社会舆论并没有改变现状。

2005年7月28日，仲裁庭做出了重新裁决。让人吃惊的是，重新仲裁的裁决仍然维持1998年枉法裁决，对北京中院指出的违法裁决并未纠正，只是将恩威赔偿数额由1亿元降为4950万元。

这到底是为什么？在海内外享有很高声誉的中国国际贸易仲裁委，却一再无视法律，公然对抗人民法院，难道其中真有某些不可告人的腐败黑洞？这不能不令人强烈质疑。

一名法界高官的落马，终于使此案峰回路转。2006 年 5 月，仲裁委原法律部长、秘书长王长生被依法逮捕，真相终于大白。

原来吴仁义在 1992 年第一次申请仲裁后，就将其公司香港世亨洋行注销，资产转移。十多年来其一直以一个根本不存在的香港世亨洋行非法牟利。在 1994 年裁决失败后，吴仁义不惜花费几百万元巨资贿赂王长生和本案某些仲裁员，故而才有了两次罕见的枉法仲裁。

人间正道是沧桑。只要坚持往前走，再漫长的黑夜终究会过去。

2006 年 12 月 7 日，北京市第二中级人民法院做出《民事裁定书》，裁定依法"撤销中国国际贸易仲裁委员会〔2005〕中国贸仲京裁字第 0202 号重新仲裁裁决"，使这起在中国乃至世界上都罕见的枉法仲裁案历经十多年磨难后终于获得纠正，画上了正义、圆满的句号。

这桩案件被人为地拖长了十多年，耗费了恩威和薛永新的长期大量的心血，更给恩威造成了上亿元的惨重经济损失和难以估量的名誉损失。

官场的腐败、权钱的交易，使一个稳健前行的企业遭遇重重阻碍。恩威胜了一个个官司，却为之付出了巨大的代价。

美国著名的政治哲学家约翰·罗尔斯说："正义是社会制度的首要美德，正如真理是思想的首要美德。"

正义是人类良知的眼睛，正义是司法公正的灵魂和基石。它要求司法人员以崇高的美德，弘扬正气，维护和实现社会的公平正义。

所幸，薛永新等待的正义到来了。寒冬过去，恩威终于度过了这场危机。

令人感佩的是，即使在最困难的时候，也没有能够让薛永新停止、退缩，任何非正义力量都不能阻止恩威前行的步履，迈向理想的目标。

第十一章

生死劫难：史上最"冤"的惊天税案

天长地久。天地之所以能长且久者，以其不自生，故能长生。是以圣人后其身而身先，外其身而身存。

——《老子·第七章》

天长地久，是我们每个人十分熟悉的美好词语，是我们生命中最柔软的愿望。智慧的老子却思辨地用"天地之道"，为我们揭示了人生之道。

他说，天地为什么长久存在，是由于它不为自己生存，所以能"天长地久"。因此，圣人把自己置之于后，自己反而占先；把生命置之度外，生命反而保全。

生与死相伴，喜与悲相随，福与祸相依。人的这一生中注定要经历起落顺逆，忍受诸多痛苦，甚至不可预知的劫难。

我们不能回避生命的悲剧，灾难是不可改变的，可改变的只是我们对待灾难的态度。

或许上天还在继续考验着薛永新。一个更大的灾难，把他推入了深渊。

这是超过以往任何一次、更为残酷的灾难，"死亡"气息逼近了他的身旁。他能从"山崩地裂"中逃脱此劫，获得生机吗？

第一节 一封"举报信"引发的"税案"

> 佛言：恶人害贤者，犹仰天而唾，唾不至天，还从己堕；逆风扬尘，尘不至彼，还坌己身。贤不可毁，祸必灭己。
>
> ——《四十二章经》

佛说，恶人害贤者，如同仰面向天吐唾沫，所唾口沫污染不了天，口沫落下来反而会污染了自己的身体；又如同在逆风中以灰尘涂洒他人，灰尘涂洒不到他人身上，风吹过来灰尘反而会涂洒到自己身上。好人害不了，害人者必将害己。

让我们再回到引子中那个特别的多事之秋。

1996 年 10 月，成都的秋天有些异常，很闷热。

那时候，恩威的事业一路高歌，如一列呼啸前行的快车，驶向了世界。那时候，薛永新正雄心勃勃地勾画未来的蓝图。他并不知道，悄悄聚集的乌云一点一点地推近，在他的头顶翻滚。

他毫无察觉，一场劫难就要从天而降。

有人写了一封"举报信"，寄到了中央政法委、最高人民检察院、国家税务总局。

"举报信"罗列了恩威总裁薛永新"三宗罪"：一、薛永新与香港居民、柬埔寨籍商人许强勾结，办假合资，逃税达一亿多元。二、侵吞集体财富，在上海、天津、广州、深圳以及泰国等二十多地购置房屋及汽车等不动产；他还用公款在美国洛杉矶长期租用高级住宅，购置多部高级汽车和购买绿卡五张，为其家人住美国使用，还为个人在成都修建一所两千平方米的豪华别墅。三、行贿政府官员，地方权力部门和省上有的大员及实权人物均成为薛永新拉拢、贿赂的对象，为他为非作歹、损害国家集体利益

"开绿灯"。

如果属实，仅是举报信中的"首罪"——办假合资，逃税达一亿多元，薛永新与许强已够得上杀头的死罪。

惊雷炸响，薛永新还没有意识到，风暴已经逼近了。

"举报信"言之凿凿，似乎有根有据。

随后，国家税务总局下文，责令四川省有关部门检查恩威的税收与财务。

四川省立即组织省、市、县三级税务部门到恩威检查。

走了一批，又来一批，查了整整三个月。

恩威员工们忧心忡忡，不知道发生了什么事。空气突然变得紧张。

薛永新这才知道，有人"举报"，企图将他与恩威置于死地。他心中坦然，恩威没有违法乱纪，有什么可担忧的呢？

检查结果：与举报事实不符，恩威没有偷漏税。检查中还发现，恩威不但无偷税问题，而且实际上还多交了15万元增值税。恩威与外方许强合资成立的恩威制药公司，均有合法审批手续，不存在假合资。

至于举报信所罗列的其他两宗"罪"，没有事实依据。

到此，所有问题都已厘清。按理，四川省国税局将此检查结果报国家税务总局后，最迟在1996年底就应解决了。

薛永新等人都以为风波过去，孰料，这仅仅是暴风雨来临的前奏。

1997年上半年，国家税务总局稽查局一位主要负责人又派员到恩威查了两次。历时两年多。检查的结果，也没有发现违法问题。

事实更加清楚，"举报信"纯系捏造，这是针对薛永新与恩威的陷害。

很多人包括薛永新自己都认为，这场举报闹剧该结束了。但，这只是开始。

不知出于什么用意，在稽查局最后一次检查后，他们提出恩威合资企业高达1亿的税收优惠应收回。

"恩威税案"就此引发。

暴风雨终于来了。薛永新与恩威无端被卷进了这场风暴中心。

那个神秘的"举报人"是谁？他又是出于什么居心，非置薛永新于死地？

"举报"恩威所谓"偷漏税"的人，正是曾口口声声称薛永新是大恩人的云付恩。

十年前，出身农民的云付恩因生意失败欠下巨债而被债主追讨。在他落难的时候，薛永新出手相助，替他还清了债务，并留他在恩威工作。然后又将他从一名普通员工一路提拔至成都恩威世亨制药有限公司副总经理。（前文已有叙述。）

云付恩多次在薛永新面前发誓说："您是我的救命恩人，我一生都要好好报答您。"

他说得那样情真意切，眼里闪动着泪光，谁也深信不疑。

云付恩在恩威站稳脚跟后，想方设法通过各种途径谋取在恩威的权利和利益。1992 年，他利用恩威举办"全国妇女卫生保健知识大赛"的机会，迫使薛永新同意由恩威世亨出全资两百万元在北京成立了京华恩威公司，并派他出任该公司二级法人代表和总经理。

这样，云付恩一脚踏上首都土地，并有了自己一手遮天的公司做后盾，便开始为实现自己的政治野心加紧活动，编织"关系网"。

据恩威调查核实以及一些员工揭发，既不是恩威集团投资者也不是恩威世亨股东的云付恩，任职京华恩威总经理期间，不仅隐瞒每年几百万元的盈利，以个人名义擅自划走公司资金，挪用到其家乡办企业，并由他控股，任该公司董事长。

云付恩东窗事发后，1996 年 7 月 29 日，恩威集团董事会讨论决定：撤销云付恩京华恩威总经理和厂长职务。

1996 年 8 月，云付恩为了发泄个人对恩威集团董事长兼总裁薛永新的极度不满和仇恨，采用捏造虚构事实，书写、散发《致全体"恩威"同仁的一封信》的手段，公开对薛永新进行人身攻击，破坏他的名誉和恩威集团的声誉，造成了极坏影响。

被撤职后的云付恩一直拒不交权，霸占京华恩威。鉴于此，1996 年 9

月6日，恩威集团向双流县人民法院递交了起诉状，请求判令被告云付恩交出京华恩威全部财产所有权及企业经营管理权。

1996年9月18日，双流县人民法院在北京市中级人民法院的协助下对京华恩威依法进行了查封，裁定恩威集团依法收回经营权。

眼见大势已去，恼羞成怒的他又心生一计："举报"薛永新。唯有将薛永新置之死地，他才能"重生"。另一方面，他利用京华恩威的巨额资金，买通相关部门的腐败官员与新闻部门个别丧失良知的撰稿人，共同捏造出"恩威税案"。这是薛永新当年在多种场合下反复强调的话："腐败分子与犯罪分子相勾结，制造了'恩威税案'大冤案。"

一个戏剧性的事发生了。

举报不久，已摇身一变为N市人大代表的云付恩突然遭到"非法拘禁"。这是由首都某报在"爆"恩威"偷漏税一个亿"消息的同时所披露出来的。

报道说："组织者竟是恩威公司销售部副经理曾涛"，实施者是河北省公安厅的一位副处长，绑架地点在北京。

这似乎是一起"跨省作业，神通广大"的绑架案。这则消息无异于连环炸弹，迅速引起了十多家媒体竞相转载。

这到底是怎么回事？难道恩威涉嫌打击、报复举报人？人们不禁朝这个方向猜测。

其实，云付恩被抓，与恩威无关，也与"恩威税案"无关。但这枚威力不小的"炸弹"，却使百孔千疮的恩威又受到无辜伤害。

事情的经过是这样的——

1997年1月17日，一个叫张某的女子神情痛苦地来到石家庄公安分局，哭诉京华恩威的总经理云付恩强奸了她，而且长期霸占她。她不堪凌辱，鼓起勇气向公安机关报案。

接到举报后，石家庄公安分局对犯罪嫌疑人云付恩进行了拘捕。

第二天一早，成都恩威集团办公室电话响起。办公室负责人拿起了话筒。

"我是石家庄公安分局。请问你们恩威是否有个叫云付恩的人?"一位河北口音的男子在电话里问。

"是有此人。"

"有人举报,他涉嫌强奸犯罪,已被我局拘禁。"

"这太好了。成都市双流县公安机关也正准备对云付恩实施逮捕!"

负责人告诉对方,恩威已举报云付恩侵占企业财产和涉嫌诽谤。云是N市人大代表,目前,双流县司法机关正向N市人大常委会请求,逮捕云付恩。

此时,一架银色飞机从双流机场起飞。

机上乘坐着三名成都市双流县公安局的干警,他们已接到石家庄公安分局抓获云付恩的消息,正飞往石家庄核实情况。

原来双流县公安局于1996年8月29日接到恩威集团总裁薛永新的书面报案,指控其子公司京华恩威总经理云付恩利用《致全体"恩威"同仁的一封信》(简称"公开信")等手段对其进行公开的侮辱和诽谤,严重影响了恩威的生产,要求法律部门对云付恩追究刑事责任。

双流县公安局接案后,在县委、县政府的指示下,立即展开调查。

双流县公安局责成刑警大队派员对公开信举报的四个问题进行调查。经过一个多月的多方取证,在局务会上,刑警大队负责人通报了调查结果。

"我们通过调查,关于嫖娼问题,经与西藏饭店保安部和所辖派出所核实,未有薛永新嫖娼的事实依据;关于支持'台独'问题,也查无实证;关于偷漏税问题,双流县政府对市国税局和市地税局关于'恩威集团税收问题的情况报告'予以否定;关于办理绿卡问题,干警通过成都市公安局出入境管理处调查,薛永新一家五口只办有往返美国的三年期护照。"

在侦查云付恩诽谤犯罪嫌疑的工作中,干警还发现云付恩有侵占恩威巨额财产的犯罪嫌疑。

因了解到云付恩是N市人大代表,双流县公安局于1996年9月4日依法派员前往N市,请求N市人大常委会出具关于云付恩人大代表资格情况的说明材料。

不料，N市人大常委会某负责人竟拒不出具书面证明，拒绝配合。

随即，双流县公安局派员在北京市某区派出所的协助下依法对云付恩进行传唤。

然而，云付恩拒不接受传唤。

1997年1月7日，双流县公安局派干警前往，提请N市人大常委会许可对云付恩进行刑事拘留，但被N市人大以种种理由拒绝。

1月16日，双流县人民法院院长郭开德召开审委会，讨论薛永新诉云付恩诽谤一案。

审委会一致决定以"诽谤罪"逮捕云付恩。郭开德签发了逮捕令。

或许是天意，恰在此时，云付恩被石家庄市公安局抓获。

1月17日，双流县公安局派三名干警乘飞机至北京转到石家庄，并迅速与石家庄市公安局取得联系。

1月18日，专案组一行到达石家庄市公安局，向羁押在此的云付恩出示了《逮捕决定书》。随后，石家庄市公安局将犯罪嫌疑人云付恩移交给专案组。

当晚，云付恩被专案组带上了由石家庄市开往成都的189次列车。

据北京某杂志详细报道：189次列车到达终点站重庆，云付恩被关押在重庆市公安局刑警队。21日下午2时，云付恩被押往双流县，途径重庆市检察院门前时，云付恩突然趁机跳下警车，高声呼救：

"冤枉啊，救命啊！"

"警察执法犯法，乱抓好人！"

云付恩的反常之举，引来了群众围观，也惊动了重庆市检察院。

N市人大得知云付恩被抓后，向省人大等有关领导反映，强烈要求双流县公安局放人。双流县法院、公安局迫于压力，当晚释放了云付恩。

"放虎归山"后的云付恩怎肯罢休？

云付恩通过京城媒体进行鼓噪，上访中央政法机关，明明自己涉嫌犯罪被抓，却反诬薛永新是"非法拘禁人大代表"的"幕后操纵者"，是对其举报"恩威税案"进行打击、报复。

山雨欲来风满楼。

1998 年 12 月 17 日，成都市人民检察院以涉嫌非法拘禁人大代表为由，对双流县法院院长郭开德立案侦查。

此案经过四年侦查终结并移送乐山市中级人民法院审理。

2002 年 7 月 27 日，乐山市中院开庭审理郭开德涉嫌非法拘禁人大代表一案。本案"受害者"云付恩同时提出刑事附带民事的诉讼，并向被告人郭开德索赔 163 万元。

2001 年 5 月，薛永新将郭院长的冤情向中央、省市领导反映。他在四川省人大提议案中认为：这是犯罪分子与腐败分子相勾结，对严格执法的司法人员进行迫害。

"我相信，乌云遮不住太阳。"2003 年 6 月 27 日，乐山市中院一审判决郭开德无罪。

需要一提的是，1997 年 3 月 24 日，薛永新以四川省政协委员的名义，在省政协七届五次会议上提交了一份提案。

他提出的是在建立社会主义市场经济体制新时期应加强党对执法部门的监督的提案。该提案的主要内容是反映云付恩侵占京华恩威巨额资金后，检察机关迟迟未作查处的情况。

提案引起四川省政法委员会的高度重视。在这之前，省委、省政法委有关领导曾分别在恩威集团举报云付恩侵占京华恩威财产的有关举报材料上做了批示，要求检察机关抓紧依法严肃查处。

然而，N 市人大的某些人竟有意庇护云付恩，始终拒绝司法部门对其实行刑事拘留的提请，致使案件的查证受阻而无法进行。

云付恩为自己的犯罪构筑了一道严密的保护网。

层层乌云依旧聚集在薛永新的头顶上，"恩威税案"风起云涌。薛永新将接受怎样的考验呢？

第二节　大爱无声：抗洪救灾中的奉献者

大音希声，大象无形。道隐无名。夫唯道，善始且善成。

——《老子·第四十一章》

老子感慨道，最大的音乐，没有声响；最大的形象，没有踪影。道呵，幽隐无名。只有这个道，才善于产生一切，而又善于成就一切。

道，成就善行，成就大爱。再也没有什么比得上爱，更能帮助人类战胜所有的困难和风雨，而坚定不移地前行；再也没有什么比得上爱，更能让人类忘掉自我，忘掉自身忧患，去关心和帮助更需要的人。

1998 年夏季，中国长江流域发生了特大洪灾。身陷税案旋涡的薛永新却义无反顾地奔赴抗洪第一线。

真正的强者是，无论遭遇人生如何猛烈的狂风骤雨，哪怕是巨浪滔天，也不管前途多么黑暗，道路多么艰难，永远不能阻挡他坚定的信念，也永远影响不了他对这世界的热爱，对这社会自觉承担的责任。

1998 年的夏天，薛永新被一阵狂风卷进了"恩威税案"的旋涡之中。也在此时，一场百年不遇的自然灾难，侵袭了我国长江流域。

洪水像一头发怒的野兽横冲直撞，浊浪排空，惊涛击岸。长江中下游沿岸一百多座大中城市连降暴雨，农田、村庄被淹，洪水肆虐，数千万人痛失家园。

九江大堤决口，荆江大堤危在旦夕。百万雄师过江，与洪水展开一场殊死的搏斗。灾情牵动了全国人民的心，也牵动了薛永新的情感。

这一年，他被"恩威税案"推到了风口浪尖，面临生死存亡的严峻考验。

但是，他却做出了一个令人意想不到的决定：奔赴救灾第一线。

"你疯了，自己都大难临头了，还要去救灾？"

"现在当务之急就是赶快想办法化解危机，你怎么还有心思顾别的？"

许多朋友既替他心急，又感到不可思议。

薛永新理解朋友们的心情，但是，他心里有自己的想法。每个生命都具有神圣的使命，那就是对这社会的责任。"造福人类，为众生幸福"，一直是恩威的使命，也是薛永新最坚定的使命。而这使命正是基于对人类、对国家的爱。现在，国家蒙受着灾难，人民处在洪水肆虐之中，个人的安危又算得了什么？

他深深明白，药品是救灾最急需的物资，是生命的希望。长久浸泡在洪水中的官兵和百姓，倘若皮肤溃烂感染，将危及生命，生死只在转瞬之间。而只有"洁尔阴"才能解决经洪水浸泡后，感染病菌而引起的各种皮肤病。

这是自己义不容辞的责任。

薛永新毫不犹豫地出发了。

他带领着四百多名恩威员工，带着价值 1600 万元的第一批药品，赶往抗洪救灾第一线。尽管"税案"使他心力交瘁，四周风声鹤唳，他随时都可能因所谓"偷漏税 1 个亿"而被抓捕。但是，他顾不了自身的安危。

飞机穿过连绵的暴雨，徐徐下降。薛永新从机窗俯瞰，长江两岸洪水滔滔，一片汪洋。他的心揪紧了。

一下飞机，他与外资合作伙伴许强先生便直奔最危急的荆州大堤。眼前的情景令他们震动，一排排官兵组成了一道道防洪墙，在齐腰深的洪水中严防死守，还有很多战士扛着一个个沉重的麻袋，奔走在大堤之上。

据部队首长介绍，由于长时间在洪水中浸泡，许多战士的手脚已经溃烂，伤口感染严重，甚至全身红肿，可是他们仍然坚守在"阵地"上。

薛永新与许强身披雨衣，脚蹬长筒雨鞋，涉水来到荆州大堤，亲自用"洁尔阴"洗液，为战士们擦洗、涂抹溃烂的伤口。

天空下着暴雨，洪水滔滔不绝，随时可能冲决大堤。薛永新与许强不顾危险，在大堤上来来回回地为战士们疗伤。

看着战士们手脚因感染化脓，鲜血流出了创面，薛永新心疼了。这些十八九岁的战士，就像自己的孩子一样。可是，他们此刻却用生命在保卫大堤，保卫老百姓的家园。

他落泪了。战士们也落泪了。

他们有的从报纸上早已知道了薛永新，从首长的介绍中了解到薛永新与他的恩威。令他们感动的是，被"税案"缠身的恩威总裁薛永新，在面临个人和企业危机的时刻，却来到了抗洪救灾的第一线，来到了最危急的地方，将最需要的药品送给他们，还亲自为他们疗伤。

战士们哭了，那是感动与敬重的泪水。

薛永新哭了，那是心疼与深深在乎的泪水。

许强的眼睛湿润了，在场所有恩威员工与部队官兵的眼睛都湿润了。场面令人动容。

"'洁尔阴'治好了很多战士的溃烂皮肤！"

"'洁尔阴'治伤见效快！"

大家奔走相告，"洁尔阴"的名字传遍了防洪大堤，不胫而走。

为了见证"洁尔阴"神奇疗效，中央电视台的记者持摄像机跟踪了这一过程。

薛永新告诉记者，两分钟之内，"洁尔阴"会使皮肤伤口红肿减退。

记者看准时间，将摄像机镜头对准了薛永新。

只见薛永新手拿一瓶"洁尔阴"和一支棉签，开始在一位战士皮肤溃烂而红肿的手臂上轻轻擦上药液。

镜头对准战士的手臂，观察皮肤创面的变化。十秒、三十秒、六十秒……在场的人屏住了呼吸。

两分钟到。奇迹发生了，战士手臂的红肿渐渐消退。天哪，太神奇了！人们惊呼起来。

"为什么'洁尔阴'会有如此神效？"有记者提问。

薛永新回答说："'洁尔阴'是纯中草药洗液。它依据道医和中医治本驱邪气之医理，从解毒气、杀虫、止痒、消炎、滋养皮肤方面入手，清除人们身体内的邪气：风、寒、热、毒、湿。所以它能使因'五毒'所致的皮肤病迅速痊愈。"

薛永新现场让人们见证了"洁尔阴"的疗效。"洁尔阴"在抗洪救灾中发挥了它的特殊作用，"立了一功"。

听说很多受灾的地方急需药品，薛永新当即决定再追加价值1600万元的药品，命公司连夜以空运方式送到各地。

第二批药品发出了。薛永新带领着恩威员工奔赴鄂、湘、赣、黑、吉等十余个受灾严重的省市县，将药品分送到需要的地方。

每到一处，他们都受到部队官兵和当地受灾群众的欢迎。"洁尔阴"等药品对治疗皮肤感染非常有效，解除了战士们和老百姓的身体疾苦。

但是，有谁能够了解，薛永新此时顶着多么巨大的压力。他不断地接到一个个急如火燎的电话：

"云付恩正四处活动，寻找保护伞，四处毁谤、攻击，情况对您和恩威十分不利。"

"新闻舆论失实报道，恩威形象受损，产品销量急剧下滑。该怎么办？"

"工厂人心惶惶，一些员工准备跳槽。"

"据可靠消息，上面已下令抓捕薛总。您赶快回来吧！"

一个又一个电话打爆了薛永新的手机，薛永新没有慌乱，依然全身心地奔赴在救灾第一线。

一边是大自然的惊涛骇浪，一边是人生的狂风骤雨。他是那么镇定，那么从容，做着自己该做的事。这样的定力与意志，倘若没有经过各种磨砺，是不可能有的。

薛永新就要返回成都了。他抬头望着天空，乌云聚集。尽管他知道，等待自己的将是另一场更大的暴风雨，但是，他不后悔此行。

他没有做错什么。他不后悔。

为救灾捐献出价值 3200 万元的药品，在恩威经济遭受重创的当年，并不是一笔小数。但薛永新认为，值！

只是因为心中有爱。

第三节　税案爆发：暴风雨来袭

"暴风雨！暴风雨就要来啦！——让暴风雨来得更猛烈些吧！"在乌云翻滚的大海上，在雷声怒吼的闪电间，一只勇敢的海燕在叫喊中冲向风暴。我们是否还记得高尔基《海燕》里描述的情景？

此刻，聚集的乌云正笼罩在薛永新等人的心头，一场更猛烈的暴风雨就要从四面袭来……

1998 年 6 月 10 日，星期三。这注定是一个黑色的日子。

《经济日报》头版头条刊登一则报道："恩威公司两年偷漏税一个亿"。黑底白字，令人触目惊心。

全国十多家媒体以惊人的速度竞相转发了这则报道。

成都一阵狂风掀起，雷声轰响。暴雨朝薛永新劈头盖脸地直压下来。刹那之间，他置身于灾难的中心，令他措手不及！

此刻，他站在办公室整墙的落地窗前，心里淌着鲜血。媒体的报道像一支支利刃，刺向了他的胸口。

桌上堆放的报纸被狂风卷起，落在了地板上。电话铃不断地响着。

他依旧一动不动地伫立着，眉头深锁，神情十分严峻。他预感到，更大的"暴风雨"还在后面。

那么，这次的"暴风雨"，为何来得如此迅猛？《经济日报》披露恩威"偷税"的依据又从何而来？

1997 年 8 月 13 日，国家税务总局稽查局一位负责人"非正式"通知恩威，因"外商投资不到位"，要追补恩威少交的中央和地方税收约计 8700 万元。

按国家有关政策，中外合资企业享有税收优惠。而这一"非正式"通知，意味着，取消恩威两个合资企业资格，收回依法享有的税收优惠。

这对于正在成长中的民营企业，不啻一个晴天霹雳。

对此，恩威方面呈送了澄清事实、对处罚意见提出法律质疑的《紧急报告》。报告说明："中外合资成都恩威世亨制药有限公司，因外方香港世亨洋行中途抽走注册资金，未按合同约定与法律规定缴清自己应缴的资金，根据双流县财政局双财会〔1993〕字第 174 号文件及国家法律规定，必须终止世亨洋行与成都恩威化工公司的合营关系，批准我公司'另行寻找合资人'来延续世亨洋行已放弃的合营资格。"

报告强调，在省、市、县各级政府的关心和支持下，经有关部门批准，"1993 年 10 月 15 日，我们与香港许强先生合资成功，正式领到了成都恩威制药有限公司的营业执照"。

"成都恩威制药有限公司依法延续成都恩威世亨有限公司，依据国家法规，其合资性质是完全合法的、确定的。"

"按国家有关政策享受税收优惠是合法的，不存在补税的问题。"

"因两个合资企业均是依法成立，而第二个合资企业与第一个合资企业的关系是延续的关系，成都市外经委批准我公司成立的证书与国家工商局发的营业执照，以法律的严肃性确认了我公司合资企业的性质，至今未有相关行文撤销批准证书与吊销营业执照，应依法享有税收优惠。税务局要取消我公司的税收优惠，其法律依据是什么？"

有一点需要厘清的是：恩威世亨和恩威制药是恩威集团控股的两个中外合资企业。恩威集团、恩威世亨、恩威制药各自"具有企业法人资格、依法独立承担民事责任"。薛永新指出："税务部门把两个合资企业的税务问题追究在恩威集团的头上，混淆了企业主体资格。且，其收回两个合资企业依法享有的税收优惠，本身就是错误的！"

薛永新还强调:"合资企业法是全国人大通过的大法,国家税务总局稽查局某位负责人以各种部门文件、通知,替代不了大法!取消合资企业的优惠,违反合资企业法。"

遗憾的是,国家税务总局稽查局某负责人对《紧急报告》未予理会。

转眼一年过去,显出暴风雨来临前的平静。

1998年6月10日,《经济日报》头版以"恩威公司两年偷漏税一个亿"为题,大篇幅发表了失实报道,并影印了国家税务总局稽查局〔1997〕056号文。

报道称:"国家税务总局稽查局在1997年12月24日就发出〔1997〕056号文,认定恩威偷漏税款106944000.57元。"

"文件中写道:'……经总局稽查局研究决定,追补恩威1993年—1995年少交的中央和地方税收共计106944000.57元,并对其中认定为偷税性质的3998878.50元,处以一倍以上的罚款。'"

这一爆炸性的报道,立刻被嗅觉敏锐的各大媒体捕捉到。当天,央视早间新闻就予以摘播,随后被《法制日报》等十多家报刊转载。

坏消息传来,而当事人往往最后一个知道。

薛永新的一位朋友也是他的部下,好不容易打电话找到薛永新,心急火燎地告诉他,《经济日报》说恩威偷漏税一个亿。

"你没看错?"

"白纸黑字,还是头版头条!"

薛永新回到办公室,秘书曾凡祥找来了当天的《经济日报》。

该报严重失实的报道,如利刃刺穿了薛永新的胸口,心头鲜血直淌。

薛永新召集董事会开会,将《经济日报》等媒体对恩威的失实报道通报大家。

"国家税务总局稽查局的这份文件,我们怎么没收到?《经济日报》从哪里得到的?"一位董事质疑道。

恩威律师说:"国家税务总局稽查局把未送达当事人单位的〔1997〕056号文件在报上公开发表,这本身不符合法律程序。而《经济日报》在未经核实的情况下，发表不实报道，既违反新闻职业精神，也属违法。"

"是谁把这份文件透露给媒体？这么做的目的是什么？"有人提出质疑。

薛永新一针见血地指出："这是腐败分子与犯罪分子相勾结，目的就是置恩威于死地。他们的矛头还是对准我来的。"

一夜之间，薛永新被推到了风口浪尖。

时任恩威集团终身顾问的省社科院副院长万本根赶赴北京，亲自找到了《经济日报》主要负责人。

他气愤地质问对方："你们在没有调查核实的情况下，怎么能够在报纸上不负责任地刊登不实报道？"

主要负责人傲慢地说："我们登的就是事实。"

万本根义正词严道："告诉你，这是一个冤案。如果被证实，你作何解释？你们是否得了什么好处？你把一个民营企业置于何地？"

主要负责人厉声道："你说冤案就是冤案了？凭什么？"

"凭事实！"万本根拿出一沓厚厚的材料，一一反驳报上的不实内容。

主要负责人面色尴尬，但态度非常傲慢，拒人于千里之外。

"我们严正要求，《经济日报》公开向恩威集团致歉。"万本根道。

"不可能！"

北京之行，显然无果。

风声鹤唳，情势向最坏的方向发展。省上有关领导找薛永新谈话，上面已批示，如果薛再不服从"国家税总"的处罚决定，就将在 6 月 30 日逮捕他。

薛永新面临着人生的大劫。他能够摆脱骤然降临的劫难吗？

或许我们还没有忘记"引子"中那个在薛永新英雄末路之际伸出正义援手的神秘人物。

他就是黄小蕙。

在常年深入的工作调查中，黄小蕙作为国家计委产业发展研究所的宏观经济权威研究员，目睹了改革开放进程中民营企业生机勃勃发展所取得的经济成果，同时也看到了民营企业在夹缝中生存的状态和所受到的不公正待遇。

这一年，这位深得时任国务院总理朱镕基敬重的专家来到恩威进行调查。

这是 1998 年初，寒流袭来的冬天。

黄小蕙从北京踏上前往四川的旅程。下了飞机，他直奔"恩威税案"风暴中心——成都恩威集团。一片静寂的厂区，笼罩着浓雾，似乎无法散去。

在董事长办公室，黄小蕙认真听取了薛永新介绍"恩威税案"的真实情况。虽然他并没有表达自己的观点，但深为民营企业的艰难处境感到忧虑。

接下来，黄小蕙与万本根一道就"税案"问题，在恩威各方积极配合下，从内部到外部，进行了半年多的深入调查。

经过反复的核实、严谨的查证，黄小蕙对"恩威税案"真相已了然于胸。这是一起前所未有的惊天冤案。

黄小蕙震惊之余，陷入了深沉的思考。改革开放以来，我国经济社会发展取得了举世瞩目的成就，这其中民营企业的贡献功不可没。民营企业是中国改革开放的中坚力量，也是既得利益者。然而，民营企业也因其非公有的身份被边缘化，企业家的生存空间受到挤压，我们缺乏让企业家迅速成长的宽松外部环境和社会氛围。

"恩威税案"所暴露的问题，已不单纯关乎一家企业的命运，而是关乎整个民营企业的生存与发展。

黄小蕙深感忧虑。无论出于道义，还是社会责任，这位富有正义感的经济学家，觉得自己应该做些事了。

就在薛永新与恩威面临生死存亡的关头，1998 年 6 月 22 日，黄小蕙根据几个月的实地调查和走访，向朱镕基总理呈送了一份调查报告。

报告依据事实，入情入理，陈述了"恩威冤案"的经过。

报告指出，《经济日报》所报道的《恩威公司两年偷漏税一个亿》严重失实，致使恩威陷入困境，面临倒闭。

黄小蕙痛陈："新闻舆论导向正确与否，关系企业的生死存亡。在这个问题上，决不能拿新闻传播权和监督权做权钱交易。这是新闻工作党性原则所不容的。"

黄小蕙强调指出，恩威两个中外合资企业：恩威世亨与恩威制药，有"外经委颁发的批准证书和国家工商局颁发的营业执照"，合法存在，二者是同一个合资企业的延续关系。而国家税务总局稽查局"直接否定中外合资企业资格，并做出不享受税务优惠的决定，是一种无权和越权的行为"。

可是，是什么因素致使个别官员执意这么做？

黄小蕙在报告中深刻揭示了导致"恩威税案"产生的重要原因，这是"当前对非公有制经济合法权益存在偏见，市场经济发展不成熟带来的不正当竞争，政府部门特别是执法机关腐败和不正之风所造成的执法不公"。

"为什么云付恩这样一个'小人物'，恩威的雇员，能量如此之大呢？重要原因之一是，他利用恩威的钱财所进行的贿赂、腐蚀工作，使一些贪图钱财的腐败分子按照他的指挥棒在打转转，收到了很好的'回报'。"

"'恩威税案'所以越炒越热，以致烫手，一个重要原因是云付恩用伪装的手段，草拟出虚构的材料，通过这些年'营造'的关系网，赢得有些领导对他的'举报'的批示，然后以此为资本，有恃无恐进行招摇撞骗，致使执法机关处于不执行不行、执行又不公的尴尬境地；恩威则蒙受大冤和重大损失。"

报告送出去了，薛永新与恩威人焦急地等待着希望的曙光。此时，离内定逮捕薛永新的时间：6月30日，只剩下八天了。

这八天，决定着恩威的命运。

这八天，薛永新会躲过这一劫吗？

几乎就在黄小蕙把调查报告送出的同时，6月24日，四川省国税局一位负责人也以报告的形式，将"恩威税案"查处情况向国家税务总局做了汇报，表示："处理恩威税收案件必须坚决贯彻执行总局已做出的处理决定。"

报告说，省局已做出决定："立即向恩威集团追缴税款，如果恩威集团对追缴税款有异议，可采取强制追缴措施，请公安等政法部门协助追缴，必须在6月30日前抓出效果。"

6月30日，这是一个生死极限。这也就意味着，如果恩威不补缴巨额税款，这一天就是逮捕薛永新之日。

薛永新明显感到四面楚歌的悲壮氛围。这条横在面前的"乌江"还能渡过去吗？

一天、两天、三天……时间分分秒秒地疾走，被捕的阴云笼罩在薛永新的头顶。

有时候，在最绝望的时刻，总是会出现巨大的转机。

在这关键的八天里，朱镕基总理于1998年6月25日做出重要批示：务必把"恩威税案"查清查实。

这真是"峰回路转"！这是薛永新乃至黄小蕙绝对想不到的！

有关方面抓捕薛永新的行动，搁置了下来。在千钧一发之际，薛永新被一个重要人物救了，绝处逢生。

几千名恩威员工欢呼起来，许多人喜极而泣。

朱总理的重要批示使薛永新看到了希望，他相信只要查清查实，"恩威税案"就能水落石出。

薛永新和他的伙伴们期待着国家税务总局派出税务核查小组来恩威检查、核实，却望穿秋水不见"伊人"到来。

薛永新有一种不祥的预感，这场暴风雨并没有停息，相反，它会来得更加猛烈。

薛永新的预感是对的。

1998年8月6日，按照上级单位的指示，成都市国税局税务稽查分局向恩威下达了税务处理决定书：取消两个中外合资企业税收优惠，收回税收优惠8181万元，追缴偷税款395万元，并加收滞纳金和罚款，共计1.08亿元。

1.08亿元，这是一个骇人听闻的天文数字！这意味着，所谓"偷税1

亿元"已成为"铁的事实"。

雷声炸响，新一轮更大的暴风雨又来了。

"我们要举行听证会，澄清事实！"恩威有关负责人多次向税务部门请求调查，召开听证会。

然而，税务部门的某些官员却把恩威方面的意见看作是"抗税"。

两位税务人员来了，但他们不是来调查的。

"如果你不执行，我们就要动用公安，对你采取强制手段。"一位瘦高个子的税务员对薛永新扬言道。

"你们凭什么要抓人？我们恩威没有偷漏国家一分税，希望你们调查清楚再下结论！你们的检查报告，明白地写上，多交增值税 15 万元。1.08 亿元纯系捏造出的数据！"在旁的恩威一位高级主管气愤地说。

"我们两个合资企业是政府批准的，国家工商局颁发了营业执照，国家税务总局颁发了税务许可证。公司一直按章交税，依法经营！"

"我告诉你们，如果胆敢抗税，我们不仅请求公安机关抓人，还要拍卖你们恩威的资产，清缴税款，把恩威彻底'踩扁'！"另一位胖子税务员威胁道。

撂下此话，两人扬长而去。

这种蛮横的语言竟出自国家公务员之口！恩威人气炸了。

"怎么办？他们真要这么做，恩威这回就彻底完了！"许多员工都很担心，而他们的心里更暗暗为总裁捏了一把汗。

薛永新没有动怒，也没有惊慌。越是在危机面前，他越是镇定从容。

在这个时候，省国税局的某负责人来了，他主动前来做薛永新的工作。

他一脸真诚地对薛永新说："我个人很同情恩威和薛总的处境。说实话，我们也知道这是有人对恩威的诬告。可是，上级主管部门已下了文，媒体也报道了，总不能又把它收回去。如果把它收回去，这不是承认做错了吗？"

"为了让上级主管部门和恩威都能够有一个台阶下，我们建议，先征后退。恩威先补交税款，然后，地方再把这部分税款退还恩威。这样，问题就解决了。"

薛永新气愤地说："国家税务总局稽查局〔1997〕056号文件我恩威从未收到，而报纸却广为传播，这不符合国家法规，这是犯罪分子与腐败分子相勾结的陷害！"

某负责人尴尬地笑了笑："薛总，您的心情我可以理解。但事已至此，总要有一个解决方式嘛。"

薛永新强调："我们为什么要补缴税款？我公司是合法的合资企业，不存在补税问题。国家税务总局稽查局个别官员利用手中权力，取消恩威中外合资资格，是违法的。我表明态度，如果罚款，我坚决不缴。我要求听证！"

某负责人忙说："是是，这不是罚款，是先征后退。性质不一样嘛。"

薛永新沉默。

某负责人继续做工作："薛总，我说一句肺腑之言，如果双方僵持，税案久拖不决，对恩威也没有好处。如果薛总坚持不缴，税务部门只好强制执行。这是大家都不愿看到的。恩威关门，您多年的心血就要毁了，还有几千名员工怎么办呢？"

某负责人的话触动了薛永新，点到了他的"软肋"。

他并不畏惧死。但是，如果强制执行，会使恩威立即破产，十余年艰苦创业的心血将毁于一旦，不仅恩威三千多名职工，还有围绕公司就业的几十万人将面临失业。这是他最担心、最不能放下的事。薛永新的内心激烈地斗争着。

见薛永新沉默不语，思想似乎有所松动，某负责人接着说："薛总，您不要顾虑，也不要再犹豫了。只要恩威补缴了税款，我们保证，很快会全部退回。恩威什么问题都没了。其实，我们这么做，也是为了恩威能继续发展，给国家做贡献。请薛总顾全大局！"

某负责人言辞恳切，薛永新被打动了。退后一步，海阔天空。我也不能让他们太为难。他想。

"我同意先征后退。"他让步了。

"太好了!"某负责人喜出望外。

某负责人走后,薛永新立刻召集董事会成员开会,将情况做了通报。

会上,他听取了大家的意见后,表达了自己的想法:"税务部门做出的决定,是违反中外合资企业法的。这是个别官员以权压法,严重损害恩威的错误行为。但税务部门是行政执法机关,就是有错,我们也要通过程序向上面申诉。因此,我的意见是,可以同意如期如数缴纳税款。"

讲到这里,他加强语气道:"但是,这并不意味着恩威向不合理、不公正妥协。我们同时要积极向有关部门申诉,尽快纠正,保护恩威的合法权益!"

大家一致赞成薛永新的意见。

恩威如期缴纳了全部"应补缴税款"。

薛永新等人深信税务部门会按照"先征后退"的承诺,退回税款。

然而,一则消息彻底摧毁了他们的幻想和期待。

1998年11月2日,新华社播发了国家税务总局将公布金华、恩威、南宫三大税案的报道。恩威被列为1998年全国三大税案之一。几乎所有中央和各地新闻媒体都刊登了这一报道。

河北省的南宫市和浙江省的金华县因虚开增值税发票造成国家上亿元税款流失。而实际并无偷漏税行为的恩威却无辜地与"南宫"和"金华"并列为三大税案!

这则报道给了薛永新当头一棒,他被震慑了。省国税局的某负责人说,只要恩威补缴了税款,就什么问题都没了。为什么还要把恩威与"南宫"和"金华"税案并列?难道这是一个骗局?他倒吸了一口冷气。

报道见诸各媒体后,一时满城风雨。

某些媒体更将这一报道不断放大、爆炒,连篇累牍地发表文章,提出:对恩威集团负责人行政处罚不够,要移交司法机关,追究刑事责任,决不能手软;该企业要出售、拍卖,要让它破产。

《经济日报》并以"金华"和"南宫"两大税案案例为由,将矛头直指恩威:"'恩威税案'使恩威风光不再,金华县虚开增值税案使整个金华元气大伤。三大税案曝光给梦想走捷径的企业及地方政府敲响了警钟。想借偷逃税发财,没想到落个鸡飞蛋打。"

不久,媒体又报道了另两大税案的处理结果:"南宫"涉案税务官员被查处,涉嫌犯罪嫌疑人被关押,"金华"税案主犯被判死刑……

《法制日报》12月5日刊登了一则"读者"感言:"三大税案中金华、南宫的主要罪犯已经受到法律应得的制裁,该杀的杀了,该关的关了,难道唯独让成都恩威补上税款就可以逍遥法外吗?"

每天一大早,薛永新的秘书曾凡祥便把全国各地报纸有关恩威的报道收集起来,整齐地放在薛永新的办公桌上。

曾秘书从1992年便一直给薛永新当秘书。他戴着一副玳瑁眼镜,温文尔雅,看上去有些严肃。

这天清晨上班,他看到报纸上"金华税案主犯被判死刑"的报道,以及某些媒体发出追究"恩威集团"老板刑事责任的声音,他的脸色大变,不由得为董事长揪心起来。他犹豫了,不知道该不该将这些报纸给董事长看。

想到董事长这段时间承受的巨大压力,他实在不忍心。

薛永新从外面进来了。

"今天的报纸给我吧。"他对曾秘书说。

曾秘书迟疑了片刻。

薛永新似乎从他的脸上感觉到什么,笑了笑,淡淡地说:"天不会塌下来。"

他从秘书手里接过报纸,进了自己的办公室。

薛永新从报纸上充满的"火药味",感觉到黑云再一次压下来,似乎即将掀起一场腥风血雨。

他知道,自己将面临一个最坏的结果,那就是走上刑场。

他并不怕死,勇者无惧。个人的生死,他早已置之度外。此时,他突然想起了项羽,想起了项羽被迫乌江自刎的悲壮。不管历史如何看待这位

"敌万人"的西楚霸王，但他自认项羽是一位勇敢、无畏的盖世英雄。

"吾所以有大患者，为吾有身。及吾无身，吾有何患？"薛永新默念着老子的话，抬起头，目光坚定地望着窗外，心里说：我连身体都忘掉了，还有什么可怕的？

然而，想到恩威目前的处境，他的心情愈发沉重。几经磨难的恩威恐怕难逃此劫。一向乐观自信、经历过几多大风大浪的他，心中已没有了把握。

为什么有人竟敢无视朱总理的批示？为什么有人处心积虑设下圈套，制造惊天冤案？他在心里愤懑地、痛苦地呐喊。

种种迹象和事实显示，这显然是"举报人"利用京华恩威的巨额资金，买通上下相关部门的个别官员，共同捏造出了这起所谓"恩威税案"。

正如黄小蕙在给朱总理的调查报告中一针见血地指出：这是举报人"利用恩威的钱财所进行的贿赂、腐蚀工作"。

权钱交易的结果，有人得到了"好处"，为了"回报"举报人，更怕事情败露，所以，置朱总理的批示于不顾，铤而走险。

权钱交易的结果，受害的、蒙受巨大损失的，将是在夹缝中生存的民营企业，将是改革开放中富有生机和发展后劲的民营企业。

窗外，闪电又一次划过天空。又是雷声轰鸣，这次离得更近。尽管薛永新已做了最坏的准备，但是，他还是没有料到，暴风雨一次比一次更猛烈。

他能像高尔基笔下那只勇敢的海燕，冲向高空，去迎接那雷声吗？

第四节　起诉《焦点访谈》："名嘴"误导观众

生而弗有，为而弗恃，长而弗宰，是谓玄德。

——《老子·第五十一章》

道生长万物而不据为己有，帮助万物而不自恃有功，引导万物而不宰制它们，这种品格，就叫幽深玄远的德——玄德。

老子五千言的《道德经》，谈了两个关键词：道与德。道是万物的法则，德是道的具体映现。道德是引领人类走向正确方向的高度。

那一年，央视《焦点访谈》对"恩威税案"的舆论误导，给恩威带来了巨大冲击，使薛永新再一次对"道德"进行了思考。

《焦点访谈》的冲击波

1998年11月7日，在这寒意侵袭的早冬，最后一抹灰色的黄昏沉入了黑夜，风雨交加。

晚上7点30分，央视《焦点访谈》节目准时播映。节目就恩威有关涉税案件进行了访谈。这是一个当下具有争议的焦点话题，全国上亿观众在这一时刻收看了这个访谈节目。

节目开始，某知名主持人做了这样一个开场白："四川恩威制药有限公司（恩威集团控股的合资企业）因被收缴入库的税金偷税进行的罚款和滞纳金总计人民币1.08亿元，成为今年年末三大税案之一。那么，如此大规模的税金，恩威公司到底采用什么手段偷逃漏掉的呢？"

据报载，这位主持人曾是央视著名栏目《东方时空》的元老，被百姓称为"焦青天"的《焦点访谈》的形象代言人。在白岩松、水均益出名之前，他就已经因为《观察与思考》节目声名鹊起，是名副其实的前辈。

震动海内外的"恩威税案"真相到底是什么？全国亿万观众关注着这档权威节目的报道。

当该知名主持人出现在镜头前，以不容置疑的口吻直指恩威"偷漏税"，让电视机前的很多人震惊，也不能不相信"恩威公司偷漏税一个亿"的"事实"！

随后，主持人直指恩威合作伙伴香港商人许强，"外资根本没有到位"。

恩威的两次合资目的是"前后两次以假合资的方式偷漏巨额税款"。

节目播出后，舆论哗然。"恩威税案"再次成了成都市民乃至国人关注的热点话题，一时满城狂风掀起。

央视《焦点访谈》节目，长期以公正、客观的形象受到观众好评，收视率屡居全国之首。它的观点、立场，代表着舆论的权威与公正。而该知名主持人的形象早已深入人心，因此，当"恩威税案"访谈一播出，人们震惊之余，也几乎认同了这名主持人的说法：恩威搞假合资，偷漏巨额税款。

此刻，薛永新坐在电视机前神情悲愤地收看了这档访谈节目。他百思不得其解，这起空前罕见的大冤案，为什么得不到公正的澄清？为什么如此权威的新闻媒体不经过调查核实就恣意误导观众？

省国税局某负责人承诺"先征后退"，可结果恩威补缴的全部税款，一分也没退，反而让媒体把恩威补税说成偷税，一字之差却差之千里。

对于一个从艰难中崛起的民营企业，《焦点访谈》何以如此重拳猛击呢？

他感到自己上当了。这分明是有人设下的圈套，让自己往里面钻，然后利用新闻媒体的舆论作用，一棒子打死。欲加之罪，何患无辞？

让他感到难过的是，恩威的合作伙伴，香港商人、国际知名企业家、柬埔寨王国拉那烈亲王首相顾问许强先生也卷入了这个巨大的旋涡中心。

在《焦点访谈》节目播出后的几天内，恩威的声誉蒙受了不可估量的损失。

那个家喻户晓、为人们带来健康福音的恩威著名品牌"洁尔阴"受到了巨大冲击。数据显示，"洁尔阴"销量急剧下滑，全月回款由五千万元跌至五百多万元，损失极其惨重。

更为严重的是，国内许多消费者和经销商对恩威是否能继续生存下去失去了信心，产生了怀疑。这种怀疑导致的后果是，恩威所有产品销不出去，货款收不回来，国内外市场面临萎缩。

这对于一个当时拥有十几亿元资产的民营企业来说，是致命一击。几乎在瞬间，恩威被"震"得摇摇欲坠。

狂风阵阵刮起，恩威笼罩着紧张的氛围。

中纪委惊动了，最高检惊动了，审计署也惊动了。

财政部派员进驻，检查恩威的财务账目。

工商部门、经贸部门……除了公安部门，几乎全都来了。

悬在薛永新头上的利剑，让恩威人的心悬了起来。

一夜之间，恩威瘫痪了，正常的生产程序不能进行。恩威员工的情绪受到极大伤害，内心绝望。集团十多名骨干员工一同离开恩威。临走前，他们伤感地来向薛永新道别。

"董事长，对不起，我们走了。说心里话，我们舍不得离开恩威，离开您，可没有办法啊，我们还得生活，还得养家糊口……"

"唉，都是那些坏人害的，把我们恩威整得这么惨！"

"您是好人哪。我们知道，在恩威困难的时候，我们不应该走，可……"

大家眼圈红红的，声音哽咽。

"我明白。"薛永新深吸了一口气，抑制住内心的悲伤，"是我对不住大家，让你们跟着受难。"

"请您一定要保重！"

薛永新默然地点了点头。等大家离开后，他的眼睛不禁湿了。

窗外风雨大作，似乎配合着他悲伤的心情。

他无力地把头靠在椅背上，闭上眼睛。员工的离开，让他既痛心又伤心。他并不怨他们在这个时候离开恩威，只是心里难过。

这些都是恩威的精英和骨干，跟着他干了十多年，而自己却不能把他们留住。他的心里像被刀割了一样剧痛。

他抬起蒙上了乌云的眼睛，直望着窗外。税案引发的震动好像变成了无数可怕而诡异的集束炸弹，在四处爆炸开来。

他不知恩威怎么不明不白地被戴上了"偷漏税"的帽子，而且还被某些媒体骇人听闻地说成"偷漏税一个亿"。

他眼看着恩威蒙受不白之冤而陷入绝境，眼看着十余年的艰辛创业就要毁于一旦，眼看着跟他一起打拼的手下精英和员工纷纷离去，而自己却无能为力。这场来势汹涌的冲击波，仅靠自己的力量是无法抵挡的。

他流泪了。一个男人情到深处的不舍和悲愤。

与许多白手起家的民营企业家一样，薛永新自1980年怀揣20元闯入成都后，便开始了充满艰辛的创业之路。由几户农民集资几万块钱发展起来的成都恩威集团，到1998年已成为拥有固定资产5.6亿元，无形资产8.4亿元、十几年来总产值达20亿元、正式职工3000多人的"大家业"，近20万人围绕恩威就业。而拳头产品"洁尔阴"，更是为国内外无数患者带来了福音。

恩威和全国所有民营企业一样，是在改革开放中壮大起来的。正因为如此，薛永新时时不忘报效国家，报效民众，在艰难困苦的环境下，仍然带领恩威人顽强拼搏，为国家做出了贡献，并做了大量公益事业。

然而，恩威从集团成立至今，一直遭到人为的干扰、破坏，企业的合法权益不断受到侵犯，一次次遭受劫难，谁还敢干？谁还能走得下去？

回想恩威所走过的充满辛酸的历程，艰难而崎岖的发展道路，薛永新彻底心凉了。

拍卖恩威！他突然冒出了一个想法。

置之死地，他并不求后生，只是想将拍卖的资金用来安置好恩威三千多名员工。亏了自己，亏了企业，但决不能亏了员工。

这是一个企业家含着眼泪和辛酸的决定。

薛永新就拍卖恩威的想法征求大家的意见。

出乎意料的是，职工们都不答应。

有好多老员工来到董事长办公室，哭着对他说：

"董事长，我们跟您干了十多年了，你把恩威卖了，我们上哪儿去呀？"

"您对我们员工这么好，再难迈的坎儿我们也要跟您一起迈过去。"

"恩威不能卖呀！您千万不要放弃啊！"

薛永新鼻子一酸，侧过脸去仰面朝天，眼里噙着泪水。

其实，我也舍不得就这样放弃自己一手创建的企业啊。还有在职的几千名员工，他们兢兢业业为恩威的发展付出了汗水和劳动，却要被迫丢掉饭碗，我于心不忍哪。我对不起他们。薛永新在心里难过地说。

薛永新要拍卖恩威的消息不胫而走。

成都市委、市政府有关领导闻讯后，及时赶到恩威。他们鼓励薛永新，渡过难关，让恩威重新崛起。

薛永新的心感到一股暖流在涌动。

市领导的支持、员工的期望，使他重新鼓起信心，决定坚持下去，带领恩威人继续发展。

要发展，必须扫清前进路上的一切障碍。

只要恩威蒙冤一天，企业就不能一帆风顺地向前进。当务之急，必须洗刷恩威冤情，消除《焦点访谈》所带来的负面影响和冲击。

经过冷静思考后，薛永新召开董事会。会上，他与各董事研讨后，做出两个决定：一、向总书记、委员长、总理、政协主席送交报告，申述恩威合资企业的真实性，反映央视《焦点访谈》《经济日报》侵权事实。二、状告中央电视台《焦点访谈》栏目，以1亿元标的额起诉。

外方投资人许强状告央视

1998年11月7日晚，中央电视台《焦点访谈》内容部分摘录：

某知名主持人（以下简称"主持人"）：1998年11月初，国家税务总局经过两次核实后认定，四川恩威制药有限公司因被收缴入库的税金偷税进行的罚款和滞纳金总计人民币1.08亿元。成为今年年末三大税案之一。那么，如此大规模的税金，恩威公司到底采用什么手段偷逃漏掉的呢？

主持人：当恩威与第一个合资伙伴享受税收优惠的蜜月行将期满

时，双方打起了官司，而官司还没有结果，恩威又找了新的对象。

主持人：这次恩威的合作伙伴是香港商人许强，与上次合作稍有不同的是，上次是抽走资金，这次是外资根本没有到位，恩威做了个假的验资报告。

主持人在节目最后的结束语：

四川恩威公司前后两次以假合资的方式偷漏巨额的税款，对这样的大案，一定要严罚，真正要让那些偷漏税者损失惨重，得不偿失，才能够起警示作用。偷税违法绝非"难言之隐，一洗了之"这么简单。

针对《焦点访谈》该知名主持人的不实报道，外方投资人——香港商人、柬埔寨籍、柬埔寨王国拉那烈亲王首相经济投资顾问许强先生，将一纸诉状递上法院，状告中央电视台侵犯名誉权。

许强在起诉书中说："1998 年 11 月 7 日晚，中央电视台《焦点访谈》节目，播放的以恩威税案为内容的访谈，其中涉及成都恩威制药有限公司的性质、外方投资等问题严重失实。"

针对主持人在《焦点访谈》中的言论："四川恩威公司前后两次以假合资的方式偷漏巨额的税款"，"这次恩威的合作伙伴是香港商人许强，与上次合作稍有不同的是，上次是抽走资金，这次是外资根本没有到位，恩威做了个假的验资报告"，许强在起诉书中逐一反驳：

"首先，把我投资和恩威集团开办的恩威制药有限公司说成是'假合资'，这完全是违背客观事实的，我和恩威集团签订的合资协议是双方真实意思的表示，权利和义务对等，符合外商投资的法律规定，是有效协议。在程序上，是经过申报，有关部门批准，依法进行了公司登记，取得了中外合资企业法人营业执照，至今合作良好，经营良好，并逐年通过工商年检，请问，假从何来？"

"其次，某主持人说：'这次外资根本没有到位。'我的投资是否到位，要讲证据，不能信口雌黄。我于1995年5月现汇380万元港币到合资企业账户上，投资全部到位，这是有账可查的，怎么能说'外资根本没有到位'呢?"

关于这点，许强做了说明，"1993年10月21日，合资公司登记注册时，没有现汇投资是因客观原因造成，并非我有意不汇或无力汇款。"

许强所指的客观原因是什么呢?

恩威在提供的起诉材料中，对此做了详细说明。其真实情况是："1993年10月21日进行验资时，由于对验资法定程序疏于知晓，由董事会做出决定，认为在境外设立分厂拓展市场，是企业的自主权，故将许强先生出让柬埔寨机场旁30亩土地价款及在泰国支付的广告费等单据作为申请验资注册的资本金，由薛永新委托原公司财务部经理柳震肃办理验资手续。"

关于央视主持人称"恩威做了个假的验资报告"，许强在起诉书中说："至于在公司登记过程中，中方个别经办人搞虚假验资我全然不知。"

那么，许强所指搞虚假验资的"个别经办人"又是谁呢?

他不是别人，正是恩威财务部经理柳震肃。

关于虚假验资的问题，恩威在起诉材料中做了特别说明："柳在办理验资手续时，未出具董事会决议与实施的资料验资，而是为企业设下陷阱、圈套，私自伪造农业银行证明，伪造许强汇款57万美元的证明，办理了验资和公司登记注册，我公司对柳伪造证明而设下的陷阱全然不知。"

"事后，柳又向税务部门举报恩威用假证明搞假合资。1995年2月税务部门调查时，我公司才明白真相，并将这一情况报告政府，并通知许强先生汇款。"

许强在起诉书中证实："当时我并不知道这样做不符合验资手续，直到1995年2月我才受到中方立即现汇资本金的通知，当年5月，我便现汇380万元港币至合资账户上。"

薛永新指出："许强先生补正了验资，从注册之日起到补正时止，计18个月，也是工商局规定的期限，所以审批机关、工商部门对虚假验资、外方注册资本金迟到位的问题未予以追究。"

柳震肃在接受央视记者采访中说："验资报告就是，薛永新亲笔写了一张条子给我，说找某某人验资。"

对此，薛永新在起诉材料中戳穿了柳的谎言："柳至今拿不出我叫他去作假的任何文字依据。"

针对央视主持人所称："柳震肃拿着这份薛永新亲笔签名的委托书找到了双流县会计事务所毛某，毛某在没有银行进账单的情况下，出具了假的验资报告。"

薛永新气愤地指出，主持人"把我委托柳去会计事务所验资的委托书，公然说成假证明，把犯罪分子所为强加于我"。

央视主持人说："凭着假造的验资报告，恩威公司又开始享受两年免税三年减税的外资企业税收优惠政策。这段时间的恩威公司更加发达了，总部也由县城搬进了成都市这座豪华的大楼里。"

"恩威税款将在三年内全部收缴入库，但通过这个税案所显示的利用国家优惠政策来偷逃税款的现象，不能不引起我们的关注。"

薛永新强调："对已经享受的优惠，是依法取得并非骗得。至于税务部门以前述理由决定收回，无论其决定正确与否，其性质是政策性补缴税收，并非某主持人所说的偷税。某主持人把恩威发展说成是靠偷漏税起家，这是恶意攻击。"

就某主持人在访谈结束时所说："偷税违法绝非'难言之隐，一洗了之'这么简单。"薛永新痛陈：此话"严重损害合资企业形象和声誉。'难言之隐，一洗了之'，这是我恩威对产品质量保证的宣传口号，已为广大消费者接受，某主持人借用这一口号损害企业形象。"

薛永新严正指出，央视某主持人主观地将恩威的补税（国家税务总局裁定）一案说成"偷税"，使访谈主题一开始就对观众进行了误导，给人以印象："恩威是靠合资骗取国家对合资企业的优惠政策（免税、减税）发展起来的。"

他说："这种不顾客观事实、严重不负责任的宣传，给恩威的声誉和我个人的名誉在全国范围内造成了极其恶劣的影响。如此宣传，将会对恩威的商誉、经营、企业发展、经济效益带来不可估量的损失。"

"中央电视台《焦点访谈》侵犯恩威及其法定代表人名誉权。"

他希望中央电视台责成他们纠正错误，并强烈要求澄清事实消除影响。

许强在起诉书中也表达了自己的诉求：一、希望法院判令被告停止侵害，恢复名誉，赔礼道歉，消除影响。二、判令被告赔偿名誉损失费1亿元人民币。

箭在弦上，不得不发。如俗话说："开弓没有回头箭。"

尽管薛永新对这场官司的胜诉并没有多少把握，原因不在于恩威有多么有力的事实依据，而是他清楚，这次起诉对象是国家电视台，而作为一个民营企业，又有多大的能量呢？

但是，他坚信，作为担负社会责任和公平正义的国家新闻媒体，会做出正确的判断。

所以，无论是为了企业的发展，还是为了消除名誉损害，洗刷"恩威税案"的不白之冤，他都决定要打这场官司。

许强与薛永新坚定地站在一起。

1999年3月，全国"两会"开始的第一天，许强在香港买下了5天的报纸广告，将分别在《大公报》、《文汇报》、《天天日报》、《星岛日报》、《苹果日报》、《世界日报》等十家报纸，头版刊登"11·7"央视《焦点访谈》节目对"恩威税案"的失实报道。

标题是：央视焦点访谈1998年11月7日7:30分播出：香港居民许强搞假合资，至今一分钱未到位。

这十家报纸将许强所提供的事实材料影印在版面上。

报纸大标题：《在中国内地投资有无法律保障》

如果这十家报纸将这一事件真相刊登出来，尤其在中国"两会"期间，势必将引起一场轩然大波。

就在"两会"召开的前两天，获悉许强将在这十家报纸刊登"恩威税案"的广告，央视总编室的负责人四处找许强，电话打不通。

在"两会"开幕的前一天下午，有关领导找到薛永新，希望他说服许先生撤下广告，顾及国家利益。并告诉他一个消息，央视的有关负责人与《经济日报》的负责人因此事已被免职。

这位领导对薛永新说："您也是爱国爱教的佛道徒，应为国家经济安全考虑。"

国家利益高于一切。薛永新最后表示，愿意说服许先生撤下广告。

在薛永新的努力下，经过做工作，许强同意撤下十家报纸的广告。

这时，国家税务总局也致函许强，向许先生致歉。信中说，国家税务总局并没有说恩威是假合资，那是个别媒体说的。

这场即将引发的新闻角逐和博弈总算没有扩大。

因央视有关负责人的免职，恩威也不再追究诉讼结果。2009年9月12日，《华西都市报》刊登了一则消息："曾因主持中央电视台《焦点访谈》而被观众所熟知、后跳槽至上海东方卫视的知名主持人×××涉嫌合同诈骗，日前已被邢台警方拘留。"

平心而论，薛永新并不愿打这场新闻官司，更不愿起诉中央电视台。作为观众，他向来比较爱看《焦点访谈》这档节目。它代表主流媒体的公正、权威和新闻的严肃性，这也是他喜欢的风格。

但是，他万万没有想到，1998年11月7日晚上《焦点访谈》严重失实的报道，将恩威这个民营企业卷入惊涛骇浪之中，差点置恩威于死地。

老子说，祸福相依。祸可以转化成福，福可以变成祸。新闻舆论也是如此。一如黄小蕙在给朱镕基总理的报告中说："江泽民同志说：'舆论导向正确，是党和人民之福；舆论导向错误，是党和人民之祸。'""新闻舆论导向的极端重要性，关系企业的生死存亡。"

老子又说："道生之，而德蓄之。"作为"无冕之王"的新闻从业者，更应注重道德的修养。倘若舆论导向迷失，或被假象蒙蔽，违背职业道德，无形中将会为错误推波助澜，甚至带来极大的社会负面影响和严重后果。

真实性是新闻的生命。如果每一位新闻工作者都本着强烈的社会责任感和职业道德，坚持新闻真实性的基本原则，以媒体、大众赋予的公信力，全力维护新闻的真实性，传递事实的真相，那么，类似恩威这样的冤案就不会发生了。

窗外，雨点重重坠落，如一声声叹息。薛永新从沉思中抬起头，默默望着灰色的雨天。

1999年1月20日，又是一个风雨交加之夜。薛永新熬了一个通宵，奋笔疾书，写了一封厚达三十多页的申冤信。

此信寄给了江泽民总书记、朱镕基总理，寄给了中央有关领导、省市党政领导。

他在信中写道："成都恩威集团公司税案，纯系一起大冤案，我作为成都恩威集团公司董事长兼总裁，与全体职工一起，郑重向您申冤，请求查清查实，依法处理，平反冤案，讨回公道。"

他坚信，终有一天恩威会沉冤得雪。一如信中所写：

"我们坚信，全党全国正在实施依法治国方略，一定能够把我国建设成法治国家；一定能够使恩威集团名誉权被侵害的问题，恩威世亨、恩威制药两个合资企业处理不公的问题，得到公平、公正的处理。"

让薛永新深深感动的是，在最艰难的日子里，恩威大多数员工不离不弃，团结一致。

当时由担任恩威党委书记的邹光荣牵头，八百多名员工联名写了一封"给中央、省、市、县各级领导的紧急呼吁信"。

信里恳切地呼吁："我们在这里签名的八百名员工，代表着恩威三千多名直接从业人员和上万名间接从业人员，代表着他们家庭的妻儿老小。我们为恩威的前途深深忧虑……我们殷切盼望党和政府迅速采取措施，救救恩威！……惩办强占公司三百余万元财产的违法犯罪分子云付恩，保护和发展非公有制经济，帮助恩威排除前进道路上的种种困难，让恩威在一个宽松和谐的环境中为国家为社会做出更大的贡献！"

这封呼吁信签满了八百名员工的名字，密密麻麻，浸透着员工们对恩威的深厚情感，对薛永新的信赖，对政府的期望。

薛永新感受到一股强大的力量和温暖。也正是这力量和温暖一直支撑着他勇往直前。

又是一年新的开始。

薛永新和所有恩威人期盼着春天的来临。但是，春天并没有如期而至，似乎还在迢遥的路上……

第五节　合作伙伴：生命中的柳暗花明

故从事于道者同于道；德者同于德；失者同于失。

——《老子·第二十三章》

老子认为，依归于道的人，与道合一；依归于德的人，与德合一；依归于天的人，与天合一。他奉劝人们，相信道，皈依道，就会得到道。

或许因为共同的信仰，两个素不相识、相隔千山万水的同道中人，在异国相会，从此命运相连。

上帝关闭了一扇门，必然会打开另一扇窗。在最艰难的时候，山重水复疑无路，薛永新与另一位传奇人物——许强的相遇，使他处于低谷的事业峰回路转，生命中又见柳暗花明。

徐志摩告诉世人："在茫茫人海中，我欲寻一知己，可遇而不可求，得之，我幸；不得，我命。"

一切都是此生注定的缘分。道同，德同，心同，薛永新与许强结下了超过兄弟般的深厚情谊，书写了另一种奇缘。

又是月明之夜。薛永新像往日一样在自己的房间里打坐，整个人处在月光留下的一片清影中。

尽管他的脸上看不出波澜，但那双眼睛仍掩不住一丝疲惫。他太累了。

这是 1991 年 4 月，一个有月亮的晚上，有风吹来。

他有些心绪不宁，久久不能入静。

恩威第一次的合资人港商吴仁义中途抽逃资金，他被骗了。一场合资风波骤然而起，成立不久的恩威世亨合资公司陷入困境。

内外交困的薛永新，并没有被排山倒海的各种压力所轻易击倒。他寻找着出路，寻找着新的合作伙伴。

可是，他要找的伙伴在哪里？茫茫人海，何处寻觅？

或许是天意，有朋友向他介绍了一位在国际上颇有知名度的重要人物——许强先生。目前正在柬埔寨。他决定亲自去金边与许强会面。如果许先生能成为合作伙伴，恩威就有了转机。

他觉得，这是一个机会。一旦认定的事，他一定要抓住它。这是薛永新性格中果决的一面。

此时，深重的倦意渐渐袭来，闭目而坐的薛永新，慢慢入睡了。明天他就要去柬埔寨，去寻找那个重要的机会。今晚他可以安稳地进入梦乡，许多天来，他没有睡一个好觉。

1991年4月，柬埔寨金边，雨季来临。落了一夜的雨，街市吹着潮湿的风，阳光驱散了积雨的云层，照在烟波浩渺的湄公河上。

薛永新乘飞机抵达柬埔寨首都金边，便直奔金宝殿大酒店。一湾淡蓝的碧水，银白的沙滩，迎接着远道而来的他。

湄公河畔，一幢皇宫一般的酒店，飞檐的尖顶带有东南亚异域风情。这是金边著名的金宝殿大酒店，唯一的五星级酒店，五层高的白色矩形建筑，顶部是一座金色宝塔，金碧辉煌，具有东方文化的宗教元素。许多国家元首曾下榻该酒店。

金宝殿临近柬埔寨皇宫，无形中显出一种至尊、高贵之气。薛永新惊讶了。它与自己想象中的酒店别无二致。

在来之前，他想方设法通过其他关系与酒店董事长许强约定会面时间。今天，他前来践约。

金宝殿是许强投资几千万美金修建的五星级豪华大酒店。

许强早已在酒店会客厅等候他。这是一位风度翩翩、具有贵族气质的中年男人，他的双目富有神采，英俊的面庞带着微笑。

见到薛永新，许强迎上前，微微躬身，双手合十胸前，向他微笑颔首。薛永新也以同样的礼仪回敬。

然后，两人的双手热情地握在一起。似乎神交已久，他们一见如故，毫无陌生之感，仿佛熟悉了几辈子的朋友。

令薛永新惊奇的是，许强勋爵与常人迥异，中等偏高的个子，俊逸的面容尊贵、饱满，隐隐然有王者之风。他举止优雅而潇洒，凹陷的眼睛深邃明亮，透着达观的智慧和丰富的情感。

他一直带着笑容，有一种孩子般的纯洁可爱，又有一种亲和与友善。薛永新更加肯定，许强就是自己要寻找的合作伙伴。

可是，这位柬埔寨王国的拉那烈亲王顾问能与一位素昧平生的中国企业家合作吗？薛永新心中没有把握。

让我们先来对许强先生做一个简单的了解。

许强出生在喷吥市，那是柬埔寨南部的城市，喷吥省的首府。那里靠着蓝色的大海，还有一条美丽的河流。

许强的父亲许亦曾是柬埔寨华文学校的校长，华侨，中国海南岛人。早年读书时代，从事爱国运动，参加过反对军阀和驱逐反动教师的"择师运动"，于1927年加入中国共产党。

1928年，许亦曾被捕，后成功越狱，流亡到南洋，在越南西贡和柬埔寨金边，继续从事爱国革命活动。他在柬埔寨除了教书，培育华侨学生的爱国进步思想，还组织学生参加爱国运动，是当地共产党的领袖人物。曾担任泰国华侨进步报纸《全民报》社长，该报是中国共产党地下党报。

许强的母亲陈昌叶是柬埔寨王国的贵族，身世显赫。读书期间，这位柬埔寨华文学校品学兼优、才貌双全的"校花"，爱上了老师许亦曾。许亦曾也被陈昌叶优雅的气质、美丽的容貌、率真的个性、还有她那追求进步的热情所深深打动。两人开始了一场轰轰烈烈的师生恋。

有情人终成眷属。许亦曾在金边与陈昌叶结婚。婚后不久，许亦曾坚持为革命事业艰苦工作，常往返于东南亚各国。长期颠沛流离的生活，使他积劳成疾。

1950 年春，周恩来派人把患病的许亦曾接回北京治疗。终因医治无效，许亦曾于 1952 年 5 月 29 日不幸逝世，遗体安葬在与李大钊烈士墓地相傍的北京玉泉山。

许强的生命里一半流着革命烈士的血液，一半有着柬埔寨王国贵族的血统。他本身就是一个传奇。

对于柬埔寨，中国人最熟悉的莫过于西哈努克亲王。许强从小便跟着西哈努克亲王，常常出入皇宫。他天资聪颖，胆识、头脑有过人之处，性格开朗达观，有一颗善良而悲悯的心，深得西哈努克亲王的欣赏。

早在 20 世纪 80 年代，许强已是国际知名企业家，成为中国香港居民，在东南亚从事电影业、酒店业、地产业等投资，至今拥有上亿资产。

1993 年 6 月，许强被柬埔寨王国那拉烈亲王任命为经济投资顾问，并随同亲王出国访问及出席联合国会议。

2005 年 10 月，西哈努克亲王的儿子、现任国王西哈莫尼亲颁圣旨，晋升许强勋爵为柬埔寨王国公爵。

在中国和泰国以及柬埔寨投资创业的许强公爵，被称为 20 世纪 80 年代末最先在柬的投资者，为柬埔寨王国经济建设做出了积极贡献。

2008 年 5 月 15 日，西哈莫尼国王向许强公爵授予柬埔寨王国骑士勋章，以表彰他的功绩。

柬埔寨国父西哈努克曾指出，许强公爵是属于柬埔寨王室的三代忠诚追随者，他从年轻时候就一直为王室工作，做出了很大贡献。

许强或许继承了母亲的基因，有一种艺术天分，是一个"钢琴王子"。每当夜阑人静之时，一缕缕优美而令人忧郁的琴音飘出半开的落地窗，蓝色的窗帘随风吹动，仿佛天幕中的蓝色飘落人间，给这神秘的夜晚增添了几分柔情。

许强沉浸在钢琴里，十指在黑白琴键上灵动地弹奏，带着《蓝色的爱情》进入了他的心，像震颤的音符轻轻划过，若游丝滑动，丝丝紧扣他的灵魂。一盏柔晕的橘色夜灯映着他俊逸的侧影，多情的双眸闪耀着光芒。

他是一个充满爱的人。

许强多才多艺，还是一个"舞王"。他的舞步无拘无束，潇洒奔放。动感的拉丁风情，火热的摇滚激情，间杂着爵士乐的欢快与伤感，他用那令人难以置信的眩目舞蹈，穿越尘世喧嚣繁华，让人领略到一种飘飘欲仙的感觉，将人性中不含杂质的情感释放出来，逍遥之中使人还于一片净土，回归宁静。

2005 年，许强在柬埔寨皇宫举行的酒宴上，以一段魅力四射的拉丁风情舞，倾倒了王室成员。

这是生活中另一个真实的许强。

许强公爵从事地产、酒店业，但他戏称最爱的还是"老本行"电影业。他曾组建了东南亚金洋影业公司和香港金山影业公司，担任导演、监制，拍摄了由知名演员洪金宝主演的功夫喜剧片《臭头小子》、著名影星丁佩主演的《老夫子》等影片；他曾与珠江电影制片厂联合摄制影片《海瑞骂皇帝》，还担任出品人，由赵丹之子执导，推出了五十二集情景喜剧《欢喜冤家俏邻居》等多部影视剧。

虽然他忙于在国内国外的政界首脑和商界巨头中穿梭，分身乏术，但直到今天，他仍然还念想"重操旧业"。

值得一提的是，许强公爵崇尚中国传统文化，尤其受薛永新影响，崇尚老庄。老子哲学中顺其自然的"无为"之道，庄子"逍遥"自在的简单快乐的生活，深深植入了他的灵魂，也成为他一生中的信仰。

让我们再回到先前的情景之中。

"薛先生，您是怎么找到我的？"薛永新落座后，许强禁不住好奇地问。

薛永新微笑地注视许强，说："许先生，我看到了您。"

许强惊奇地看了看他，感觉眼前这个面善的中国企业家非同一般。他是怎么"看"到我的？

这世界上有很多奇异的人事，人类并不能做出完美的解释。比如异人，他们的身上总是会发生令人惊叹的事，谁又能解释那些天赋的异秉？

"道，可道，非常道。"薛永新意味深长道。他用老子的话来回答他的问题。

"我明白了，不可说，不可说。"许强爽朗地大笑。

"我只是随缘。"薛永新又说。

"我同意，老子的无为之道，顺其自然，一切随缘。"许强心领神会道。

两人相视而笑，彼此感觉心灵拉近了。

他们从老子自然谈到了《道德经》。薛永新没有想到，许强对《道德经》的热爱和痴迷几乎不亚于他，颇有精辟独到的见解。

许强说："老子说，一曰慈，二曰俭，三曰不敢为天下先。我是照着老子的人生三宝做事、做人。我永远不追第一，永远排第二。"

见许强如此感慨，薛永新也打开了话匣子，顺着他的话题，滔滔谈来。

"上善若水，水利万物而不争。道家提倡要像水一样柔弱、谦下、宽容。因为不争，所以天下没有任何东西可以与它相争，能够战胜它。无论做人，还是做事，我认为这是一种智慧的人生之道。"

许强十分赞同薛永新的观点。两人互相交流读老子的心得，常常口若悬河地聊得收不住，颇有共同语言，甚是投缘。

他们从老子的生命哲学，谈到佛学对人生的关照，聊得十分起劲，俨然两位大侠论剑，一个"怨去吹箫"，一个"狂来说剑"。

两三个小时一晃而过，薛永新依旧滔滔不绝，几乎忘记了来此的目的。

"薛先生，我能为您做些什么事吗？"许强问。

尽管薛永新脸上波澜不惊，但他的眼里难以掩住笼罩的愁云。虽然相识不到半天，许强已把薛永新看作是一个值得深交的朋友。

许强的话提醒了薛永新，他这才讲起自己创业的经历和制药济世、弘扬中华传统文化的抱负，然后，谈到目前企业遇到的困境。但他对自己所经受的磨难只是轻描淡写。

许强专注地听着，不时地点点头。

薛永新告诉许先生，由于港商吴仁义抽逃资金，导致恩威世亨陷入危机，损失巨大。

他恳切地希望许先生能成为合作伙伴，重新建立合资公司，让恩威的产品走向世界，造福人类。

许强听完后，沉思片刻，然后伸手握住薛永新，定定地说："你这个朋友我交定了。"

薛永新没有想到许先生这么爽快地答应了，出乎自己的意料。

"薛先生把中国道家的医药开发出来，这是对道教文化的贡献，也是对人类的贡献。许某深感敬佩，愿尽绵薄之力。"

"谢谢！"薛永新感动地紧握住许强的手。

"柬埔寨是我的第一故乡，中国是我的第二故乡。我骨子里也是中国人，到中国投资也是我的愿望。"

"话说回来，能够帮助朋友，就是不赚钱，我也会感到很快乐。老子不是说吗，知足之足，常足。知足者常乐。我得到了一个知己，很知足，很快乐。"

一切皆有因缘。生命总是在最奇怪的时候，出现最不可思议的事情。薛永新与许强好像毫不相干的两个人，一个是中国大陆的农民企业家，一个是柬埔寨王国的贵族，却在最奇怪的地方相遇，而两人大有相见恨晚、英雄相惜之感。

这不难解释，他们都有正义感与善良之心，又是地地道道的老子迷。老子是因缘。短短的时间里，他们的友谊更进一层。

有的人认识了一辈子，你都永远无法了解他。而有的人一见面，你便有一种心灵相通的感觉。用佛道圆融的解释，这便是缘。相遇、相知、相乐，这便是善因善缘。

人潮中擦肩而过对你回眸一笑的行人，落雨的屋檐下同时避雨的两个陌生人，昏淡的夜幕下一同赶路的异乡人，都是有缘人。这是电影中我们熟悉的情景，却真实地发生在生活中。

天意和奇缘，把许强和薛永新两个传奇人物紧紧联系在一起。

在薛永新的邀请下，一个月后，许强从柬埔寨来到中国成都，对恩威进行考察。

认识薛永新之前，许强不知道恩威，也不知道成都。一下飞机，成都的温润、秀美、神秘、富足，还有繁华中的一份悠闲，给他留下了美好的印象。几天的考察，成都几千年灿烂文明所带来的文化气息，人们在忙碌竞争之中，仍时时透露出一种与生俱来的从容、优雅、闲适和自在，令他沉醉和激动。

他深深地爱上了成都，爱上了成都人。自此，他与成都结下了不解之缘。

考察期间，许强对薛永新善良的人品，性格中那种带有成都文化因子的从容、智慧和悲悯，甚是欣赏。

在成都，许强与薛永新签下了合作协议，成立由恩威集团控股的合资企业——恩威制药有限公司。这使薛永新长长地松了一口气，恩威又可以大跨步地发展了。

绝地逢生，薛永新在遭遇人生困境之时，许强的出现和真诚相助，为他带来了柳暗花明的转机。

两年之后，1993 年 10 月，成都市政府批准了恩威另寻合资人，延续世亨洋行抽逃资金而自动放弃的权利，国家工商局颁发了营业执照。

1993 年 10 月 21 日，恩威制药有限公司成立。外方许强以香港居民身份投资 50 万美元，担任恩威副董事长兼副总裁。

然而，谁也没有料到，恩威公司财务部经理柳震肃竟蓄意捣鬼，在办理验资过程中，伪造许强先生汇款 57 万美元和农行假证明，办理了虚假验资和注册手续，然后"举报"恩威"假合资"（关于真假合资，前文已有记叙）。

18 个月后，发现问题的薛永新向许强先生通报了这一情况，取得了理解和支持。很快，许先生按约汇来注册资金 50 万美金（这部分资金在合资公司成立时已作为恩威制药在泰国建制药厂等的投资）。

但是，税务部门却以"其税务登记内容与你公司实际情况不符"为由，决定收回恩威税收优惠 3722 万元人民币。

这无疑是对重建的合资公司的一个重创。

恩威方面据理力争，认为税务部门的处罚和收回税收优惠，违背国家法律。然而，税务部门并没有做出公正的处理。

1997 年"恩威税案"爆发，命运之手把许强和薛永新抛入了猛烈的沙尘暴中。

薛永新面临着所谓"1.08 亿偷税案"的巨大压力，更面临着一场牢狱之灾，一场生死劫难。

许强义无反顾地与薛永新并肩战斗。从投资开始，他就站在正义这边。正不怕邪，他相信，正义终将战胜邪恶。

他积极地争取国际舆论支持，通过媒体，向社会揭示"恩威税案"真相。

港商吴仁义为了离间许强和薛永新的关系，开始收买许强。希望许先生与他合作，扳倒薛永新。

他对许强说："许先生，您要小心薛永新吃掉您的股份，薛的胃口不小。"

许强淡淡一笑，反问道："你是说，我看人的眼光有错吗？"

吴仁义面色尴尬。

见许强不为所动，吴仁义恼羞成怒。随后，他找了几个社会流氓，到许强在香港的公司寻衅滋事。

流氓们对着玻璃门窗一阵狂砸，毁坏了富丽堂皇的店面。

他们还对公司的人恐吓道："告诉你们老板，不要帮薛永新。否则，他就没命了！"

许强作为国际知名企业家，无论在政界还是在商界，都享有颇高的声誉和威望。

这一事件在香港引起轰动。

许强知道此事后，对身边的伙伴说："让他去砸吧。我看他敢不敢来找我。"

吴仁义的威吓、警告，这种小人行为，岂能吓倒一个几经大风大浪的大人物？许强根本不当一回事。

沙尘暴步步紧逼，"恩威税案"愈演愈烈。

日本作家村上春树在《海边的卡夫卡》中写道："某种情况下，命运这东西类似不断改变前进方向的局部沙尘暴。"

而能够从沙尘暴中逃生，唯一的选择就是勇敢地跨入那片沙尘暴之中，一步一步从中穿过。

这天，为了澄清事实真相，许强与薛永新的律师走进税务部门一位副局长的办公室。

当他们说明来意时，那位铁青着脸的副局长突然厉声道："你们代表谁？出去！"

许强愣了一下，心里想，中国税务官员都是这个态度吗？

他沉着地说："我是许强，香港居民，柬埔寨国籍。"随即他出示了自己代表柬埔寨王国出席联合国会议的代表证。

青脸副局长看了看证件，脸上立马堆满了笑，慌忙起身上前，恭请许先生坐下商谈。

但是，这位青脸副局长却让薛永新的律师在外面等。

"'恩威税案'的事很大，有人举报到我们这里。许先生是合资外方，您没有错，但薛永新错了。他偷税就是犯法。"

许强说："副局长阁下，我和薛永新先生是合作伙伴，我们是一体。我作为外方投资注册资金延迟十八个月到位，并非故意，而是违法人员设置的陷阱所致，但不能据此认定为'假合资'。恩威也并没有违反中国法律，不应受到任何处罚，更谈不上税务部门收回税收和所谓'偷漏税'的问题。"

青脸副局长讨好地凑近许强说："许先生，您不要相信薛永新，小心他吃掉您，还会毁掉您的国际名声。"

许强明白了他话中有话，立刻正色地说："事实胜于雄辩。无须多说！"

说完，许强拂袖而去。

青脸副局长赶忙追上去，将亲手写下的电话号码递给许强，悄声讨好道："许先生，有什么事尽管找我。"

许强接过他的纸条，上车与律师一道，绝尘而去。那位副局长怏怏然地待在那里。

树欲静而风不止。随着媒体每天对"恩威税案"的爆炒，疲劳轰炸，来自各方面的压力也来了。

亲戚朋友都很担心许强，问他恩威"偷税一个亿"是怎么回事。

有的劝他："你不是没有钱，国外国内上亿的资产，何苦跟中国大陆的民营企业合资？如果恩威垮了，国际上怎么看你？不如趁这个时候撤资吧，免得担风险。"

许强说："我怎么能这么做呢？我们是正义的，恩威没有偷税，问心无愧，终有一天会水落石出！"

"如果翻不了案，是要杀头的啊！"

"我们讲诚信，讲良知，讲公平正义，我们怕什么？"

人类对正义的追寻从未间断过，而英雄总是正义的化身。许强的英雄胆量、侠骨豪气，正是相沿了父亲许亦曾的血脉，从小浸润的勇敢无畏的本色。

"恩威税案"震动了海外政界和新闻界。联合国的许多朋友也纷纷打电话问他，关心他。许强的压力加大了。

这个事件惊动了柬埔寨王国拉那烈亲王（时任柬埔寨首相）。他问刚从国外回来的许强：

"你怎么搞的？报上说，你和中国恩威集团合资的公司偷税一个亿。这怎么回事？"

许强笑道："如果偷税，我早就被抓了，怎么还回来啊？"

"真没事？"

"没事。如果真的偷税一个亿，要砍多少次头了。"

拉那烈亲王放心了。

虽然许强说得很轻松，但他深知，这是一场残酷的斗争。而他作为拉那烈亲王的经济投资顾问，如果稍有不慎，国际声望和政治生命都有可能断送。

面临巨大的危机，许强内心的高尚人格体现出来了。他并没有屈服于压力而改变自己的正义感和良知，他始终与薛永新站在一起，承担着生死的考验和政治生命的风险。

从 1998 年到 2001 年，许强为"恩威税案"积极奔走，多次写信给江泽民总书记、朱镕基总理以及一些中央领导人，对"恩威税案"沉冤得雪起了很大的作用。

2001 年 12 月 7 日，中国西部开发商机与政策国际研讨会在香港举行，500 位嘉宾与会。许强代表到中国西部投资的海外投资商发言。

为此，他在大会上以《经验与启示》为题，呼吁："我希望中央政府要有更明确的法规，在香港设立专责投诉中心，代表港商向中央政府转达呼声，公开曝光，协助解决问题，保护港商的合法权益。正如朱镕基总理所说的外商投资法规要更明确、更透明化地来保证外商投资的合法权益。"

许强是一位慈善家，深受佛道思想影响的他，始终保持着一颗慈悲、博爱的心。他拥有上亿资产，但财富并不是他的奋斗目标。追求快乐的人生，才是他的终极目的。只有当财富能够在别人困难的时候，扶人一把，在人们需要帮助的时刻，伸出援手。那时候，他才感到最大的快乐。

1998 年夏季，中国长江流域遭遇了百年不遇的特大洪灾。许强与薛永新一道亲自走上抗洪救灾第一线，到武汉、到荆州，到长江大堤上，为抗洪官兵送去了价值 3200 万元的药品。

在面临崩溃的荆江大堤，他们不顾自身安危，涉水为许多皮肤被感染的士兵擦拭患处，场面令人感动落泪。

2008 年，"5·12"四川汶川大地震震动了全世界。5 月 16 日上午，从国外回柬祝贺西哈莫尼国王生日的许强公爵闻讯后，他的心被刺痛了，深深为中国受难同胞而悲恸。他当即前往中国驻柬大使馆，为中国灾区捐了款。

除此，他还在世界各国做慈善活动，捐赠款物，总是大笔一挥，无比豪爽。帮助需要帮助的人，是他的快乐。

他还积极参与中国西部的开发。2008 年 6 月 6 日，他以柬埔寨王国商业部长顾问身份，出席由中华人民共和国商务部和云南省人民政府主办、亚洲开发银行协办的"大湄公河次区域经济走廊论坛省长论坛圆桌会议"，为中国的经济建设做贡献。

许强与薛永新有着共同的正义感、博爱心，有着共同的人生哲学和信仰。他们的相遇是两位东方智者的灵魂相遇，也是两位同道中人执着东方文化精神的一次结缘。

但是，他们却是性格截然不同的两种人，生活方式也完全不同。

许强主张享受生活。创造生活的目的，是为了享受生活的快乐。像庄子那样返璞归真，"乘天地之正，而御六气之辩，以游无穷"，在山水之间随风逍遥，怡情乐性，寻求身心的快乐自在。

许强生活在快乐潇洒之中。但他认为这种快乐潇洒是有原则的，那一定是健康、简单的快乐潇洒。

他几乎每晚都要到夜总会跳拉丁舞，唱英文流行歌曲，在热情奔放的舞蹈与歌声中享受心灵的陶醉，也会时常在家里弹弹钢琴。他一个月总会出游一趟，放下一切事务，呼吸大自然的空气，享受精神的自由。

梭罗说："我们的生命不应虚掷于琐碎的事，而应当尽量简单，尽量快乐。"

简单才能放飞心的自由，穿越红尘沉浮的大悲大喜，于平静快乐之中得到一份超然与逍遥。

对于感情，许强认为一切顺其自然，该爱就爱，不该爱的，不可以去爱，不强迫去爱。他是一个感情丰富的人，但他不滥情。

如果说许强的性格"好动"，那么薛永新的性格则恰好相反，"守静"。两人是"一动一静"。薛永新从不进夜总会，主张清静守一。他与许强一样不滥情，专情于家庭，珍视夫妻感情。他最大的爱好就是每晚打坐，心灵独处，喜欢把自己沉浸在宁静而无任何杂念的境界中，那是他的世界。

虽然许强与薛永新的生活方式不同，但他们互相尊重各自的生活，互相欣赏对方的人品。

他们共患难、共命运，一起搏击人生中的惊涛骇浪。许强十分珍惜与薛永新这段超过兄弟般的情谊。

他说："老子讲功成身退，讲不敢为天下先。富贵名利对于我来说早就有了，我并不贪图还要赚多少钱。我退在身后，支持朋友，支持恩威。我对恩威的感情已经无法分割。在恩威我很有成就感，能在有生之年为社会多做贡献，是一件快乐的事。"

人生中还有什么比情谊更珍贵呢？朋友是我们一生的精神支撑，一生的永远，一生的温暖与在乎。

许强与薛永新一起走过风雨，也将一起迎来生命中的彩虹；一起走过千转百回的道路，必然会见到柳暗花明的风景。

第六节　呼唤法制：正义的支持

夫天道无亲，恒与善人。

——《老子·第七十九章》

天道对谁都没有偏爱，永远帮助有德的好人。这世间总是有许多充满正义感的人，维护和伸张着公平与正义。

"恩威税案"爆发后，尽管媒体上大多是负面的报道，但所幸的是，有许多具有良知的仁人志士，并没有随舆论一边倒。他们为中国民营企业的生存环境深感忧虑，他们为帮助恩威从困境中解脱出来而奔走呼吁。

"恩威税案"，给中国民营企业也带来了震荡，民营企业家们既为恩威鸣不平，又不无危机感。谁能保证有一天不会像恩威那样陷入重围？

薛永新与所有的民营企业家一样，比任何时候都更渴望得到法制的保护。

人大代表联名为恩威呼吁

1999 年 3 月，一个姗姗来迟的春天。

天有点阴，这是成都常见的天气，但风却是温软的，拂在脸上已不再感到冬天的寒冷。

双流机场。薛永新随着人流从空中走廊出来，朝停在机场的一架波音737 走去。尽管严酷的命运在他宽阔的额上留下了深深的印记，但他的表情还是那么清澈明朗，目光端正而冷静，走路的步伐镇定、从容。

他受邀去北京参加一个重要的会议。

他决定，在会上为恩威呼吁，为所有民营企业的生存环境呼吁。这是一个重要的机会。

当时还很年轻的一位全国政协委员、四川知名企业家在机场追上了正要登机的薛永新。

"薛总，你要挺住啊！"

薛永新停住，转过身来，看见刘永林（化名）的眼睛里隐隐闪着忧愁的光，期待地注视着他。

"你不能倒下。我们民营企业都在看着你。如果你倒下了，说心里话，我也心灰意冷了。谁还敢干哪？"

薛永新的喉咙发堵，眼睛有些湿润。他连忙转过脸，深吸了一口气。然后，努力舒展开了笑容，对刘永林说：

"你看，我不是好好的吗？放心，只要死不了，我会挺住的。"

两人的手紧紧地握在一起，彼此都感受到从对方身上传递的一股强大的力量和精神的支撑。

薛永新与刘永林是好朋友。他与薛永新一样，都是在改革开放初期从农村走出来的民营企业家，经历了艰难的创业之路。后来，刘永林成为福布斯榜上的富豪，改革开放的十大风云人物。

"恩威税案"牵动了中国民营企业家的神经，他们深感"私有"的身份使自身生存的空间被挤压，不公正的待遇和障碍，随时都有可能让"民企"出局。他们期待着恩威走出困境，期待着一个法治下的宽松和公平的环境。

在薛永新身上，寄托着以刘永林为代表的企业家的期待，寄托着中国民营企业家渴望获得法制保护的期待。

林则徐说，"苟利国家生死以，岂因祸福避趋之。"不管前行的路还有多艰难，薛永新抱定了勇往直前的决心，不负众望。

春天不可阻挡地来临了，尽管来得有些迟。

1999 年 3 月 5 日，第九届全国人大第二次会议召开。"恩威税案"引起了代表们的关注和热议。民营企业因受到不公正待遇和舆论误导，长期蒙受不白之冤而濒临破产的事件，使代表们深感忧虑。

"两会"期间，十五位全国人大代表联名提出《对恩威税案组织调研的建议》。

代表们认为："恩威集团是近几年得益于党的改革开放政策而迅速发展起来的一个很有影响的私营企业。恩威产品家喻户晓，在国内外均有很好的市场。恩威现已累计向国家缴纳税金 2.1 亿元，为社会公益事业提供捐款达 1.4 亿元。"

因此，代表们建议，希望通过实事求是的调研，"以落实朱总理在一份报告中的指示：务必将恩威税案查清查实；真正做到依法治税，依法纳税，公正执法。"

十五位代表联名的这份提案，在人大代表大会上成为热点话题，犹如平静的湖面丢下一块石头，激起了不小的浪花。

改革开放以后，民营企业以"敢为天下先"的勇气，站在了时代的前沿，在经济生活中扮演着重要的角色。但是，从历史角度看，受中国传统文化对于财富分配"不患寡而患不均"的观念所影响，人们以为民营企业的"私有财产是一切罪恶的源泉"。因此，在非公有制经济发展过程中人为地设置一些障碍，甚至有些以国家公权力形式出现，"恐私、限私、打私"，导致民营企业的合法权益受到侵害。

在改革开放的进程中，曾经一度展开了"姓社姓资"的大讨论，个体经济、民营企业是不是社会主义性质引起极大争议。因此，非公有制经济处在被打压或不被鼓励的夹缝之中生存。

"一部分人对于先富起来的非公有制经济民营企业家的'仇富'心态，进而演化成古典小说中'英雄好汉'打家劫舍式的仇杀现象。"

恩威便在这种现状中付出了惨重的代价。

令人欣慰的是，第九届全国人大通过的《宪法》修正案明确规定："在法律范围内的个体经济、私营经济等非公有制经济，是社会主义市场经济的重要组成部分。"

这是对传统理论和观念的又一次重大突破。

这是对民营企业在我国经济建设中所起重要作用的首次肯定。

无疑，对于薛永新和恩威来说，这是一个好的迹象。冰封的河床上，冰雪正在慢慢消融。

北京："非公有制经济呼唤法制"研讨会

乘着"两会"的春风，2000 年 4 月 1 日，薛永新再次来到了北京。

农业部在北京主持召开了"我国非公有制经济发展与法制保障高级研讨会"。全国人大常委会副委员长布赫、费孝通，全国政协副主席、中华全国工商业联合会主席经叔平，名誉副主席孙孚凌，国务院发展研究中心副主任鲁志强等中央相关部门的领导、全国各省市政府领导，以及三百多位经济学家、法学家和知名企业家等，出席了研讨会。

薛永新是一个口才极好的人，具有很强的思辨能力，平时开会从不用发言稿。他讲话条理清晰，引经据典，似乎"文章"都是从他的脑子里"调"出来的。

这一次的确不同。他认真准备好了一份五六万字的发言稿。因为，他把这次研讨会看作是一个契机。

这是他唯一的机会，也是恩威表达诉求的机会。

他要在会上把"恩威税案"的真相告诉大家,他要争取民营企业的生存空间,为民营企业发展获得法制保障而振臂高呼。

在会上,薛永新做了《艰难的恩威路》的报告。内容如下(略有删节):

恩威集团诞生于祖国改革开放初期,在党和国家政策的指引下,从1986年由8户农民几万元资金创办至今,已发展成为拥有固定与流动资产5亿元,无形资产超10亿元的大型高科技跨国集团。公司以祖国传统文化为指导,先后投资几亿元建成现代化的中药制药基地,相继研制开发出一系列治疗疑难症、多发症、常见病、顽固性疾病的新型中成药,特别是恩威最早开发的畅销至今十余年、享誉中外的名牌产品"洁尔阴"洗液,已解除了亿万患者的难言痛苦。恩威十余年累计上缴国家税金2.1亿多元,无偿捐赠社会公益事业1.4亿多元,解决直接、间接就业人员达20余万人,体现着恩威"服务社会,造福人类"的宗旨。

然而,恩威的发展道路崎岖不平,从它的身上充分折射出我国改革开放道路的艰难曲折。从恩威集团成立至今,几乎没有停止过人为的干扰、破坏,和许许多多民营企业一样,恩威走过的历程铺满了辛酸,企业的合法权益不断受到侵犯。

一、艰辛创业,历经磨难

1983年1月,我承包了成都市的一家乡镇企业做木材加工业务。当年9月国家政策变化,不准许农民进城承包工厂,于是我遭遇劫难,投资近两万元已发展起来的工厂被迫关闭,本人被送进收审所审查。120天后又被无罪释放,但我的事业却归于零。痴心不改的我走出收审所的第二天又重起炉灶。

1984年至1986年2月,木材厂越办越红火。这时,社会上出现了越来越多的"红眼病",有关部门借国家整顿木材市场为名,吊销了我这家当地办得最好的木材厂的营业执照。这一决定,导致工厂亏损

8万余元，使我的心血又白费。

我决心从此走高科技发展企业的道路。1986年3月，我联合8户人开办了成都恩威化工公司（恩威集团前身），当年就盈利36万元。

1989年6月，由我发明研制的"洁尔阴"洗液被正式批准为外用药。该药填补了国内空白，有极好的前景。于是，我将企业全面转向制药，当年盈利200多万元。

然而，当时国家政策不确定，乡镇企业时而合法时而又不合法，使我们这种联办户视为集体企业的经营环境就更难了。

1988年8月，国家整顿公司，像我们这种企业的公司被列入整顿对象。原因是必须要有乡、村、组的任意一级集体组织参加才能算集体企业。因此，从1988年8月起，企业就被挂起来不予年检，一直拖到1990年4月，企业处于不合法经营状态。

二、假冒产品，严重侵权

1989年，我在道家医药秘方的基础上研制成功的治疗妇科病、皮肤病、性病等有特殊疗效的中成药"洁尔阴"洗液被国家正式批准，受到广大患者、消费者热烈欢迎，"难言之隐，一洗了之"的广告词迅速风靡神州大地。

然而，灾难很快从天而降。1991年，江苏省无锡市政府在给国务院的《江苏省无锡市信息》中，将假"洁尔阴"给患者带来的损害栽到我公司头上，要求国务院责成卫生部取消"洁尔阴"。

我们立即向省、市、县党委政府汇报，时任四川省委书记的杨汝岱同志高度重视，责成成都市政府迅速处理，公安机关在3日内即破案，制假者被抓获，使我公司的冤情得以澄清。但公司为了保护人民群众的利益，只得将市场上的真假"洁尔阴"全部收回、收购（经查其中有大量假"洁尔阴"）导致公司损失4000余万元。这次事件，本是无锡中药材公司经营了假药，由于地方保护主义与犯罪分子的破坏，使我公司遭遇了一次大劫难，而且其消极影响至今犹存。

我公司委托重庆第三军医大学药理教研室的两名科研人员进行"洁尔阴"的药理、毒理试验，哪知这两人却窃取"洁尔阴"部分技术，冒充自己是"洁尔阴"的研制者，将其掌握的不完全的"洁尔阴"技术转让给成都市蒲江县一家企业，大肆进行不正当竞争，并对我公司进行诽谤，给我公司造成6000余万元的损失。官司从1994年打起，从四川打到最高人民法院，但至今无果。最近，重庆地区市场上一种名为"宋氏洁尔阴"的假冒产品公开销售。据查，作假者又正是这两名科研人员中的一个。使人费解的是，这假冒产品居然取得了重庆市卫生局发给的消准字批文。

1997年4月以来，我们在全国许多地方发现公开出售的"爱求牌洁尔阴消毒清洁液"。这种假冒产品不仅公开使用"洁尔阴"这一名称，而且在上瓶包装上与我公司研制的"洁尔阴"洗液药品的瓶体颜色、形状极为相似。

我恩威依法投诉其生产厂家广东省阳春裕华实业有限公司。广东省阳江市工商局接到投诉后立即派出人员，责令该公司停止生产"爱求牌洁尔阴消毒清洁液"。虽然该公司负责人承认了错误，答应停止生产该产品，但事后却继续大量生产，向全国各地公开销售。奇怪的是，广东省卫生厅却正式批准其为消准字号产品。地方保护主义采用行政手段，不仅侵犯商标权，而且违法了《药品法》。

前一段时间以来，在陕西、湖北省药品销售市场上，一种和恩威生产的"洁尔阴"洗液外观极为近似由陕西省卫生厅批准为消准字号产品的咸阳抗病毒开发公司研制、津珠抗病毒保健品有限责任公司出品的"爽尔乐洁尔阴"充斥市场。这种假冒伪劣产品一无厂址，二无联系电话，欺世盗名，可谓无法无天。

假冒伪劣产品之所以如此肆无忌惮地充斥市场，除了制假者目无法纪、为非作歹以外，我们个别执法部门执法不力，是症结所在。我们个别执法部门的同志在打击假冒伪劣产品活动中"假打"，对制假、售假者包庇、纵容。有的还以"发展地方经济"为名公开为制假、售假者开脱、开放绿灯；有的执法者甚至收受制假、售假者贿赂。

应该指出，在打击假冒伪劣产品的工作中，我们工商、税务、公安、卫生等部门的同志做了大量工作，维护了企业和消费者的合法权益，为国家做出了重大贡献，但我们同时也不能不看到当前在打击侵权的工作中，确有少数"害群之马"败坏了我们党和政府的声誉。

三、合资纠纷，一案二裁

1990年8月，我成都恩威化工公司与香港世亨洋行合资，成立恩威世亨制药有限公司（简称"恩威世亨"）。世亨在第一次汇入出资资金150万元港币的第7天，就违约抽走出资资金140万元港币，并逃汇至香港，引发合资纠纷。

对于恩威世亨合资纠纷案，中国国际经济贸易仲裁委员会（简称"仲裁委"）经过近两年的审理，于1994年8月1日做出了公正的终局裁决。裁决认定是外方抽逃了注册资本，抽走的资金不再算作投资，终止合资合同，依法进行清算。

世亨洋行千方百计阻挠清算的进行，同时又于1994年10月向仲裁委申请第二次仲裁。不可思议的是，已对恩威世亨合资纠纷案进行终局裁决的仲裁委，居然受理并不顾中方的坚决反对强行管辖。

更令人吃惊的是，1998年1月8日，仲裁委在1994年的裁决已生效的三年以后，做出了截然相反的二次裁决。该裁决将1994年裁决认定的外方抽资反裁为中方抽资，并裁决由中方赔偿外方经济损失1亿元。这一新中国仲裁史上从未有过的严重违法的裁决，将违法外商变为合法外商。

如果这一荒唐的裁决变成现实，就会导致外方以空手套白狼的手段，在不到一年内已拿走1200万元利润的情况下，还要拿走近两亿元。这是对民营企业的残酷打击，是对国家财富和税收的掠夺！在1998年召开的九届全国人大一次会议上，部分代表对此提出了建议案。

受害方（合资中方）于1998年2月9日向北京市中级人民法院递

交了撤销 1998 年裁决书的申请，法院于 2 月 16 日受理。法院本应依法于受理之日起 60 天内做出裁决，但直到 1999 年 12 月，北京市第二中级人民法院和北京市高级人民法院，终于逐级向最高人民法院呈送请求撤销 1998 年裁决的报告，至今最高人民法院还未批复（注：2006 年 12 月 7 日，北京市第二中级人民法院裁定，依法撤销 1998 年仲裁委第二次裁决）。

四、恩威税案，蒙冤难伸

1998 年，国家税务总局将"恩威税案"作为全国三大税案之一公开曝光后，全国上下为之震动，企业险遭破产，生产经营和声誉严重受损。

"恩威税案"的实质，是税务部门收回恩威先后两度与外商合资的税收优惠（1.08 亿多元）所致。

成都恩威化工公司（后继建恩威集团）于 1990 年 8 月与香港世亨洋行合资成立的恩威世亨，外方吴仁义（化名）因中途抽走注册资金引发合资纠纷。1992 年 12 月，外方以拿不到利润为由向仲裁委员申请仲裁，中方反诉外方抽逃注册资金，合资公司从此处于难以经营的状态。

1993 年 10 月，成都市政府依法批准中方另寻合资人，来延续世亨洋行抽逃资金而自动放弃的权利，国家工商局颁发了营业执照。前后两度合资经营至今，从未间断，经营良好，合资时间已达 11 年。

税务部门以第一个合资企业不满 10 年为由收回第一个合资企业的优惠，同时，对第二个合资企业又以税务的登记内容与实际情况不符为由，收回 18 个月的优惠。

税务部门忽略了极其重要的一点，恩威是以同一个场地、同一套设施、同一个产品搞的两次合资。造成这一局面是第一次合资企业因外方抽资违约，中方依法报政府查处，政府依法批准成立了第二个合资企业。合资企业的审批、登记、管理是法律赋予外经委、工商局的权力。他们同意恩威成立第二个合资企业，是依法履行职责，依法保护中方的合法权益。第二个合资企业外方资金比合同约定延迟到位18个月，是违法人员为企业设置陷阱导致的，但并未违反国家工商局、外贸部〔1994〕工商企第305号文件规定的应在两年内缴清注册资本的期限，因而不应受到任何处罚，更谈不上税务部门收回其税收优惠的问题。

因此，恩威从1990年8月以合资企业名义经营至今，没有违规违法，税务部门的处罚既越权又违背国家法律。

对"恩威税案"的处理，已造成了两个严重的社会后果：

第一，取消恩威两个真合资的税收优惠，使进入我国的所有外商投资者诚惶诚恐。因中外合资企业法明文规定"合资企业是先注册后验资"，所有现在中国投资者均是依法这样办的，而国税总局（有关负责人）则以本部门的权力，硬要以资金到位计算合资成立时间，而且收回资金到位前的税收优惠，造成法律的混淆，使广大的投资者看了"恩威税案"后，不敢大投资，有的撤资走了，害怕有朝一日，恩威的事落在他们头上，他们的权益无法律保障。

第二，恩威是民营企业，搞的是民族工业、中医药，对国家有很大贡献，做了很多公益事业，未要国家投资一分钱，几户农民集资办起来的跨国集团，为国家上缴税金2.1亿多元，无偿捐赠社会1.4亿多元，解决了几十万人的就业问题，亿万人从难言之隐的病痛中解脱出来，这样的知名企业，竟遭受迫害，谁还敢干？正在干的，不想干了，大干的缩小规模。这与党和政府提倡的大力发展非公有制经济的政策背道而驰，也无疑是给党的改革开放政策来了一个釜底抽薪。

五、恶人横行，财产难收

"举报"恩威所谓"偷漏税"的云付恩原是四川省乐至县一个农民。我在朋友的介绍下偶然与他认识，没有深入了解。

1989年4月，云付恩从老家打电话给我，说他把生意做垮了，尚有30万元债务无法偿还，债权人诉诸法院执行，要抵押他家房产，求我救他，安排他到恩威上班。

　　他到恩威上班的第二天，债主便追到公司讨债。我只好将公司唯一一台小车折卖给他抵债。当时，云付恩再三发誓，我对他的恩德，他永志不忘。如忘恩负义，天诛地灭。

　　云付恩在恩威站稳脚跟后，通过各种途径谋取在恩威的权力。他利用机会使公司同意于1992年由公司出全资在北京成立了京华恩威公司，由他担任总经理（二级法人）。这样，云付恩一脚踏上首都土地，并有了自己一手遮天的公司做后盾，便开始为实现自己的政治野心加紧活动。

　　京华恩威成立后，他从未向恩威集团上缴一分钱利润，甚至连恩威集团供给生产卫生巾的"洁尔阴"浓缩液款都拖欠上百万不给，口口声声称一直亏损。后来查证的实际情况是，京华恩威一直都盈利，而且从1993年其每年盈利几百万元。这主要是靠总公司"洁尔阴"的知名度和良好疗效，总公司在广告宣传上对其的巨大投入及恩威集团驻各地办事处的大力支持。

　　那些利润到哪里去了呢？据1996年双流县法院委托四川泰华会计师事务所查证的京华恩威部分账册表明，仅云付恩提供给部分单位、个人长期占用的资金就达百余万元。另据该公司一些员工透露，他将大量资金用于公关、行贿，为实现其个人野心，编织"关系网"及个人花天酒地的生活。

　　恩威集团逐渐发现云付恩的违纪、违法问题后，多次对其批评教育。但云却执迷不悟，变本加厉，开始了诬告恩威集团的罪恶阴谋活动。

　　现已查实，云付恩不仅于1994年2月以个人名义，擅自将京华恩威54.1万元资金挪用到其家乡办企业，而且从1997年底至今，又将京华恩威的1600多万元的资金转至一家公司，用该公司的名义购买了山东鲁西制药厂，已付款300万元；1998年8月25日，云付恩又用250万元承包了北京生化制药厂。据不完全统计，云付恩私吞、侵占、私分京华恩威财产达 2000 多万元。

云付恩挪用受托管理的公司巨额资金用于个人投资，按照我国有关法律，其已构成挪用资金罪。

1996 年 8 月，云付恩为了逃避对他的审查，书写了《致全体"恩威"同仁的一封信》，散发到社会和企业，肆意造谣诽谤恩威集团，煽动职工停工停产，制造混乱，并对恩威集团法定代表人进行人身攻击。云付恩的行为构成了破坏企业生产罪和诽谤罪。成都市中级人民法院已受理此案，在审理中。

云付恩于 1996 年 8 月被恩威集团撤职后一直拒不交权，霸占京华恩威。"恩威税案"冤案铸成后，他更肆无忌惮，不仅至今不交权，而且进一步将京华恩威 2600 余万元挪用于个人投资，用上千万元行贿，编织更牢固的保护网。至今，京华恩威的资产已几乎被他挪空去建立自己的公司。恩威集团几年来的多次举报均被他的保护网阻挡。

最近，云付恩的侵占、行贿终于分别被北京市公安局、检察院受理并已查明了他的上千万元侵占、上百万元行贿，但又因阻力大，司法部门至今无法对他及京华恩威采取法律措施。

九届二次人大修改后的《宪法》鼓励和支持非公有制经济的发展，并将依法治国方略在国家根本大法中予以确认。改革开放以来，我国民营企业的发展和取得的巨大成效，有力地推动了我国国民经济和社会的发展，而恩威集团是我国民营企业发展具有一定代表性和有影响力的企业，对国家和社会的贡献是有目共睹的。因此，客观公正、公平公开、依法处理好"恩威税案"，对进一步加速我国非公有制经济的发展，加速我国国民经济的稳定、健康、高速发展，都将产生积极的推动作用。有鉴于此，我们建议：

一、国家工商局、卫生部、药品监督局联合成立调查组，坚决依法从严打击假冒产品的侵权行为，对个别执法人员和不法厂商内外勾结的违法行为，从严查处，保护企业和消费者的合法权益；

二、在中央纪律监察委员会和监察部的直接领导下，由有关部门参加，成立专案组，从调查研究入手，按朱总理的要求，对"恩威税案"确实查清查实，依法公正处理。

三、请北京市政法委责成有关部门依法查清云付恩的挪用、诽谤、破坏企业、行贿等违法行为；并依法责令其交出公司的一切财务、单据，接受审计。

薛永新在发言的最后，真诚地表达了内心的感谢之情：

"恩威和全国所有民营企业一样，是在党的改革开放政策阳光雨露滋润下壮大起来的。没有党的好政策，就没有恩威的今天！"

他的话音刚落，会场上在座的民营企业家报以热烈的掌声。

这是薛永新的肺腑之语。

这是一个从改革开放中成长起来的企业家的内心之语。这也是所有中国民营企业家的心声。

他充满感情地说："正因为如此，我们才时时不忘报效国家，不忘报效民众，在艰难困苦的环境下仍然含辛茹苦，顽强拼搏，为社会做贡献。"

全场响起了长时间的掌声。

薛永新现身说法，讲述了恩威艰难的创业之路，痛陈由于长期以来形成的排斥、打击非公有制经济的"左"的陈腐观念的影响，各种腐败现象的干扰和各种阻力，我国民营企业在发展过程中遭遇到各种困难。

他的报告引起了在座的中央领导，省、市政府各级领导，以及专家和企业家们的同情和共鸣。

"恩威是几户农民集资办起来的跨国集团，搞的是民族工业、中医药，为国家上缴税金 2.1 亿多元，无偿地捐给社会 1.4 亿多元，解决了几十万人的就业问题，亿万人从难言之隐的病痛中解脱出来，这样的企业竟遭受迫害，谁还敢干？民营企业的路就真的这么难走吗？"薛永新神情凝重地问道。

全场鸦雀无声。他的质问振聋发聩，撞击着人们的心灵。沉默是无声的支持。

他说："我们要建立市场经济，要建立一个有序、平等、规范的、高效社会主义市场经济体系，还需要制定保护和促进民营经济发展的其他法律、法规，为民营经济的发展提供良好的法制环境。"

参会的每位领导和专家再次给予了支持的掌声。

谈到"恩威税案"冤案造成的深层次原因，他直言不讳地说："中国进入了一个转轨的改革时代。恩威和所有民营企业，都是我国改革进程中的既得利益者，而必然会有一部分丧失利益的人反对改革。恩威冤案的造成，是一场坚持改革和反对改革的博弈。另一个重要原因，是腐败分子和犯罪分子相勾结所致。"

他的神情变得沉重，语气低沉而饱含辛酸："'恩威税案'使我公司长期陷入困境。我们多次上诉，却投诉无门，连受理通知书都不下达。一个民营企业长达 8 年背负着税案的沉重包袱，百分之五十的时间，用于与腐败分子抗争，只有百分之五十的精力用于生产。这是正常的吗？"

"在几次中层干部会上，我做了后事安排。我说，有人要置我于死地，我不在乎。只要大家记住一点，只要按照恩威的理念和宗旨，坚持下去，即使没有我薛永新在，恩威也照样转动，向前发展。"

他提高了语调，神情悲愤："如果薛永新有一天在地球上消失，不是自杀，而是谋杀！"

"改革开放的第一代民营企业家，是他们把铜墙铁壁砸碎，披荆斩棘地开出一条路来，换来市场经济繁荣的今天。应该肯定，这一代的企业家功不可没。请记住他们，善待他们！"

会场变得异常安静，有人眼眶湿润了。所有的人都向薛永新投去了同情和敬意的目光。

著名法学家江平发言，语气沉重："听了薛永新总裁的报告，我的内心都在流血。一些腐败官员和犯罪分子勾结，把这样一家利国利民的民营企业害得这样惨，令人痛心哪！如果我们的个别执法者把查恩威的手段用十分之一去查腐败，现在社会的腐败绝没有这样严重！"

参会的专家们纷纷发言，为恩威的遭遇鼓与呼。

薛永新在报告中热切地呼吁政府加强立法，加大对民营企业的保护力度，使民营企业的合法权益不再受到侵害。

他充满信心地说：

"我们相信，这一天不会太遥远！"

掌声再一次响起。这是为一个民营企业家的坚定信念而喝彩。

是的，这一天并不遥远。

同年5月，国务院政策研究室又组织了同样一次论坛。在会上，薛永新做了同样的报告，引起了参会的中央领导、国务院有关政策研究专家们的共鸣。他们认为，应该立法保护非公有制经济，立法保护私有财产。

这两次研讨会后，各省的内参都做了报道，国家相继出台了一些有利于非公有制经济发展的法律、法规。

2004年全国人大对《宪法》又一次进行了修改，明确规定："国家鼓励、支持和引导非公有制经济的发展。"

"有恒产者，有恒心"。这对恩威和民营经济的发展无疑是一粒定心丸。

拨云见日，薛永新看到了朝阳正冉冉升起。

人大会上的建议案：三部根本法

2003年，薛永新作为成都市人大代表，在成都市第十四届人大一次会议上，提交了一份有关公务员实行法制化管理的重要提案。

薛永新从自己办企业的实践与遭遇中，认识到个别公务员有法不依、贪赃枉法，致使中央一再推行的反腐倡廉方针受阻，结果是越反越腐败。他切身体会到建设完善的法律环境，对国家和企业至关重要。对此，他提出了三点建议：

一、建立"公务员岗位标准法"。采用全世界都在推行且行之有效的ISO（国际质量体系）管理模式，各级政府、职能部门制定出管理流程，将公务员、执法人员的行政、执法、司法制定出详细而规范的岗位标准，并按照这种标准严格地执行和检查，这样就会减少许多推诿、拖延、不公和腐败。

他还提出，标准法应该明确规定，不按标准行政与执法，故意拖延缓办，办成冤案、错案，给当事人造成直接和间接经济损失，应承担部分经济损失的赔偿责任。若造成重大损失，就得负渎职侵权的刑事责任。

二、建立"公务员岗位监督法"。建立这个法主要是对公务员在行使公务和执法与司法中按照岗位标准法进行监督。如果未按岗位标准法行政与司法、执法与司法，就得依法查处，不论涉及任何人。

该监督法应明文规定，在人大、政协设立"投诉中心"。对投诉，应有专人和专门部门受理查办；对冤假错案，应成立陪审团制度，要让人大、政协参与，从社会上各行业选择代表参与审理，并让舆论监督，这样就会杜绝冤假错案。

三、建立"提拔人才连带责任法"。现在政府部门、行政职能部门选拔使用公务员"任人唯亲"、买官卖官腐败行为屡禁不止。这与我们现在的公务员选拔使用制度有关。建立公务员连带责任法，规定选拔者对公务员选拔负有连带责任，这样做，就可以在公务员的选择使用中减少腐败现象。

薛永新认为，建立"公务员岗位标准法、监督法、提拔人才连带责任法"，是规范公务员、执法人员的行政、执法水平的重要法规。它能预防腐败、惩治腐败，提高工作效率，减少失误和冤假错案，有利于选拔使用合格的高层次人才。

这份第 20 号提案，引起成都市政府的高度重视。成都市政府法制办公室〔2003〕号文件，对薛永新代表的提案给予了答复。回复说：

"近日，我国《公务员法》草案已起草完毕，进入广泛征求意见阶段，我们将及时地把您的提案转报省人大，在 2004 年提交全国人大。"

《科技日报》刊登了薛永新关于呼吁国家应尽快建立"三部根本法"的文章。此文刊出后，《人民日报》海外版、各省内参全部转载，引起极大反响。

我们欣喜地看到，今天的公务员管理正在走向法制化轨道。薛永新建议中所期待的，正在逐步地实现和完善中。

阳光总在风雨后。虽然非公有制经济尚有很多路要走，但是，薛永新和所有民营企业家都充满了信心，一个良好的法制环境于呼唤中正在到来。

那一天并不遥远。

那一天也许就在眼前。

第七节　连环爆炸案：黑色"5·12"

盖闻善摄生者，陆行不遇兕虎，入军不被甲兵。兕无所投其角，虎无所措其爪，兵无所容其刃。夫何故？以其无死地。

——《老子·第五十章》

听说热爱生活品德上乘的人，在陆地上行走，不会遇到凶猛的犀牛和老虎。进入战阵，也无须披上坚锐的铠甲。犀牛用不上它的角，老虎用不上它的爪，兵器用不上它锋利的刃。这是什么缘故呢？因为他们身上没有可以致死的地方啊。

人生无常，生与死如影随形。生命的价值有时是在生与死的对抗中而完整，真正热爱生命的人有足够的勇气直面死亡，无畏向前。

在艰难曲折的人生跋涉中，薛永新经历了几多江湖狂澜商海恶浪，甚至被推入了死亡的绝地，与死神擦肩而过。

"祸"潜伏在"福"里，祸所以能被化解，不完全靠运气。如老子所认为，具有高尚品德的人行走在人生大道上，任何危险和威胁都伤害不了他。

成功者永远是少数。这是因为他们比常人更坚强，更能忍受灾难和悲剧，并战胜它们。

2008 年的四川汶川"5·12"特大地震，对于中国人来说，是一个永远无法磨灭的黑色记忆。

时间总是有着惊人的巧合。同样是"5·12"，同样是这个让人战栗的数字，只是时间提前了几年。新千年的5月12日，或许很多人都想不起那一天发生了什么事，记忆光盘的影像随时间走远而模糊。但是，在薛永新的脑海里，它就像一个灾难影片一样，至今依旧那么清晰，那么惊心动魄。

薛永新的住宅在成都市郊的一个小区，一所幽静的独院。

2000年5月12日早上8时，薛永新按日常习惯在庭院里打了一阵太极拳后，来到一楼餐室用早餐。

他刚进门，父亲将手里的一封信给他，神情颇有些不安。

"这么早就有信件啊？"他感到奇怪，邮局送信也不会如此早。

"我早上7点打开大门时，发现刚儿的车门把手上放有一封信。"

刚儿是薛永新的大儿子薛刚，从美国留学回来后，凭着优秀的才能，与同样出色的弟弟薛洪一起，各自在公司担任重要职务。薛刚的座驾是一辆凌志轿车。

薛永新接过信，一看是给他的，上面写着：薛永新亲收。

他发现内有一封信并包了一张手机卡。信内只有一句话：你务必将手机卡安在你的手机里。

薛永新立即预感到这可能是与爆炸有关的恐吓信。显然针对他而来。

全家人都震惊了。

"会不会是有人敲诈勒索？"妻子问。

薛永新摇了摇头，但他没有把心里猜测的最坏后果说出来，他怕妻子为自己担心。

"肯定是云付恩那家伙干的！这种人什么都干得出来！"薛刚愤然地说。

"你今天不要出门了。"妻子担忧地对薛永新说。

"不要担心。他们想用这种恐吓手段威胁我，得不了逞。"

薛永新一边安慰家人，一边冷静地思考着对策。他请父亲上班后，将手机卡交给保卫部，并做了仔细交代。

随后，他出门上车办事去了。

上午9时，薛父到公司后，按照儿子的交代，让保卫部将那张手机卡安在一部手机上，并把手机放在一个安全的地方，然后远离手机观察，看看会发生什么事。

薛父对保卫部部长说："如果手机响了，起码要等到响了一遍以后再接，看对方说些什么再做处理，或者交给公安局。"

保卫部部长立刻派员远距离严密观察手机，同时另派一位办事员去找了公司所在地高新区电信局查询。

电信局答复，这张手机卡不是他们售的，无法查。

手机放在一处空旷的草地上，时间一秒秒过去，没有响，一点动静都没有。会不会是一个恶作剧？保卫部的人员在远处观察着手机的反应。

9点40分左右，司机驾驶凌志车送薛刚夫妇到恩威后返回生活区，车子开离公司约三分钟，意外发生了。突然"轰"的一声巨响，黑色的浓烟立即罩住了全车。刺耳的刹车声，凌志在剧烈的震动中停住。

惊魂未定的司机下车一看，爆炸点位于车尾部的备胎下，幸而凌志车的油箱在汽车前部，才未酿成灾难。因为凶手按常理推测，汽车油箱应在后部。如果炸弹安藏在油箱下，而且薛刚夫妇还在车上，肯定会造成车毁人亡的严重后果。

司机想起都后怕，所幸，残暴的凶手失算了。

然而，可怕的事又接连发生了。

十分钟后，薛家大门前又发生猛烈的爆炸。随着一声巨响，门口台阶左边的花台被炸飞了，七零八落，浓烟滚滚。炸弹放在花台里，将一株浓密的花木炸掉了一大半。

所幸也未造成人员伤亡。

这枚炸弹安放的位置，是薛永新及家人每天出门必经之处，距薛永新每天上车地点仅1米左右。

更可怕的是，这枚炸弹是冲着薛永新母亲引爆的。

当时，大门是开着的，薛母正要出门，往外面走去，完全不知道即将发生的可怕的事。

老人家是一位虔诚的佛教徒，充满慈悲心，常以宽厚待人。她也是一位伟大的坚强的母亲，是薛永新最深爱的人。在那令人无法想象的苦难岁月里，母亲的坚强让他在困难面前不会怯懦；母亲宽阔的胸怀让他具有包容一切的胸襟；母亲的慈悲善良让他懂得悲天悯人；母亲的冷静镇定让他学会坚韧不拔。母亲身上的品质影响着薛永新性格的形成。他对母亲的感情非常深厚，母亲也最疼爱他。

当时，薛母像往日那样，一边慢慢地走着，一边心里念着佛，手指不停地转动佛珠。不知为什么，快要走到大门时，仅 1 米左右的距离，薛母不由自主地停住，呆呆地望着大门。这个时间她停留了 1 分钟。也就在这一瞬间，门口突然传来巨大的爆炸声，便是刚才那一幕恐怖的景象。

这关键的 1 分钟，使薛母幸免一劫。谁都不知道薛母当时为什么突然停下来。没有人能够解释，就连薛母自己也不清楚为什么。或许是上天在保佑善良的人。

如果薛母没有停留，爆炸发生时刚好走到那花台边……也就是说，凶手潜伏在大门外，是看见薛母从里面走出时下的毒手！

上午 10 点 20 分，曾秘书终于拨通了薛永新的电话，他焦急万分地将爆炸事件报告董事长。

"伤到人没有？我母亲有事吗？"

"没有。老人家没事。"

薛永新长长松了一口气。虽然这是他预料中的事，却没有想到歹徒竟如此凶残，对自己的家人下手！他愤怒了。

11 时 30 分，薛永新急匆匆赶回家。

他到达时，警察正在清理现场、取证。他一看爆炸点就判断一定有内应，对他一家的起居也很了解。是熟人作案。

薛永新看见一个警察正在排查爆炸点，他的心猛然一惊。

"警官，可能附近地下还有炸弹。"他立即提醒警察。

果然，警察很快发现就在发生爆炸的小树底下还埋了一枚炸弹。

爆破专家赶到了现场，安全地取出了炸弹。经过检查，发现炸弹上有一个传呼机，已传呼了多次，而且还在传呼。传呼机连接了两只雷管，每只长约30公分，直径约4.5公分，估计450克炸药，威力足可以致多人丧命。

爆破专家拆开了一看，发现炸弹内有一卷8号钢丝，爆炸后，钢丝会四处飞散。内里还有两只雷管。

"爆炸者使用的是烈性炸药，通过遥控传呼机引爆的。"爆破专家说。

这是国际恐怖组织才使用的智能炸弹，令人难以置信。薛永新一家都感到震惊。

传呼机上有4个传呼号码，经警方向传呼台查证，已爆炸的两枚炸弹的两个号码就在其中，而且就是在爆炸前传呼的。其余的两个号码，一个是未被引爆的一枚炸弹上的，另一号码还没有查出来源。警方分析，要么还有一枚未引爆的炸弹，要么是凶手故意制造的假号。

"炸弹为什么没有爆炸呢?"

"因为它引爆装置失灵。"爆破专家解释说。

原来如此，如果一旦该枚炸弹爆炸，惨剧必然发生。薛永新倒吸了一口冷气。因为凶手设计的阴谋极其凶残，谁也不会想到已爆炸地方附近还会有一颗炸弹。这样，如果第一颗炸弹未将在场人员炸死炸伤，肯定有人前去查看情况，这时，再引爆第二颗，查看者必死无疑。

万分庆幸的是，由于引爆装置失灵，凶手反反复复打传呼都未能引爆那枚炸弹。

"如果此弹爆炸，三米内会使人粉身碎骨，十二米内也会伤人。"爆破专家说。

当时先后有二十余人在那里寻查，想一想都会怕。

还有一个号码始终未找到源头，警方立即通知寻呼台不再寻呼，避免引起爆炸。

恩威迅速将爆炸事件报告成都市政府。市政府高度重视，责成公安机关尽速破案，依法严惩凶手。

"5·12"恩威连环爆炸案的发生震惊海内外。

"5月12日上午，以生产'洁尔阴'洗液而闻名并以'恩威税案'而震惊全国的私营企业成都恩威集团，在十分钟内连续发生了两起针对恩威董事长薛永新的炸弹爆炸事件，所幸没有造成伤亡。"《北京经济报》报道。

海内外各大媒体相继报道了这一惊人消息。

围绕恩威集团"连环爆炸"案议论纷纷。有人说是威胁性的"大爆竹"，也有人猜测是"敲诈勒索"。

坊间各种猜测都有，人们莫衷一是。

两天之后，薛永新收到一封电子邮件。邮件只有一句话：

"5·12只是小动作，更大的举动还在后面。"

又是恐吓！看来凶手不肯罢手，要将他和家人置于死地。薛永新血液上冲，愤怒在脑海里沸腾。

5月18日，恩威悬赏二十万元寻求"5·12"连环爆炸案破案线索，并首次公布该案真相。

薛永新在接受记者采访中说："这是某些人怕自己犯罪事实败露而对我采取的恐怖主义手段。一段时间以来，我已多次收到恐吓电话，爆炸事件后，我又接到匿名的电子邮件。据我判断，这不是一起敲诈勒索的案件，因为至今我没有接到任何勒索要求的电话。这也不是吓吓而已的'大爆竹'。这是仇杀，是某些想通过陷害手段把我送上刑场而没有达到目的的人要将我置于死地。"

记者问薛永新谁有可能是凶手。

薛永新回答说："我推测，只有与恩威结怨最深、司法机关还在追查其犯罪事实的人，才有可能做出这样的事，才有可能采取这样极端的、凶残的办法来报复我，报复恩威。"

讲到这里，薛永新神情严肃，目光坚定，大声道："我要通过媒体，正告这种用心险恶的人，只要我薛永新死不了，恩威就垮不了，恩威造福人类、为众生幸福的事业就会继续下去！"

掌声响起，这是大家对薛永新人格魅力的敬意，对一个民营企业家面临死亡威胁所表现出的英雄本色的敬意。

掌声包含了人们对民营企业艰难创业的同情、理解和支持。

令薛永新感到欣慰的是，尽管"恩威税案"和各种讼事不断缠身，劫难一个接着一个，但他得到了社会各界朋友的支持。

企业界的朋友都很关心薛永新的安全。有人建议他出门随行要带保镖，以防袭击。

他们说："哪一个亿万富豪不带保镖？"

一个大老板戴一副墨镜，身着黑色的大衣，前呼后拥的都是神秘的黑衣人。这是我们在影视里常看到的镜头。

现实生活中，亿万富豪也大多带着保镖，虽然不像影视剧里那样神秘和夸张，但他们不只出于"面子"，更重要的是出于自身安全考虑。

薛永新在亿万富豪群中绝对是一个例外。

"连环爆炸"案发生后，薛永新生活起居没有任何变化，他每天还是走同样的路线，在同样的地方上车，在同样的地方吃饭，从不改变。

"我没有保镖，走全世界我都一个人。"薛永新是淡定的。

"我就五十多公斤肉体，他们要拿，拿去好了。"他对朋友说，表情依然那么平静。

"我连自己都不知道在哪里，我怕什么呢？"

当他说这话的时候，心里猛然想起当年真果祖师对自己说的话："将来你会不知道自己在哪里。当你不知道自己在哪里的时候，你就悟道了。"

那时候他并没有理解这句话的深意，经年以后，他渐渐参悟了此中之道。

无我是做人的最高境界，无我可以无私，可以无惧，可以忘掉生死。

薛永新漫长的风雨之路，妻子自然是最担忧丈夫的人。

自"恩威税案"爆发后，刘朝玉便承受着巨大的精神压力。那一段时间，有传言公安部要来抓薛永新，自己的丈夫将面临杀头的危险，她不免提心吊胆。

尽管忧心如焚，但是她在丈夫面前有说有笑，从不表现出担惊受怕的样子。

"他们要把你抓进去，我每天就给你送饭。"她笑着对丈夫说。

"你以为演电视剧啊，哪会准你给犯人送饭？"薛永新也幽默道。

"不准送饭，我就陪你坐牢。"

薛永新心里一暖，眼里不禁噙着泪水。他转过脸去，深吸了一口气。虽然是一句说笑，但他为妻子这份爱所深深感动。因为这一份真情，这一生走过的风雨，走过的坎坷，都值得了。

"连环爆炸"案发生后，刘朝玉没有惊恐。她是一个勇敢的女人。

"你怕吗？"

"不怕。要死，我们就死在一起。"

"问世间情为何物，直教人生死相许。"爱是什么？爱是世界上最强大的力量，它可以让人超越对死亡的恐惧；爱是生命中最伟大的奇迹，它让人有勇气战胜一切，创造最为不凡的人生。

第八节　责任与财富："非典"来袭，心系苍生

甚爱必大费，多藏必厚亡。

——《老子·第四十四章》

在别人眼中，薛永新是亿万富豪，坐拥千金，是福布斯榜上的财富人物。但是，如何看待财富，如何使用财富，薛永新有自己的看法。

他认为，高尚的品德是人生第一财富。人生最原始的"资本"积累，不是金钱的积累，而是道德修养以及德行的积累。唯其如此，才能使心灵和物质一样丰盈和富足。

如老子所言，过分的吝啬，过多的储藏，必然会招致更大的

损失。而唯有像水那样滋养万物，利益众生，才能天长地久，获得快乐永恒的人生。

一场百年难遇的"非典"，将薛永新置身在另一种灾难面前。他又会做些什么呢？

2003年的春天，"非典"突然袭来，恐怖的病毒悄无声息地四处传播。城市里，往日人潮涌动的大街，忽然异常清静。车站、机场、港口，进出的旅客都戴着白色的口罩，相互保持着一段距离。人们的眼神流露出异常的担忧和戒备。

正常的生活突然改变。很多人都待在家里，恐惧地看着电视里每天播报的被感染者人数和死亡病例。今天谈笑风生的人，或许明天就被送进了充斥着消毒水味道的病房，隔离在冰冷的玻璃窗内。死的阴影笼罩在人们的头上，令人恐慌。

找不到病毒来源，也无有效的药物。"非典"来势凶猛，让人束手无策。灾难，使人们在惊慌失措的恐惧之余，比任何时候更感受到生命的重要与宝贵。

在灾难面前，更折射出人性的光辉，考验着每一个人的勇气和态度。刚从"恩威税案"阵痛中解脱出来还没有恢复元气的恩威人，毫不犹豫地参与了抗击"非典"的战斗。

2003年5月7日晚上，薛永新主动给北京卫生局金局长打电话。他说："金局，我获知北京小汤山医院有六百多感染非典的病人，急需抗'非典'药物。您之前已经安排首都医科大学朝阳医院的李宁副院长用'乾坤宁'和'洁尔阴'做三十多例'非典'病人治疗，效果很好。我想再捐一大批'乾坤宁'和'洁尔阴'，用于病员与医务人员的治疗与预防。"

金局长说："太好了！您不打电话来，我也要找您呢。"

"乾坤宁"是薛永新从1988年开始在道家秘方的基础上研制的抗艾滋病新药。该药由美国Cedars-Sinai医学中心、四川省卫生防疫站、云南省中医中药研究所完成，并通过临床试验。经全国性病防治研究中心等单位的药理试验表明，"乾坤宁"能增强和调整人体免疫功能，明显抑制艾滋病病毒，而且对肝癌、肺癌、卵巢癌、食道癌细胞和各种病毒有较强的杀灭作用。

这个项目耗费了薛永新多年的心血，从研制到进口设备，尔后投入生产，已耗资7000多万元。

生命受疾病之苦，恩威责无旁贷。

"非典"肆虐，心念苍生。薛永新与金局长通完电话后，第二天，立刻动身，亲赴北京。

2003年5月9日，他与金局长一道，将二十多箱"乾坤宁"口服药和"洁尔阴"洗液送进了北京小汤山医院。

小汤山医院的医务人员以及每位病人都服用了"乾坤宁"。

5月底，从北京小汤山医院传来好消息，六百多位病人、上千名医务人员，达到了零死亡。

消息令人振奋。这说明，"乾坤宁"是有效的。

当我们从电视画面上看到许多"非典"病人相继出院的激动场面，却鲜有人知"乾坤宁"的幕后故事。

这次"非典"中，还有武警总医院、首都医科大学附属朝阳医院、北京煤炭医院、广州市第八人民医院、河北胸科医院、山西省太原市结核病医院等十二家重灾区医院，均用"乾坤宁"治疗"非典"病人。结果显示，"乾坤宁"对"非典"的治疗和预防疗效确切。

台湾、香港有关部门向统战部来函求助，指名要"乾坤宁"。急函转至恩威，薛永新立刻安排发货，将二十件"乾坤宁"药品运往台湾和香港。

好消息不断传来，我国很快研制出抗"非典"的疫苗，人们终于度过了百年一遇的"非典"危机。但是，毫无疑问，在抗击"非典"中，"乾坤宁"做出了它的贡献。

这一点，薛永新深感欣慰。

"穷则独善其身，达则兼济天下。"成功与财富总是联系在一起的。追求财富，是人人的梦想。但是，拥有财富，算不算最成功的人生呢？

薛永新用一句朴实的话回答说："经济上的成功并不会让我们拥有完美的人生。物质上的东西只能保证你实现一般的生活方式。如果只有物质财富，那么我们就容易失去自我。人一旦失去自我，就可能精神上一无所有。我们应该用多余的钱做善事。物质的富足，还要加上心灵的富足，才是完美成功的人生。"

薛永新正是这样做的。

从 1998 年至今，包括 2008 年"5·12"汶川特大地震，他陆续为社会公益、文化事业，为支援山区、贫困地区，扶助失学儿童和救灾捐赠的物资和现款，累计达 1.7 亿多元。

这里需要追溯一笔的是，薛永新捐资重建玉佛寺。

我们是否还记得本书中所提及的薛永新当年藏起玉佛寺五尊佛像的故事？

那是 1958 年的夏天，潼南崇龛镇的玉佛寺遭到破坏。当时只有六岁的薛永新，在好心人的帮助下，将寺里幸存的五尊佛像藏在一处山洞里，保护起来。

那么，这五尊佛像，包括玉佛寺后来的命运如何呢？

1993 年，已身为恩威集团董事长兼总裁的薛永新，没有忘记玉佛寺，没有忘记那五尊古佛陪伴他度过的难忘岁月。

为回报故乡，弘扬宗教文化，他捐巨资重建玉佛寺。寺庙占地面积八亩多，近 5500 平方米，建筑面积达 2600 平方米，历时三年，精心打造仿古建造。

当年藏在山洞的五尊古佛回归其位，重见天日。薛永新再为寺庙塑金身佛像二十四尊，又远道从泰国空运九尊玉佛。1994 年，经潼南县人民政府批准为首批开放寺庙，正式命名为"玉佛寺"。当年损毁的千年古刹，如今得以重放佛光。

玉佛寺为东、西、南、北四合禅院。北方下殿观音殿，南方上殿大雄殿，东方陈抟老祖殿，西方药王殿。金碧辉煌的金身佛像，通体透明的神仙玉像，各放异彩，成为潼南独有的佛、道合一寺庙旅游景区，来自全国各地包括港、澳、台等地乃至海外的游客络绎不绝。

薛永新当年的心愿终于实现了。

多年以来，薛永新一直致力于慈善公益事业，无偿捐赠给社会的各种资金达 2.5 亿元以上。

2003 年，薛永新获首届"全国十大社会公益之星"称号；同年，《时尚财富》杂志评选全国最具时尚气质的财富人物，薛永新荣列第 22 名；2005年，胡润首次公布中国内地慈善家排行榜，薛永新名列年度国内 50 企业家第五位。并当选福布斯中国内地十大慈善家，当之无愧地成为中国最慷慨的富人之一。

阿基米德说："给我一个支点，我能撬起整个地球。"

薛永新的支点是"奉献"。他说："只有在奉献这个支点上，才能建立美好人生，建立成功的事业。"

"人生的基本利益永远只能在奉献的过程中实现。越是大的利益，越是只可能在大的奉献中才能实现。"

富豪应该是什么样子，过着什么样的生活。在人们眼中，富豪应该是，穿着名牌衣服，开着某某牌子的豪车，出入前呼后拥，吃着山珍美味，过着一掷千金的奢华生活。

其实，那只是人们的想象。富豪与平民之间只是一步之遥。他们中不乏很多人从平民变身亿万富豪，因而，他们的生活依然很平民。

薛永新便是一个平民化的富豪。

三十多年前，他带着二十元钱闯成都；后来联合几家农户靠着几万块钱创立了恩威，打出一片天地，建起了他的制药王国。

三十年多前，薛永新一贫如洗，家里六七口人一天只有半斤大米。如今，可以支配上百万、上千万、上亿元的资金。

尽管身家上亿，但是薛永新的个人生活却相当俭朴。他常说："我这个人对生活要求很简单：吃，有四两面条就可以了；睡，有扁担那么宽的一张床就行了。"

穿，他从不追求名牌，只要干净整洁、随意舒适就行了。平常他总是穿着棉布 T 恤或衬衫，只有会见客人、出席会议，他才着正装。走在街上，他也非常普通，你完全不知道与你擦肩而过的竟是福布斯榜上赫赫有名的富豪。

在生活上，薛永新是一个"另类"。他不抽烟，不上夜总会，不去 K 歌、跳舞。他似乎不"入流"。用他的话说："我不愿在这些地方花钱，也不愿在这些地方花时间。"

在企业的投入上，在公益文化事业上，他却舍得花钱，总是出手快，出手慷慨。因为，他清楚自己追求什么。

他说："企业家应自觉地肩负起资金向善的人文责任，将企业得到的社会回报，重新多渠道返回社会，利济更多更广的领域，为大众谋利益。世间只有'善利'才能长存。"

"水善利万物而不争"。老子的"水德"，是薛永新的人生观照，也是他所追求的企业之道和财富之道。

第十二章

乾坤力转：恩威跨世纪辉煌

飘风不终朝，骤雨不终日。孰为此者？天地。

——《老子》第二十三章

狂风刮不了一个早晨，暴雨下不了一整天。是谁造成这一切的呢？是天地。老子以自然界的变化告诉我们，人生也是如此，不管风雨有多大，它终会过去。乌云散尽，必会迎来生命的艳阳天。

这就是乾坤旋转。也正是遭遇了人生的挫折、打击，我们才能一步步走向成功的峰巅，步入辉煌。

美国著名企业家大卫·安德森是这样解释成功的："我相信如果我没有经历生命中的崎岖不平，我将不会站在我现在这个地方。"

这位曾经破产、在他的沙发里寻找硬币、乞讨快餐店剩下的汉堡包的美国人，最终成为了一个成功的餐饮界巨头。

杰出的人往往都经历了人生中无数次摔打，经历了命运一次次劫难，但是，他们从不屈服，从不放弃，依然坚定地向前走，坚持下去。

因为他们相信，一切痛苦都将过去。

薛永新与恩威走过风雨，终于站在了成功的巅峰，迎接日出。

第一节　留在成都：孔雀不愿"东南飞"

离开故土，只是因为别无选择。"生活在别处"，其实，是昆德拉给我们的安慰。

记得泰戈尔有一句诗："像一群思乡的鹤鸟，日夜飞向他们的山巢。在我向你合十膜拜之中，让我全部的生命，起程回到它永久的家乡。"

没有人不眷恋自己的故乡，没有人愿意离开生长于斯的土地。如同鹤鸟。

薛永新又何尝不是如此？他太爱成都，爱这个地方。他所有的心血，所有的情感，都给了这座美丽的城市。

但是，他就要走了。一个令人伤感的春天。

时间跨过新千年，进入了21世纪。

虽然薛永新与恩威已度过了最困难的时期，冰封冻土开始慢慢消融。但是，"恩威税案"还有很多遗留问题。要彻底解决，仍然遥遥无期。它如笼罩在头上的乌云，随时都可能变成暴风雨，令人不安。

如果恩威继续陷在"税案"的泥淖中，只会越陷越深，永远无法拔出来。薛永新冷静地思索着，他在寻找出路。

这时候，海南向他伸出了"橄榄枝"。那是一个海风吹拂的南国，蓝蓝的大海，开放的城市，是许多投资者云集的热土。

2000年夏天，恩威在海南投资，建立海南生产基地。薛永新的工作重心已转移到了海南那边。从成都到海南，是他频繁来回的航线。

他已做好了准备，如果四川投资环境恶化，"恩威税案"仍得不到彻底解决，他将把恩威全部迁往海南。

尽管他不希望有这一天。

他要做最后的努力，哪怕是徒劳的。

几年来，他屡次打报告给省市有关领导，请求彻底解决"恩威税案"。

自1996年"恩威税案"爆发以来，省委、省政府和市委、市政府领导高度重视，多次开会研究，先后提出了"先征后退、即征即退"的处理原则，但由于"恩威税案"的形成原因复杂，多种因素盘根错节，恩威世亨的部分问题仍然悬而未决。

1999年2月1日，黄小蕙专家再一次向朱镕基总理呈送了调查报告。

黄小蕙在报告中说：1998年6月25日，朱总理做了重要批示："务必将恩威税案查清查实。"然而，朱总理的批示并没有被认真贯彻与执行。

"为此，我们深入群众，召开座谈会，查阅资料，听取各方面特别是一些资深法律专家的意见，如王家福、罗世英同志，以事实为依据，以法律为准绳，对'恩威税案'进行了调查研究。"

黄小蕙就恩威涉税问题及诸种复杂因素造成的冤案，一一列举事实，向朱总理陈述了事件真相。

黄小蕙向朱总理建议："在全国人大和全国政协的关怀和监督下，在中央纪委和监察部的领导下，组织由财会、法律专家参加的专案组，从调查研究入手，对'恩威税案'查清查实。我们认为，做好这件事，有利于从严治政、反腐倡廉和企业发展。"

这份报告在2月2日送到国务院总理办公室，2月3日，朱镕基总理便做了批复。

朱总理的第二次批复，给恩威带来了重大的转机。尽管这个批复在路上经历了曲折的命运，但是，它毕竟为恩威迎来了灿烂的日出。

省政府领导在恩威主持会议，专题就恩威涉税问题进行了研究协调。参加会议的有市政府领导、省市国税局负责人。

"抓紧落实好税款资金的处理，不再有遗留问题。"这是此次会议的核心。

2002年9月27日下午，省政府有关领导再次在恩威召开现场办公会。

会议强调："对'恩威税案'的遗留问题，各级政府、职能部门和恩威都要站在维护我省改革、发展、稳定大局的高度，本着既坚持依法治税，又支持民营企业发展的原则，做好工作，解决问题，推动企业发展。"

"希望恩威继续按照立足双流、面向四川、辐射全国、走向全球的发展思路，把公司生产经营和科学研究的基地和重点放在双流县。双流县政府也要为企业的生产经营和发展壮大创造良好的外部环境。"

"恩威作为我省知名民营企业，为地方经济建设和发展做出了积极贡献，应予以充分肯定。省、市政府要积极引导新闻媒体对恩威多做正面的、积极的、有效的宣传，共同营造有利于民营企业发展壮大的舆论氛围。"

这次会议后，恩威于 2002 年 10 月上旬撤销了对成都市国税局的行政诉状。

2001 年 4 月 30 日，恩威向四川人民法院起诉了成都市国税局。诉讼请求：判决撤销成都市税务稽查分局所作出的〔1999〕第 271 号税务处理决定书。恩威认为：该处理决定书认定恩威 1994 年至 1995 年外方资金未到位，税务登记内容与公司情况不符，并据此追缴恩威已享受的优惠税款3700 多万元。此项决定所基于的"事实"缺乏证据支持。

从薛永新的内心来说，他并不愿起诉成都市国税局。他之所以要这样做，实为迫于无奈。他认为，"恩威与成都市国税局均是腐败分子与犯罪分子相勾结、制造恩威冤案的受害者。市国税局在上级主管部门的指令下，不得不查所谓'恩威税案'。而上级主管部门的个别人又被犯罪分子所'绑架'，他们暗中进行钱权交易。如果'恩威税案'一旦查实，个别腐败官员就逃脱不了法律的严惩。这就是'恩威税案'一直得不到洗雪的重要原因。"

2003 年的春天来了，浓雾却依旧深锁在薛永新的心头，寒意还未彻底消去。

虽然"恩威税案"的遗留问题正在逐步"解冻"，但要彻底解决不知等到何时。薛永新内心充满了挣扎，恩威要发展，恩威耗不起这个时间。他不愿再纠缠在"恩威税案"中，不愿再泥足深陷。

"迁往海南！"这个念头无数次闪过他的脑海，都被他一一掐灭了。

可是，现在他不得不做出这个艰难的决定。他太爱成都，太爱这座城市了。他所有的心血、所有的情感都交付给了这片土地，他大起大落的人生，他大喜大悲的命运，都跟这座城市紧紧相连，无法分割。

他在这里亲手创立了恩威，他在这里实现了梦想，他在这里迈向了世界。

他的爱在这里。

他的根在这里。

他不愿也从来没有想过有一天会彻底告别这里。

但是，他不得不挥一挥衣袖，含泪作别成都的云彩。

"恩威全部迁往海南！"这个决定在恩威集团上上下下炸开了锅，人人的脸上笼罩着愁云。

员工们流泪了。

许多人悄悄哭泣。

他们太难以割舍。因为深深付出过，所以更心疼、更难过。

薛永新理解员工的心情，他比他们更痛苦、更不舍。他把自己关在办公室里，默默地流泪。

"孔雀东南飞，五里一徘徊。"孔雀也不愿离开它的恋巢，更何况于人？

恩威南迁的消息传到了成都市委。

如果我们连民营企业都保护不了，不能为他们创造良好的发展环境，谁还来成都投资？市委领导们深感痛心。

3月，市委领导班子来到恩威调研。

市委领导对恩威在困难中继续发展并做出的成绩给予了充分肯定，并做出指示，全面彻底解决"恩威税案"，希望恩威留在成都发展。

薛永新和恩威人看到了希望，受到了巨大鼓舞。

在市委领导、市政府领导的关怀下，薛永新打消了将恩威迁往海南的念头，决定留在成都，开创新的辉煌。

2004 年 10 月 26 日，这是具有重要意义的一天。成都市政府有关领导主持召开会议，专题研究彻底解决"恩威税案"有关问题。

会议要求有关方面，落实省委、省政府、市委、市政府所确定的"先征后退"的办法，确保彻底解决"恩威税案"，"不留尾巴"，支持恩威加快发展。

浓雾散尽，云开日出。长达八年之久的"恩威税案"彻底解决，尘埃落定。所谓"恩威偷漏税一个亿"，纯系一大冤案。个别腐败官员因涉案而落马。

耐人寻味的是，由于种种"复杂"因素，恩威以诽谤罪起诉制造"恩威偷漏税一个亿"的始作俑者云付恩一案，至今仍难以了结。薛永新认为，尽管结果未知，但在走向民主法制社会的今日中国，正与邪的博弈，其胜负可以预知。

不管怎么说，历经商道上的艰难曲折，恩威挺过来了。

不管怎么说，历经生命中的惊涛骇浪，薛永新挺过来了。

度尽劫波，薛永新与恩威走出了困境，走出了"税案"的阴影，终于迎来了绚丽的旭日。

薛永新与中国民营企业家一样，以超然的英雄主义气魄，以更大的热情，迎接中国民营企业"新激情年代"的到来。

他开始迈向下一个辉煌。

第二节　弘扬大道：以无为创未来

道常无为，而无不为。

——《老子·第三十七章》

天地无为，万物无为，而无所不能为。如花在春天来临的季节自然开放一样，似乎什么也没做，却带来了一个美丽芬芳的世界。

如果我们能够坚守"道"，遵循"道"，顺应道，没有什么不能作为的。

数千年来，老子的"无为"思想对中华民族的性格行为和人生观产生了重大影响。无为思想教人顺应自然和社会规律。唯有顺应大道，才能无事取天下。

薛永新一直以"无为"思想作为企业精神，引导企业为社会造福。也正是因为他始终遵守和弘扬大道，恩威才能够风雨不倒，继续创造着辉煌的未来。

寒冬过去，春暖花开。

卸下了"恩威税案"的沉重包袱，薛永新一身轻松，甩开膀子迈步向前。他全身心地准备着恩威的"第二次飞跃"，勾画着宏伟的远景蓝图。

他是属龙的。龙的特性是一飞冲天。

短短几年，恩威以惊人的速度，冲上了又一个高峰，饱览无限风光。

从 2001 年起，恩威集团投资 1800 万元，在康定、犍为、大邑分别建立了三大"中药材规范化种植基地"，建设濒临灭绝的名贵中药材基地近万亩，以及近五万亩的原材料药材种植基地。

薛永新顺应自然之道，致力于开发中华传统中医药宝库。

2005 年，是薛永新的新激情时代。

这一年，他雄心勃勃，开始了新的扩张。恩威集团又投资五亿元在双流航空港新区建立了恩威生物制药工业园。现已建成亚洲最大的现代化生物制药基地，与三大药材种植基地相辅相成。

薛永新建立起了他真正意义上的制药王国，他的梦正一个又一个地实现。

"科技发扬传统，创新中医药。"这是薛永新走科技实业之路的核心。

利用现代科技发展传统中医药，提高企业管理和产品质量，从大众的健康和社会需要出发，研制生产高品质药品，向世界一流的生物制药企业迈进，这是他一直追求的目标。

从创业之初，薛永新便大胆从欧美国家引进先进的仪器设备。之后，他又投巨资不断更新设备，拥有从日本引进的高达 11.8 米的喷雾干燥塔，每天可将天然药材精炼液干燥处理成药粉 3000 千克；从美国引进的塑料液体灌装生产线，每小时可自动灌装 1.8 万瓶；从意大利、美国引进的吹塑机和丝网印刷机，每天可产塑瓶 40 万支；从意大利和德国进口的胶囊填充机、压片机等均由微电脑自动控制，单机每小时可填充胶囊 9 万粒、压片 50 万片。

恩威以现代化科技设备将传统的中药制成了先进的剂型，生产过程中不添加任何辅料，保证了药品的天然纯正和品质，开创了现代化中药绿色制剂的先河。

作为从事药业的企业家，薛永新一直以造福人类为己任。"洁尔阴"的应运而生，正是他因应大众"难言之隐"而服务社会的范例。

继"洁尔阴"之后，他又投入巨资，成功研发出抗艾滋病新药——"乾坤宁"。该药便是前文中所提的抗"非典""功臣"。

"乾坤宁"的命名，是薛永新按道学思想，取其"天人合一、众生太平、安宁"之意。

他经过数年的反复研制，以黄连、栀子等十四味纯天然植物中草药配伍组方，将中药传统加工工艺与现代先进的分离提取技术融为一体，精炼出不含任何辅料的"乾坤宁"纯中药片剂。全方以中医和道家扶正祛邪、平衡阴阳为理念，具有广谱杀灭病菌与病毒以及提高人体免疫力的作用。

艾滋病已成为威胁人类生命的第四大杀手。目前，世界上抗艾的药物虽然取得了进展，能够有效地抑制病毒载量，但这只能针对少部分患者。对大多数患者来说，西药的效果并不理想。

"乾坤宁"的横空出世，再一次地证明了中医药的神效和奇迹。

1995 年美国 Cedars-Sinai 医学中心对 12 例服用恩威"乾坤宁"的艾滋病阳性患者进行的临床观察，以及恩威与美国芝加哥大学合作，选择静脉吸毒艾滋病感染者 41 例，进行完全随机盲目对照临床研究显示："乾坤宁"具有显著降低患者血浆 HTV-1 RNA 的作用，且未观察到毒副作用反应。

美国的一家报纸称："恩威牌乾坤宁治疗艾滋病有突破，引起医学界和中国政府有关部门高度重视。"

四川省卫生防疫站利用恩威研制成的"乾坤宁"，在五年时间内，对45例艾滋病毒感染者进行临床试验，均获得了极好的疗效。

这无疑是人类健康的又一大福音。

"欲穷千里目，更上一层楼。"不断创新，企业才能做强、做大；不断挑战，才能超越自我，创造奇迹。

近年来，在薛永新的带领下，恩威研制出了"丹芎通脉颗粒""丹贞颗粒"等十二种新药，均获得国家专利新药证书。

除此，薛永新还将祖国五千年的中医药经验，用于防治植物的疾病，于2000年正式立项开发植物源农药。经过几年的反复试验，研制出纯天然的复方农药制剂——"恩农"。该药经室内和田间药效试验，证明对辣椒病毒等多种农作物病毒有很好的防治效果。

2004年，薛永新眼见禽流感泛滥，对人类形成了极大的威胁，他忧心如焚。他果断决定，投入资金和技术力量，利用自身优势，研制防治禽流感药物。

很快，一种疗效好、见效快、纯天然的新型动物药——双黄杀毒退烧颗粒（瘟毒净）成功研发出来了。该药攻克了世界难题：新城疫病毒。农业部已发给该药生产证书。

在中华优秀传统文化——道、佛、儒哲学思想的指导下，薛永新与他的伙伴们将中华民族具有五千年历史的传统中医药与现代医学科技完美结合，围绕生命科学建立起中医药产业链，取得斐然成绩，获得了很高的荣誉。目前，恩威已发展成为拥有七十多亿资产的高科技跨国集团企业。

薛永新对前景充满信心。

他勾画了一个远景图：开辟中国农村市场，制定四亿销售计划；推出治疗多种病毒感染疾病与治疗绝症艾滋病新药——"乾坤宁"，用实绩回报社会各界对恩威的支持和关怀。他将继续致力于中医药新产品、新技术的研发和应用，弘扬中华医药事业，向世界一流的生物制药企业的目标奋斗。

争取在两年内实现三个公司上市：一个是恩威制药有限公司，一个是恩威道源圣城文化旅游开发有限公司，一个是植物源农药、兽药开发有限公司。

从"洁尔阴"的诞生开始，恩威研制出一个又一个"东方神药"，迈过了一个又一个辉煌的山峰。

"无为而无不为"，只要合于大道，顺应社会，看起来不可能的事就会变为无穷的可能；只要根绝私欲，以造福人类为立业之本，天下没有什么不可为。

"心存无为行如水"，是恩威企业文化的核心和基石。恩威的每一串脚印都印证着对社会的一贯的尊重和贴近，对自我的淡化和律束。因为心存无为，上善若水，所以薛永新和恩威人懂得付出和给予，即使置身于极度物化的现代环境，也未敢稍忘对社会的承诺和责任。

"如果我们没有遇上改革开放这一历史机缘，想想，我们的抱负能这样顺利、这样快实现吗？或者说，能让我们做药吗？"

薛永新反复强调，总是心存感恩。

西塞罗说："感谢的心情不但是伟大的德行，而且它是一切的根源。"

"大江东去，浪淘尽，千古风流人物"。风云变幻，几多沉浮，这就是大起大落的人生。

改革开放三十年，涌现了一批又一批企业家，也淘汰了无数"风流人物"。最早成长起来的企业家中有相当一部分已退出江湖，被中国新一代民企英杰所替代。很多当年赫赫有名的公司都已黯然退场，或被市场无情淘汰。

但是，经历风雨狂澜之后，恩威依然不倒，依然矗立在天地间，保持着旺盛的活力、惊人的创造力，并向着世界迈进。

恩威为什么风雨不倒、笑傲江湖？秘诀是什么？这固然与薛永新个人魅力有关。他的身上永远有一股强大的力量，一股英雄般的浩然正气，使他能够在惊涛骇浪中直挂云帆，在崎岖不平的道路上继续前行，带领他的企业越过一个又一个障碍，登上通往成功的巅峰。

但，这不是秘诀。

《老子》五千妙言治天下，这就是秘诀。

老子思想蕴藏着中国五千年的智慧，通天地与万物之道，通人生与心灵之道，通现实与世界之道，通传统文化与现代文明之道。老子不仅为人们指出了做人、做事的道路，而且还为人们指出了为官、经商的方向。

薛永新从《道德经》中找到了答案：道无所不在，坚持道，遵守道，就会跨越障碍、征服险阻，获得奋进而欢乐的大道人生。

哲人说，一人一世界。每个人眼中的世界都有所不同。老子思想是薛永新矢志不渝的文化信仰，却自有薛氏特色。

"学好得好，做好得好，想好不得好。"薛永新以自己的人生经历和参悟，完善了真果祖师这句饱含哲理的人生箴言。做人，是每一个人生命过程中的重大人生课题。人为地加以施为，导致的是妄为、乱为，反而失去了品德和名声。这是老子思想给他的重要启迪。

"天地之所以能长且久者，以其不自生，故能长生。"老子思想是恩威的灵魂，是恩威天长地久的法宝。

老子成就了薛永新，成就了他完美奋斗的人生，成就了他与恩威的传奇。

第三节　宣讲人生：一本《老子》治天下

人法地，地法天，天法道，道法自然。

——《老子·第二十五章》

老子认为"道法自然"，道是无为的。人若保持先天而来同于天地的自然德行，无论从政，还是从商，或是做人，只要遵道、循道，合乎自然，顺应原本，无为而无不为，那么，万物将自化，天下将自定，人生将圆满而获得成功。

无论走到哪里，薛永新总是不厌其烦地宣讲"大道无为"，现身说法，宣讲人生之道、经商之道、永恒之道。

　　他就像一个激励大师，点亮了一批又一批年轻人的理想，把他们引入智慧的玄妙之门，人生浩大的境界。

　　一个人有什么样的成就，便有什么样的思想；有什么样的经历，便有什么样的体悟。

　　无论是在北大的未名湖畔，还是在川大的校园；无论是在其他场所开设讲座，还是跟职工讲课，薛永新那沉稳而充满激情的声音，总是久久回荡在宽敞而安静的礼堂，撞击着人们的心灵。

　　这是 2006 年 8 月，一个夏天的晚上。恩威礼堂，早已坐满了年轻的员工和一个个精英，他们像往常一样充满了期待。

　　听老总讲道，讲老子，讲人生，是他们最期待的事。一本《道德经》对于普通员工来说，它是那么深奥费解。但是，经老总深入浅出的讲解，老子的五千言一下子变得鲜活起来，所有的人生问题和烦恼，都得到了解答。

　　恩威的员工们都喜欢听薛永新上课。这不是一堂普通的课，它可能改变每一个人的人生。

　　薛永新准时来到了礼堂。

　　员工们的目光都投向了他。依旧是那身白色的棉布 T 恤、米白的休闲棉布裤，看上去随意而精神。他的脸上仍然带着招牌式的微笑，与员工的距离一下拉近了。

　　他没有带讲稿，所有的文章和思想都在他的脑子里。

　　全场安静后，他用平和而有力的声音说："今天我要给大家讲的是'道与无为而治'。讲大道无为与现代社会的关系，讲无为而治用于走向世界的重要性。"

　　他接着说："大道无为是道家学说的精髓，也是道家学说提供给我们的为人、处世、办企业，乃至治国、兴邦、治世的一个基本原则。真正理解了道与无为思想，也就把握了道家思想的要领大旨。"

"什么是道呢？"他抛出一个问题，然后回答说，"我们首先要理解'道'的含义，才能明白'道'的伟大与应用。"

大家专注地听着，表情似懂非懂。

薛永新看出员工脸上的迷惘，略略提高声音说："老子在《道德经》所言的'道'，我的理解，道就是浩然正气。在混沌未判，宇宙尚未形成时混沌就是一个零。'道生一，一生二，二生三，三生万物。'是浩然正气的道，从零中生出阴阳两极，天地日月星与万物由此而生，各按正气的轨迹，遵循自然的规律和谐相生。这浩然正气无所不包，无所不在，天地众生都离不了正气。"

"天地得正气，风调雨顺；国家得正气，国泰民安；人体得正气，身心健康，长命百岁。只要我们心无杂念，一身正气、一身忠义之气，什么事业都会成就；如心生邪气，就会走入邪路害众生，也害自己。

"浩然正气生养天地万物与人，始终如一地关照和爱护众生。所以道家说：天地有好生之德。众生有两类，一类是有生命而且有灵性的人类、动物、昆虫等；另一类是有生命而无灵性的树木植物，它们能够调节气候，平衡自然。假如天地无好生之德，一切众生就会灭亡。"

台下，员工们被薛永新的话深深吸引住了。

"我们会问，既然天地有好生之德，为什么又经常有旱灾水涝、地动山摇、火山爆发呢？"薛永新又提出一个问题。

员工们思考着老总的问题。

薛永新加重语气道："这一切均是人类贪婪所造成的，是进入现代社会以后，人们破坏了生态平衡和自然规律所造成的。自然界本是万物相互联系的大宇宙，人是小宇宙，在结构关系上有相似之处。地底下的石油就像人体内的血液，天然气就像人体内的精气，森林植被就像人的手脚和毛发。人与地球必须和睦相处，相互依存，要像爱护自己生命一样爱护大自然和环境。如果人类只顾眼前利益需要，肆意采伐，自然灾害就会随之而来。这就是'有欲之为'的结果。"

人类的生存空间和幸福指数，总是以破坏环境为代价。这是因为"私欲"的产生。老子说："夫将不欲以静，天下将自正。"根绝了私欲，就可以得到宁静，天下就自然安定祥和。

薛永新话锋一转，谈到"无为"思想在"政道"中的应用。

"以无为思想治国，并不是无所作为。治国者要了解自己管理的国家面临的问题，社会需要什么？人民盼望什么？要清醒地认识世界潮流和历史发展的趋势。根据自己国家的情况，制定出相应的法律、政策。政策法律要有一贯性，不能朝令夕改，随心所欲，否则老百姓就无所适从。"

"用无为思想来看，政治，政是正大光明、正知正见、正己正人的文化思想；治，三点水加一台为治，治国如治水，重在疏导，而不是堵截。因为亿万人民就像亿万条小溪，若堵截民意，就是把水堵起来，形成大坝，一旦决堤就会排山倒海，毁掉万物。水能载舟亦能覆舟，就是这个道理。"

"政治家应学水的本色：水滋养万物而不居功，始终向低处走，遇到障碍绕道走，勇往直前，终归大海；不乱贪，有功于社会众生，不骄傲、韬光养晦，这样才是真正的政治家。只要顺应民心民情，'虚其心，实其腹，弱其志，强其骨'，国家没有治理不好的。老子的无为思想，在今天仍有借鉴意义。"

他讲到这里，用一种欣喜的语气说："令人欣慰的是，我们今天的领导人倡导的和谐社会，正是老子无为思想的体现。我们的国家正在推动民主、法制社会的进步。尽管路还长，但我们有此信心。"

谈到"无为而治"与企业的关系，他说："对企业而言，提倡无为，就是摆正企业与社会的关系。企业与社会是相辅相成、相互依靠的。企业发展生产的目的归根到底是为社会造福，为国家做贡献，为人类服务。"

他强调这不是唱高调，这是恩威用实践所证明。他举例道："比如我们开发、研制出'洁尔阴'系列产品。'难言之隐，一洗了之'，解除了亿万人的烦恼与痛苦，有着不可估量的社会与经济效益。我们用无为的思想、无为的方式参与市场竞赛，得到了社会的承认，获得了成功。这再一次证明，无为而治，是企业长盛不衰、永远立于不败之地的法宝。"

台下掌声响起，员工们向自己的老总报以敬意的掌声。

最后，薛永新以一种激情般的语调说："一切顺应自然规律、社会规律、时代的潮流，人类就能和谐共存。相反，违背自然规律和社会规律，逆时代潮流而行，从而损害他人，损害社会，这就是'有为'。'有为'破坏了社会的和谐安定，造成动乱、战争和灾害。数千年的历史已经证明，道与无为是推动社会运行与进步的核心动力，永存于天地之间！"

"人们可能会问，在 21 世纪的今天，用无为而治来治理社会、经营企业、管理人生，这可行吗？我认为完全可行。不但是现在，在今后若干年中它都永远是推动社会进步的原动力，是企业的长存之道，是我们心灵道路的指引和人生观照。因为无为就是和谐。人与自然和谐，人与社会和谐，人人和谐，世界和谐。大道无为，放之四海而皆准。"

员工们听得激情澎湃，无为思想如太阳的光芒，照亮了他们的人生。

在 20 世纪 80 年代末 90 年代初，在中国大地上首次出现了以老子"无为"思想治理企业的成功先例，他就是薛永新。

这在当时被新闻界称为具有划时代的意义。而在世界性的"国学热""老子热"的今天，恩威运用无为思想治理企业，更具有引领时代道德文化潮流的前沿意义。

一本《老子》治天下。老子道德文化是中华传统文化的活水源头，是数千年伟大科学智慧的结晶与精神力量。老子所创立的道德文化不仅对中国产生影响，更对世界产生了深刻的影响。

这也是薛永新走到哪里都不忘宣讲老子思想的重要原因。

第十三章

鹤鸣山：道的源头

一千八百年前，乱世的东汉，一位渴望天下太平的道人来到了蜀郡鹤鸣山。这片巍峨雄奇、与天相接的仙山，伴随漫卷的云雾，鹤鸣声声，呈现四方献瑞、万山来朝的气象，恍若仙境一般。他发现这里就是自己要寻找的龙脉地气聚集之地，仙家福地。

于是，他留下来了，尊老子为道祖，以老子《道德经》为祖经，尊号天师，传播道的思想，在鹤鸣山创立了"天师道"，开始了自己的传教生涯。

这位道人叫张道陵，后世的人们把他尊称为祖天师。

从此，中国本土第一宗教——道教，诞生了。鹤鸣山顺理成章地成为了中国道教的发源地，中国人心中崇仰的精神圣地。

第一节　道源圣城：薛永新的个人理想

老子思想像一眼永不枯竭的井泉，满载宝藏，放下汲桶，唾手可得。

——尼采

德国哲学家尼采在读完《老子》之后，称赞老子思想是"一眼永不枯竭的井泉"，人们从这活水源头汲取着清澈澄明的智慧。

在西方，把老子学说看成是真正的哲学的，是黑格尔。他赞叹不已地说，老子哲学与希腊哲学是世界哲学的源头。

海德格尔被誉为20世纪最伟大的哲学家之一，他更是从《老子》中汲取了思想源泉。

鲁迅说："中国的根柢全在道教。"老子作为中国道家学派的创始人，作为中国和世界的第一哲人，他不仅影响了中国，还影响了世界。

薛永新有一个理想，让老子的智慧和思想影响世界上更多的人，与老子居，与老子谋，与老子穿越时空和国界对话，让人们找到一个心灵的园地，让世界因此更加和谐。

鹤鸣山道源圣城，便是他实现个人理想的载体。

许多年前，薛永新曾经做了一个梦，梦中白发飘飘、仙风道骨的老子，驾着五彩祥云而来。

今天，这不再是一个梦。老子从云中飘然而来，降临人间。青山拥翠，仙鹤从天而降。一座世上无与伦比的老君铜像落成鹤鸣山。老子穿越五千年时空，站在山的最高，来与我们静静对话。

这是道源圣城，鹤鸣山中国道教发源地。

这是恩威总投资将达 12 亿打造的世界道教的朝圣之地。

这是薛永新心血凝聚的理想愿景。

东汉末年，一位叫张道陵的道者来到了鹤鸣山。他见鹤鸣山仙气缭绕、仙鹤飞舞，于是留在此山修炼。传说，一个月色之夜，张道陵半梦半醒之间，忽见太上老君下降，授他"正一盟威符箓"，三五斩邪雌雄剑。张道陵拜领老君所授，开始思索道的真谛，撰写了著名的《老子想尔注》和道书二十四篇。自此，开始传教。

张道陵尊老子为道教教祖，以老子所著《道德经》为主要经典，感悟道之真谛，劝导人们多行善事，在鹤鸣山创立了"五斗米道"。

据史书记载，蜀地气候潮湿，疾患不绝，张道陵经常深入民间，行医诊病；蜀中缺盐，他带领老百姓开凿盐井；蜀道艰难，他率人修建道路，架设桥梁；他规定入道者必须交纳信米五斗，故被称为"五斗米道"。

受益的蜀中百姓跟从张道陵学道，尊张道陵为"张天师"。从此，大邑鹤鸣山成为公认的道教发源地，张道陵也成为中国道教的主要创立者。

张道陵为什么选中鹤鸣山为修炼之地？或许是神意，但我们更愿意把它解释为顺乎自然，鹤鸣山更符合道家心目中的神仙境界。

传说鹤鸣山是千年形定的仙鹤，鹤鸣则仙至，鹤鸣则道兴。故前有黄帝之师广成子，西汉丹家马成子、阴长生等于山中炼丹，后有东汉张道陵至山中修道。明代道士张三丰曾隐居此山，留有许多胜迹。

鹤鸣山，距成都大邑县城 12 公里。它东西北三面环山，南向成都平原。苍松满布，翠柏森森。其山形与鹤形极为相似。从空中俯瞰，鹤头、鹤颈、鹤翅、鹤身清晰展现，宛若仙鹤自西向东飞来，"鹤鸣"之名，由此而得。

山中云雾缥缈，幽径苍苍翠微。人走在此中，如步仙境。鹤鸣声声，又如仙乐在耳。流水潺潺，鸟语花香，一片和谐宁静，仿佛置身尘外。

灵气聚集的鹤鸣山自然是仙家福地，是修道者向往的人间仙境。

历史上，山上曾建有太清宫、文昌宫、三官殿、迎仙阁、慈航殿、玉皇殿等殿、宫、亭、阁上百余间，殿宇鳞次，引来万民朝拜，香火不绝。

千百年后，鹤鸣山道观在"文化大革命"中被损毁，渐渐隐没。

时光飞逝，穿过两千年的岁月，进入了 21 世纪。

那一天清晨，很不寻常。薛永新站在鹤鸣山老君顶向四周眺望，红日从地平线上腾跃而出，刹那间光芒四射，呈现一方异彩。烟波云海，缠绕在群山之中，宛如一条逶迤蜿蜒的巨龙，又俨若太极图，玄妙之至。

再看那左青龙的妙高峰与右白虎的留仙峰，就像天地间的两大门柱，将巨龙与仙鹤挡在鹤鸣山；山前的斜江河如一弯明月，将龟峰、剑峰、琴峰倒映在月色中，形成峰映明月、江水倒流的奇特风景。薛永新不禁惊叹。

纵观鹤鸣山山势，果真像一只仙鹤从天而降，有顶有项，妙高峰为右翼，留仙峰为左翼，冠子三峰为尾，左右二江出乎双腋，面向川西平原展翅。

如此仙境，难怪张天师在此修道啊。薛永新心中感慨不已。

道家崇尚天人合一，因而道教场所处处渗透着玄妙的风水文化。风水文化是中国古老的文化现象，对中国社会、经济、文化都产生了深远影响。

对中国风水文化颇有研究的他认定，此乃洞天福地，必是风水绝佳处。

"洞天福地"是道教所说的神仙境地，分为"十大洞天""三十六小洞天""七十二福地"。相传这些地方为"通天之境"，被认为是神仙居住的地方。

从风水学的角度看，鹤鸣山的山势坐西北朝东南，负阴抱阳，背有青山前有名堂，左右曲折的流水如玉带缠绕。左青龙右白虎、前朱雀后玄武，这些天然风水格局都具备了。最为不凡的是，从鹤鸣山的山顶下望，四围群山出奇一致的朝向，形成了"万真朝圣"的大千气象，是一处上乘的风水宝地。

俯瞰老君顶下的石林，好像天上的诸神与真人降临，盘膝端坐在石椅上，聆听站在老君顶上的太上老君讲解宇宙众生与自然和谐相生的生命哲学。

薛永新心潮激荡，脑海中浮现出一幅宏大的图景。虽然这图景恍恍惚惚，隐隐约约，但在下山的时候，它突然清晰起来。

走在下山的路上，他发现朝山朝圣的游客非常稀少，宫观门前一片清寂、寥落。美好的人间仙境、洞天福地，却如此萧条而冷清，令他叹息。

他想，世界进入 21 世纪，道教思想尤其是老子哲学，尊重和遵循自然规律，提倡积极向上的人生态度，对构建和谐世界有重大的指导和促进作用。

在国外，《老子》被译成多种文字，其海外发行量居中国传统文化经典之首，堪与西方的《圣经》相比。世界性的"老子热"、"大道热"，是人类复归于自然、复归于道的内在和本性的自身要求，是人类文明进步不可抗拒的趋势。

《老子》是中国文化的宝贵遗产，也是人类文化的精华。我为什么就不可以担当重建道教发源地，弘扬中华优秀传统文化的重任呢？薛永新回忆起当年蒙冤被关了 120 天，在那段生命最黑暗的时间里，他从梦中得到李真果祖师的启示，让老子思想走进民众领域，走进人们的心灵，重塑道德生命，让世界变得更和谐、更美好。

此刻，薛永新心念一动，"道源圣城"的图景在他的脑海中一跃而出，仿佛就在面前。

"道"，自古溯源而来，万物皆变，只有道永远不变。即使时光已经荏苒千年，即使新时代文明潮涌而湮灭太多经典，但是，却无法淹没"道"所闪耀的永恒光芒和生命力。

随着人与自然关系的紧张对立而生出的渴求"和谐共生"的愿景，对祥和、安宁、富足的理想世界的向往，人们再次将目光期许在了中华之"道"上。

溯源而圣，应道生城。

一座东方神圣之城应道而生。

一座闪耀东方智慧的文化之城顺世而生。

2005 年，薛永新迈向了另一座奇峰。

从这一年开始，恩威集团计划总投资 12 亿元，对道教发源地鹤鸣山22.65 平方公里进行整体复兴开发，重建"道源圣城"。

道源圣城，现已被四川省人民政府、成都市人民政府规划为文化旅游产业重点项目。

2008 年 5 月，投资 3 亿元的道源圣城一期工程建成，对游客开放。

步入山门，走在迎仙道上，四围山峦雨雾蒙蒙，若烟若云。一片溶溶的水云天，濡湿了青青的山林，清流婉转，恍如置身绝尘的神仙境地。深深吸一口清气，一下感觉心灵的尘埃荡涤而变得澄澈恬淡、神清气爽，迷失在红尘中的性灵好像重新找了回来。

过鹤鸣桥，桥下绿波荡漾，河水缓缓而去。山顶的老君殿和各种宫观掩映在苍翠的林木间，群山拥围，江水环绕，秀美的大自然与典雅的建筑相映生辉而蕴含仙气，令人叹为观止。

道源圣城建筑群由道教祖庭五大殿等 20 余座宫观组成，采用国内宫观群中罕有的仿汉建筑风格，宏大壮丽而富于变化，是融汇古今的精品建筑。尤其是高 9.9 米的道教发源地标志物——玉琮石雕，高 8.5 米的天师铜像，高 2.8 米的老君塑像，高 5 米、国内最大的景泰蓝灵祖塑像，以及长达 41 米的天师朝圣壁画等，具有极高的宗教和艺术价值。

道源圣城的建筑格局巧妙地运用中国博大精深的风水理论与道教宫观特点，将道教的太极、九宫、八卦、北斗七星、河图洛书、青龙、白虎，灵动地布置在各自的部位上，形成古今中外所没有的奇特建筑群，并与山水森林景观浑然一体，宛如天上宫阙，人间仙境。

道源圣城的建成，引起了海内外媒体的关注，也引来了八方游客。道教文化的香火在鹤鸣山再次续燃。

从薛永新的内心来说，创建道源圣城，也是他对李真果大师多年培养自己的回报，弘扬中国道教文化是他长久以来的夙愿。

2008 年 12 月 22 日，投资 2.5 亿元的道源圣城二期工程举行奠基仪式。薛永新计划逐步推出：容纳万人的太极广场建筑群、太极养生宾馆、大型户外老君像，以及具有旅游休闲度假生态环境价值的乡村俱乐部等，把道源圣城打造成集文化、旅游、养生、疗养、休闲度假为一体的特色景区，呈现以道为核心的中华传统精神文化与物质文化的结合。

尤其值得一提的是，高99.9米的老君铜像将占去大半个山头，成为全国乃至世界最高的塑像，真正是"老子天下第一"。

薛永新一出手，总是气魄非凡。造价1.5亿元的道源圣城老君铜像一旦建好，将是全国仅此一例的道祖尊神像，也将为鹤鸣山道源圣城文化增添更为深厚的内涵，呈现独一无二的绝世风景。

《史记》记述："老子百有六十余岁或二百余岁，以自修道而养寿也。"老子长寿得益于其养生之道，养生哲学是道教重要的生命哲学。

"名与身孰亲？身与货孰多？得与亡孰病？"老子提出这样的问题：对于我们来说，名誉和身体哪一个离你更近？生命和财富相比哪一个更重要？当然生命更重要。

道源之源，重在养生。"养生"是薛永新对道源圣城的重要设计理念之一。坐落在圣城宫观区右侧雾山河畔半岛之上的"养生谷"，遵循道家养生理念，集传统的身心调理之法和中西医先进的诊疗技术于一体，是康复、养生保健的绝佳之处。古香古色的汉代建筑风格，内院景观与自然景观相互渗透，令人身心愉悦。体验道教养生，让人们从生理上、心灵上得到浸润和滋养，从而达到真正的健康。

老子说："圣人无恒心，以百姓之心为心。"一檐一瓦，千草千木，皆彰显出对生命的尊重，必然会迎来八方不同肤色的世界民众。

谈到创建道源圣城的目的和意义，薛永新说：

"中华五千年文化博大精深，根在道教。大邑鹤鸣山是道教发源地，是华夏子孙神圣的地方，是领悟中华传统文化的摇篮，也是大众体验道家养生的福泽之地。"

谈到这里，他雄心勃勃道："我们要打造中华传统文化的朝圣地——道源圣城，建立永久性全球道教论坛，把它建成体道、悟道与养生的福地圣城，成为普及中华传统文化的重要基地，成为连接世界的文化桥梁：世界需要老子，世界需要和谐共生。这就是恩威创建道源圣城的目的与意义。"

"和谐共生"是道源圣城的一道独特风景。在薛永新的规划设计中可以看到，他把老子、孔子、释迦牟尼三位圣人名下的弟子、宗师，各选了一百名供奉在一起，儒释道共存。

对此，薛永新是这样阐释的："中国古代哲学，是以儒释道为主体的多元互补哲学。儒释道三家思想均主张众生平等互爱、和谐相生。在21世纪的今天，我们有必要把三家圣人的伟大思想和智慧真实地展现出来。在每一家文化中，选出他们第一代至当今的历代宗师、祖师、真人各一百名，为他们塑像，并把他们在每一个历史时期继承了什么思想，发扬了什么，做了什么，刻成碑文，让人们感悟传统文化的博大精深，用道光德能滋养精神和灵魂，改变自己的人生。"

他强调，"儒释道共存道源圣城，就是要向世界传达共荣共生、相互包容的和谐理念。和谐是道的精髓，只有遵循和谐这一自然法则，人类才能真正相亲相爱，民族才能昌盛强大，世界才能和平安宁，达到社会和谐、长治久安。"

新加坡道教会长在鹤鸣山道源圣城参观时，激动地说："全世界比薛先生有钱的人多的是，却没有人愿意做这件事，只有薛永新。这是给千秋万代的华夏子孙留下的一笔巨大的精神财富和物质财富！"

2008年4月14日，道源圣城开园大典，来自海内外的100多位宗教界、学术界知名人士在此举办了"首届道源圣城全球道教论坛"。会上，发起成立鹤鸣山全球道教论坛，建立永久性全球道教文化论坛会址。这一倡议得到了国家宗教局领导的支持，也得到了海内外宗教界、学术界人士的响应。

天人合一，愿众生幸福，社会吉祥，这是"道"之教义，也是恩威的核心理念。

中国道教协会第二任会长陈撄宁先生说："吾人今日谈及道教，必须远溯黄老，兼综百家，确认道教为中华民族精神之所寄托，切不可妄自菲薄，毁我珠玉而夸人瓦砾。须知信仰道教即所以保身，弘扬道教即所以救国，勿抱消极态度以苟活，宜用积极手段以图存，庶几民族尚有复兴之望。"

有祖宗的国，才能成为祖国。没有正道信仰的社会，就没有凝聚力，社会就不能和谐。

无疑，大邑鹤鸣山道源圣城的创建，必将成为弘扬中华传统文化的典范而载入史册，为中国及世界道教文化事业的新发展及构建和谐社会做出新贡献。倡导世界和平，促进中华民族复兴，这是道源圣城的深远意义，也是恩威人肩负的文化使命。

道源圣城，是恩威弘扬中国传统文化的一个高度，一座绝顶奇峰。

老子说："是以圣人为而不恃，功成而不处，其不欲见贤。"圣人有所为而不自恃有恩，有所成就而不自居有功，反而能达到浩大的境界。

薛永新不是一个居功的人。虽然功业成就了，并不贪恋名位。他愿意为年轻人提供更大的舞台，让他们尽情地发挥聪明才智，追求卓越，而自己则"功成身退"，默默地在身后支持他们。

早在1994年和1995年，他便将自己的兄弟薛永江、两个儿子薛刚与薛洪送到美国留学深造。他在他们身上寄予了厚望，希望他们学成以后，为恩威的发展做出贡献。

如今，他的兄弟薛永江、儿子薛刚与薛洪学成归国后，分别独立管理恩威下属的一个企业，在各自的领域里施展才华，独当一面。他们继承了恩威企业文化理念，无为而治的老子思想，把中国传统文化和所学到的西方管理知识融合起来，带领恩威的大批精英们，勇于创意创新，做出了的不俗业绩，得到了职工和社会的认同。

薛永新把各种权力移交给他们时，语重心长地告诫他们："你们要尽可能地向社会选拔管理人才，尽可能地站在身后，当伯乐、识骏马。你们要吸取我的教训，不要当东郭先生。云付恩、吴仁义就是我的切肤之痛。"

"有一句话说，用人不疑，疑人不用。这是错的。在用人的问题上，必须辩证地看。圣人、君子是不疑，但圣人、君子太少。用人失察，会给企业带来损害，甚至带来巨大的灾难。无论是管理者，还是成功者，都当引以为戒。"

薛永新是低调的人，把自己沉默于海面下，但他的大手笔——道源圣城，以"东方神圣之城"的姿态，将令世界瞩目。

"自然、和谐、发展"。薛永新的个人理想，不也是整个社会的理想吗？薛永新找到了老子，从老子的思想里找到了宇宙、自然、世界、国家、社会、人生的答案，找到了他想要去的最正确的方向。

第二节　道源寻道：薛永新的探索

2015 年，十年之后。

又是一个初春的清晨，在太阳升起之时，薛永新再一次登上了鹤鸣山。

站在云霭里，薛永新举目远眺，在清澈而辽远的天空下，庄严的宫殿掩映在郁郁葱葱的林木之中，遗世独立。老君顶下，重建后的道观群落依山而立，悠扬的钟声翻山越岭一般，回荡在山谷，一片安静祥和。

薛永新的脸上露出了欣慰的笑容。

千百年来，或许因为这里漫卷升腾、变幻无常的云雾，赋予了它一种波澜不惊、从容内敛的独特气质，那位叫"张道陵"的天师，把这里作为修身问道的地方；或许因为它巍峨的群山与天相接，更接近自然的高远至境，也是那位天师，奉老子为道祖，以《道德经》为祖经，在此创道，这里成为了中国道教发源地。

从那以后，终南山、武当山、青城山、泰山、龙虎山、北京白云观等道教圣地，遍布名山大川，香火绵延，朝圣者络绎不绝。

自此，道的思想一代代传了下去。

然而——鹤鸣山，这座中华道教文化的诞生地，却像一个世外仙人，千百年来一直安静地隐在峰峦叠嶂的群山之中，默默守望着山下清澈的河流与西蜀大地，似乎已被世人遗忘。

当时光进入新千年，直到有一个人的到来，终于打破了它的宁静。

毫无疑问，这个人，就是薛永新。

我们不能不把视线拉回到十年前。那一年，薛永新在道的源头，复兴开发，重新塑起一座中华人文的精神圣地——道源圣城，千百年来一直"道隐无名"，甚至一度荒芜的鹤鸣山，进入了中国人的视野，也进入了世界的视野。

溯源而上，寻道鹤鸣山。千千万万的来访者把它视为心目中崇仰的精神圣地，中华文化的摇篮。

因为道源圣城，鹤鸣山再一次散发道的光芒，照耀着人们道源寻道的脚步。

此刻，十年后的此刻。

一元伊始，万物复苏的此刻。

万丈霞光在清晨穿透层层云雾，将整个鹤鸣山笼罩在光明之中。鹤鸣声声，一群仙鹤飞舞冲天。薛永新的目光追随鹤影，投向万千气象的绚丽天空，产生无限的遐想和思索。

道源问道，多年来，薛永新苦苦追寻着，到底什么是道？他在老子《道德经》无穷的智慧里找到了答案：道，是高于一切的存在，比天远，比宇宙还大的存在。无穷的根本，根本的无穷，先于天地而生，先于宇宙而存在，又遍布无限的时空与万事万物之中，潜藏于我们的心灵之中，辨证于世界万象变化的规律之中：有无、死生、祸福、盛衰、成败、盈亏、虚实、强弱，让我们看到一切都有转化，一切都有希望，一切都不必惊慌，让我们对待世界有一种把握与包容，对待人生有一种从容与镇定。

道是大自然的自然，是先于人类，未被人类的活动改变的一切，也包括我们心灵的先天本性，一股浩然正气。道无形无象，不增不减，无为无欲，德化有情众生，以无与伦比的慈善，静静地等待我们受到纷纷扰扰的心灵归复纯真，回归它自己，等待我们将遗失的德性从内在寻找，使生命的境界提升，远离疾病与痛苦，摆脱烦恼与厄运，获得安乐与喜悦，直返大道。

俯瞰山下缓缓远去的河流，薛永新再次陷入了沉思之中，当今的世界，人类普遍迷失在私心贪念的欲望之江，陷溺于迷茫之湖，急功近利，放任贪欲驰骋在物质享乐的妄想之中，沉陷在尘浊的泥淖。心中的道德，如太阳的光芒被杂念的乌云遮住，蒙尘屏蔽。贪欲不仅给人们带来自身危害，耗费生命，自堕沉沦，还会造成自然环境的危害。

他感到忧心忡忡的是，现代人类不断地向外无休止地索取，对环境的破坏从局部扩展到全球，不顾子孙后代的生存，持续挖掘地球上的一切能源，导致这个世界日渐失去和谐，各种自然灾害引发的生态问题正以超乎人们想象的速度恶化，成为目前人类所面临的最重大问题之一。气候变化，天灾频仍，水土流失，空气污染日益严重，我们的呼吸越来越困难，我们的生存环境越来越恶劣，我们的生命健康正在受到严重威胁。

导致这一切的原因，是现代人不断升级的贪欲之下的生命意识和精神生活的丧失，道德的沦丧。

人类想要的生活究竟是什么？现代人如何才能在这个世界美好地生存？人与自然如何和谐相处？薛永新不断地追问，也不断地探索着。

仍然是老子，帮助他找到了答案——"道生之，德蓄之。"天地万物皆来自道，又成于德。道生长万物，德养育万物，使万物生长发育，使万物成熟结果，使万物受到抚养、庇护。所以，天地万物要生存，无不以道为尊，以德为贵。

天人合一，厚德载物，道以其清静无为，回归自然的本性来化生万物，以德养护万物，从未想过要得到什么回报或想得到什么，无欲以待万物。而人类社会，若以尊道贵德、清静无为、齐同慈爱、抱朴守真的思想治世修身，世界将会和谐太平，人们则会得到更好的修养和生息，生命也将得到升华。对于和平崛起的中国，人与人之间、人与社会之间会更加和谐，从而促进社会的和谐发展，促进政治的清明与国家的繁荣。

在充满竞争和挑战的当今社会，老子倡导的"天人合一、众生平等、和谐相生"、"人法地，地法天，天法道，道法自然"的思想，其蕴含的生命哲学和伟大智慧，到今天依然是增进人类身心健康的途径，是解决人类生存的根本模式，是解决当今世界面临的诸多问题的方法，也是解决地球生态问题的法宝。

道德就是我们的生命，自然就是我们的回归之路。回归大道是人类的必由之路。

薛永新与老子相通了，也与大道相通了。

长生久视是道教特色，道教对生命价值的重视，融会于道祖老子观生、修生、存生、保生、贵生的思想理念中。道就是在我们的生活，和光同尘，在大千世界之中，我们都可以寻找到道的踪迹。只是，我们还不知道。

薛永新要让大家知道。

作为一个有社会责任的企业家，薛永新深知，唯有用我们完美醇厚的德行，恭请道，恭请心中被尘封的道德本性，恭请中华五千年灿烂的文化，让传统文化发扬光大，让道教提升世界能见度，让道教文化得到推广，让世人更理解中国人的思维方式和生活方式，提升精神品质和生命质量，照亮人类的光明路程。这是一个中国企业家的文化使命与自觉担当。

薛永新深感自己任重道远。

在数十年的从商生涯中，薛永新将自己多年来对《道德经》的参悟与40多年的企业管理经验相融合，将无为而治的思想融入企业经营中，用无为而治的思想管理企业，使企业在逆境中也能屹立不倒，不断发展，创造一个又一个奇迹。老子思想引领他站在最高，实现巅峰体验，而使生命有了意义。

为弘扬祖国优秀的传统文化，将《道德经》的优秀思想在当代社会发扬光大，2005 年，薛永新与他的恩威本着"愿众生幸福，社会吉祥"的企业理念，与大邑县人民政府合作，创新地把老子道法自然、天人合一、无为而治、人与众生和谐相生的思想引入实践，以"道家养生医学"为根，以鹤鸣山钟灵毓秀的自然环境为依托，注重修身与养心并举，将道教发源地——中国四川成都鹤鸣山 22.6 平方公里内的荒山、河滩等自然资源打造成为集传统文化、朝圣、祈福、疗养、养生、养老、旅游等众多产业为一体的世外桃源"道源圣城"，为人类展示了一种新的生存模式，将老子《道德经》思想融入人们日常生活之中，使人们不偏离道，这样众生才能和谐，社会才会吉祥。

1800多年后，薛永新与鹤鸣山结下了不解之缘，也注定了鹤鸣山的前世今生——与中国道文化相交相融的历史起源将得到延续。

站在山巅，薛永新把目光投向沐浴在霞光中的道源圣城，心中激荡着汹涌澎湃之情，他的宏愿正在一一实现。

第三节　道源圣城：人类生存新模式

探索：用道家养生医学解决人类健康问题

薛永新一直在探索一件事：如何运用道家养生医学解决人类健康问题？

从远古开始，中国人的内心深处就藏着一个秘密愿望——长生不老。几千年以来，追求永生已成为人类自古以来的愿景。道教重人贵生，老子在《道德经》里称："道大、天大、地大、人亦大，域中有四大。人居其一焉。"把"人"与"道""天""地"并列为"域中四大"之一，认为人最宝贵的是生命。但道教面对生老病死的人类生命的局限，积极探寻突破人类生命局限，追求生命完美的途径，教导人们热爱生命，尊重生命，炼养生命，以证成大道，其道教养生医学，在人类探索养生长寿之道的历史进程中做出了独特的贡献。

健康是人的基本权利，是人生最宝贵的财富。只有健康，才能使生命的意义得以体现。失去健康，就失去了生命的保障。世界卫生组织关于健康的定义，健康不仅仅是指没有疾病或病痛，而且是一种躯体上、精神上和社会上的完全良好状态。也就是说健康的人要有强壮的体魄和乐观向上的精神状态，只有身心健康，与道合一，与其所处的社会及自然环境和谐相处，才是真正的健康，这也正是道家养生文化的核心。

心忧天下，情系苍生。薛永新深感忧虑的是，当今世界，人们的健康却日益受到威胁。人类因贪欲，毫无顾忌地大肆掠夺大自然；个人因野心，导致众生遭难；各种自然灾害、战争、工业废气致使空气污染、水污染、食品含毒；各种不明原因的疑难病、癌症、慢性病，让现代医学束手无策。西医和现代的中医均是身体发生病变后的治疗，没有从人之根本——心与身的治疗着手。

薛永新与他的从道者们，通过四十多年道学、佛学的学习，领悟到人与自然和谐的重要性，从道家养生与道家医学中研究出了一整套"道家养生医学"。

什么是道家养生医学呢？薛永新告诉你，首先要在老子《道德经》中寻找答案。《道德经》第一章讲述的是宇宙万物生存的根本法则，要认识自然，首先要认识"道"。道，即浩然正气，宇宙在未形成之前，是一个混沌的大雾团，为 0。正气将 0 分为阴阳二极，日、月、星等万物由此而生。气化生万物，又长养万物，万物皆有生存之道，有正道与邪道之分。

薛永新强调："人心生正念就有正气，走正道；心生邪念就有邪气，走邪道。心生正念的人，邪气不能进入肌肤与脏腑，身体健康。心生正念的人，也能顺应自然规律、社会规律和大道做人做事，自然事业必成。心生邪念之人，因体内无正气，不能抵御邪气入体，各种疾病都会发生，所行逆天之事必然招致失败。所以人体得正气，身心健康，百病消除；天地得正气，风调雨顺；国家得正气，国泰民安。"

怎样才能心生正念呢？薛永新娓娓道来："道家主张象天法地，天人合一。人和宇宙是相通的，人们应该效法天道，体会天地自然的规律，顺其自然地把握自己，做到忘我无欲，淡泊名利，抛却烦恼、挂障、恐怖之心，才能感悟天人合一，成就高尚、完美的人生境界。从心灵深处生起正念，也才能制止邪气的侵入，从而拥有健康的身心。这就是道的根本法则。"

道家养生医学首先是养心，主张性命双修。所谓性命双修，是指人体生命由两大部分构成，一个是性，一个是命。什么是性？什么是命？这个性是指神。神分先天后天。先天神为元神，指人心中的真性，是我们的精神，是道潜藏在我们身上的纯朴的真心。后天神为识神，即从先天神分离出来的思虑之神。这个命是指精气，为身体的气血形骸。它又分为先天气和后天气。先天气为真一之气，虚无之气。后天气，是我们能够感觉到的身体的气流，包括呼吸。在后天的生命中，我们的心已经受到了污染，是妄想的，是乱动的。道家养生，主要是将后天之气返回到真一之气中，回到宁静的真我的状态，回到道中。

道家主张性命双修就是修心，心才是我们真正的生命，真正的本性。这个心是我们的先天之心，也就是先天之性没有被后天的欲望污染的先天状态，处于正气之中。而气为心使，心动则气动。有什么样的心，就会产生什么样的气。你有清静的心，就有清静的气；你有污浊的心，就有污浊的气。

薛永新说，道医认为，万病皆由邪气所生。当我们用道的光芒关照内心，用老子"见素抱朴、少私寡欲"的思想去辅导患者，引导患者减少名利心、恐怖心和烦恼心，告别贪嗔痴怨憎，逐步做到忘我无欲，心生正念，就会突破杂念贪欲的乌云，回归到正气，产生生命的正能量，使身心及神经得到全面放松。人正气充盈，就能排出邪气，患病的身体容易恢复健康。我们每个人都是社会的个体，如果人人都身有正气，人类社会就能得到有序、良性的发展，变得和谐美满，人的生命质量也得到了提升。道家修道，就是提倡个体生命与大道合一，既重视在人的内在精神世界上树立一种少私寡欲、恭谦无争的观念，追求高尚的精神境界，同时又注重"养身养气"的身体修炼。

在上世纪80年代初，薛永新曾跟随高道大德李真果祖师学道三年。李真果期望他在世界上办一家大药厂，办一家大医院，悬壶济世，为人类的生命健康服务。

建一家大药厂，他办到了。恩威制药所生产和研发的药品远销世界各地，享誉海内外。

今天，他决定在道源建一座国际道医大医院，不负真果祖师的厚望。这既是他创办企业之初的愿望，也是他一直追求的梦想之一。

在中国道教发源地——四川省西部的成都鹤鸣山，道源圣城内，薛永新又一次以大气魄，大手笔，以道家养生医学体系为核心，建立了以中华道家养生医学和中医药为特色的道源圣城国际养生医院。

道源圣城国际养生医院，是以"康复疗养"为特色的主体医院。医院总建筑面积两万余平方米，有容纳四百人的大小规格不等的温泉池、温泉水疗及重要浴疗设备；装备有先进的现代仪器、全套检验检查设备及各种高科技康复治疗仪器和设备。

养生，即是指通过各种方法颐养生命、增强体质、预防疾病，达到培养生机、预防疾病、争取健康长寿的目的。养生术是中国传统文化的瑰宝，有食养、药养、针灸、按摩、气功等丰富多样的养生方法。

恩威集团吸纳传统中医养生术与道家养生之道，并配合现代医疗技术、设施，打造全新医疗康复中心，从而达到调畅气血、充实生命根本、延缓衰老的目的。

薛永新集恩威集团在医药研发方面数十载潜心研究之功，组织众多知名道医、中医及西医专家查阅大量道家几千年来秘不外传的医学典籍资料，将道医学和中医学结合，研究出了一套完整的"道家养生医学"体系，形成一套完整的治疗亚健康、慢性病、疑难症、绝症的标准与方案。

道源圣城医院针对每位患者不同健康状况，实行个人定制式医疗服务，实现一对一专项医疗服务，包括早、中、晚药膳、药茶等在内的康复疗养方案。通过中药调理与道家养生功法并行，从养心与养身两方面对病家进行康复治疗。康复疗养主要项目包括道家养生功法、禅修静修、心灵疗养、非线性分析健康体检、电子舌诊、物理治疗等，真正体现"未病先防、既病防变、病后防复"的科学养生理念，全面细致呵护患者身心健康，达到涵养身心的目的。

此方案实施五年多以来，收到了显著的效果。

值得一提的是，薛永新不仅是一位成功的企业家，还是一位妙手仁心的大医家。他秉承大道医李真果的衣钵，几十年来，经过长期的实践，他亲手治愈了许多疑难杂症，获得极高的美誉。

悬壶济世，为人治病疗疾，为人民的健康，为弘扬传统文化和道德精神做出贡献。薛永新以他的恩师李真果为道德榜样，致力于人类生存健康的实践。

道源圣城常年阳光充足，景致迷人。青山秀水，鸟语花香。鹤鸣山空气中的超负氧离子，带来清新宜人的空气，是一处适宜人们养气存神、涵养身心的完美场所。

医院坐落在环境清幽的道源圣城内，特别是富含天然矿物质的温泉，适宜疗疾养生。薛永新利用鹤鸣山优质的温泉、恩威的制药优势，根据患者体质，配以精致的纯天然药液，混合在温泉中，进行药浴治疗。

人们来到这一个养心的环境中，置身在真正的自然山水中，身心愉悦而获得健康。每天来此求医者、养生者络绎不绝，道源圣城养生医学给数万人带来了健康的福音，为解决人类健康问题提供了可持续发展的新模式。

薛永新的八大产业

道源养老康复产业

中国是崇信儒道文化的国家，家庭"养儿防老"的传统观念根深蒂固。但随着中国进入了"银发"时代，跨入老龄化社会阶段，传统养老模式面临着严峻的挑战。

"老吾老以及人之老"，尊老、敬老、爱老，是中华民族的传统与美德。如何让老人老有所养，老有所乐？如何让老人安度一个健康的晚年生活，颐养天年？薛永新开始了思考，并进行了新的探索和尝试。

薛永新是一个凡事经过深思熟虑后果断付诸行动的人。在康复养生产业的基础上，他又很快在道源圣城建立了成熟的养老产业。

　　道家特色酒店掩映在青山绿树之间。依据"大道至简"的理念，秉承道家思想，酒店建筑设计，每一物、每一景都充分彰显"道"的栖居智慧，追求清静自然的本色。老人们或患者在这里可以感受身心真正落地的栖息氛围，感受到山水人文对心灵的熏陶，也可以体验道家养生医学对身体的调理，既可养老同时也能疗养。很多老年人选择在这里颐养天年，分享养生时光，在道源圣城过着世外桃源般的生活，其乐融融。

　　每天清晨，你会看到近百位身着太极练功服的太极拳爱好者，在道源太极广场练拳健身的身影。

　　原来道源圣城是世界道家联谊会分支机构——道家养生太极协会主要活动场所，是四川省乃至整个西南地区太极拳爱好者相互交流学习的太极文化基地。在这里疗养的老人们也加入了太极拳的行列，健康养老，成为道源圣城一道靓丽的风景线。

　　太极拳作为中华武术瑰宝，集中国文化之大成，植根于古老而深厚的中华传统文化的土壤之中，是以中国传统儒、道哲学中的太极、阴阳辩证理念为核心思想，结合易学的阴阳五行之变化，中医经络学，古代道家的导引术和吐纳术形成的一种内外兼修、柔和、缓慢、轻灵、刚柔相济的汉族传统拳术。

　　太极是中国古代最具特色和代表性的哲学思想之一，太极拳基于太极阴阳之理念，用意念统领全身，通过入静放松、以意导气、以气催形的反复习练，以进入妙手一运一太极，太极一运化乌有的境界，达到修身养性、陶冶情操、强身健体、益寿延年的目的。

　　在太极拳《十三势歌》里有这样的表述："详推用意终何在，益寿延年不老春。"这句话阐释了古人对太极拳功效、对生命的理解，对生命质量提升的经验。

　　太极拳符合"阴阳变化、动中有静，静中有动"，达到"天人合一"的道家养生哲理，蕴含生命的精髓，以无与伦比的方式使人类与大自然联结。

唐代大医学家孙思邈主张"体欲常劳，劳勿过极"的养生原则，太极拳恰是一种温和的养生运动，通畅的经络运动具有松柔、缓慢、蓄劲、发放、练气、养神、圆活、连贯的特点，柔中有刚，刚中有柔，这种似行云流水的动静相兼的运动，适合任何年龄、性别、体型和体质的人练习。可内调脏腑，外强筋骨，祛病延年，也是对现代人快节奏竞争型工作的调节，是减负减压的好手段。

2010年8月，美国国家健康研究所发表文章赞扬"中国太极拳完美无缺"，美科学家表示，太极拳"几乎没有缺点，没有任何副作用，大范围推广有益无害"。

薛永新将中华文化的精粹——太极拳与八段锦融入养老康复产业中，将中医学与道家医学相结合，用中医天人合一、经络学说理论指导养生，将优秀传统文化变为现代人养护机体的自觉运动，让老人在自然山水与人文中，在适合身心栖居的道源圣城里，通过这项具有优秀文化根基的健身运动，修身养性，提高人体精气神，从根本提高身体免疫、抗病能力，达到健康长寿的目的。

每天清晨，鸟语花香里，在依山傍水的道源圣城太极广场，修炼有素的太极拳老师，教授大家练习道家瑰宝——太极拳。只见一群身着白色太极练功服的老人们，在舒缓的仙乐声中，一招一式投入地练拳，动作整齐划一，时而缓慢，时而迅疾，舞动的身影飘逸轻灵。那出拳的风声，恍若林涛阵阵，令观者惊叹不已。

"我命在我，不属天地。"道教追求长生久视，提倡通过养生和道德修养，提高生命存在的质量。这是薛永新努力探索的长寿之道，而这一探索证明是成功的。

道源旅游疗养产业

西方的哲学家尼采说："老子思想像一口永不枯竭的井泉，满载宝藏，放下汲桶，唾手可得。"

多年来，薛永新始终遵循老子"道法自然"的思想，从中汲取营养和智慧，寻找人类生存的出路。他把目光再一次地投向道源鹤鸣山。如何将这大自然馈赠给人类的仙境，让更多的人受益，并得到心灵的陶冶？继康复养老产业的成功运行后，薛永新又开始了下一个探索——建立旅游新模式：在养生旅游中同步实现疗养，即在康复疗养产业和养老疗养产业的基础上，以"道家养生医学"为根，以鹤鸣山钟灵毓秀的自然环境为依托，完美地将旅游和疗养相结合，形成了集道家养生医学、旅游、疗养、温泉、朝圣、祈福于一体的全新养生模式。

鹤鸣山中的道源圣城，在一片地势绝佳的山麓下，得天独厚。郁郁葱葱的群山，一片苍茫。伴随着鹤鸣山渺渺的山岚雾气，清澈的河流缓缓流淌，千万年来安静而祥和，恍若仙境一般。偶尔鹤鸣声声，与道观的钟声相和，如梵音，如天籁，超凡入圣，令人身心愉悦。

1800 年前，张道陵在此修炼而创道，为我们传播万物之道与生命哲学智慧。1800 年后，今天的鹤鸣山，山水石木依旧濡染着道家的灵气。在这自然天成的美景里，你会恍然大悟，为什么张道陵从龙虎山下来，来到千里之外的蜀郡鹤鸣山修炼？

的确，道源圣城是举世罕见的风水圣地、纯阳之地。人们站在海拔1300 米的山顶，举目眺望，有万山来朝之势，气势磅礴。在此早观日出，暮赏晚霞，云蒸霞蔚，千里烟波荡漾，犹如人间仙境。

老子说："万物负阴而抱阳，冲气以为和。"在这与天相接的圣境，生命接受日月精华的洗礼，心灵会得到极大的升华。

鹤鸣山是道法自然生活方式的体验地，也是旅游疗养的绝佳目的地。

随着生活节奏的加快，紧张的工作，竞争的压力，造成现代人心理与生理的双重疲劳，很多人陷入亚健康状态，养生尤为重要。在周末，不妨游走在鹤鸣山自然天成的风光里，品一壶养生茶，饮一杯养生酒，泡一次道家养生温泉，感悟"上善若水"的境界……

温泉养生，自古以来成为中国人疗养身心的保健方式之一。温泉养生是中国养生文化所特有，历史悠久。秦始皇为求长生而建"骊山汤"，由此开中国温泉养生之先河。唐玄宗为杨贵妃建华清池，"温泉水滑洗凝脂"，掀起了全民"温泉热"。

道教对沐浴之道，更十分讲究。道书记载，道家浴汤皆要调制香料，白芷、桃皮、柏叶、零陵香、青木香等中草药，"能避邪气"，"能聚灵气"，"能消秽召真"。《水经注》多次提到温泉可以"治百病"，"道士清身沐浴，一日三次，四十日后，身中百病愈"。

薛永新说："大自然养生，是道家推崇的养生之道。道源圣城依靠得天独厚的山水，发掘来自地下深层的天然温泉，将道文化、道家养生文化与自然山水相结合，主张通过温泉改善人体体质，强身健体，赋予温泉以道家养生医学内涵，向人们提供新概念的健康服务。"

道源圣城养生温泉，富含硒、镁、锶、锰等多种对人体有益的矿物质，达到国际优质饮用水标准。饮用可直接渗透细胞膜，达到保健强身的作用。薛永新将功效神奇的温泉水疗与恩威集团三十余年制药经验相结合，使矿泉水与养生药液混合，从而进入人体血液循环系统，由外而内、由表及里地疗养身心。

值得一提的是，道源圣城温泉水疗泉池拥有功效各异的温泉池，有除湿温泉、美容温泉、防三高温泉等，游人放松身体的同时，又能美容养生，调理身心。每个座位都有四个已获得国家专利设计的泉眼，泉眼出水温度、压力保持完美一致，只要对准人体涌泉穴、命门穴、夹脊穴进行冲疗，全身每一根紧绷的神经都将彻底放松，体会意想不到的神奇疗养效果。

苍翠幽静的山水中，一片郁郁葱葱的林木掩映之下，散发着带着药草香的温泉池水汽氤氲，水热馨香，清心怡神。游人在沐浴温泉的同时，感悟自然清新的山水人文，鸟语花香，感悟天人合一的自然之道，身心愉悦。

"民以食为天。"养生文化离不开美食。鹤鸣山作为道教发源地及历代大师修道炼养之所，饮食文化极具特色。道膳养生、益寿延年。道膳堂坐落于这块风水宝地之上，菜品诠释了道家的阴阳平衡理念，以养生为尚，讲究服食和行气，调整阴阳，行气活血，返本还元，以达到延年益寿的功效。道膳堂烹饪大师联合道医馆中、道医的杏林圣手，根据道家历代相传养生膳食秘方，按节气及地域采收纯天然食材、药材用作原材料，烹饪出美味可口、温补滋养的道家药膳以及仿荤的素菜菜品，为广大都市人群提供了一处"美食养生"的好去处。这里还曾作为电视剧《林师傅在首尔》的主拍外景地，吸引着热爱食疗养生的海内外美食爱好者。

依循"道法自然"的思想，薛永新将道源旅游与疗养结合，以文化为依托，又为人们提供了一种全新的"旅游疗养"生活模式。

道源宗教文化产业

弘扬中华优秀传统文化，向世界传播老子思想，这是薛永新穷其一生努力的方向，也是他的"中国梦"。

他认为，中华传统文化是几千年文明演化而汇集成的一种反映民族特质和风貌的民族文化，儒、释、道三教构成了中华传统文化的主体。在中华文化的发展史上，植根于本土的儒家思想和道家思想，又成为中华传统文化的主流，是中华民族智慧的结晶，是中华民族的历史遗产在现实生活中的展现。而道教提倡的"天人合一""道法自然""齐同慈爱""尊道贵德"等和谐相生的思想，对整个中华民族心理和民族性格的形成，以及精神气质和生活产生了不可估量的作用与深远影响。

鲁迅先生说："中国的根柢全在道教。"传统文化是一个民族的命脉，中华民族伟大复兴，首先在于传统文化的复兴。文化兴，国家兴。作为中国道教的经典——《道德经》，是老子贡献给人类的伟大智慧与最伟大的文化资源。老子在《道德经》里提出了以道治国，以道治世，以道促进人类和谐相生的理念，构建一个贵贱平等、慈爱不争、公平正义、和谐共处的理想社会，其揭示的"治大国如烹小鲜"的治国理念，以及顺其自然、无为而治、清静自正、柔弱胜强等自然主义法则，从汉唐以来，一直被当作治国安邦的经典。新中国的几代领导人，从开国领袖毛泽东，到被誉为"中国改革开放总设计师"的邓小平，再到新任总书记习近平，新中国一代又一代领导人都十分重视老子思想，他们的施政理念，都可以从《道德经》里找到理论依据。

文化是一个国家的灵魂和生命力。优秀文化能使一个国家走向强盛，能使一个民族走向强大。作为中国传统文化的重要源头之一，以老子为旗帜的道文化正受到从国家领导人到普通百姓的普遍关注。

中华优秀的传统文化需要一代又一代人的传承。在文化传承者中，不能缺少薛永新的名字。

早在20世纪90年代初，薛永新便致力于弘扬中华传统文化，弘扬老子思想和道家文化，并躬身实践。曾被媒体誉为："20世纪80年代末90年代初，在中国大地上首次出现了企业家用老子'无为'思想治理企业的先例，具有划时代的意义。"

这位企业家，指的就是薛永新。

鹤鸣山是中国道教发源地，昆仑山几千公里长的龙脉地气聚集在鹤鸣山，这里群山环绕，万山来朝，八方呈祥，气象万千，更有奇峰如鹤似龟像虎犹龙，千姿百态，瑰丽清奇。山外有山，湖中有湖，山脉连绵横亘，仙风飘飘，吉气郁郁，两千多年来便成为仙家福地。古有广成子仙师在鹤鸣山修道，东汉初年紫阳真人、东汉末年祖天师张道陵、唐朝杜光庭、宋朝陈抟以及横跨元明两个朝代的高道张三丰，均在此修道成真。

时光进入新千年后，薛永新不忘初心。为弘扬中国传统文化，并将鹤鸣山打造成世界道教朝圣地，推动旅游产业发展，他与他的恩威对鹤鸣山进行复兴开发，并亲手创建了道源圣城，以道文化为核心，集道教朝圣、文化旅游、主题娱乐、养生康疗、休闲度假、高端体育运动、高端地产为一体，传承"中国道教发源地"鹤鸣山道家文化，结合21世纪宗教文化发展的方向与步伐，不遗余力地为推动道家文化旅游产业的发展而默默耕耘。

文化是跨越国界的。老子思想不仅在中国传统文化里占有极为重要的地位，而且对世界也有着现实的影响力。老子文化是中国文化走向世界的软实力，是我们实现中华民族伟大复兴的文化自信。

为了将老子文化精神发扬光大，推动世界和平与人类健康发展伟大目标的实现，薛永新不遗余力，2012年在成都大邑道源圣城成立了世界道家联谊会。联谊会首推老子的《道德经》与道家养生医学。联谊会与中国国际问题研究基金会、国际生态安全合作组织、中联部合作，在道源圣城成功举办了四届"生态安全与人类健康"论坛，将老子的思想融入论坛中。2014年的"生态安全与人类健康"论坛上，与会者还达成共识，建议将《道德经》思想推广至世界各地以及社会各领域。当年7月，世界道家联谊会在联合国总部宣告成立，为老子的思想走向世界奠定了基础。

世界的和谐需要老子，人类的未来需要老子。发展文化产业，向全世界推广道家优秀文化。薛永新以他非凡的气魄、高远的视野、强烈的文化使命感，为历史、为世界、为未来，写下了他又一篇瑰丽而波澜壮阔的华章。

薛永新就像一位已臻化境的侠者，胸中有无穷可能的万千气象，从一个层次飞跃到另一个层次去，每一次飞跃都令人惊叹。他超人的智慧，好像宝藏永远开发不完。

在薛永新的八大产业中，除康复疗养产业、养老疗养产业、养生旅游疗养产业、宗教文化旅游产业外，还包括种植养殖产业、体育产业、教育产业、农产品加工业。这八大产业以老子思想和道家养生医学为核心，为大众利益服务，造福人类。

只有站在峰巅，你看世界的眼光才会更远，你的目标才会更高。薛永新的目标是，八大产业完全规划建成后，道源圣城将设专人在森林中喂养仙鹤等飞禽。仙鹤是道家瑞祥之物，它是脱化飞升得道成仙的一种象征。传说鹤鸣山是千年形定的仙鹤，鹤鸣则仙至，鹤鸣则道兴。薛永新要在这里再现千年前仙鹤飞舞、鹤鸣声声的奇观美景，最终形成蕴含老子"天人合一""道法自然""众生平等""和谐相生""无为而治"等众多道家优秀思想为一体的，众生和谐的生态园。

早在人类现代工业社会形成之前，生态问题已经存在，但是并未像现在这样形成全球性的严重威胁。在环境保护与科技发展间找到一个平衡点，已成为目前全人类亟待解决的问题。事实证明，古老的东方文明比西方文明更注重人类与自然的和谐，道家思想阐明了人与自然万物一体的观点，这既是中国传统生态智慧的基础，也为建立一个可持续发展的生态环境奠定了哲学基础。

薛永新以道文化为核心的八大产业，创新地将老子的生态思想融入当前形势下的人居环境打造，使其成为人类社会可持续发展的思想依据，在解决生态环境、人居问题、打造新农村综合体示范基地上走了一条以道家文化为特色，以康疗养生为本的自主发展之路，形式独特、意义深远，为21世纪的人类乃至未来的人类提供了一个可供仿效的健康生活范本、可供借鉴的智慧城邦典型，也为世界提供一个解决人与自然、人与人、人与社会冲突的宝贵经验与途径。

联合国有关组织的高官在参观道源圣城时，对薛永新成功探索的人类生存健康新模式给予高度肯定，并表示将在联合国推广。

恩威道源商城创新模式又走在前沿

薛永新有一颗敏锐的头脑，总能够抓住任何机遇。他的思想从不落伍，总能够跟上时代的步伐。

他意识到，进入众创社会，微商已告别暴利时代，一个新生的概念"消费商"或成为现实。我们在过去的数千年的时间里，都以同样的方式在做商业。从管理方式到思维方式，我们整个对待商业的思维模式都是一模一样的。但是，当我们去看看身边的这个世界，就发现一切都在变化，世界上唯一不变的就是变。尤其是在新时代，一切都以非常快的速度在转变，因此，我们需要去调整思维，主动适应这种转变，调整自己发展事业的模式，与时俱进。

中国新一代的商人应该肩负起民族商业的使命，为更多的人提供创业的平台，使大家能够富裕起来，造福社会，利益众生，这是薛永新的愿景，也是他一直以来所做的事业。

为解决现在中国社会贫富差距日益严重和就业难、养老难等社会难题，在国家倡导"大众创业，万众创新"的"互联网＋"时代里，薛永新深刻领悟国家大政方针，走在变革创新前沿，积极响应国务院办公厅印发的《关于推进线上、线下互动　加快商贸流通创新发展转型升级的意见》和

《李克强总理推进大众创业、万众创新 国务院 22 份相关文件部署》的时代号召，结合实际创办了大众创业、万众创新的电子商务平台——恩威道源商城，以西南地区为战略基地，布局全国及全球市场。商城改变了几千年来人们传统的购物为纯支出的消费模式，将线下实体企业的分销制用于互联网电商平台，实现线上线下互动，企业转型升级，让利于消费者，让会员从消费者转变为消费商，在商城消费的同时创造利润，成就自己的事业。

恩威道源商城打破传统单一的线上运营模式，通过与全国范围内的百货店、超市、药店、诊所合作，说服众多有爱心愿意奉献的、有社会责任感的生产企业和商户共同加入恩威的大健康平台，为老百姓带来日常生活所需的各类商品和便民服务，所有商品薄利甚至无利销售，只为造福百姓。消费者在商城购物的同时，商城还会按支出金额给予一定比例的返利，不但能帮助消费者节约支出，还能通过自己在商城的努力经营，发展事业。更重要的是，商城倡导人们学习老子《道德经》与佛家"慈、悲、喜、舍"四无量心思想，劝导人们忘掉自我、淡泊名利，疏导人心向善，同时传播道家养生医学，这些能使人们在心灵上得到修养，继而治疗身体上的疾病。当众生都身心健康，社会就能真正和谐。

商城的这一模式可以解决目前许多实体店主遭受电商冲击难以经营的困难，还可以通过和基层政府组织，如街道居委会、办事处、乡镇管理办公室等机构合作，解决社区就业难与养老服务难的问题。比如由居委会组织待业人员，商城负责培训并引导其就业，维护社会的和谐稳定；为大学生提供在校创业的平台，学生在读期间可加入商城的众创平台，利用课余时间通过微信、微博等进行宣传销售，如运作得当，毕业后就能拥有自己的销售网络，形成销售公司，挖掘到人生的第一桶金，为他们顺利步入社会打下基础。

做企业是为社会谋福利，薛永新一直牢记自己创办恩威集团的初衷。三十年前为老百姓生病了能用上放心药创办制药企业，三十年后为缩小社会贫富差距和解决就业养老难的问题创办恩威道源商城。路漫漫其修远兮，达者兼济天下，终不改其志。如今，薛永新成功地将这套创新的消费模式投入运行，商城电子商务大平台不断壮大，全国各地会员激增，真正实现了大众创业、健康创业新模式。

薛永新雄心勃勃，联合社会上的有识之士和各界精英，共同促进自然与众生的和谐发展，一起造福社会、利益众生。他坚信这个大平台在未来将会掀起一股旋风，如当年"洁尔阴"旋风走进千家万户。

亲身经历改革开放三十余年来的巨变，也经历着风起云涌的商道岁月，薛永新始终保持着造福社会的初心，促进人类健康生存的大情怀永远不变。

世界因我而不同。世界因我而美好。

2016 年，薛永新的又一个激情时代到来，他将再度书写自己新的传奇。

结　语

20 世纪 90 年代，经历了改革开放后第一个十年的发展，催生和成长了第一批中国企业家，成为第一批时代弄潮儿，参与到中国改革巨变的前夜，并为之做出巨大的贡献。

潮起潮落，当时光进入 21 世纪后，那个时代的一批企业家大多黯然退场，然而，薛永新与他的恩威仍然站立在时代的潮头，无敌于天下。

"上善若水，水利万物而不争。"最高境界的善行，就像水的品行一样，泽被万物而不争名利，做利益大众的事而不争名利。薛永新正是遵从老子思想，"夫唯不争，故天下莫能与之争"，道中取道，而不断地创造一个又一个的辉煌。

真正打动人的，能够具有强大生命力的，是一种照亮世界和人类心灵的文化精神。厚德载物，这就是无敌于天下的秘密。它如心底的一轮澄澈的月亮，升起在我们精神辽远的天空。中国传统文化的主流，承载了中华民族的精神，与人类心灵发生共振，心灵的清凉与安详，内在的宽广与慈善，回归自然的本性与真谛，是整个人类的共同追求。

薛永新认为，人类不但要生存，还要让生命寻找到真正的意义。生命的意义是什么？世界上每一个国家、每一个社会、每一种文化、每一种宗教，都想寻找到生存与生存的意义。道即和谐之道，道的完美实现，是"天人合一"的自然和谐境界。和谐是世界生存发展的目标。老子思想的宇宙观是整个宇宙与整个世界一大和谐的整体，显示出中国文化很强的包容性和综合性。正如梁漱溟先生预言："世界未来文化就是中国文化的复兴。"

薛永新正是从道教文化中汲取营养，变为一种文化实践，一种文化精神，从而找到一种使命与崇高感，找到更高的人生意义——大道真谛，为整个人类造福、为整个社会做贡献，他也从一个民营企业家升华为中华文化的承载者。

黑格尔说："传统并不是一尊不动的石像，而是生命洋溢的，有如一道洪流，离开它的源头愈远，它就膨胀得愈大。"当今，世界局势诡谲多变，面对文明的冲突，引发西方学者惊呼"西方的没落"，世界的目光再一次投向了东方的中国，出现了一股寄希望于东方文化复兴的潮流。中华民族传统文化的洪流，正形成一股奔腾之势向世界涌动。

薛永新早已站在时代与世界的潮头，成为中华传统文化传播的弄潮者。

传统文化是中华民族生生不息的精神源泉，是我们民族的"根"。每一代的人都需要它，需要传承。为了让后代继承中华优秀传统文化，继承我们文化的优秀基因，中国企业家群体有力量担当起世界的模范，帮助中华传统文化复兴。一位作家说："这种崇高的使命和文化精神，可能会影响整个行业，整座城市，甚至整个时代，乃至世界。"

向整个社会，甚至整个人类、整个世界传播中国的文化，需要足够大气，足够的高度与广度，需要远见卓识，需要躬身实践。薛永新用老子思想去治理企业，经营人生，把弘扬传统文化作为自己的追求，始终秉持中华传统文化精神，因而成就了一桩传奇。

一个草根到财富人物的华丽转身，传奇就是把一切不可能的事变为可能。

在一代代道的思想与文化的传承者中，历史也会记住薛永新的名字，他的传奇。

2016 年 2 月 18 日修订稿